国家社科基金重点项目

CHENGSHI LIUTONG CHANYE
KONGJIAN JIEGOU YOUHUA YANJIU

城市流通产业空间结构优化研究

柳思维　唐红涛　著

中国财经出版传媒集团
经济科学出版社
Economic Science Press

图书在版编目（CIP）数据

城市流通产业空间结构优化研究/柳思维，唐红涛
著 . —北京：经济科学出版社，2021. 9
ISBN 978 - 7 - 5218 - 2749 - 1

Ⅰ. ①城…　Ⅱ. ①柳…②唐…　Ⅲ. ①城市经济 - 流
通产业 - 产业结构 - 研究 - 中国　Ⅳ. ①F299. 231②F724

中国版本图书馆 CIP 数据核字（2021）第 151865 号

责任编辑：程辛宁
责任校对：郑淑艳
责任印制：张佳裕

城市流通产业空间结构优化研究

柳思维　唐红涛　著

经济科学出版社出版、发行　新华书店经销

社址：北京市海淀区阜成路甲 28 号　邮编：100142

总编部电话：010 - 88191217　发行部电话：010 - 88191522

网址：www. esp. com. cn

电子邮箱：esp@ esp. com. cn

天猫网店：经济科学出版社旗舰店

网址：http://jjkxcbs. tmall. com

北京季蜂印刷有限公司印装

710 × 1000　16 开　23. 75 印张　400000 字

2021 年 9 月第 1 版　2021 年 9 月第 1 次印刷

ISBN 978 - 7 - 5218 - 2749 - 1　定价：98. 00 元

（图书出现印装问题，本社负责调换。电话：010 - 88191510）

（版权所有　侵权必究　打击盗版　举报热线：010 - 88191661

QQ：2242791300　营销中心电话：010 - 88191537

电子邮箱：dbts@ esp. com. cn）

前　　言

　　《城市流通产业空间结构优化研究》是在 2013 年国家社科基金重点项目（13AJY015）结题最终成果基础上修改而成的一部学术专著，全书由柳思维、唐红涛执笔撰写修改。作为国内商贸流通学术界一部集中研究城市流通产业空间结构的专著，本书初步探讨了我国城市流通产业空间结构的演进，构建了一个以"效率－公平－生态－文化"为导向的多层次综合评价指标体系，客观地描述了城市流通产业空间结构状况及其优化潜能，运用单层次及综合指标体系对全国直辖市、省会城市、地级市的流通产业空间结构状况进行了评价和横向比较，并从地理研究和仿真研究两个视角，运用 Python 网络爬虫、大数据分析、Arcgis 空间分析、Matlab 空间仿真等技术方法深入探究城市流通空间结构优化，最终提出优化城市流通产业空间结构的路径与对策。

　　该课题立项以来，在课题组负责人柳思维教授带领下，课题组成员通力合作历经 5 年时间基本完成课题研究任务。参加研究的课题组成员有湖南工商大学唐红涛教授、杜焱教授、尹元元副教授、杨水根副教授、王娟副教授、周洪洋硕士、杜蓉博士生，南京审计大学的徐志耀副教授，湖南理工学院的吴忠才教授，中南林业科技大学的熊曦副教授，长沙学院的朱艳春博士。湖南省致公党专职副主委向佐谊博士、湖南师范大学王兆峰教授、广西财经学院校长夏飞教授与赵锋教授、苏州科技大学王晓彦博士、中南林业科技大学张学文副教授、江西科技师范大学钟家雨博士、吉首大学杨宗锦副教授、长沙学院蒋云贵副教授等参加了课题中期成果研讨会并提出了相关修改建议。湖南工商大学产业经济研究生向宇腾、陈薇协助作者对书中有关资料进行了更新，在此一并感谢。本书出版得到湖南工商大学湖南省 2011 移动电子商务协同创新中心的资助。

目　录

第 1 章

导　　论

1.1　中国城镇化与城市流通产业发展历程

1.1.1　从古代到近代中国城镇化及城市流通业发展

　　中国作为四大文明古国的社会经济与城镇化的发展都曾在世界上领先。从大的历史跨度看，中国古代城镇化及城市流通业发展有两次高峰期。第一次应是春秋战国时期城镇的兴起和城市中自由商人的活跃。公元前 8 世纪前后周王室衰败，诸侯国纷纷各自为政，在封地建城立国称王，于是开启了城镇化的第一次高潮。根据有关学者的计算，整个春秋战国 35 个诸侯国建有城池 600 个，也有专家称有 800 ~ 900 个，春秋末期的人口总数为 3200 万人，而城市居民人数就多达 509 万人，城市化率达到 15.9%。① 春秋战国时期诸侯国之间兼并战争不断，攻城略地经常发生，城市多系政治军事中心和人口聚居中心，空间结构职能突出政治与军事架构，同时由于人口聚集，加之春秋战国时期自由商人增多，城市中行商坐贾活动也需要一定空间，因而各城市中市场交易及商业街肆也普遍设立。有的城市商贸业还十分繁华，如处于东方的齐国地处沿海，有渔业及盐铁优势，城市工商业发达，齐国首都临淄

---

① 刘奇. 中国三次城市化浪潮的启示 [J]. 中国发展观察，2016（1）：47 – 49，64.

因商贸业兴旺、人流密集有"联袂成云，挥汗成雨，比肩接踵"之称。而此时西欧则随着罗马帝国的衰落，城市化也处于低潮，至中世纪欧洲城市化则处于停滞期。

周代实行"前朝后市"的城市布局，"匠人营国，方九里，旁三门；国中九经九纬，经涂九轨；左祖右社，前朝后市"① 城市大多按封闭的方形平面布局，街道大多成方格网状，朝、坊、市各自分立而设，且互相封闭。朝即皇宫是权力中心，占据城市空间最突出的位置；坊则为居民聚居区，与市分开并有围墙隔离；市即市场，是经济活动、交易活动集中的地方。至秦汉时期由于建立了一套完善的中央集权的封建统治制度，城市的空间布局强调"重天子权威"和实行周代坊市分开的体制。如西汉首都在长安，长安城最重要的地方是皇宫——未央宫，未央宫位于长安城南端，靠近的有其他宫室府库，居民区及市场则在其后。唐代是中国古代封建经济发展繁荣的时期，城市商业也十分活跃，涌现了扬州、成都等著名的商业都市。长安作为唐代首都也是四方商人荟萃之地。但当时仍未突破坊市制。长安城内设东西两市，市区各开井字型街道，分割为9个区，每条街宽16米，每个区四面临街。东西两市各有220个行业，同业聚于一街，便于管理。其中西市也是西域外来商人交易之处。两市商贾云集，生意兴隆。

中国古代城镇化第二次高峰应是宋代。宋代被称为中国历史上绝无仅有的以"工商立国"的王朝，是我国古代经济、科技、文化全面领先于世界各国的时期，也是中国古代经济市场化、城市化、商业化、货币化发展的高峰期。两宋时期，见于史载的市镇多达3600多个，其中一部分市镇，不论人口数量还是经济发达程度都超过一般州县。据学者考究，两宋时期的城市化率达到了22%。最高年份达到30%，并出现一批超大城市如北宋首都汴梁（今开封）人口达150万人左右，南宋首都临安（今杭州）的人口更是超过200万人，而同时期的欧洲名城米兰、巴黎、威尼斯和那不勒斯等城市人口规模不到10万人。宋代鼓励人口自由流动，同时发生了前所未有的商业革命，其核心内容之一便是破除坊市制，城市居民、流动商贩可临街而市、摆摊设点，同时夜市开禁。乾德三年（965年），宋太祖正式废除夜禁政策，其后城市夜市可通宵达旦。宋真宗、宋仁宗时期坊市制完全被冲破，市区街、巷摆摊蔚

---

① 引自《周礼考工记》。

然成风。"自南大街至诸小巷，大小铺席连门俱是，即无空虚之屋，每日凌晨，两街巷门上行百世，买卖热闹。"① 宋代张择端的举世名画《清明上河图》便是开封商贸业繁华兴旺的真实写照。它也表明宋代城市空间结构发生了巨大变化，商贸流通服务业网点在城市空间布局的比重明显提高。北宋熙宁年间即使位处洞庭湖南侧的长沙市人口也超过 20 多万人，成为南方有名的商业都市，诗人张祁曾写诗称道："长沙十万户，游女似京都。"② 南宋时的临安更是当时的国际商业大都市，人口超过 240 万人，商贾云集，著名词人柳永曾在《望海潮》一词中写道："东南形胜，三吴都会，钱塘自古繁华。烟柳画桥，风帘翠幕，参差十万人家。……市列珠玑，户盈罗绮，竞豪奢。"③

　　明清之后至近代，中国城市化在第一次、第二次产业革命后明显落后于欧美发达国家，城镇化极其缓慢，几乎停滞，到 1949 年中国城镇化率10.6%，仅比 1893 年的 6.0% 提高了 4.6 个百分点。④ 其主要原因是清王朝错过了两次产业革命的机遇和工业化带动城市化的机遇，落后的社会生产力和生产关系无法动摇和瓦解传统的强大的封建自然经济，也不可能掀起城市化浪潮。加之近代中国政局动荡，没有给城镇化顺利推进提供一个良好持续的政治经济生态环境与政策保障。近代史上先后执掌中国政权的政府在近代化的大潮流下也无法推动和引导中国走上正常的城市化发展道路。晚清政府的顽固派势力强大，对工业化城市化难有作为。北洋政府时期缺乏一个强有力的中央权威，军阀割据，连年战乱，城市化进程中断。蒋介石执政时期，历经 10 多年的抗日战争和内战，一直缺乏一个城市化正常发展所需的稳定政治环境。

　　但也必须看到受外来因素的刺激，近代中国也在对外开放和洋务运动兴办实业的过程中涌现了一批工商业城市。毋庸讳言，受西方殖民者入侵影响，中国近代城市化不仅不可能处于那种自身的和独立的发展形态中，而且必然带有明显的半封建半殖民地色彩。伴随着国内外贸易的增加，在国内外贸易集中进行的地点，特别是各大通商口岸，如上海、广州、汉口等，逐步形成了现代工商业城市。1840 年鸦片战争后当时的清政府与英国签订了不平等条

---

① 吴钩. 宋：现代的拂晓时辰 [M]. 桂林：广西师范大学出版社，2015：7.
② 杨乔，陈先枢. 长沙长岛人歌动地诗 [M]. 北京：社会科学文献出版社，2019：15.
③ 纪宝成，侯书栋. 历代词选六百首品读 [M]. 北京：团结出版社，2019：63.
④ 1949 年镇化率数据来自国家统计局，1893 年城镇化率数据来自：胡焕庸，张善余. 中国人口地理（上）[M]. 上海：华东师范大学出版社，1984。

约，被迫开放了沿海的广州、福州、厦门、宁波、上海五个城市作为通商口岸，实行自由贸易。第二次鸦片战争、中日甲午战争及八国联军侵华战争后，中国又被迫开放了长江沿岸和长江水系内河一批城市及一批边境城市为通商口岸。其后欧美各国洋行纷纷进入各通商口岸城市，有的还在城里建有租界，城市空间结构特别是商贸流通网点布局中的殖民地色彩凸显，如上海就号称十里洋场，是因为苏州河到黄浦江周长约十里的地域是英国、法国、美国等各国租界集中的地方。同时外国列强的经济网络还从通商口岸和开埠商业中心城市沿江河水系和交通线向中上游和内陆纵深地带延伸，外国洋行及其商业买办的网点也开设到许多中小城市、重点城镇，以便推销其工业品和掠夺性购买国际市场急需的当地土特产原材料商品，使一些地处偏僻但水运方便的小镇一时成为繁华的商业中心，如湖南沅水上游的洪江镇因湘黔一带桐油、木材、药材等集散与贸易闻名，全镇沿河街巷有 25 处码头，形成"七冲八巷九条街"的市井布局，全盛期曾分布上百家商行、千余家店铺、60 余家客栈、23 家钱庄、50 家青楼、18 家报馆、34 所学堂、48 个戏台。① 除洪江古镇外，当时沅水水系的名镇如凤凰县沱江镇、泸溪县浦市镇、花垣县茶洞镇、龙山县里耶镇、永顺县王村镇等都曾一时繁荣。很显然这种偏远的繁华就带有一种社会的畸形和无奈。当然近代上海郊区及苏浙一带水网之乡城镇的繁荣与热闹是湘西山区无法比拟的。

1.1.2 新中国成立以来城镇化与城市流通产业发展

1.1.2.1 城镇化从缓慢起步到基本停滞阶段

1949 年 10 月 1 日，中国共产党领导的中华人民共和国成立，中国的政治、社会、经济制度发生了翻天覆地的变化。自新中国诞生起，截至 1977 年，近 30 年时间，在建设和探索具有中国特色社会主义的道路方面，全党全军全国人民付出巨大艰辛与努力，城镇化的起步也十分艰难。新中国成立之初，我国面临工业基础薄弱以及农业生产力落后的双重困境，虽然城市重工

---

① 湖南省人民政府 . 洪江古商城［EB/OL］. 湖南省人民政府门户网站，www. hunan. gov. cn，2012 - 12 - 21.

业发展需要大量农村劳动力，但国家基于对粮食安全问题的考虑，制定了严格控制农村人口进入城市的政策。通过严格的城乡户籍隔离制度，农民被束缚在土地上，"自由迁徙"受到严格限制，加上大量的城市知识青年下乡，出现了"逆城镇化"倾向。城市人口增长十分缓慢，城镇化率仅从 1949 年的 10.6% 增长到 1978 年的 17.9%[①]；其中，"文化大革命"期间，我国城市人口增长几乎完全停止，城镇化也处于停滞状态。

在这一时期，较大规模的城市主要是北京、上海、广州和一批省会中心城市，同时一批工矿业中心城市兴起，主要分布在东北老工业基地、华北地区。20 世纪 60 年代初开始了大三线建设，在中西部地区如湘、鄂、豫、川、云、黔、桂山区等地布局和建设了一批重要工业项目，沿海地区一些城市的工业项目也适应备战要求迁入中、西部地区，这样在中西部地区也崛起了一批新的城市。在这一阶段，城市被定位为以重工业为主导的生产中心，而非城市居民的消费中心。我国城市基础设施建设和城市流通产业发展严重滞后，城市街道很多是机关的围墙栏杆林立，城市的商业网点特别是粮油店、肉点、蔬菜店、副食店、布店、日化店等多是凭票证供应物资的窗口。省会城市中一般都按市一级商业中心、二级商业中心、三级商业中心依次布局不同规模的零售专业商业网点，其中一级商业中心是一个城市规模最大的百货大楼、大型商场、大型酒店、专业店、老字号品牌店集群集中的场所。同时各省会城市承担着计划物资与商品在本省范围内转运、分配、调拨的任务，各二级商业批发站网点均集中在省会城市，并设有重要大宗商品如煤炭、石油、粮食等货运铁路专线，在交通枢纽或水陆码头港口设有集中的商品货物仓储设施。而作为直辖市的上海、北京等大都市在商业空间布局方面则有自身的特色。如北京市作为全国的政治文化中心就形成了以王府井、前门、西单三大商业中心区组成的市一级商业中心网络，即 A 级商业中心区，下面则依次形成规模和辐射范围渐次不同的 B、C 级商业中心。而上海市作为全国最大的经济中心，其市商业中心空间布局则分为三个级别五种类型，即市级商业中心、次市级商业中心、区级商业中心，而区级商业中心又可分为三个层次，即较大的地区级、较小的地区级、小区级商业中心；全市形成以南京路商业中心为顶点的不同层级商业中心依次联结的商业中心体系。因上海是全国最

① 国家统计局。

大贸易中心与轻工产品货源供给基地，辐射全国范围的一级批发站多设在上海，这是上海商业空间结构的显著特色。

1.1.2.2 城镇化处于改革启动到较快增长阶段

城镇化处于改革启动到较快增长阶段自改革开放 1979 年起，截至 2000 年，共 20 年时间。中共十一届三中全会后将全党工作重心从"以阶级斗争为纲"转换到"以经济建设为中心"，并在全国实施改革开放。产业结构也逐步从优先重工业生产向优先发展轻工业生产转换，尤其是农村改革极大地促进了农村生产力发展，农村劳动力可以跨地自由流动，促进并形成了"珠三角"的外向型和"长三角"的内向型乡镇企业经济两大主体工业板块。这一时期中国城镇化的动力被迅速释放，在城市工业对劳动力需求的强大吸引下，农民纷纷进城务工、创业，体制内职工也纷纷下海经商，数以亿计的农村劳动力通过各种途径向城市流动；特别是 1992 年春邓小平同志视察南方谈话后，中共十四届三中全会确立了市场经济取向的改革目标，全国各地掀起了市场化改革的高潮，城市工业园区建设和房地产业发展出现了第一个高潮。加之 20 世纪 90 年代高速公路的出现和普及，更是大大加快了城乡劳动力流动的速度和扩大了流动规模，促进形成了以深圳为代表的一系列不同规模的新兴城市的发展，城镇化率从 1978 年的 17.8% 增长到 2000 年的 36.2%，年均增长 0.83 个百分点①，结束了城镇化多年徘徊的局面。

在这一阶段，城市流通产业有了可喜的发展。随着改革开放的推进，党中央国务院采取了多种措施改革商品流通体制，传统的计划经济流通体制在引入市场调节机制后，正向市场导向改革的社会主义市场经济流通体制转变。一是调整社会商业结构。包括恢复发展城乡集市贸易，开放城市农副产品市场；鼓励发展集体、个体多种私有制商业，同时调整国有商业所有制结构，国有商业在餐饮、住宿、修理及小商品经营领域退出，国有小型商业企业实行改制、转型、租赁、出售，即改、转、租、卖。二是调整农产品与工业品购销体制，提高农产品收购价格，放宽农副产品购销范围；在工业品购销体制方面，逐步减少中央管理的计划商品，改革工业品价格管理，放开小商品价格；同时改革工业品统一计划分配调拨的批发体制，原有的固定供应范围、

---

① 国家统计局。

固定供应对象、固定供应价格的"三固定"的全国性传统计划经济商品流通批发体系被打破。这一时期各个城市多种经济成分流通主体、多条流通渠道、多种流通经营方式的格局形成，尤其是集体、民营、个体商业发展迅速，股份制商业主体试点也不断推进，工业自销、农民长途贩运等遍布各地。各大城市流通产业布局方面，出现兴建百货大楼、综合与专业商品市场、贸易中心、农贸市场的高潮，全国性和区域性商品市场迅速发展，至 1995 年底全国已有 1000 多家年交易额均超过 1 亿元的批发市场。其中全国性区域性批发市场与商品交易所 100 多个，著名的有郑州粮食批发市场、天津钢材批发市场、北方与南方木材批发市场、上海与成都的肉类批发市场等。同时全国批发市场近 3000 家①，并涌现了山东寿光蔬菜批发市场、北京大钟寺农副产品批发市场等一批全国性、标志性的大市场。在小商品批发市场方面浙江义乌小商品市场成为全国乃至亚洲最大规模的批发市场而享誉国内外。

不过应注意的是，这一时期粗放工业化与城市化的发展模式片面追求增长速度与数量扩张，忽视资源节约与环境污染，城市基础设施包括流通基础设施建设严重滞后，商品市场建设方面也出现了急功近利的混乱，一些城市建起的商品市场与购物中心有名无实，被称为"空壳市场"。

1.1.2.3　城镇化快速扩张阶段

城镇化快速扩张阶段自新千年起，截至 2011 年，共 10 年时间。2001 年底中国加入世贸组织，中国市场与世界市场进一步接轨，对外开放进入快车道和新阶段，对外开放加快也刺激了农村劳动力向城市转移和城镇化加速。珠三角、长三角等沿海地区一批出口型外向型城市崛起，如苏州、无锡、常州、宁波、温州、泉州、深圳、珠海、东莞、佛山、惠州、青岛、烟台等一批非省会城市依托外向型经济特别是加工贸易及工业园区发展，吸纳大量农村剩余劳动力，城市规模也迅速扩张，城市格局也再次洗牌。同时，各个地方政府在财政分权和国有企业改革的激励下，在全国范围内推动了一波以工业化与城镇化主导的经济增长。这一阶段，地方政府以土地财政为策略、以高铁和地铁为工具、以大型地产企业为依托，充分利用行政手段掀起"造城"高潮，大量新的工业园区（或称新区、高开区、经开区）一拥而起。有

---

① 万典武．当代中国商业简史［M］．北京：中国商业出版社，1998：282.

的地方甚至采取"驱赶式"的城镇化模式，将农民集中起来撤乡并镇，盲目扩张城镇的空间规模（撤县设区），人为加速城镇化进程，造成农民"被城镇化"、土地"被城镇化"现象，新城镇的形成和旧城镇的成长都没有按市场自身规律进行。这一时期，城镇化率从 2001 年的 37.6% 迅速扩张到 2011 年的 51.2%，年均增长将近 2 个百分点[1]，是历史上最快增长的阶段。也超过了世界主要发达国家城镇化的速度，如英国城市化水平从 26% 提高到 70% 用了 90 年时间，法国从 25.5% 提高到 71.7%、美国从 25.7% 提高到 75.2%，都用了 120 年。中国从 1993 年的 28% 提高到 2013 年的 53% 只用了 20 年时间[2]。然而，快速城镇化使城乡"二元"结构更加显著而不是缓解，如城市环境问题与农村环境问题的同时并存、城市商业设施相对过剩与乡村流通网络严重滞后并存（"城市病"与"农村病"并存），严重地影响了城镇化作为经济增长动力的健康发展。

这一时期城市流通产业空间结构也发生了新的变化。突出表现为随着中国加入世贸组织（WTO），流通产业领域对外开放进一步扩大，国际流通巨头纷纷进入中国城市空间布局，如美国沃尔玛、德国麦德龙、法国家乐福、日本伊藤和洋、美凯龙等商业巨头纷纷进入中国沿海城市和内陆大城市，原有百货大楼经营受到影响；同时物流的专业化和物流园区建设进入快车道，城市物流网点增多。此外随着城市房地产业迅速扩张，新一代商品市场和购物中心建设也出现高潮，并多与招商引资项目一道推进。但城镇化快速扩张阶段城市流通设施建设方面也出现了泡沫现象，盲目求大求奇的商业地产项目及"鬼城""空市"在一些城市出现。

1.1.2.4 城镇化从速度优先转入质量优先发展阶段

城镇化从速度优先转入质量优先发展阶段自 2012 年至今，目前还在深化和持续。中共十八以来，以习近平同志为核心的党中央客观认识我国粗放式工业化与城镇化带来的各种严峻挑战，站在历史的高度提出新的发展理念，强调以人为中心的高质量发展的新型城镇化发展理念和实施"生态文明"发展战略，要求经济增长与城镇化发展不能只看速度与规模，要将发展质量放

---

① 国家统计局。

② 刘奇. 中国三次城市化浪潮的启示 [J]. 中国发展观察，2016（1）：47 - 49，64.

在优先考虑的重要地位。这一阶段，城镇化进程以生态文明建设和绿色发展为中心，坚持"绿水青山就是金山银山"的理念，主动降低城镇土地扩张速度，增加户籍人口城镇化速度，调整城市生产与生活空间布局，有机统筹城镇"山水林田湖"生态系统，努力使城镇建设成为"看得见山、望得见水、留得住乡愁"的新型城镇和海绵城市。我国城镇化率从 2012 年的 52.5% 增长到 2019 年的 60.6%。城镇水土大气等环境治理、生态系统修复工程取得显著成效，城镇与乡村基础设施实体升级工程顺利进行。

　　在这一阶段，我国进入了高速信息网络的新时代，移动智能手机普及率迅速上升，上网用户急剧增加，蓬勃发展的电子商务和移动支付对传统的城市流通产业空间布局产生了非常大的冲击，特别是城市实体商业面临着新一轮的重新洗牌。大量新型流通技术、新业态、新模式在城市出现，城市商圈也发生了历史性变化，一方面传统的城市商业中心面临结构升级和现代化转型，实体店铺纷纷拥抱互联网和电子商务，发展新零售项目，增加消费服务场景和服务功能及体验项目，同时注重特色商业街区和老字号、国字号品牌店建设，提升商业中心的品质和国际化水平。另一方面顺应城市高铁、地铁、轻轨、飞机、公路等立体交通格局的变化和城区新居民区的兴起及流动人口的变化，建设和布局了一批新的一级或次级城市中心商圈，一批超大规模、多功能、复合型、现代化国际化、信息化、一站式的购物、休闲、娱乐、体育、影视、餐饮中心在各大城市应运而生，营业面积多在 10 万平方米之上，有的甚至超过 50 万平方米。有的称为购物新天地，有的称为一站式生活体验中心。此外，一批专业化的连锁店、便利店、微店迅速布满城市各个居民社区，如连锁蔬菜生鲜店、药店、餐饮店、日杂店、食杂店等。同时各种实体店特别是餐饮店的外卖配送业务迅速增加，许多城市的大街小巷穿行不断的是各个外卖平台的送货员。尤其是 2020 年新冠肺炎疫情发生后，基于互联网的非接触交易发展迅速，城市新崛起一批快餐以及特色食品生产加工基地及配送中心网点，快递送餐送货岗位迅速增加。同时基于应对疫情的稳增长、稳就业、促消费和加快构建国内循环为主国内国际循环相互促进的新发展格局，各地政府重视城市夜经济与地摊经济的有序发展，在城市商业网点版图上，新增的夜市商业网点增多，并出现了一些网红打卡的夜市街区、夜市店摊。

1.2　本书研究概况及特色

1.2.1　课题实地调研基础扎实

加强调查研究是完成课题研究任务的基础。自 2013 年课题立项通知下达后，课题组负责人组织多次调研，主要有：

（1）沿海城市调研。2014 年春课题组负责人柳思维教授带领课题组成员唐红涛、徐志耀、朱艳春去广东省深圳市、广州市调研。"珠三角"是中国发展水平最高的城市群之一，深圳市、广州市又同属中国最著名的"四个一线"城市，同时各具特色。深圳市是最年轻的全开放型的移民为主的城市，而广州则是一座开放最早的历史名城和省会城市。改革开放以来，深圳从一个滨海邻港渔村演变为一座现代国际化的都市，城市空间不断扩大，常住人口从几万人增至 1300 多万人，毗邻港澳区位优势明显，高科技产业聚集，商贸市场集聚的特色突出，全市地铁体系形成，中心地带、地上地下商业空间连成一体。全市流通产业空间结构不断优化，凸显立体化、专业化、规模化、现代化、国际化，形成了鲜明的深圳特色。而广州作为珠江横贯东西的中国最早对外开放的商埠和洋行集聚之地，新中国成立后又是中国出口商品交易中心，"广交会"声誉远播世界各地，传统专业商品批发交易市场和佛山市"前店后厂"的城市产业链条特色突出，其流通产业空间结构中专业商品批发市场发达，外向辐射能力远达国内外各地；市区零售网点密集、犹以粤式早茶店、粤菜店密集而独具特色。由于广州北靠白云山麓、南傍珠江水网、西通珠江水道的自然地貌特征，城区面积呈东西带状分布并呈向东向南扩张态势，商贸网点空间布局也呈东西带状特色。

（2）中部内陆性城市调研。2015 年及 2016 年夏，课题组负责人及部分成员又先后去湖北武汉和河南郑州、漯河、洛阳调研。河南是农业大省、人口大省，号称"天下粮仓""世界厨房"。郑州是联勤保障部队郑州联勤保障中心驻地，全国重要的铁路、航空、电力、邮政电信主枢纽城市，拥有亚洲作业量最大的货车编组站。郑州航空港区是中国唯一的国家级航空港经济综合实验区，郑州商品交易所是中国首家期货交易所，郑州也是中国（河南）自由贸易试验区核心组成部分。2017年1月，国家发展改革委复函支持郑州建设国家中心城市。郑州又是我国最大的陆路交通枢纽，是多条南北、东西走向铁路干线、高铁干线、高速公路的十字交会点，是十大全国性综合运输通道——陆桥运输大通道的中心。郑州又是中原城市群中心，城区空间近几年急剧扩张，郑东新区建设成效明显，城市空间结构发生明显变化，单一的二七广场商业中心局面已被打破，郑东新区中心商圈的崛起给人印象深刻。而武汉市是中部地区人口最多、经济实力最强的城市，处于长江经济带中部中心地带，具有"九省通衢"的水路、陆路交通优势，城市被江汉水系分为三大部分，即武昌、汉口及汉阳，批发业、零售业和货运业分区域组团是武汉流通业空间结构的显著特色，同时武汉作为长江黄金运输大通道的中心节点城市，承载着区域间、城市间许多大宗商品的集散与转运流通，在长江港口体系中的作用突出。

（3）西部城市调研。2016年8月中旬课题组负责人率课题组部分成员去宁夏回族自治区银川市调研。银川市是国家历史文化名城，是蒙宁陕甘等西部地区中心城市，还是丝绸之路节点城市和塞上古城，同时又是多民族聚居的城市，全市220多万人口，城市商业网点结构中清真餐饮店和伊斯兰教特色商品店明显多于内陆城市，市级商业中心区内，商品的民族特色显著。银川在整个大西北区域流通体系中和西宁、兰州、乌鲁木齐、西安等中心城市和节点城市构成了区域市场网络，也形成了一些特色商品的全国性交易市场，如宁夏枸杞、盐池滩羊等。

2017年8月课题组负责人及有关成员又先后去西部地区重点城市重庆与成都调查。重庆是直辖市，是长江上游的中心城市，更是一个典型的山水城市。由于地形特殊，重庆被山与水自然分割成几个不同的自然区域，全市坡陡弯多，自行车几乎无法通行，在流通产业空间结构上最大的特色是五大一级商圈并列，每个行政区都有自己的商业中心，如渝中区的解放碑商圈、城北区的观音桥商圈、南岸区的南坪商圈、三峡区的沙坪广场商圈、九龙坡区的杨家坪商圈。五大商圈相对独立，商业业态、商业门店既有同质性的一面，又各具特色。在实施"一带一路"倡议中，重庆是同时具备三个一级口岸（飞机、铁路、水路）的城市，"渝新欧"货运班列开通最早也最好，新型产业集聚突出，新能源汽车、平板电脑、智能手机产业集聚优势形成并享誉国内外，城市商业格局出现新的变化。而成都作为省会城市也是历史文化名城，与重庆市比较，成都是一个平原城市，尽管城市四周山峰突立，但市区地处成都平原，地势平坦。成都尤因城市中心商业功能突出而以消费城市著称，如成都的春熙路——盐市口商圈，在全国十大著名商业街排名第三，仅次于香港铜锣湾与上海南京路商圈，成都的特色商业街区"锦里"与"宽窄巷"享誉海内外。同时由于地势平坦，人口聚集规模大，超大规模的中心广场、城市综合体不断聚集。除春熙路——盐市口商圈之外，还有金融网点集中聚集著名的骡马市商圈，以及随着成都新城区的崛起而形成的锦华路——攀成钢万年场商圈，建设路——府青路商圈、红牌楼商圈、王府新城商圈等。

（4）西南城市调研。2017年课题组负责人带领课题组成员去广西壮族自治区南宁市及百色市等地调查。南宁作为西南重镇，是我国实施"一带一路"倡议对接东盟十国的桥头堡，是西南出海的综合交通枢纽城市，国务院2017年1月将南宁定位为面向东盟的核心城市和特大的边境国际城市。南宁市的商圈分布特点是市中心商圈朝阳（广场）商圈的地位突出，处于城市东西南北两条铁路线的十字交会处，高档商场云集，商业业态齐全，人群密集度高。因地铁一号线串通南宁三大城区，即西乡塘区、兴宁区、青秀区，南宁市的商圈空间结构产生新的变化，尤其是青秀区的商圈体系上升最快，同时具有国际化特色的东盟会展商圈也正在崛起。

（5）湖南本土城市调研。课题研究过程中，课题组负责人携课题组成员在承担湖南"十三五"和"十四五"前期重大项目"新型城镇化发展战略"和"大中小城市协调发展战略"研究的过程中，先后深入长沙、株洲、湘潭、岳阳、常德、益阳、郴州、娄底等城市调研，对内陆中部地区省会城市及中等城市的商圈演进和动态变化有了深刻的认知和感悟，特别是在高铁、高速公路在城乡延伸、城镇化加快和网上电子商务冲击下，城市商圈的空间结构的新变化引起了课题组的注意，虚拟商圈与实体商圈的互动与制约成为城市商圈变化的新特点，而且中心商圈、次级中心商圈、边缘商圈、社区商圈在空间上的并列与交叉使城市商圈体系的变动更多地呈现出一种新的态势。此外，新的城区在城镇化的过程中崛起，如长沙市大河西先导区崛起，从根本上改变了长沙过去所谓的"西文东市"的商圈格局，河西也崛起了中心商圈和区域次级中心商圈，具有投资战略眼光的湖南步步高商业集团正是抓住了长沙城镇化的机遇，在长江河西新区大手笔投资几个商业项目，并成为河西新区商圈的主导者之一。

实践是理论之源，广泛而深入的调查，既是科研的基础，又是理论创新、政策创新的源泉。通过对各种不同区域城市商贸流通产业空间布局的调查，既可以使我们能进一步了解城市商贸流通产业空间布局的一般趋势及影响因素，又可以使我们课题组通过比较分析明确不同区域城市商贸流通产业空间结构的差异及其他特殊因素的作用。共性与个性，一般与特殊，在城市流通产业空间结构方面也表现得十分明显。这也有助于我们在研究方法上防止片面性和孤立地、机械地去分析问题。

1.2.2　阶段性学术性成果丰富

（1）积极撰写和发表学术论文。自 2013 年国家社科规划办下达课题立项通知后，课题组负责人带领课题组成员先后在《经济地理》《系统工程》《商业经济与管理》《北京工商大学学报（社科版）》《财经问题研究》《统计与决策》《中国流通经济》《湖南社会科学》《湖湘论坛》《经济问题》《湖南大学学报（社科版）》《消费经济》等刊物上公开发表学术论文 20 余篇。其中，被中国人民大学复印报刊资料全文复印 6 篇，如课题组主要成员唐红涛发表在《中国流通经济》2014 年第 2 期的《虚拟商圈集聚：机理和效应分析》一文，被中国人民大学复印报刊资料中心《贸易经济》卷 2014 年第 5 期全文复印；唐红涛、柳思维、朱艳春发表于《商业经济与管理》2015 年第 4 期的《商业企业集聚、城市商圈演化、商圈体系分布》一文被中国人民大学复印报刊资料中心《贸易经济》卷 2015 年第 4 期全文复印；熊曦、柳思维发表于《中国流通经济》2015 年第 9 期的《流通业发展与居民消费需求的匹配度》一文被中国人民大学复印报刊资料中心《贸易经济》卷 2015 年第 6 期全文复印；周洪洋、柳思维发表在《湖南商学院学报》2016 年第 2 期的《通道费的多学科视角解读》一文被中国人民大学复印报刊资料中心《贸易经济》卷 2016 年第 5 期全文转载；柳思维、周洪洋发表在《经济地理》2016 年第 12 期的《人口城镇化、土地城镇化对流通业产出效率影响的空间计量分析》一文被中国人民大学复印报刊资料中心《贸易经济》卷 2017 年 3 期全文转载；柳思维发表在《经济问题》2017 年第 12 期的《〈资本论〉中流通费用理论的内容及现实意义》一文被中国人民大学复印报刊资料中心《贸易经济》卷2018年第3期全文复印。

（2）一批阶段性学术成果获奖。主要有：①唐红涛发表在《中国流通经济》2014年第2期的《虚拟商圈集聚：机理和效应分析》获国家商务部2014～2015年度商务发表优秀成果三等奖；②柳思维、徐志耀、熊曦撰写的《农村城镇化研究》2017年获湖南省第十二届优秀社科成果二等奖；③唐红涛、柳思维、朱艳春发表于《商业经济管理》2015年第4期的《虚拟商圈聚集、城市商圈演化、商圈体系分布》获2016～2017年度商务发展优秀成果三等奖。

（3）组织举办全国性学术会议研讨城市流通产业结构的优化与调整。主要有：其一，2014年11月课题组负责人发起组织并主持承办了第八届中部地区商业经济论坛及新型城镇化与流通产业结构调整专题学术研讨会，会议在湖南商学院召开，全国各地到会专家60余人，集中研究长江中游城市群城镇化过程中流通产业变化及调整问题。其二，2015年11月课题组与海口经济学院联合在海口经济学院联合召开了"移动互联网与商业模式创新高峰论坛"，40多名专家到会，会议集中探讨了移动互联网背景下传统产业的变革与创新、移动电商背景下城市商圈变化、移动电商背景下商业模式。课题组负责人和课题组主要成员就上述问题做了专题发言。其三，2016年8月课题组与吉首大学联合承办了全国高等院校贸易经济学会年会及商贸流通产业创新研讨会。全国商贸流通学术界专家围绕经济新常态下，加快流通产业结构创新，促进城乡经济城乡市场协调发展发表了许多有创见的观点。课题组成员也借参加会议机会考察吉首市产业布局状况。对于少数民族地区而言，如何发挥流通业的基础与先导作用促进精准扶贫更是一个新课题。其四，2018年3月课题组负责人发起并举办纪念中国流通改革开放40周年会议，全国流通学术知名专家40多人到会，会议集中研讨如何坚持习近平新时代中国特色社会主义思想，进一步深化流通业改革、促进流通高质量发展的问题。课题组负责人在会上发言中就如何促进城市流通产业合理布局，提高流通产业效率以及如何实现城市实体零售业转型、升级以避免在电商冲击下而衰落做了专题发言。

1.2.3 与课题相关的应用性研究成果突出

依托和围绕国家社科基金重点课题,我们课题组相继承担相关课题研究,为深化国家重点课题研究取得了一批应用性阶段性成果。

(1)"我省加快城市总部经济发展的思路与对策研究"。2014 年我们承担了湖南省社科基金重大项目委托课题"关于发展我省城市总部经济的思路与对策"。在城镇化进程中,许多城市为了增强招商引资的吸引力,出台了加快发展城市总部经济的决定,有的在新成立的工业园区或高新区开辟空间成立总部经济区,从而使城市产业空间结构出现了新的变化,也必然影响城市流通产业空间结构,在承担这一课题研究时,课题组负责人柳思维和课题组部分成员先后去上海市、宁波市现场考察,考察了宁波市总部经济工业园区及上海市浦东张江高科技园区。张江高科技园区号称中国硅谷,1992 年 7 月成立,经过多年发展,建成了多个国家级高科技产业基地,最为著名的是国家级生物医药产业链基地,集成电路产业链和软件产业链基地。这是一个新规划的科技园区,也是一个新城区,几十万科技人才聚居,高收入人群对生活消费的巨大需求必然对商贸流通业和其他生活服务业的空间布局提出新的需求,产业空间、生活空间如何协调发展有机融合,这也是城市发展总部经济必须注意的新问题,与城市流通产业空间结构的优化密切相关。同时,课题组负责人率课题组成员对长沙市芙蓉区、岳麓区、开福区、雨花区发展城市总部经济的情况进行了集中的专题调研,在此基础上完成了课题研究成果,课题组对国内外发展总部经济模式的演进创新作了系统研究,尤其论证了总部经济与新型城镇化耦合发展的机制与模式,并向省委省政府提交了《加快发展城市总部经济,提升湖南开放型经济发展水平》的报告,在年底湖南省委召开的深化改革开放大会上作重点发言,并获得湖南省在社会科学界 2014 年学术论坛特等奖,2015 年该课题结题等级优秀。

(2)"张家界市商业网点规划研究"。张家界市是中部地区一个具有明显地域特色、民族特色、产业特色的中等城市。该市远离区域中心城市,处于湖南、湖北、重庆三省市交会地带的武陵山区,辖两县两区,其中桑植县是国家级贫困县,周围农村人口比重大。2014 年 7~8 月我们课题组成员深入张家界市,详细调研该市永定区商贸流通产业结构的演变,对最基础的街区商业网点的布局及演进进行扫描式的实地调研与记录，对各个专业商品市场变迁、物流仓储网点、旅游商业服务经营门店等流通网点的分布都做了认真调研。同时课题组成员分别深入慈利县、桑植县、武陵源区对两个县城及重点农村小城镇商贸流通网点在空间分布情况及问题进行了认真调查。作为一个正在向国际化旅游中心发展的城市，张家界旅游酒店数量在城区空间上扩展较快，但旅游购物网点、商品市场、个体餐饮、城乡集贸市场在空间布局上的散、小、差、乱的粗放状态却十分明显，提质升级、优化布局的任务十分艰巨。针对存在问题，我们提出了一系列切合实际的发展思路与对策，并对张家界市的商贸流通产业的发展及空间布局的优化进行了科学规划。

（3）"基于株洲货运交通优势发展商贸物流业战略研究"。2015 年课题组负责人柳思维受株洲市委委托主持承担了株洲市商贸物流发展战略研究。课题负责人和课题组成员尹元元博士、唐红涛博士等深入株洲市的商场、港口、码头、车站等进行实地调研，并到株洲市有关部门、企业深入调查株洲市商贸流通业发展现状及存在问题。株洲市作为湖南长株潭城市群的核心城市之一，和张家界市的产业特色、区域特色明显不同，工业产业优势明显，在轨道交通动力设备、航空动力设备的研发及制造方面国内领先，有中国"动力谷"之称。株洲也曾是一个铁路交通枢纽城市，依托京广与浙赣铁路的交会，芦淞服装市场也曾名列全国服装市场前列，其在空间上集群发展的规模也十分可观。进入高铁、高速公路时代后，株洲市商贸物流的发展却出现了一些新问题，如高速公路的发达，水运的衰落，使株洲水陆联运的优势难以发挥，货物中转运输量明显减少，依托铁路交通优势的物流业发展在第三产业中比重有所下降；高铁的"过道"效应影响流动人口在株洲的中转；离省会长沙太近，长沙市的极化效应使株洲购买力部分流入长沙，这些新情况正是我们研究城市流通产业结构必须关注的。我们在课题研究中充分比较了株洲与周边城市商贸物流业发展的特色和差异，诊断了存在的问题，提出了"十三五"株洲市商贸物流业发展的战略定位、战略目标，研究了发展对策和措施，成果进入了市委市政府决策。对株洲这一特色城市商贸物流业发展战略的研究也使我们课题组进一步思考在高铁、高速公路时代城市流通产业结构变化的新情况、新问题与新对策。

（4）"湖南'十三五'新型城镇化发展研究"。2015 年课题组负责人带领课题组主要成员唐红涛博士、徐志耀博士、尹元元博士、朱艳春博士一道承担了湖南省"十三五"规划前期重大研究课题"湖南省'十三五'新型城镇化发展研究",形成了6万多字的研究报告,研究报告界定了新型城镇化的内涵,对国内城镇化东、中、西部各地,如浙江省、安徽省、四川省推进新型城镇的经验做了比较研究,对湖南省城镇化进程中的问题进行了诊断,提出了湖南新型城镇化的发展思路及基本原则,强调处理好规模扩张与质量提升的关系,突出质量发展;处理好产业发展与空间扩张的关系,突出产业集聚与产业升级;处理好硬件建设与文化传承的关系,突出提升城市文化内涵及文化软实力。课题研究了湖南"十三五"新型战略化目标及要素指标体系,专门研究了湖南"十三五"新型城镇化的空间布局,明确提出了"大力优化提升长株潭城市群发展水平,倾力打造洞庭湖生态经济区城市体系,努力建设大湘西城市带体系,着力培育湘南产业转移城市群",课题提出了推进湖南"十三五"新型城镇化的制度创新对策,并对"十三五"提升湖南新型城镇化质量的主要对策进行了专章专题研究。本课题研究成果也作为国家重点社科课题研究的重点阶段统性成果正式进入决策,被湖南省发改委吸收印发作为前期研究重点成果,为编制湖南"十三五"新型城镇化提供了思路与对策方案。

(5)"湖南省'互联网+'流通产业创新发展研究"。2016年课题组负责人率课题组部分成员承担了湖南省社科基金重大招标项目课题"湖南省'互联网+'流通产业创新发展研究"(16ZDA05)。随着互联网技术的发展和应用,湖南省流通产业在"互联网+"发展大背景下正朝着信息化、网络化、数字化、标准化、集约化和智能化等趋势和目标前进,不断创新发展。为此我们在研究中提出湖南省流通产业创新发展的方向为:顺应"互联网+"发展趋势,以电子商务为纽带,以互联网、物联网、大数据、云计算等技术为支撑,以新业态、新模式为着力点,实施内外融合战略,将线上线下、境内境外、城市和农村、生产和消费、供应与制造、销售与服务融合起来,打造集"商流""物流""资金流""信息流"和综合服务于一体的国际、国内贸易大平台,构建大融合、大平台、大贸易、大流通的新格局。课题中对城市传统实体流通业结构如何顺应供给侧结构性改革积极拥抱互联网加大商业模式创新进行了专门研究。2017年底课题结题。

在承担上述与国家社科基金重点课题相关课题的研究中,"十二五"后期我们还承担了湖南省社科重大项目委托课题"环洞庭湖经济区城镇化研究"，也重点研究了环洞庭湖生态经济区岳阳市、常德市、益阳市三市级所辖县、区的新型城镇化发展问题，课题最终研究成果形成学术性专著《农村城镇化研究》，被列入"十三五"国家重点图书出版规划项目，由湖南大学出版社 2014 年 6 月出版，2017 年获湖南省第十三届优秀社科成果二等奖。

1.3 本书创新点与研究展望

本书研究的主要创新点包括以下几个方面。

（1）构建了一个以"效率—公平—生态—文化"为导向的多层次综合评价指标体系，客观描述了城市流通产业空间结构状况及其优化潜能。城市流通产业空间结构的评价是结构优化的基础性工作，但当前研究在这方面还较为薄弱，特别是空间结构的量化评价还有较大欠缺。本研究借鉴了关于流通效率评价等方面文献，着眼于如何综合评价一个城市的流通产业空间结构是否处于较优状态的问题，使用经济系统分析方法，构建了一个多层次综合评价指标体系，全面、客观地描述城市空间结构的发展状况，最终提出优化目标与实施路径。

（2）运用了 Python 网络爬虫和大数据技术与方法，使用 Arcgis 空间分析工具对城市流通产业空间结构做了深入分析与对比。当前文献对流通产业空间结构的研究方法是多种多样的，但是这些多样化的研究方法并没有同时对同一个研究主题进行过集中式、比照式的研究。目前来看，这些对城市空间结构研究的方法包括：POI 数据挖掘技术、GIS 技术、GPS 技术、RS 技术、空间关联分析技术、计算机模拟技术等等。这些前沿方法在描述流通产业空间结构方面各有长处，如能将它们集中使用到某特定大城市的流通产业空间结构优化研究中来，则可以从不同技术方法的视角对同一事物进行多角度分析，让我们得到关于城市流通产业空间结构优化的更多信息，从而得出更加系统、准确、可行的空间结构优化方案。

（3）使用 Matlab 等空间仿真工具，对克鲁格曼和藤田昌久的企业空间集聚理论进行了检验，并以动态演进的方式展示其区位过程。当前文献对城市流通产业空间结构的形成机理与影响因素研究还不够充分，特别是各种冲击是如何引起空间结构变化还较少涉及。从理论层面来看，商业空间结构的形成机理不外乎包括消费者选择、流通企业集聚以及两个方面的双向互动；等等，然而它们究竟是如何触发结构变动的开关，又是经过何种传导机制最终实现从微观到中观、从局部到整体的变动的，没有文献对这个动态过程进行描述。然而，这是城市流通产业空间结构优化的基本条件。事实上，随着计算机技术的进步，已经完全可以建立一个城市流通产业空间的描述性模型，并模拟某一外部冲击（如政策）对城市流通产业空间结构的影响。

（4）初步研究并提出了优化城市商业空间结构的多层次指标体系，并运用单层次及综合指标体系对全国 4 个直辖市 27 个省会城市及 256 个地级城市的流通产业空间结构状况进行评价和横向比较分析，这是一项具有创新性的前沿探索研究。

（5）优化城市流通产业空间结构对策上的创新。课题研究中提出"要突出解决我国区域间流通空间结构失衡""协调发展解决城乡流通空间结构失衡""创新发展解决城市零售业空间结构失衡""加大科技创新提升城市流通产业空间效率"等主要对策措施均有一定新意，充分体现了落实党的十九大关于区域协调发展战略的要求。

出于研究过程中实际情况变化，本书研究成果还存在诸多不足，也是我们团队今后将继续跟进和努力的方向。一是对城市之间与城市内部空间结构问题的研究采用了一个非对称的研究方法。即在城市之间的空间结构问题上采用了经济学的综合评价方法，而在城市内部空间结构问题上采用了地理学数据挖掘和计算科学仿真等研究方法。如果能够对城市之间、城市内部分别使用经济学、地理学和计算机科学的方法进行研究，则可以使研究更体现一般性和科学性，这是后续研究的主要努力方向。二是在研究过程中未使用空间计量经济学的前沿研究方法。空间计量经济学在研究城市流通产业空间结构方面具有一定的优势，本研究的这一变化，主要是由于团队人员变动带来的适应性调整。今后，我们将继续探索空间计量经济学在城市流通产业空间结构方面的研究。三是在研究城市流通产业空间结构的演进案例方面，只选用了长沙市这一个案例，并且是一种按时间线索的简述与说明，未做深入的定量研究。长沙只是中部地区一个省会城市，而对东部、西部地区的代表性城市流通产业空间结构的演进未能进行典型案例分析，更未对国际上不同类型国家代表性城市的典型进行比较研究，这些都是今后在此类研究中应当深化与完善的。

第2章

中国流通产业空间结构现状

中共十九大报告提出要坚定"实施区域协调发展战略"。我国经济区域众多，发展条件、资源禀赋、政策机制等千差万别，要实现区域之间的协调发展，需要各个地区在不同发展阶段培育一个或几个符合区域自身条件的主导产业，使之对整个区域发展起支撑和带动作用，从而促进区域产业结构的合理化和高级化。因而，认识区域发展条件、培育符合自身特色的主导产业，对于区域经济的发展至关重要。流通产业对区域经济发展的重要性在不同区域的不同发展阶段也存在一定差异。然而部分地区未能结合自身实际情况，夸大或忽视了流通业的地位与作用，导致其在一定程度上阻碍了区域经济健康快速发展。本章从全国的纵向时间序列和各省市的横向比较两个方面，分析中国加入世界贸易组织（WTO）以来流通产业的发展演进和空间分异。

2.1　流通业整体发展水平

2001 年 12 月 11 日中国加入 WTO 以来，开放经济进一步发展，与国际市场接轨程度的提高，激烈的国际竞争环境和外来要素的进入，倒逼中国经济改革的深化，带动了我国流通业的繁荣发展。"十一五"期间，流通业整体发展水平呈快速递增态势，"十二五"期间，国务院先后发布《关于深化流通体制改革、加快流通产业发展的意见》和《国内贸易发展"十二五"规划》，明确商贸流通业在国民经济中的基础性和先导性地位，标志着商贸流通业在国民经济中的地位达到前所未有的高度。近年来，随着移动互联网、人工智能、大数据等技术的发展与渗透，零售业正经历着一场深刻变革。同时，由于发展条件、资源禀赋等因素不同，我国流通产业发展呈现出显著不均衡，总体上看，东部地区流通发展水平普遍高于中西部地区。囿于数据的可得性，本章讨论的流通产业包含交通运输、仓储和邮政业、批发和零售业、住宿和餐饮业。

　　本章将以流通业增加值、流通业增长速度、流通业产值占 GDP 比重、流通业产值对 GDP 的贡献率、流通业产值占第三产业比重等指标来反映流通业发展的整体水平。其中，流通业增加值能够反映商贸流通业所创造的商品和劳务的最终价值，即从总产出的角度反映一个地区流通业的发展水平。流通业的增加值越大，则表明其创造的价值越大，对于某一地区经济发展的贡献也越大。2002～2019 年流通业整体发展水平如表 2－1 所示。

表 2－1　　　　　　　　　　2002～2019 年流通业整体发展水平

年份	流通业增加值（亿元）	流通业增长速度（％）	流通业产值占 GDP 比重（％）	流通业产值对 GDP 贡献率（％）	流通业产值占第三产业比重（％）
2002	20215.8	9.9	16.6	16.8	39.3
2003	22212.0	9.9	16.2	12.7	38.5
2004	25427.1	14.5	15.7	13.2	38.1
2005	28833.0	13.4	15.4	13.4	37.2
2006	33512.3	16.2	15.3	14.6	36.5
2007	41094.3	22.6	15.2	15.0	35.5
2008	49169.8	19.7	15.4	16.4	35.9
2009	52484.1	6.7	15.0	11.3	33.9
2010	62403.5	18.9	15.1	15.6	34.3
2011	74141.9	18.8	15.2	15.5	34.3
2012	83135.6	12.1	15.4	17.8	34.0
2013	92559.8	11.3	15.6	17.3	33.3
2014	102933.5	11.2	16.0	20.5	33.1
2015	110545.2	7.4	16.0	16.8	31.6
2016	120360.9	8.9	16.1	17.1	30.8

年份	流通业增加值（亿元）	流通业增长速度（%）	流通业产值占GDP比重（%）	流通业产值对GDP贡献率（%）	流通业产值占第三产业比重（%）
2017	133334.5	10.8	16.0	15.1	30.4
2018	145761.6	9.3	15.9	14.2	29.8
2019	156687.3	7.5	15.8	15.3	29.3

注：①流通业产值对GDP贡献率为流通业产值增量与GDP增量之比；②表中数据四舍五入后，保留一位小数。

资料来源：根据《中国统计年鉴》相关数据整理计算。

由表2-1可知，2002～2019年我国流通业增加值的增长势头明显，从2002年的20215.8亿元增加到2019年的156687.3亿元，增加幅度为136471.5亿元。从流通业增长速度看，各年波动比较明显。其中，2002～2008年，增长速度总体呈上升趋势。受金融危机的影响，2009年，我国流通业增加值经历了一个短暂的大幅下降期，2010～2011年开始恢复性增长，处于一个小高峰期，但是仍然没有超过2007年的最高值，随后又呈现缓慢下降趋势，截至2015年下降到7.4%，比2002年9.9%的水平略有降低，2016～2017年出现回升，增长1.9%，2018～2019年又出现下滑趋势。

从流通业产值占GDP比重看，2002～2019年，我国流通业产值占GDP的比重总体上比较稳定，年际变化幅度较小，基本维持在15%～16%，最低为2009年的15.0%，最高为2002年的16.6%。

从流通产业对GDP贡献率看，2002～2019年，我国流通业对GDP的贡献率呈现出波动态势。分阶段来看，2002～2004年流通业GDP贡献率基本呈现下降趋势，2005～2008年开始稳步提升，随后在2009年下降，2010～2014年逐年回升。总体上看，2002～2019年我国流通业对GDP的平均贡献率为15.47%，流通业呈现出稳步增长的趋势。

从流通业产值占第三产业比重看，2002～2019年，流通产业增加值占第三产业增加值的比重逐渐下降，但流通业占第三产业产值的比重仍然保持在30%左右，可见，流通业是我国第三产业的重要组成部分，随着国民经济的增长、服务经济的到来和国家推进新型城镇化，未来我国的服务业占比将不断增大，基于物联网、区块链、大数据等现代信息技术的运用，商业模式和商业生态将发生颠覆性的创新,我国流通业的发展水平将持续提高。

进一步地,我们计算出 2005~2019 年我国 30 个省份流通业增加值①,并绘制出其变动趋势,如图 2-1 所示。

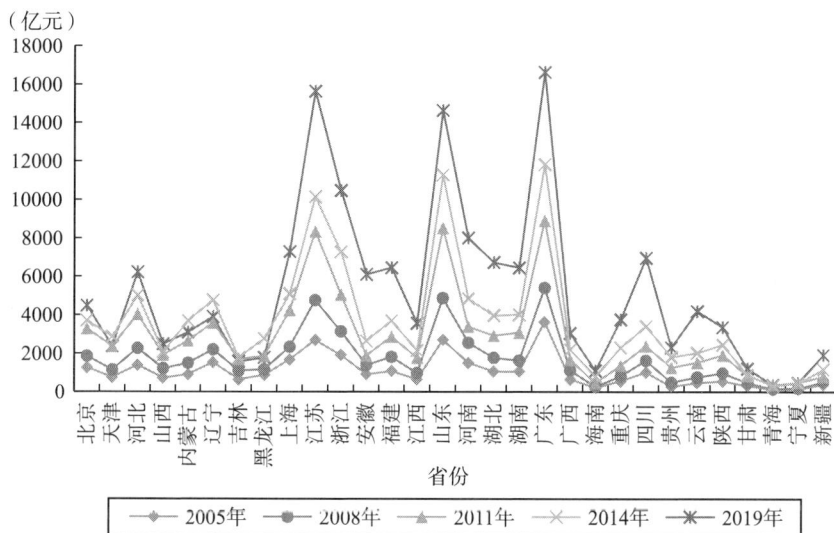

图 2-1 2005 年、2008 年、2011 年、2014 年、2019 年各省份流通业增加值变动趋势
资料来源:根据《中国统计年鉴》相关数据整理计算。

结合图 2-1 和表 2-2 数据可以发现,我国流通业发展存在较为明显的地区差异。从绝对量来看,东部地区流通业发展水平最高、中部地区次之,西部地区最低;从年均增速来看,2005~2019 年这一时间段内,西部地区省份流通业增速明显快于东部、中部地区,即流通业发展较为迅速的地区集中在增加值总量相对较低的地区,而流通业发展水平较高的地区增长速度则相对较为平缓。在我国西部,贵州、云南、重庆、四川、新疆流通业增加值增长速度排名前 10 位,但增加值总量相对较低,陕西、宁夏、青海、四川、广西、甘肃、内蒙古排名第 10~30 位,增长速度相对较慢,增加值总量也相对较低;在我国中部,安徽、湖南、湖北属于增加值总量和增长速度相对较高的区域,江西、河南、山西、吉林、黑龙江属于增加值与增长速度都处于中

_____

① 由于数据可获得性,研究统计数据不包含我国西藏和港澳台地区。

等水平的区域；在我国东部，各省份流通业发展水平在全国处于相对较高水平，但其年均增速相对较低。具体而言，海南流通业增加值年均增速最高，达到 13.3%，在全国排名第 8 位，福建、江苏、浙江、山东、上海、广东、河北、北京、天津、辽宁年均增速则均在第 10~30 位。

表 2-2　　　　2005~2019 年流通业增加值年均增速地区差异

地区	省份	年均增速（%）	排名	地区	省份	年均增速（%）	排名
东部地区	海南	13.3	8	中部地区	河南	12.6	15
	福建	13	10		山西	9.5	25
	江苏	12.9	13		吉林	6.4	29
	浙江	12.6	14		黑龙江	5.5	30
	山东	12.5	16	西部地区	贵州	16.4	1
	上海	11.3	18		云南	16.1	2
	广东	11.2	19		重庆	14.3	4
	河北	11.2	20		四川	14.1	6
	北京	9.5	26		新疆	13.1	9
	天津	8.6	27		陕西	13	12
	辽宁	6.7	28		宁夏	11.4	17
中部地区	安徽	15.1	3		青海	11.1	21
	湖南	14.2	5		广西	10.8	22
	湖北	14	7		甘肃	10	23
	江西	13	11		内蒙古	9.6	24

注：东部地区包括河北、福建、辽宁、山东、天津、海南、北京、上海、江苏、广东、浙江等 11 个省份；中部地区包括吉林、黑龙江、安徽、山西、江西、河南、湖北、湖南等 8 个省份；西部地区包括宁夏、贵州、新疆、内蒙古、甘肃、青海、重庆、陕西、广西、四川、云南等 11 个省份。我国西藏和港澳台地区由于数据不全未列入研究范围，下文均以此划分。

资料来源：根据《中国统计年鉴》相关数据整理计算。

马克思指出："城市工业的产品作为商品，它的出售需要有商业作媒介，这是理所当然的。因此，商业依赖于城市的发展，而城市的发展要以商业为条件，这是不言而喻的。"[①] 商贸流通业发展与城市化进程的推进密切相关，

───────────

① 马克思恩格斯选集（第 25 卷）[M]. 北京：人民出版社，1974：369.

城市发展一刻也离不开商业的支撑，因而商贸流通业是支撑城市发展的基础产业与先导产业。而商贸流通业的发展也离不开城市化的驱动，城市化的不断推进能够为商贸流通业发展提供新的发展空间和充足的劳动力及市场需求动力。具体而言，商贸流通产业发展需要便利的交通环境，它依赖于聚集的城市资源、高速的交通环境和集中的生产要素。因此，若城市拥有便利和发达的交通网络，资源相对集中，就能为商贸流通业发展提供较好的发展空间和平台，加速流通业基础设施的完善和流通效率提升进程。东部地区城市化水平较高，为商贸流通业提供了较完善的流通基础设施，包括发达的交通网络、先进的流通技术、活跃的流通主体等，同时政府也给予商贸流通企业大力支持，政策倾斜程度大，加速了商贸流通业的发展。而西部地区商贸流通业发展则相对滞后，主要表现为交通网络和流通技术明显落后于东部与中部地区，城市人口集中及市场规模也远逊于东部地区，地方政府对农业生产的重视程度远高于商贸流通。

此外，工业化水平对商贸流通业的发展起重要作用，工业能够刺激商贸流通业不断完善自身建设，从而能够更好地为工业发展服务。东部、中部地区工业化程度相对较高，对流通渠道、流通主体构成、流通运行模式与机制都有一定促进作用。其中，东部地区商贸流通业的运行机制较为完善，流通渠道较多，所面临的市场更为广阔，发展更有保障。

2.2　流通业发展的行业结构

流通业增长的结构特征首先表现为其内部的行业结构，即流通业内部各行业的构成。随着中国加入 WTO，改革开放不断深入，流通产业也进入了一个全新阶段。表 2 - 3 列出了 2002 ~ 2019 年我国流通业分行业的增加值①、增长速度、不同行业产值占流通业产值比重及不同行业对流通业增加值的贡献率。

---

① 根据 2017 年《国民经济行业分类》，本章中的流通产业包括交通运输、仓储和邮政业（G）、批发和零售业（F）、住宿和餐饮业（H），为便于结果展示和分析，此处将批发零售业和住宿餐饮业进行加总。

表 2 - 3 　　　　　　　　　　　2002～2019 年流通业行业结构

年份	流通业增加值（亿元）	交通运输、仓储和邮政业				批发零售和住宿餐饮业			
		增加值（亿元）	增长速度（%）	占流通业比重（%）	对流通业贡献率（%）	增加值（亿元）	增长速度（%）	占流通业比重（%）	对流通业贡献率（%）
2002	20215.8	7494.3	9.1	37.1	34.2	12721.6	10.4	62.9	65.8
2003	22212.0	7914.8	5.6	35.6	21.1	14297.2	12.4	64.4	78.9
2004	25427.1	9306.5	17.6	36.6	43.3	16120.6	12.8	63.4	56.7
2005	28833.0	10668.8	14.6	37.0	40.0	18164.2	12.7	63.0	60.0
2006	33512.3	12186.3	14.2	36.4	32.4	21326.0	17.4	63.6	67.6
2007	41094.3	14605.1	19.8	35.5	31.9	26489.2	24.2	64.5	68.1
2008	49169.8	16367.6	12.1	33.3	21.8	32802.2	23.8	66.7	78.2
2009	52484.1	16522.4	0.9	31.5	4.7	35961.7	9.6	68.5	95.3
2010	62403.5	18783.6	13.7	30.1	22.8	43619.9	21.3	69.9	77.2
2011	74141.9	21842.0	16.3	29.5	26.1	52299.9	19.9	70.5	73.9
2012	83135.6	23763.2	8.8	28.6	21.4	59372.4	13.5	71.4	78.6
2013	92559.8	26042.7	9.6	28.1	24.2	66517.1	12.0	71.9	75.8
2014	102933.5	28534.4	9.6	27.7	24.0	74399.1	11.8	72.3	76.0
2015	110545.2	30519.5	7.0	27.6	26.1	80025.7	7.6	72.4	73.9
2016	120360.9	33028.7	8.2	27.4	25.6	87332.3	9.1	72.6	74.4
2017	133334.5	37121.9	12.4	27.8	31.6	96212.7	10.2	72.2	68.4
2018	145761.6	40337.2	8.7	27.7	25.9	105424.3	9.6	72.3	74.1
2019	156687.3	42802.1	6.1	27.3	22.6	113885.2	8.0	72.7	77.4

注：对流通业贡献率为各行业产值增量与流通业产值增量的比重。

资料来源：根据《中国统计年鉴》相关数据整理计算。

由表 2 - 3 可知，从增加值看，2002～2019 年我国流通业各行业增加值处于稳步上升趋势。其中，交通运输、仓储和邮政通信业增加值从 2002 年的 7494.3 亿元增至 2019 年的 42802.1 亿元，上升 5 倍多；同时，批发零售和住宿餐饮业也从 2002 年的 12721.6 亿元增至 2019 年的 113885.2 亿元，上升 8 倍多。这些数据充分说明，我国流通产业的规模在不断扩大，行业影响力持续提升，创造价值的能力不断增强。

从增加值的增长速度看，2002～2019 年，流通业各行业增加值的增长速度并不稳定，不同时期均表现出较为明显的差异。例如，交通运输、仓储和邮政业在 2007 年增长速度为 19.8%，2009 年增长速度仅为 0.9%，这两个时点的增长速度相差近 22 倍；批发零售和住宿餐饮业在 2007 年增长速度为 24.2%，2015 年增长速度降至 7.6%。此外，同一时期流通业内部不同行业的增长速度也有所不同。总体上看，交通运输、仓储和邮政业增加值的增长率呈波动性下降趋势，批发零售和住宿餐饮业呈波动性上升趋势，这说明我国流通业内部各个行业之间存在较大差异，交通运输、仓储和邮政业增加值增长率有待提高。

从不同行业产值占流通业比重看，批发零售和住宿餐饮业产值占流通业产值比重从 2002 年的 62.9% 上升到 2019 年的 72.7%，上升幅度为 9.8%；而交通运输仓储和邮政通信业的产值比重处于不断下降趋势，从 2002 年的 37.1% 降至 2019 年的 27.3%，下降幅度为 9.8%。总体上看，2002～2019 年，交通运输、仓储和邮政业占流通业比重平均值为 31.4%，明显低于批发零售和住宿餐饮业占流通业比重平均值 68.6%，传统的批发零售和住宿餐饮业在流通业中所占比重呈现出不断增大的趋势，而以交通运输、仓储和邮政业为代表的现代物流规模正不断缩小，其增长速度非常缓慢，流通业内部结构的优化缓慢，与流通业乃至服务业增长和结构优化的趋势不够协调，这在很大程度上与商品和服务的市场化程度、社会化、专业化水平有关。因而，要发挥流通业对经济增长的基础性和先导性作用，必须对流通业内部结构的调整与优化给予充分重视。

从各行业增加值的贡献率看，2002～2019 年，交通运输、仓储和邮政业对流通业增加值的贡献率表现出持续缓慢下降的趋势，2004 年最高时达到 43.3%，2019 年为 22.6%，下降幅度为 20.7%；而批发零售和住宿餐饮业在总体上表现出缓慢递增的趋势，虽然中间年份出现波动，但整体上仍呈稳步上升态势。这也充分反映我国批发零售和住宿餐饮业对流通业增加值的贡献率较大，其增长具有稳定性，在国民经济中也占有比较稳定的地位；而交通运输、仓储和邮政业的贡献率则相对较小，并呈现不断下降的趋势。

进一步地，本书以交通运输、仓储和邮政业为例，探究流通业内部行业结构的地区差异，计算得到2004～2019年三大地区交通运输、仓储和邮政业占流通业比重，如图2-2所示。

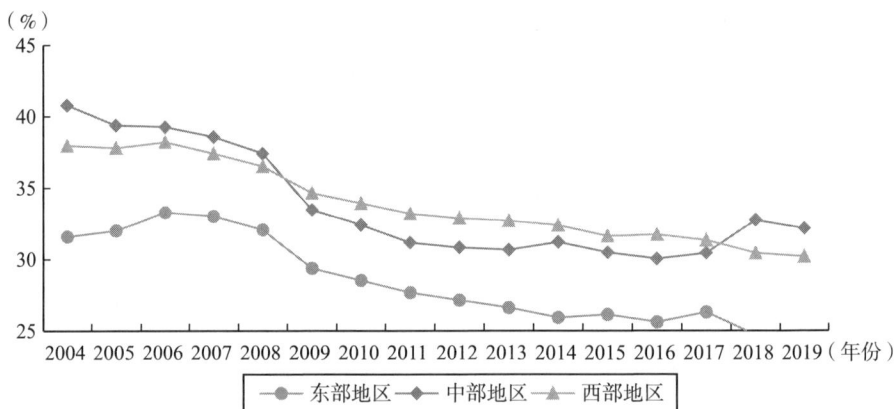

图2-2　2004～2019年三大地区交通运输、仓储和邮政业占流通业比重

资料来源：根据《中国统计年鉴》数据整理计算。

从图2-2可以看出，交通运输、仓储和邮政业占流通业比重整体呈现逐年下降的趋势，西部地区相对较高，中部地区次之，东部地区最低。横向比较来看，西部地区各省在商贸流通行业上的投资均以交通运输、仓储及邮政业居多，这也说明了西部地区发展商贸流通业的重要因素是交通条件的改善与运输能力的提高，这在很大程度上由当地的自然地势以及环境因素所决定。表2-4则显示了2004～2019年交通运输、仓储和邮政业占流通业比重的空间分异。

表 2 - 4　　2004～2019 年交通运输、仓储和邮政业占流通业比重的空间分异

地区	省份	比重均值（%）	排名	地区	省份	比重均值（%）	排名
东部地区	河北	49.10	2	中部地区	湖南	31.90	17
	福建	36.20	10		湖北	31.50	18
	辽宁	32.10	16		吉林	30.30	19
	天津	29.10	22		黑龙江	30.10	20
	山东	28.20	23	西部地区	宁夏	49.50	1
	海南	27.90	24		贵州	42.50	3
	北京	27.00	25		新疆	42.30	5
	上海	25.90	26		内蒙古	38.80	6
	江苏	24.90	27		甘肃	36.90	7
	广东	24.30	28		青海	36.70	8
	浙江	23.10	29		重庆	33.40	13
中部地区	山西	42.50	4		广西	32.60	14
	江西	36.30	9		陕西	32.30	15
	河南	35.30	11		四川	30.10	21
	安徽	34.00	12		云南	22.00	30

资料来源：根据《中国统计年鉴》数据整理计算。

从表 2 - 4 可以看出，我国各省流通业的行业结构存在显著差异，区域不平衡问题突出。就交通运输、仓储和邮政业占流通业的比重来看，东部地区 11 个省份中，有 8 个省份位于第 20～30 位，交通运输、仓储和邮政业占流通业比重非常低，占比不到 30%，河北、福建居前 10 位，交通运输、仓储和邮政业占流通业比重较高，辽宁位于中下游水平。中部地区的河南、湖北、安徽、黑龙江、湖南位于第 11～20 位，山西、江西居前 10 位，交通运输、仓储和邮政业占流通业比重较高。西部地区的 11 个省份中，有 6 个省份居前 10 位，交通运输、仓储和邮政业占流通业比重最高，其中重庆、广西、陕西、四川位于中等水平，云南交通运输、仓储和邮政业占流通业比重最低。我国西部地区对商贸流通业的资金投入大多体现在交通运输业、邮政以及仓储业中，也充分说明该区域交通运输条件的改善，这将对商贸流通业的发展将具有深远影响。

2.2.1 流通业发展的城乡结构

新中国成立以来至20世纪70年代中后期，我国长期实行城乡二元体制，实行农业补贴工业，所有政策与资源都向城市倾斜，造成了城乡发展的巨大差距，商贸流通业也是如此。20世纪90年代中期以来，在社会主义市场经济体制建立过程中，城市经济发展加快，城乡之间的商贸流通发展差距更加明显，无论是产业政策、基础设施还是商贸流通组织水平、发展技术，城乡之间都存在代差。高速公路、高速铁路以及机场、港口建设，都是围绕城市展开的，连锁超市、大卖场也主要集中在城市，为城市商贸流通发展奠定了坚实的基础。尽管多年来在扩大内需的战略下，中央政府通过开展一系列"惠民工程"，例如，"万村千乡市场工程""农村电商扶贫行动"等，以进一步激发农村消费市场，改善农村商贸流通环境，但农村商贸流通发展水平比较落后的局面没有得到根本转变，城乡之间的商贸流通巨大差距也没有得到扭转。图2-3显示了2002～2019年中国城乡消费品零售额变动趋势。

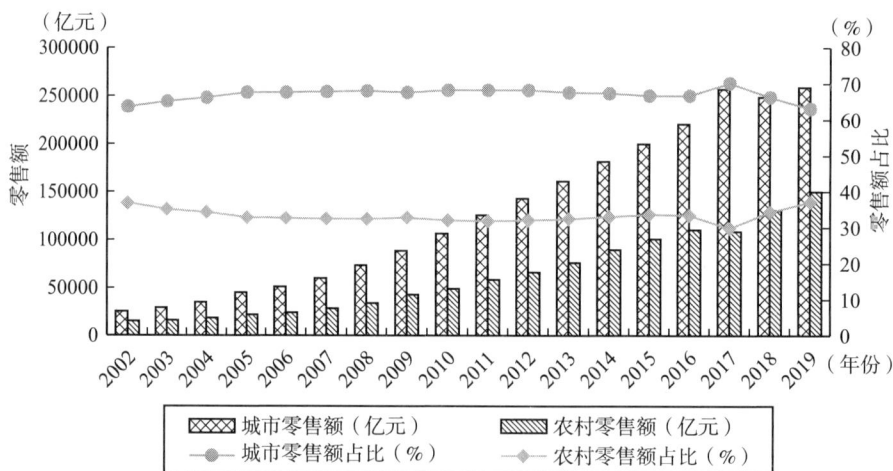

图2-3　2002～2019年中国城乡消费品零售额变动趋势

资料来源：根据《中国农村统计年鉴》数据整理计算。

由图2-3可知，2002～2019年我国城市和农村消费品零售额均明显增长。随着消费市场的扩大和消费环境的改善，居民消费需求得到更进一步的满足，消费潜力正逐渐释放。此外，商贸流通业发展表现出明显的城乡差异特征，城市消费品零售额占比明显大于农村，约为农村的 2 倍。2002～2017年期间，城市消费品零售额占比呈现出上涨趋势，农村消费品零售额占比则有所下降。可能的原因有："十二五"规划纲要提出优化城市综合超市、购物中心、批发市场等商业网点结构和布局，支持便利店、中小超市、社区菜店等社区商业发展，城市零售额出现了较快增长。农村出现降低的原因可能是农村消费转向城镇，例如，农民工在城市消费，农民工返乡之前在城市的采购、农民工的家属去城市探亲的消费，农民在网上购物的消费等，这些销售额本应该计入农村，却计入了城市，农村居民真实消费水平被低估，因此，目前我国的农村消费零售额不能真正的代表农村居民的消费能力。自 2018 年起，农村消费品零售额占比明显上升，相应地，城市消费品零售额占比有所下降，其中一个重要原因是因为农村电子商务业和农村文旅产业的迅速发展，使城市居民的一部分消费需求在农村实现。这也表明我国农村消费市场发展潜力正逐渐上升，农村消费市场将成为拉动消费增长的新增长点。可见，流通业发展的城乡协调已经成为我国商贸流通业高质量发展所亟须解决的问题。在我国经济增长中，特别是在扩大内需策略上，商贸流通扮演着重要的角色，其连接着生产与消费，也决定着缩小城乡差距战略的成功与否。可以说，能否迅速缩小城乡商贸流通业发展的差距，极大地影响着我国经济的健康可持续发展。

2.2.2 流通业发展的区域结构

我国经济发展中存在的东、中、西部区域差异在商贸流通领域同样存在，成为我国商贸流通发展必须解决的突出问题。2002～2019 年三大区域人均社会消费品零售总额及增长率如表 2－5 所示。

表 2－5　　2002～2019 年三大区域人均社会消费品零售总额及增长率

年份	东部地区		中部地区		西部地区	
	人均社零额（元）	增长率（%）	人均社零额（元）	增长率（%）	人均社零额（元）	增长率（%）
2002	5075.1	10.3	2664.0	9.9	2024.4	9.4
2003	5561.3	9.6	2856.2	7.2	2162.3	6.8

续表

年份	东部地区		中部地区		西部地区	
	人均社零额（元）	增长率（%）	人均社零额（元）	增长率（%）	人均社零额（元）	增长率（%）
2004	6289.6	13.1	3248.4	13.7	2470.8	14.3
2005	7845.6	24.7	3930.6	21.0	3229.1	30.7
2006	8901.0	13.5	4514.9	14.9	3707.1	14.8
2007	10276.2	15.4	5332.2	18.1	4362.9	17.7
2008	12552.2	22.1	6718.3	26.0	5487.9	25.8
2009	14264.7	13.6	7770.8	15.7	6340.5	15.5
2010	16488.0	15.6	9195.2	18.3	7601.4	19.9
2011	19071.9	15.7	10814.9	17.6	8944.1	17.7
2012	21488.5	12.7	12452.0	15.1	10272.6	14.9
2013	24366.9	13.4	14419.6	15.8	12120.9	18.0
2014	27016.4	10.9	16160.2	12.1	13549.8	11.8
2015	29573.3	9.5	17868.0	10.6	14865.3	9.7
2016	32192.7	8.9	19780.4	10.7	16457.3	10.7
2017	34881.1	8.4	21755.0	10.0	18088.6	9.9
2018	35796.2	2.6	22577.2	3.8	18599.6	2.8
2019	36887.7	3.0	24642.8	9.1	22134.1	19.0

资料来源：根据《中国统计年鉴》数据整理计算。

从表2-5可以看出，我国商贸流通业发展存在较为明显的区域差异，主要表现为东、中、西部地区呈现出三种不同的发展水平，具有明显的梯度层次。第一，从人均社会消费品零售总额来看，2002~2019年，东部地区人均社会消费品零售总额远高于中、西部地区，2019年，东部人均社会消费品零售总额为36887.7元，而中部地区为24642.8元，西部地区为22134.1元，东部地区与中、西部地区相差1万余元，可见三大地区人均社会消费品零售总额差距明显。东部地区是我国经济发达地区，经济基础、基础设施条件有明显优势，商贸流通业发展水平较高。而中、西部地区经济发展水平相对较低，发展水平都相对落后。第二，从人均社会消费品零售额增长率来看，2002~2018年，各地区增长率均呈现出一定的下降趋势，2019年增长率则有所提升。值得关注的是，尽管东部地区人均社会消费品零售额总量高于其他两个地区，但增速却低于中西部地区。2019 年中、西部地区人均社会消费品零售额增长率分别为 9.1%、19.0%，东部地区增速仅为 3.0%，说明东、中、西部三大地区人均社会消费品零售额增长正趋于协调，相对差距不断缩小。

2.2.3 流通产业的要素投入

本书主要关注流通产业的劳动要素投入，基于流通业从业人员数量展开分析。流通业属于劳动密集型产业，且就业门槛相对较低，这些特征决定了其强大的就业贡献能力，这也是中国流通业取得快速发展的一个重要原因。流通产业劳动力就业人数是判断我国产业就业结构人员比例的一个重要变量。也就是说，流通产业所具有的吸纳劳动力的功能是否能够发挥，可以通过流通业从业人员占比来判别。基于数据的可得性，本书选取各省（自治区、直辖市）城镇单位的流通业就业人数来反映流通业整体就业水平。具体而言，流通业就业人员由城镇流通业单位从业人员、私营企业和个体就业人员加总得到。2003～2019 年中国流通业从业人员变动情况如表 2-6 所示。

表 2-6 **2003～2019 年中国流通业从业人员变动**

年份	平均值（万人）	最大值（万人）	最小值（万人）	标准差（万人）	变异系数
2003	136.28	364.58	18.45	77.92	0.57
2004	150.47	424.56	25.08	86.19	0.57
2005	159.80	499.23	25.55	97.79	0.61
2006	171.07	609.17	29.45	115.59	0.68
2007	185.64	699.55	31.15	130.29	0.70
2008	201.56	737.50	25.80	139.17	0.69
2009	225.27	785.10	31.40	156.28	0.69
2010	235.28	790.40	34.00	160.64	0.68
2011	275.89	883.70	37.50	175.72	0.64
2012	289.89	966.10	41.30	185.42	0.64
2013	336.17	1190.70	45.80	226.10	0.67
2014	385.39	1494.30	57.50	276.96	0.72

续表

年份	平均值（万人）	最大值（万人）	最小值（万人）	标准差（万人）	变异系数
2015	427.25	1749.80	53.00	326.81	0.76
2016	467.00	2057.80	61.20	375.85	0.80
2017	505.32	2337.80	70.10	417.83	0.83
2018	533.02	2379.10	72.20	440.66	0.83
2019	576.59	2707.10	74.00	487.35	0.85

资料来源：根据国家统计局"分省年度数据"栏目数据整理计算。

由表 2-6 可知，整体而言，2003～2019 年期间，我国流通业从业人员逐年增加，流通产业的劳动吸纳功能得到发挥。具体而言，流通业从业人员数由 2003 年的 136.28 万人增至 2019 年的 576.59 万人。从省际差异来看，2003～2019 年期间，由变异系数所反映的流通业就业人员省际差距呈现出一定的扩大趋势。变异系数由 2003 年的 0.57 增至 2019 年的 0.85，表明我国流通产业劳动要素投入的省际相对差距正逐渐扩大，存在较大的区域不平衡现象。

进一步地，本书计算得到 2003 年、2007 年、2011 年、2019 年各省份流通业从业人数变动趋势，如图 2-4 所示。

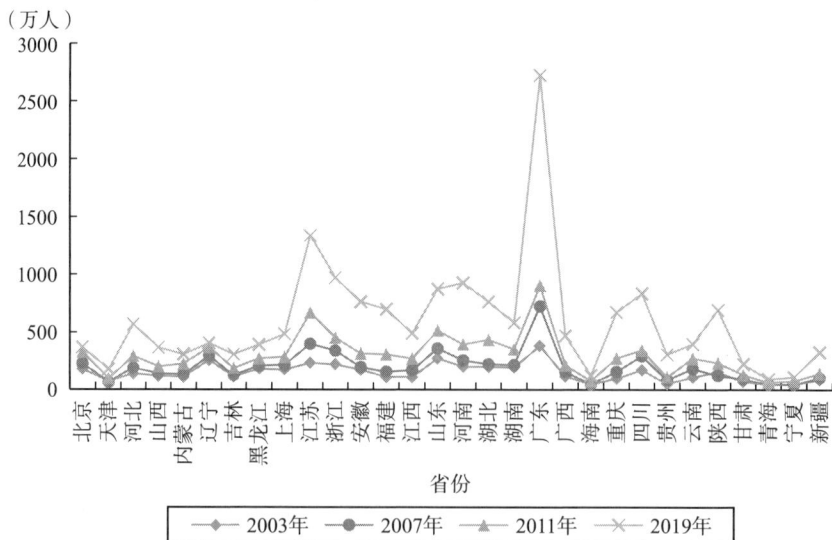

图 2-4　2003 年、2007 年、2011 年、2019 年各省份流通业从业人数变动趋势

资料来源：根据《中国统计年鉴》数据整理计算。

2003 年以来，随着我国流通体制改革进程的深入推进，商品市场规模逐渐增大、商业网点增多、商品的市场供给能力逐渐增强，流通业从业人员也大幅增加。从图 2-4 可以看出，流通业高就业区域主要集中在广东、江苏、浙江等地，说明企业数的多少与经济发展水平密切相关。自 2011 年起，全国各地流通业就业人数明显增长，可能的原因为：2011 年为"十二五"规划的第一年，规划中提出加快发展生产性服务业，深化专业化分工，加快服务产品和服务模式创新，大力发展现代物流业，加快建立社会化、专业化、信息化的现代物流服务体系，为流通业的发展提供了良好的政策支持。

在此基础上，本书通过对比分析东、中、西三大地区流通业从业人员占比的变动趋势探究流通产业要素投入的区域差异，如图 2-5 所示。

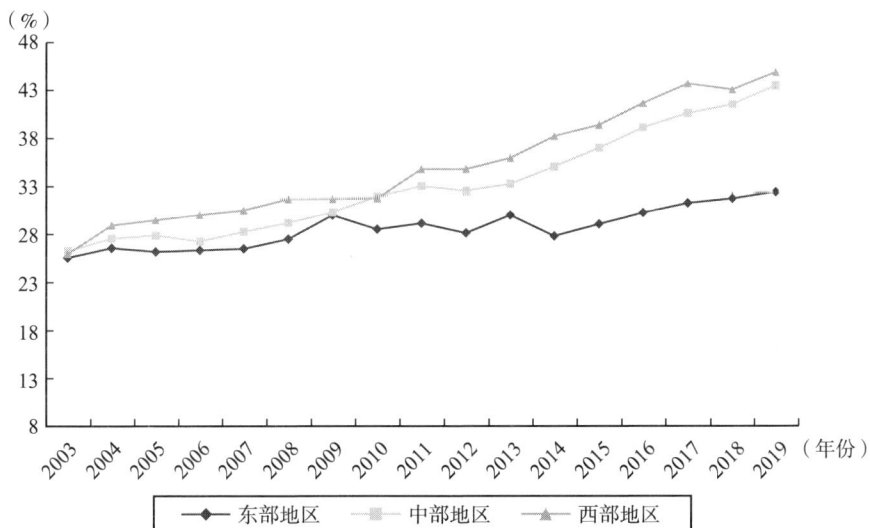

图 2-5 2003~2019 年分地区流通业从业人员占比变动趋势

资料来源：根据《中国统计年鉴》数据整理计算。

由图 2-5 可知，2003~2019 年期间，东、中、西三大地区流通业就业人员占比均呈现出明显的上升趋势。其中，西部地区上升幅度最为明显，中部地区次之，东部地区最小。自 2004 年起，西部和中部地区流通业劳动要素投入占比超过东部地区，且增速不断上升，到 2019 年分别达到 44.70% 和 43.30%，而东部地区则仅为 32.36%。可能的原因在于：随着国家对中、西部地区政策支持力度的加大，中、西部地区流通业的发展吸纳就业的能力逐步增强，有效带动城市劳动力就业的同时也提升了就业质量，并促使中、西部地区商贸流通业不断发展壮大。相比于中、西部地区，东部地区人工智能、大数据、云计算等新兴信息技术推广应用程度更高，流通智能化水平不断提升，其流通业正逐渐由原来的劳动密集型产业向资本技术密集型产业转移，劳动力需求明显下降，故流通业就业人员占比增幅较小。这也从侧面反映出，随着各地区流通智能化发展水平的提升，流通业劳动要素投入占比增速将逐渐下降。表 2 - 7 显示了 2003~2019 年流通业从业人员占比的空间分异。

表 2 - 7　　　　　　　**2003~2019 年流通业从业人员占比的空间分异**

地区	省份	流通业从业人员占比均值（%）	排名	地区	省份	流通业从业人员占比均值（%）	排名
东部地区	广东	35.52	7	中部地区	黑龙江	33.18	15
	海南	35.36	8		湖南	32.67	17
	辽宁	31.52	19		河南	30.49	22
	上海	31.42	20		山西	29.49	24
	河北	30.54	21	西部地区	青海	40.83	1
	山东	28.48	25		宁夏	37.83	2
	浙江	27.24	26		内蒙古	37.67	3
	江苏	26.59	27		重庆	36.38	4
	北京	26.23	28		广西	34.89	9
	天津	25.46	29		甘肃	34.24	10
	福建	15.59	30		云南	34.09	11
中部地区	安徽	35.83	5		陕西	33.89	12
	湖北	35.70	6		四川	32.75	16
	吉林	33.74	13		新疆	31.79	18
	江西	33.46	14		贵州	29.60	23

资料来源：根据《中国统计年鉴》数据整理计算。

由表 2 - 7 可知，我国各省份流通业从业人员占比存在明显的地区间和地区内差异。从地区间差异来看，平均意义上，2003～2019 年西部地区流通业从业人员占比明显高于中部和东部地区。西部地区 11 个省份中有 6 个位于全国前十，中部和东部地区则分别仅有 2 个位于全国前十，且中部地区流通业从业人员占比整体水平略高于东部地区。2003～2019 年期间，西部地区青海省流通业从业人员占比最高，达到 40.83%，而东部地区福建流通业从业人员占比则仅为 15.59%，相差 25.24%。从地区内差异来看，东部地区内部流通业从业人员占比省际差异最大，西部地区其次，中部地区最小。在东部地区，广东流通业从业人员占比最高，达到 35.52%，与最低的福建相差 19.93%；西部地区青海与贵州之间流通业从业人员占比相差 11.23%；中部地区省际差异则相对较小，安徽与山西之间流通业从业人员占比相差 6.34%。可见，我国流通产业劳动要素投入仍存在较大的地区间与地区内差异，各地区流通产业内部要素组成有较大差异，导致各地区流通产业发展水平参差不齐，亟须采取措施加以治理。

2.2.4　流通产业的资源分布

通过流通产业资源分布可以分析和研究我国流通产业的布局，并以此为基础制定相应的改进措施，促进我国流通产业的协调和可持续发展。本书以我国各省份限额以上批发零售贸易法人企业数这一市场主体为标准进行衡量。一般而言，区域流通市场主体越多，相应的资源也更加丰富。图 2-6 显示了 2002 年、2006 年、2010 年、2014 年、2019 年限额以上分省份批发零售贸易法人企业数变动趋势。

由图 2-6 可知，整体而言，2002～2019 年我国各省份限额以上批发零售贸易法人企业数逐渐增加，说明各地流通产业资源不断丰富。其中，高法人企业数主要集中在北京、天津、上海、江苏、浙江、福建、山东、广东等地，说明法人企业数的多少与经济发展水平密切相关。此外，从限额以上批发零售贸易法人企业数增长率来看，其在 2005 年、2006 年、2008 年和 2010 年出现了大幅度的增长，可能的原因是国家提供了一系列的政策支持。例如，2005 年国务院召开第一次全国流通工作会议，会后下发了《国务院关于促进流通业发展的若干意见》，明确今后一段时期我国流通业发展的指导思想和主要任务；2007 年，国务院《关于加快发展服务业的若干意见》中，提出要优先

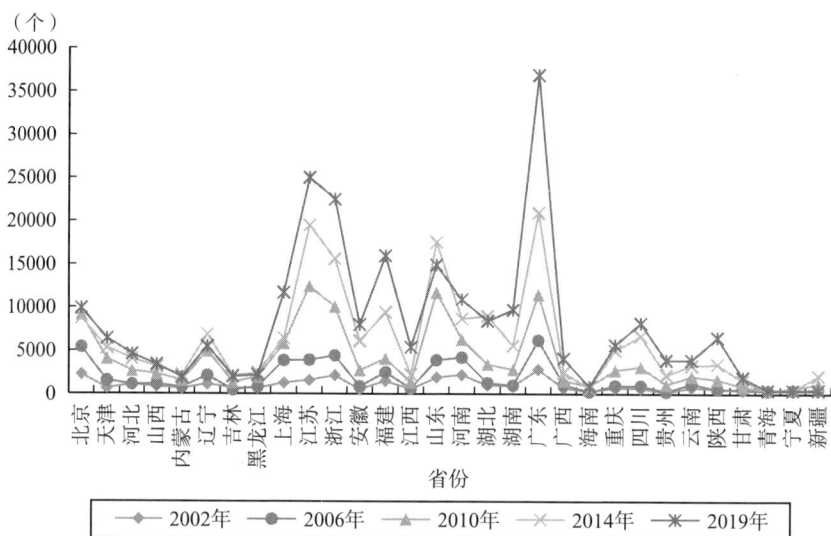

图 2 - 6　2002 年、2006 年、2010 年、2014 年、2019 年
各省份限额以上批发零售贸易法人企业数变动趋势

资料来源：根据《中国统计年鉴》数据整理计算。

发展物流业，提升改造商贸流通业；2008 年发布的《国务院办公厅关于搞活流通扩大消费的意见》则指出要加快现代流通体系建设，进一步搞活商品流通，扩大消费需求，增加城乡就业，保持经济平稳较快增长。

进一步地，我们通过计算各省份限额以上批发零售贸易企业数增长率考察流通产业资源分布的区域差异，以变异系数反映限额以上批发零售贸易企业数的相对差距，如表 2 - 8 所示。

表 2 - 8　　　2002～2019 年限额以上批发零售贸易法人企业数平均增速变动

年份	平均值（%）	最大值（%）	最小值（%）	标准差（%）	变异系数
2002	4.3	33.3	-11.6	10.2	2.3
2003	2.7	19.4	-18.0	8.1	3.0
2004	86.9	191.8	1.9	49.2	0.6
2005	-9.0	7.4	-24.2	7.8	-0.9
2006	4.4	66.5	-14.4	15.7	3.6

续表

年份	平均值（%）	最大值（%）	最小值（%）	标准差（%）	变异系数
2007	4.6	35.1	−7.3	8.0	1.7
2008	77.1	210.2	19.5	42.9	0.6
2009	−2.9	19.0	−36.4	10.4	−3.6
2010	22.7	63.9	−1.3	16.3	0.7
2011	13.5	47.3	−6.5	12.1	0.9
2012	14.3	43.7	−17.1	12.7	0.9
2013	18.4	59.7	−7.9	16.9	0.9
2014	8.8	27.6	−17.4	10.0	1.1
2015	2.3	27.7	−27.5	10.9	4.8
2016	7.1	42.7	−17.7	10.3	1.5
2017	3.0	23.2	−13.0	8.8	3.0
2018	4.0	17.9	−15.3	7.9	2.0
2019	17.40	66.13	−11.5	17.0	1.0

资料来源：根据《中国统计年鉴》数据整理计算。

从表 2-8 可以看出，2002～2019 年期间，各省份之间限额以上批发零售贸易企业数平均增速的地区不平衡特征明显。具体而言，由变异系数所反映的省际限额以上批发零售贸易企业数平均增速的相对差距存在较大波动，2002～2003 年变异系数基本维持在 2 以上，2008～2013 年这一差距逐渐缩小，基本维持在 1 左右，2014 年起又呈现出扩大趋势，但与 2002 年的 2.3 相比，2019 年省际限额以上批发零售贸易企业数平均增速相对差距下降了 1.3，各省份间相对差距有所减小。可见，尽管各省域自然环境、资源禀赋、经济基础明显不同，导致经济发展水平参差不齐，流通业企业数也呈现较大差异，但随着西部大开发，中部崛起的政策相继出台，区域间的差距在一定程度上有所减小。

在此基础上，本书通过对比分析东、中、西三大地区限额以上批发零售贸易企业数的变动趋势探究流通产业资源分布的区域差异，如图 2-7 所示。

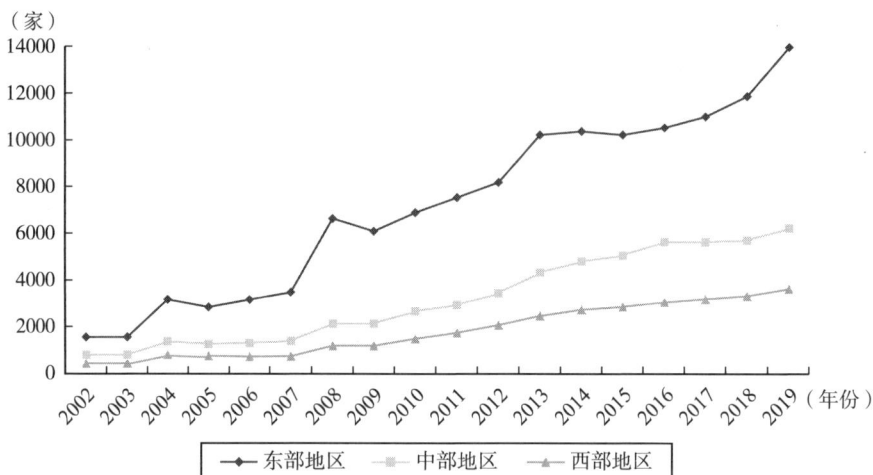

图 2 - 7　2002 ~ 2019 年三大地区限额以上批发零售贸易法人企业数变动趋势

资料来源：根据《中国统计年鉴》数据整理计算。

从图 2 - 7 中可以看出，2002 ~ 2019 年各地区限额以上批发零售贸易法人企业数均呈现逐年增长的趋势，且我国流通产业资源整体上呈现出显著的区域差异。其中，东部地区限额以上批发零售贸易企业数量最多，中部地区次之，西部地区最少。2002 ~ 2007 年期间，东、中、西三大地区的企业数相差不大，但自 2008 年起，东部的增长速度明显快于中、西部地区，与中、西部地区的差距逐年扩大，这和东部经济基础好有较大的关系，但对中、西部地区来说，无论从企业数总量还是增长速度来看，两个地区都比较接近，相差不大，但自 2013 年起两者之间的差距也呈现出一定的扩大趋势。

东部地区大多是沿海或者近海地区，沿海地区的地势较为平坦，因此我国沿海部分城市交通较为便利，加上近海地区可以利用海上运输，开辟更多的运输方式，因而运输成本较低。而运输成本是流通能否发展壮大的关键。我国中西部地区多高山，地区与地区之间多有高山阻隔，因而中西部地区交通建设成本较大，运输成本更高，对流通业发展产生了一定的负面影响。此外，地理区位因素还造成了资源分布、人口分布、资金和技术分布的差异。表 2 - 9 显示了 2002 ~ 2019 年限额以上批发零售贸易法人企业数（个）的空间分异。

表 2 - 9　　2002 ~ 2019 年限额以上批发零售贸易法人企业数的空间分异

地区	省市	法人企业数均值（％）	排名	地区	省市	法人企业数均值（％）	排名
东部地区	广东	6773	1	中部地区	山西	14878	19
	江苏	3619	2		江西	409	21
	浙江	2607	3		黑龙江	1446	24
	山东	2120	4		吉林	2333	26
	北京	4207	6	西部地区	四川	11085	11
	福建	1265	7		重庆	10673	15
	上海	1414	8		陕西	4458	17
	辽宁	12462	10		云南	3768	18
	天津	1774	14		广西	2008	20
	河北	6786	16		新疆	3126	22
	海南	229	28		贵州	3852	23
中部地区	河南	1319	5		内蒙古	2152	25
	湖北	5452	9		甘肃	965	27
	湖南	3640	12		宁夏	369	29
	安徽	6497	13		青海	1475	30

资料来源：根据《中国统计年鉴》数据整理计算。

　　从表 2 - 9 中可以看出，我国流通资源的分布存在较大的省际差异，地区不平衡现象严重。从限额以上批发零售贸易法人企业数来看，东部地区企业数量最多，中部次之，西部最少。2002 ~ 2019 年期间，东部地区 11 个省市中共有 9 个位于前十，天津、河北位于中等偏上，海南限额以上批发零售贸易法人企业数则相对较少，位于第 28 位；中部地区 8 个省市中河南和湖北位居前十，余下的 6 个省市位于中等；西部地区整体都处于相对落后的位置，其中，四川位于第 11 位，重庆、陕西、广西以及云南的流通资源相对较好，位于中等偏下水平，这与三个省份的经济基础较好有很大的关系，但是内蒙古、甘肃、贵州、新疆、宁夏、青海是流通资源非常贫乏的省份，位于 20 ~ 30 位。

2.2.5 流通产业利润率

流通业利润率是指一定时期内（通常为 1 年）地区的主营业务利润与主营业务成本的比率。该指标不仅能反映出我国流通业的效益，即获利能力，同时还能反映出我国流通业的规模及流通业发展的状况。考虑到数据的连续性和可获取性，本书仅以批发零售业利润率作为流通业利润率的代理变量展开探讨。2003 年、2007 年、2011 年、2015 年、2019 年各省份流通业利润率变动趋势如图 2-8 所示。

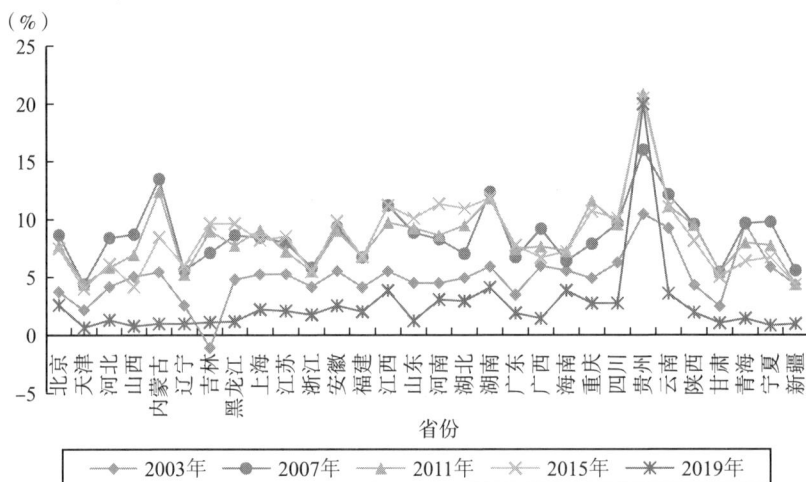

图 2-8　2003 年、2007 年、2011 年、2015 年、2019 年各省份流通业利润率变动趋势

资料来源：根据《中国统计年鉴》数据整理计算。

从图 2-8 可以看出，整体上 2003～2019 年我国流通业利润率大致呈现出先上升后下降的趋势。具体而言，2003～2007 年大部分区域流通业利润率逐渐上升，自 2008 年起，大部分年份流通业利润率呈现一定下降趋势，特别是 2019 年流通业利润率下降幅度最大，各省份均出现较大幅度的下降。进一步研究发现，这主要由 2019 年零售业利润率大幅下降导致。可能的原因在于，电子商务的迅速崛起对传统零售业造成了严重冲击，进而导致零售业利润下滑。从区域差异来看，贵州、云南、内蒙古、湖南等地流通业利润率相对较高，其中贵州在 2019 年仍保持了 19.81% 的利润率，远高于全国平均水平 3.38%，西部地区部分省份如新疆、甘肃、宁夏等则处于相对较低水平，中部地区各省份流通业利润率组内差异较小，整体处于中等水平。

从图 2-9 可以看出，2013 年前西部地区流通业利润率明显高于东、中部地区，2013 年中部地区平均流通业利润率首次超过西部地区，此后一直居于首位，2019 年三大地区均出现较大幅度的利润率下滑。另外，不难发现，2004 年东、中、西三大地区流通利润率均出现了较大幅度的增长，可能的原因在于，2004 年 6 月，商务部等八部门发布《关于进一步做好农村商品流通工作的意见》，对培育农村消费品市场、搞活农产品流通等工作做出系列部署，为畅通农村商品流通提供了大力的政策支持。而 2008 年后三大区域利润率连续两年下滑，可能受到了金融危机的影响。2019 年三大区域利润率下滑则可能是由电商市场冲击导致。表 2-10 显示了 2002～2019 年流通业利润率的空间分异。

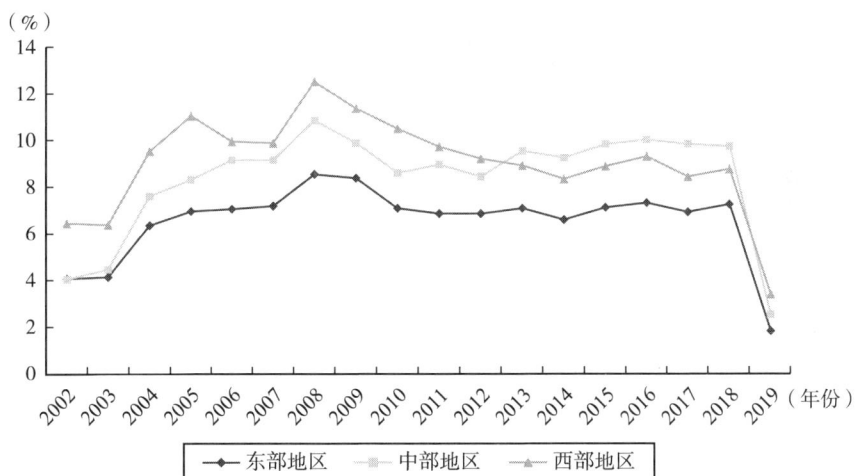

图 2-9　2002～2019 年分地区流通业利润率变动趋势

资料来源：根据《中国统计年鉴》数据整理计算。

表 2－10　　　　　　　2002～2019 年流通业利润率的空间分异

地区	省份	利润率均值（%）	排名	地区	省份	利润率均值（%）	排名
东部地区	山东	8.56	10	中部地区	湖北	8.17	12
	海南	7.75	15		黑龙江	7.85	14
	上海	7.69	16		吉林	6.67	22
	江苏	7.60	17		山西	5.97	25
	北京	6.88	20	西部地区	贵州	17.95	1
	广东	6.69	21		内蒙古	10.95	2
	河北	6.41	23		云南	10.57	4
	福建	6.36	24		四川	9.31	6
	浙江	5.30	27		陕西	9.17	7
	辽宁	4.98	29		重庆	8.64	8
	天津	3.74	30		青海	8.07	13
中部地区	湖南	10.90	30		广西	7.25	18
	江西	10.18	5		宁夏	6.95	19
	河南	8.57	9		甘肃	5.40	26
	安徽	8.39	11		新疆	5.05	28

资料来源：根据《中国统计年鉴》数据整理计算。

　　由表 2－10 可知，各省份之间流通业利润率存在较大差异，地区不平衡现象严重。西部地区各省市排名相对靠前，11 个省份中有 8 个位于前十，2 个位于中等，宁夏、甘肃、新疆的流通业利润率相对较低；中部地区湖南、江西、河南位于前十，安徽、湖北、黑龙江位于第 11～20 位，吉林和山西则分别位于第 22 位和第 25 位；东部地区流通利润率最低，其中山东、海南、上海流通业利润率相对较好，其余省份则较差，可能的解释是：第一，要素成本的差异。在企业经营过程中，需要土地、劳动、资本等生产要素，这些要素不是免费的，需要支付一定的费用，即要素成本，而相对于中、西部地区，东部地区要素成本更高，相应地，流通利润率也更低。第二，根据规模报酬递减和生产要素报酬递减规律，在东部地区，随着生产要素的不断增加，规模不断扩大，当要素供给增加超过一定比例后，投入增加的比例会超过产出增加的比例，最终使得产量绝对减少，利润率也相对低于中、西部地区。

2.3 流通产业全要素生产率及空间分异

由前文分析可知，2003～2019 年我国流通产业总体规模显著扩大，但流通产业内部的要素回报率仍较为低下，流通产业以往的成本优势正面临资本、劳动等生产要素成本上升带来的严峻考验，要增强流通产业的竞争力和可持续性，就必须转换流通产业增长方式，推动其由要素驱动转向效率驱动，提高全要素生产率（total factor productivity，TFP）。那么，实际上我国流通产业全要素生产率如何？不同地区之间的全要素生产率又存在多大差异？这是本部分重点讨论的问题。基于 2003～2019 年省级面板数据，本书将运用 DEA-Malmquist 指数法测度我国流通产业全要素生产率增长状况，并采用泰尔指数考察全要素生产率的空间差异程度和来源。

2.3.1 理论与测度方法

美国经济学家肯德里克最早在 1951 年提出"全要素生产率"的概念，索洛则最先明确建立度量全要素生产率的模型，索洛（Solow，1957）第一次将技术进步因素纳入经济增长模型，提出了技术进步外生的新古典增长模型，并提出了测算除去资本、劳动外对经济增长贡献的余值，即利用索洛余值法测度全要素生产率。然而，索洛余值法难以准确测量资本投入和劳动投入。基于此，丹尼森（Denison，1962）、乔根森（Jorgenson，1967）等经济学家进一步丰富和拓展了全要素生产率的理论研究，构建了自己的理论模型，对全要素生产率的测算与影响因素提出了深刻阐释。表 2-11 概述了具有代表性的全要素生产率的理论研究模型，可以发现，对于全要素生产率的理论研究不断深入，考虑的因素也更加全面，测度和分析更具科学性。

表2-11   全要素生产率的理论研究模型

代表性文献	理论模型	基本假设	主要观点
索洛 (Solow, 1957)	$R_t = \dfrac{dY_t}{Y_t} - W_{kt}\dfrac{dK_t}{K_t} - W_{lt}\dfrac{dL_t}{L_t}$ 其中，R 指索洛余值，Y 指产出，K、L、t 分别指资本、劳动、时间，W_{kt}、W_{lt} 指资本和劳动在 t 时的产出弹性	规模报酬不变、劳动力增长比率不变、希克斯中性技术进步等	总产出增长中扣除资本、劳动力带来的产出增长而所得到的"余值"即增长率作为技术进步对总产出的贡献，赋予其技术变化率或技术进步速度的含义
丹尼森 (Denison, 1962)	$\dfrac{dY}{Y} = \dfrac{dA}{A} + \alpha\dfrac{dK}{K} + \beta\dfrac{dL}{L} + \cdots + \theta\dfrac{dX}{X}$ 其中，Y 指产出，K、L、$\cdots$、X 指对投入要素的分类，α、β、$\cdots$、θ 为各投入要素的在国民收入中所占的份额，并且 $\alpha + \beta + \cdots + \theta = 1$	规模报酬不变、生产者均衡等	通过把投入要素分类更加细化得到各要素的份额，进而得到全要素生产率的增长率；研究经济增长的影响因素，且把全要素生产率的提高归因于知识进步、资源配置的改善和规模经济三个方面
乔根森 (Jorgenson, 1967)	$Z_i = F^i(X_i, K_i, L_i, T_i)$ $V_i = \dfrac{dZ_i}{Z_i} - w_K^i\dfrac{dK_i}{K_i} - w_L^i\dfrac{dL_i}{L_i} - w_X^i\dfrac{dX_i}{X_i}$ 其中，F^i 为 i 生产部门的生产函数，且采用超越对数形式，Z_i 为总产出，K、L、X、T 分别指资本、劳动、中间投入、时间，w_K^i、w_L^i、w_X^i 分别为 i 生产部门 K、L、X 的份额，V_i 为 i 生产部门的全要素生产率	以租赁价格为基础的新古典投资理论；所有部门的生产者均衡等	通过超越对数生产函数形式度量了部门和总量两个层次的全要素生产率增长；且把资本投入和劳动投入的增长分解为数量和质量两个方面，尤其对资本投入的测量方面，能测量出投入要素中所体现的技术进步

对于全要素生产率的测度，学术界主要使用的方法有索洛余值法、随机前沿生产函数方法（SFA）、数据包络分析方法（DEA）等。其中，DEA 非参数的 Malmquist 方法无须事先假定生产函数的具体形式，且不受指标选取的量纲影响，仅使用线性规划的方法得到前沿函数，即可得到相对稳定的测算，并将全要素生产率分解为技术效率变动和技术改进两个方面，逐渐广泛应用于各类研究中。因而，本书运用 DEA-Malmquist 指数法测度 2003～2019 年我国流通产业全要素生产率增长情况，并在此基础上采用泰尔指数考察全要素生产率的空间差异程度和来源。

2.3.1.1 DEA 模型

DEA 最早由美国运筹学家查恩斯等（Charnes et al., 1978）提出，是一种利用线性规划方法对所有决策单元 DMU 进行效率评价的方法。其基本思路在于：基于各决策单元 DMU 的投入、产出指标数据，计算得到各 DMU 的综合效率、纯技术效率和规模效率，从而判断 DMU 是否达到 DEA 有效。需要说明的是，本书采用的 DEA 模型均为投入导向，即在产出不变的条件下，把减少投入作为对无效率单位提高效率的主要途径，这非常契合我国经济正在进行的产业结构调整优化以及资源节约型、环境友好型的经济建设目标。另外，考虑到规模报酬不变这一假设条件难以在现实中满足，本书假定规模报酬可变，采用 BCC-DEA 模型进行评价。

假设有 n 个决策单元（DMU），θ 为每个 DMU 的效率评价值，投入变量为 $X = (x_1, x_2, \cdots, x_n)^T$，产出变量为 $Y = (y_1, y_2, \cdots, y_n)^T$，相应的线性规划式为：

$$\min\left[\theta - \varepsilon\left(\sum_{j=1}^{m} s_j^- + \sum_{r=1}^{s} s_r^+\right)\right]$$

$$\text{s.t.}\begin{cases} \sum_{i=1}^{n} \lambda_i x_i + s_j^- = \theta x_{i_0}(j = 1, 2, \cdots, m) \\ \sum_{i=1}^{n} \lambda_i y_i + s_r^+ = y_{i_0}(r = 1, 2, \cdots, s) \\ \sum_{i=1}^{n} \lambda = 1 \\ \lambda \geqslant 0, s^+ \geqslant 0, s^- \geqslant 0 \end{cases} \quad (2-1)$$

其中，λ 表示各个决策单元的组合系数（权重），s^-、s^+ 分别表示投入、产出的松弛变量。当 $\theta = 1$ 且 $s^- = s^+ = 0$ 时，该决策单元 DEA 有效，其生产活动同时达到规模有效和技术有效；当 $\theta = 1$ 但 s^-、s^+ 不全为 0 时，该决策单元弱 DEA 有效，其生产活动无法同时达到规模有效和技术有效；当 $\theta < 1$ 时，该决策单元不是 DEA 有效，规模效益和技术效率都无法达到最优。

2.3.1.2 Malmquist 指数

Malmquist 指数概念最早由 Malmquist 提出，法尔河等（Färe et al., 1992）

最先采用 DEA 方法计算 Malmquist 生产率指数，在 CRS 假定条件下，可以将生产率的变化分解为两方面的变化：一是从 t 时期到 $t+1$ 时期内的技术效率的变化（EC），指生产前沿面和实际产出量之间的距离变化；二是生产技术的变化（TC），指生产前沿面的移动。其将 Malmquist 生产指数定义为：

$$TFP = \left[\frac{E^t(x^{t+1}, \ y^{t+1})}{E^t(x^t, \ y^t)} \frac{E^{t+1}(x^{t+1}, \ y^{t+1})}{E^{t+1}(x^t, \ y^t)} \right]^{1/2}$$

$$= \frac{E^{t+1}(x^{t+1}, \ y^{t+1})}{E^t(x^t, \ y^t)} \times \left[\frac{E^t(x^t, \ y^t)}{E^{t+1}(x^t, \ y^t)} \frac{E^t(x^{t+1}, \ y^{t+1})}{E^{t+1}(x^{t+1}, \ y^{t+1})} \right]^{1/2} \quad (2-2)$$

其中，Malmquist 生产率指数全要素生产率（TFP）指某一决策单元从 t 时期到 $t+1$ 时期内生产率的变化程度，如果 $TFP > 1$，则说明生产率在 t 时期到 $t+1$ 时期得到了提升，反之则说明生产率在 t 时期到 $t+1$ 时期出现了降低。

根据 $TFP = EC \times TC$，上式中 $\dfrac{E^{t+1}(x^{t+1}, \ y^{t+1})}{E^t(x^t, \ y^t)}$ 表示技术效率的变化（EC），而 $\left[\dfrac{E^t(x^t, \ y^t)}{E^{t+1}(x^t, \ y^t)} \dfrac{E^t(x^{t+1}, \ y^{t+1})}{E^{t+1}(x^{t+1}, \ y^{t+1})} \right]^{1/2}$ 表示技术变化（TC）。

此外，基于 VRS 假定，法尔河等（Färe et al.，1994）进一步将公式（2-2）当中的 EC 部分进一步分解为纯技术效率变化（PEC）和规模效率变化（SEC），用式子表示为：

$$TFP = EC \times TC = PEC \times SEC \times TC$$

$$SEC = \frac{EC(CRS)}{EC(VRS)}$$

$$TFP = \frac{EC(CRS)}{EC(VRS)} \times EC(VRS) \times TC(CRS) \quad (2-3)$$

2.3.1.3 泰尔指数

利用 DEA-Malmquis 指数法测度得到全要素生产率（TFP）后，本书通过计算泰尔指数考察中国流通业全要素生产率的空间差异程度和来源，不仅能够从整体上反映我国流通产业全要素生产率增长的空间差异，还可以将空间差异分解为组内差距和和组间差距，进而揭示出我国流通产业全要素生产率增长空间差异的主要来源。相应的计算方法如下：

$$T = \frac{1}{K} \sum_{k=1}^{K} \frac{TFP_k}{\mu} \text{Log} \left(\frac{TFP_k}{\mu} \right)$$

$$T = T_w + T_b = \frac{1}{K} \sum_g \frac{K_g \mu_g}{\mu} T_g + \frac{1}{K} \sum_g \frac{K_g \mu_g}{\mu} \text{Log} \left(\frac{\mu_g}{\mu} \right)$$

$$\mu = \frac{\sum TFP}{K} \tag{2-4}$$

其中，T 表示泰尔指数，K 表示样本省份的个数（$k = 1, 2, 3, \cdots, K$），TFP_k 则表示第 k 个省份的流通产业 TFP 的值，μ 为 K 个省份的流通产业 TFP 的均值，T_w 为地区内差异，T_b 为地区间差距，并且将所有样本分为 g 个群组（$g = 1, 2, 3, \cdots, G$），每个群组中有 K_g 个样本省份（K_g 至少为 1 个），μ_g 为第 g 个群组的流通产业 TFP 的均值，T_g 为第 g 个群组的泰尔指数。根据泰尔指数的性质，泰尔指数的值越大，表明地区间的差异越大。在本书中，根据前文分析，将 30 个样本省份分为东、中、西部地区三个群组来进行泰尔指数分解，探究中国流通产业 TFP 增长的空间差异程度和来源。

2.3.2 数据来源与指标选取

2.3.2.1 数据来源

本书实证分析基于 2003~2019 年我国流通业省级面板数据展开。在样本选择上，选取我国的 30 个省（自治区、直辖市）作为样本（西藏、台湾、香港、澳门地区以及南海诸岛由于数据获取不完全而未列入本书的研究当中），并将每一个省（自治区、直辖市）作为一个独立的决策单元（DMU）。2001 年中国加入 WTO 以后，流通产业的增长与发展面临着更加复杂的环境，因此研究这一期间流通产业全要素生产率的增长情况具有重要意义。同时，考虑到样本数据的可获得性和时效性，本书将研究样本的时期跨度选取在 2003~2019 年，所使用的数据均来源于 EPS 统计数据库、国家统计局的"分省年度数据"栏目以及历年《中国统计年鉴》。

2.3.2.2 指标选取

在使用 DEA-Malmquist 指数法测度 TFP 值时，通常会对投入产出指标的数量有所要求和限制，因为过多的投入产出指标会影响 DEA 模型的识别能力。一般而言，DMU 的数量不应少于投入和产出指标数量的乘积，同时要求决策单元（DMU）数目是投入产出指标数目的 3 倍。本书借鉴陈宇峰和章武滨（2015）、王恕立等（2015）的研究，并考虑到流通产业的特殊性，选取流通产业的资本、劳动和交通运输线路总长作为投入变量，流通产业增加值作为产出变量，决策单元（DMU）为 30 个省份，符合相应的要求。具体的指标选取如下：

1. 产出指标。

本书采用各省份流通业增加值来衡量流通业产出水平。根据前文对流通产业的界定，对批发零售业、住宿餐饮业、交通运输、仓储和邮政业三个子行业的增加值进行加总得到流通业增加值①。

2. 投入指标。

（1）流通业劳动投入。严格意义上，流通业劳动投入指标应能同时反映数量和质量两个方面的特征，但实际上并没有关于各行业劳动质量的统计数据，也无法获得对流通业劳动投入进行质量调整所需要的相关数据，故本书单从数量层面进行考量。考虑到数据的可获得性、完整性，本书选取流通业城镇从业人员作为流通业劳动投入的代理变量。其中，城镇从业人员由城镇单位从业人员、私营企业和个体就业人员加总得到。

（2）流通业资本投入。本书采用各省份流通业资本存量作为流通业资本投入的衡量指标。由于官方公布的统计年鉴中并没有公布流通产业的资本存量，故需要根据有关资本形成、固定资产投入等数据进行推算。而关于资本存量估计方法，目前国际上普遍采用永续盘存法（PIM）进行估计，基本计算公式为：

$$K_{i,t} = I_{i,t} + (1 - \delta_{i,t}) K_{i,t-1} \qquad (2-5)$$

其中，$K_{i,t}$ 表示第 i 个地区 t 期的流通产业的资本存量，$I_{i,t}$ 表示第 i 个地区 t 期的流通产业的投资额，$\delta_{i,t}$ 表示第 i 个地区 t 期的流通产业的折旧率，$K_{i,t-1}$ 表示第 i 个地区 $t-1$ 期的流通产业资本存量。即当年资本存量等于当年投资加上前一年净资本存量（总资本存量－折旧）。$K_{i,t}$ 的估算需确定基期资本存量、

---

① 因 2003 年行业划分口径不同，故对于 2003 年各省份的流通业增加值，本书通过加总交通运输仓储和邮电通信业、批发零售贸易和餐饮业增加值得到。下文 2003 年各省份的流通业城镇从业人员也采取了同样的处理方式。

资本折旧率、投资价格指数和当年投资额 4 个变量。

首先，对于基期资本存量，为兼顾数据的可得性，本书以 2003 年为基期，并将 2003 年固定资产投资总量作为基期资本存量。

其次，对于资本折旧率，国内外相关研究取值存在较大差异，例如，杨（Young，2003）假定中国非农资本折旧率为 6%、张军等（2004）假定折旧率为 9.6%、单豪杰（2008）假定分省的估算中折旧率为 10.96%、王小鲁等（2009）则假定为 5%。考虑到中国法定残值率在 3%～5%，同时参考王小鲁等（2009）的做法，本书将资本折旧率设定为 5%，用于资本存量的估算。

再其次，对于当年投资额，《中国国内生产总值核算历史资料》中提供了分省、分产业的固定资本形成总额数据，但缺乏第三产业细分行业（因此也就没有流通产业的固定资本形成总额数据）的数据，故本书选取流通产业固定资产投资额作为流通行业投资额的代理变量。需要说明的是，为获得完整的 2003～2019 年各省份流通业固定资产投资额数据，我们对 2018 年、2019 年流通业固定资产投资额进行了补全，处理方法如下：2018 年固定资产投资额以当年固定资产投资（不含农户）增速计算得到，2019 年固定资产投资额以当年固定资产投资增速计算得到。

最后，对于投资价格指数，本书采用固定资产投资价格指数这一指标来衡量。将国家统计局公布的历年固定资产投资价格指数（上年 = 100）转化为固定资产投资价格指数（2003 年 = 100），以便对流通产业固定资产投资额进行平减，从而得到以 2003 年不变价格计算的流通业固定资产投资额。

（3）流通业交通运输线路总长。考虑到流通产业的特殊性，交通运输线路总长对于某一地区的流通产业的效率和增长至关重要，为了能够更全面地反映各省市流通产业的全要素生产率，本书将交通运输线路总长也纳入投入要素（陈宇峰和章武滨，2015）。具体地，交通基础设施涵盖公路、铁路、航空、水运和管道五种基本类型。其中，公路与铁路在客运量与货运量方面都占较大比例，故本书选取各省份铁路营业里程与公路线路里程之和作为流通业交通运输线路总长的衡量指标。

2.3.3 测度结果

基于 2003～2019 年我国 30 个省份流通业面板数据，本书利用 DEAP 2.1

软件测算得到 2004～2019 年我国及各省份的流通产业全要素生产率及其分解的逐年变化情况，并在此基础上计算出 TFP 的泰尔指数，得到 2004～2019 年各省份全要素生产率的空间差异来源，具体测度结果分析如下：

2.3.3.1 流通产业全要素生产率增长及分解

图 2－10 和表 2－12 列出了 2004～2019 年中国流通产业全要素生产率增长及其分解情况。可以发现，从整体上来看，2004～2019 年我国流通产业全要素生产率基本呈负向增长趋势，流通产业全要素生产率逐年恶化，说明 2004 年至今我国流通产业信息化建设仍较为落后，技术水平和创新能力不强，流通产业实现的增长并非全要素生产率提高所带来的技术、组织、效率改进所驱动，而是更多地依靠资本、劳动等要素积累，尚未实现"要素驱动"到"效率驱动"的转换，通过技术效率的改善和技术水平的提升来拉动流通产业增长还有很大空间，这一结论与董誉文（2016）的研究结论一致。

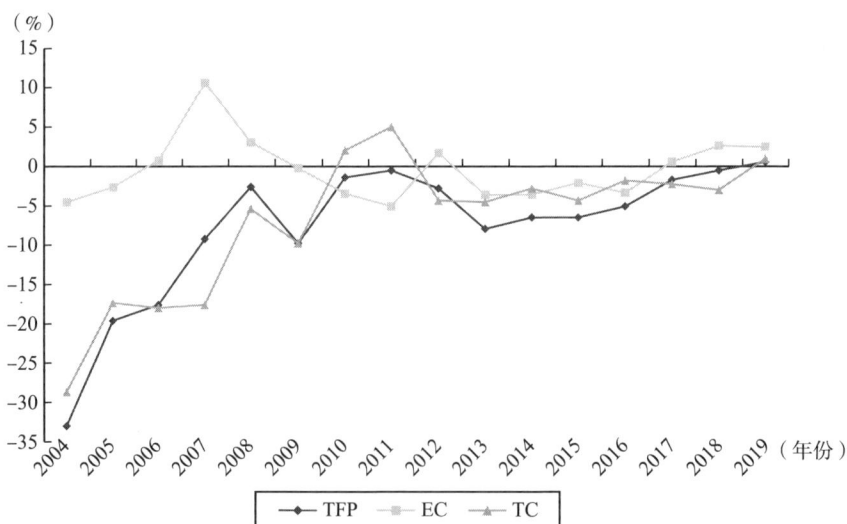

图 2－10　2004～2019 年我国流通产业 TFP、EC、TC 增长走势

此外，由图 2－10 可知，尽管 2004～2019 年我国流通产业全要素生产率明显恶化，但恶化速率逐渐下降。除个别年份（2009 年、2012 年和 2013 年）全要素生产率下降外，我国流通产业全要素生产率呈现出一定的上升趋势，由 2004 年的 −32.78% 上升至 2019 年的 0.56%，2019 年首次实现正增长。需要指出的是，继 2004～2008 年流通产业全要素生产率逐年上升后，2009年流通产业全要素生产率又显著恶化，这可能与 2008 年国际金融危机对我国流通产业造成的负向冲击有关。同样地，继 2010～2011 年流通产业全要素生产率上升后，2012 年和 2013 年流通产业全要素生产率明显下降，而这两年也正是我国产业结构调整力度最大的时期，流通产业所受到的冲击较大。

从 TFP 增长的分解情况来看，技术进步方面，2004～2019 年流通产业技术进步变化趋势与 TFP 基本保持一致，流通产业技术进步增长率由 2004年的 −28.73% 上升至 2019 年的 −1.84%，仅在 2010 年和 2011 年实现正向增长，其余年份均为负向增长。技术效率方面，2004～2019 年流通产业技术效率增长较为波动，2004～2007 年我国流通产业技术效率增长率不断上升，到 2007 年达到峰值 10.51%，2008～2011 年增速逐年下降，到 2011 年降至最低点 −5.00%，2012 年又转为正值，实现正向增长，此后流通产业技术效率增长率逐渐上升，2017～2019 年实现正向增长。而技术效率又可分解为规模效率和纯技术效率，由表 2 − 12 可知，2004～2019 年我国流通产业规模效率和纯技术效率增长均呈现较大波动，其中有 7 个年份规模效率（SEC）增长率为正，8 个年份纯技术效率（PEC）增长率为正，说明流通产业发展在2004～2019 年将近一半时段实现了规模效率和纯技术效率增长。

表 2 − 12　　2004～2019 年中国流通产业全要素生产率增长及其分解情况

年份	全要素生产率 （TFP）	综合技术效率 EC = SEC × PEC	技术进步 （TC）	规模效率 （SEC）	纯技术效率 （PEC）
2003～2004	0.6722	0.9534	0.7127	0.9548	1.0078
2004～2005	0.8050	0.9742	0.8259	1.0128	0.9637
2005～2006	0.8232	1.0058	0.8189	0.9775	1.0317
2006～2007	0.9071	1.1051	0.8222	1.0641	1.0498
2007～2008	0.9736	1.0304	0.9461	1.0406	0.9907
2008～2009	0.8990	0.9970	0.9006	0.9801	1.0395
2009～2010	0.9869	0.9653	1.0207	0.9917	0.9772
2010～2011	0.9959	0.9500	1.0489	0.9968	0.9544

年份	全要素生产率（TFP）	综合技术效率 EC = SEC × PEC	技术进步（TC）	规模效率（SEC）	纯技术效率（PEC）
2011～2012	0.9722	1.0165	0.9567	1.0118	1.0049
2012～2013	0.9199	0.9647	0.9539	1.0144	0.9789
2013～2014	0.9346	0.9630	0.9709	0.9743	1.0149
2014～2015	0.9354	0.9792	0.9558	0.9877	0.9921
2015～2016	0.9482	0.9658	0.9816	0.9972	0.9700
2016～2017	0.9829	1.0050	0.9784	1.0069	0.9973
2017～2018	0.9947	1.0251	0.9698	1.0111	1.0273
2018～2019	1.0056	1.0241	0.9816	0.9863	1.0474

注：TFP 大于 1 表示全要素生产率实现了正增长，TFP 小于 1 则表示负增长，其他指标同理。下同。

从 TFP 增长的动力来看，综合图 2 - 10 和表 2 - 12 可以发现，2004～2019 年流通产业技术效率明显高于技术进步，且技术效率实现了更多年份的正向增长，说明相比于技术进步，技术效率 EC 对 TFP 增长的贡献率更大，我国流通产业在一定程度上更加依靠技术效率驱动，技术进步还相对落后，亟待进一步加强自主创新带动技术进步以拉动流通产业 TFP 增长、转换流通产业增长方式。

2.3.3.2 流通产业全要素生产率空间差异

一般而言，不同地区在资源禀赋、经济环境等方面存在一定差异，而这些差异可能会对流通产业技术效率和技术进步产生影响，最终导致流通产业 TFP 形成明显的空间差异。下面本书将从东、中、西三大经济区、省际两个层面出发深入分析 2004～2019 年我国流通产业 TFP 的空间差异。

1. 三大经济区流通产业全要素生产率差异。

图 2 - 11 列出了按东、中、西划分的 2004～2019 年各地区的 TFP 增长走势所示。从图 2 - 11 可以看出，三大经济区流通产业 TFP 绝大多数年份均为负增长，TFP 增长率逐渐上升，且在 2009 年显著恶化，说明 2004～2019 年

各地区流通产业"效率驱动"特征不明显，尚处在"要素驱动"的阶段，并且 2008 年国际金融危机对各地区产业发展均造成了严重的冲击。此外，平均意义上，东部地区流通产业 TFP 增速最高，西部次之，中部最低。在东、中、西三大经济区中，东部地区实现了最多年份的正增长，即分别在 2010 年、2011 年、2017 年和 2019 年实现正增长，而中部和西部地区均仅在 2018 年实现正增长。

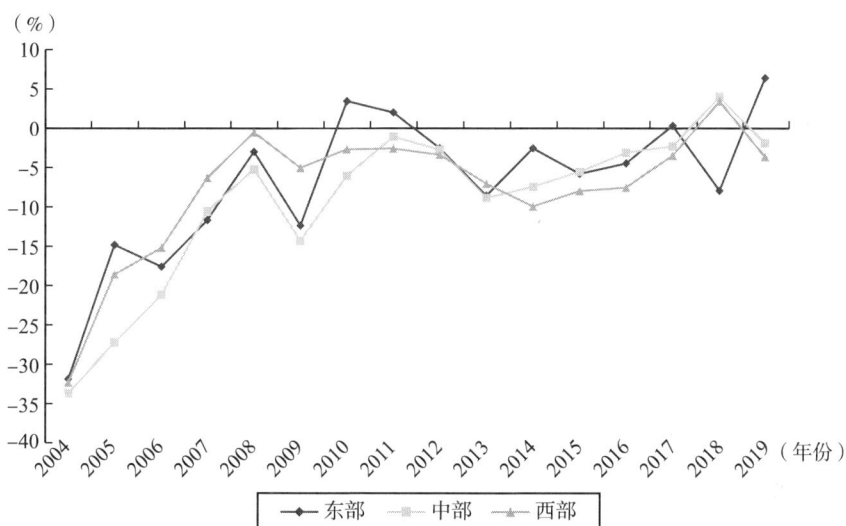

图 2 - 11　2004 ~ 2019 年三大经济区 TFP 增长走势

表 2 - 13 显示了 2004 ~ 2019 年三大经济区流通产业 TFP 增长的分解情况。不难发现，无论是东部地区、中部地区还是西部地区，流通产业 TFP 增长的主要动力均来自技术效率。在本书的研究时间范围内，流通产业技术效率持正增长的年份明显多于技术进步。具体而言，东部和西部地区技术效率增长率均有 6 年持正增长态势，中部地区则有 5 年实现了技术效率正增长。平均意义上，2004 ~ 2019 年西部地区技术效率增速最高，东部次之，中部最低，这表明西部地区较好地发挥了后发优势，充分挖掘了现有的资源和技术潜力，技术效率提升最为显著。

表 2 – 13   2004～2019 年我国流通产业 TFP 区域差异

年份	东部			中部			西部		
	TFP	EC	TC	TFP	EC	TC	TFP	EC	TC
2003～2004	0.6801	0.9357	0.7315	0.6643	1.0218	0.6568	0.6700	0.9213	0.7346
2004～2005	0.8518	0.9977	0.8555	0.7271	0.9368	0.7760	0.8147	0.9779	0.8326
2005～2006	0.8251	0.9799	0.8418	0.7895	0.9960	0.7929	0.8458	1.0388	0.8150
2006～2007	0.8862	1.0671	0.8325	0.8946	1.1103	0.8068	0.9372	1.1393	0.8232
2007～2008	0.9708	1.0147	0.9584	0.9469	1.0038	0.9433	0.9959	1.0655	0.9359
2008～2009	0.8772	0.9739	0.9019	0.8580	0.9664	0.8876	0.9506	1.0423	0.9087
2009～2010	1.0346	1.0001	1.0338	0.9394	0.9370	1.0024	0.9738	0.9511	1.0210
2010～2011	1.0204	0.9681	1.0537	0.9885	0.9468	1.0441	0.9768	0.9342	1.0476
2011～2012	0.9762	1.0058	0.9707	0.9738	1.0280	0.9473	0.9670	1.0188	0.9495
2012～2013	0.9152	0.9644	0.9488	0.9135	0.9408	0.9708	0.9293	0.9824	0.9468
2013～2014	0.9744	0.9965	0.9787	0.9260	0.9571	0.9675	0.9012	0.9339	0.9655
2014～2015	0.9425	0.9828	0.9600	0.9458	0.9883	0.9573	0.9207	0.9691	0.9505
2015～2016	0.9563	0.9726	0.9830	0.9681	0.9810	0.9871	0.9255	0.9479	0.9762
2016～2017	1.0025	1.0221	0.9815	0.9783	0.9973	0.9809	0.9667	0.9935	0.9735
2017～2018	0.9225	0.9475	0.9730	1.0398	1.0474	0.9880	1.0341	1.0864	0.9534
2018～2019	1.0653	1.0805	0.9856	0.9810	0.9944	0.9864	0.9638	0.9894	0.9741
2003～2019	0.9313	0.9943	0.9369	0.9084	0.9908	0.9185	0.9233	0.9995	0.9255

从技术进步来看，2004～2019 年东、中、西三大地区绝大多数年份的技术进步呈负增长，东部地区、中部地区和西部地区流通产业技术进步平均增长率分别为 -6.31%、-8.15% 和 -7.45%，东部地区在技术进步方面略优于中、西部地区，可能的原因在于东部地区经济发展水平、资源禀赋相对更具优势，信息技术发展应用水平更高。

2. 省际流通产业全要素生产率差异。

以上分析系统考察了我国流通产业 TFP 增长的区域差异，下面本书将从不同省份的流通产业 TFP 增长角度出发，更深层次且多方位分析我国流通产业 TFP 增长的省际差异。表 2 – 14 列出了 2004～2019 年我国各省份流通业

TFP 的平均增长情况。

表 2 - 14   2004 ~ 2019 年我国各省份流通产业 TFP 增长的空间差异

区域	省份	全要素生产率 TFP	综合技术效率 EC = SEC × PEC	技术进步 TC	规模效率 SEC	纯技术效率 PEC
东部	北京	0.9227	0.9914	0.9315	0.9989	0.9927
	天津	0.9487	0.9953	0.9531	0.9953	1.0000
	河北	0.9436	0.9959	0.9464	1.0083	1.0001
	辽宁	0.8821	0.9820	0.8945	1.0004	0.9823
	上海	1.0083	1.0000	1.0083	1.0000	1.0000
	江苏	0.9338	0.9910	0.9438	0.9910	1.0000
	浙江	0.9474	0.9973	0.9508	1.0022	1.0003
	福建	0.9109	0.9768	0.9328	1.0008	0.9747
	山东	0.9194	1.0180	0.9048	1.0044	1.0144
	广东	0.8923	0.9728	0.9196	0.9728	1.0000
	海南	0.9353	1.0173	0.9204	0.9946	1.0405
中部	山西	0.9039	0.9923	0.9154	1.0031	0.9893
	吉林	0.8542	0.9508	0.9005	1.0039	0.9474
	黑龙江	0.8596	0.9511	0.9061	1.0042	0.9468
	安徽	0.9238	0.9988	0.9208	0.9967	1.0020
	江西	0.9387	1.0034	0.9361	1.0017	1.0020
	河南	0.9374	1.0016	0.9376	0.9986	1.0054
	湖北	0.9210	1.0010	0.9199	0.9983	1.0031
	湖南	0.9286	1.0274	0.9110	1.0008	1.0272
西部	内蒙古	0.9665	1.0028	0.9670	0.9981	1.0059
	广西	0.8721	0.9653	0.9023	1.0053	0.9612
	重庆	0.9091	0.9782	0.9309	1.0039	0.9749
	四川	0.9118	1.0085	0.9070	1.0013	1.0046
	贵州	0.9256	1.0114	0.9194	0.9976	1.0160
	云南	0.9482	1.0316	0.9194	0.9997	1.0353

续表

区域	省份	全要素生产率 TFP	综合技术效率 EC = SEC × PEC	技术进步 TC	规模效率 SEC	纯技术效率 PEC
西部	陕西	0.9464	1.0025	0.9479	0.9984	1.0076
	甘肃	0.9033	0.9898	0.9158	0.9971	0.9973
	青海	0.9087	0.9971	0.9104	1.0484	1.1370
	宁夏	0.9224	0.9916	0.9327	0.9916	1.0000
	新疆	0.9427	1.0155	0.9278	0.9981	1.0214
全国平均水平		0.9223	0.9953	0.9278	1.0005	1.0030

由表 2-14 可知，在本书研究的 30 个省份中，仅上海在平均意义上实现了逐年增长，且增长幅度较小，上海、内蒙古、天津流通产业 TFP 平均增长率居全国前三位，分别为 0.83%、-3.35% 和 -5.13%，而吉林则排在全国最后，平均增长 -14.04%。究其缘由，上海作为我国最大的经济中心城市，地理条件优越，对外贸易便捷，系我国最大的港口，拥有快捷、完备的交通运输系统以及现代化的商业基础设施，居民消费水平高，有助于当地流通产业的发展。自 2013 年上海自贸区成立以来，上海更是依靠其多方面的优势发展商贸流通，成效显著。

内蒙古作为"丝绸之路经济带"建设的重要节点，横跨东北、华北、西北地区，连通着黑龙江、吉林、辽宁、河北、山西、陕西、宁夏和甘肃等 8 个省份，并与俄罗斯和蒙古国接壤，具有独特的商贸往来优势。同时，随着改革的逐步深入，计划经济时代内蒙古单一的流通主渠道逐渐消退，多形式、多渠道的商品购销体系初步建立，流通组织网络不断扩大。天津则在地理位置与工业基础均有优势，且商贸物流体系日臻完善，据天津市统计局数据显示，2019 年天津批发和零售业商品销售额增长 2.2%，夜间经济繁荣发展，先后建成运营 6 个市级夜间经济示范区和一批夜市街区，住宿和餐饮业营业额增长 10.0%，大众餐饮市场持续活跃，且拥有国家跨境电子商务试点城市和国家跨境电子商务综合试验区。而吉林近些年由于东北老工业基地的经济衰退，居民消费能力有所下降，流通企业运营效率受到影响，再加上东北地区人口外流，导致流通产业 TFP 增长受到一定程度抑制。

从三大经济区内部 TFP 省际差异来看，对于东部地区而言，上海、天津、浙江、河北流通产业 TFP 平均增速稍快于其他省份。其中，上海流通产业 TFP 平均增长率最高，达到 0.83%；中部地区各省份流通产业 TFP 均为负增长，江西、河南以 −6.13% 和 −6.26% 分别位居全国第 9 位和第 10 位，黑龙江与吉林 TFP 增长则远低于全国平均水平（−7.77%），仅为 −14.04% 和 −14.58%；在西部地区，内蒙古、云南 TFP 增速相对较高，其次是陕西、新疆，广西增长最慢。

2.3.3.3 流通产业全要素生产率空间差异来源

根据前文列出的泰尔指数公式，我们计算得到 2004～2019 年我国流通产业 TFP、EC、TC 的泰尔指数，量化流通产业全要素生产率的空间差异程度，并在此基础上进行泰尔指数分解，将其分解为组间差异和组内差异，以考察流通产业 TFP 空间差异来源。2004～2019 年中国流通产业 TFP、EC、TC 的泰尔指数变化趋势如图 2 − 12 所示。

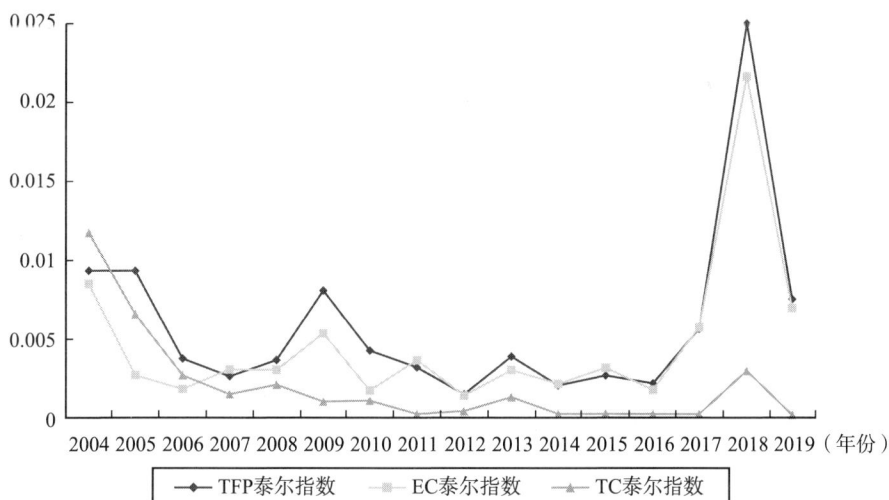

图 2 − 12　2004～2019 年我国流通产业 TFP、EC、TC 的泰尔指数变化趋势

从图 2 − 12 可以看出，2004～2019 年流通产业 TFP、EC、TC 泰尔指数波动较大，且波动特征较为相似，整体呈现出先减小后增大再减小的趋势。

具体而言，2004～2016 年期间，除 2009 年 TFP、EC、TC 泰尔指数明显增大外，其余时间段均无显著波动，并呈现出一定的缩小趋势，即流通产业全要素生产率空间差异逐渐缩小。2017 年起，流通产业 TFP、EC、TC 泰尔指数大幅增加，到 2018 年 TFP 和 EC 达到峰值 0.02482 和 0.02155，2019 年 TFP、EC、TC 泰尔指数又明显减小，降幅分别达 0.01738、0.01458 和 0.00269。此外，EC 泰尔指数显著大于 TC 泰尔指数，与 TFP 泰尔指数变化趋势业更为相近，说明我国流通产业 TFP 空间差异主要来自技术效率层面的差异。这也从侧面反映出，要缩小流通产业 TFP 区域差异，更应从改善技术效率入手。由此可知，相比于技术进步，技术效率不仅对 TFP 增长贡献更大，技术效率差异也是造成 TFP 空间差异的主要原因。

进一步地，我们将流通产业 TFP、EC、TC 增长的总体差异值分解为组内差异和组间差异。其中，组间差异主要指东、中、西三大地区之间的差异，组内差异则是三大地区内部的省际差异。具体的泰尔指数分解结果如表 2 - 15 和表 2 - 16 所示。

表 2 - 15 　　　　2004～2019 年我国流通产业 TFP 泰尔指数分解

年份	Theil	组间 Theill	组内 Theil	组间贡献率（%）	组内贡献率（%）
2004	0.00005	0.00926	0.00930	0.49	99.51
2005	0.00193	0.00731	0.00923	20.86	79.14
2006	0.00036	0.00343	0.00380	9.60	90.40
2007	0.00032	0.00232	0.00264	12.22	87.78
2008	0.00020	0.00338	0.00358	5.54	94.46
2009	0.00098	0.00702	0.00800	12.30	87.70
2010	0.00077	0.00352	0.00429	17.91	82.09
2011	0.00018	0.00301	0.00320	5.78	94.22
2012	0.00001	0.00136	0.00137	0.63	99.37
2013	0.00003	0.00373	0.00376	0.81	99.19
2014	0.00058	0.00144	0.00201	28.62	71.38
2015	0.00007	0.00255	0.00263	2.75	97.25
2016	0.00018	0.00184	0.00202	8.79	91.21

续表

年份	Theil	组间 Theill	组内 Theil	组间贡献率（%）	组内贡献率（%）
2017	0.00013	0.00540	0.00552	2.27	97.73
2018	0.00154	0.02328	0.02482	6.21	93.79
2019	0.00103	0.00641	0.00744	13.91	86.09
均值	0.00052	0.00533	0.00585	9.29	90.71

表 2-16　　**2004～2019 年中国流通产业 EC、TC 泰尔指数分解**

年份	EC 的泰尔指数					TC 的泰尔指数				
	Theil	组间 Theill	组内 Theil	组间贡献率（%）	组内贡献率（%）	Theil	组间 Theill	组内 Theil	组间贡献率（%）	组内贡献率（%）
2004	0.00094	0.00743	0.00837	11.27	88.73	0.00114	0.01049	0.01163	9.82	90.18
2005	0.00031	0.00229	0.00260	11.84	88.16	0.00074	0.00575	0.00649	11.43	88.57
2006	0.00033	0.00135	0.00168	19.64	80.36	0.00028	0.00235	0.00263	10.72	89.28
2007	0.00040	0.00261	0.00301	13.15	86.85	0.00008	0.00132	0.00140	5.45	94.55
2008	0.00034	0.00266	0.00301	11.39	88.61	0.00005	0.00196	0.00202	2.64	97.36
2009	0.00060	0.00461	0.00521	11.49	88.51	0.00004	0.00098	0.00103	4.20	95.80
2010	0.00039	0.00129	0.00168	23.22	76.78	0.00007	0.00090	0.00097	7.57	92.43
2011	0.00012	0.00342	0.00354	3.35	96.65	0.00001	0.00014	0.00015	4.74	95.26
2012	0.00004	0.00131	0.00135	2.84	97.16	0.00006	0.00025	0.00032	19.77	80.23
2013	0.00014	0.00286	0.00301	4.79	95.21	0.00006	0.00121	0.00127	4.47	95.53
2014	0.00039	0.00179	0.00219	17.95	82.05	0.00002	0.00021	0.00023	8.42	91.58
2015	0.00003	0.00301	0.00305	1.10	98.90	0.00001	0.00014	0.00015	6.50	93.50
2016	0.00011	0.00158	0.00168	6.27	93.73	0.00001	0.00019	0.00020	5.02	94.98
2017	0.00008	0.00569	0.00578	1.46	98.54	0.00001	0.00014	0.00015	4.94	95.06
2018	0.00178	0.01977	0.02155	8.27	91.73	0.00010	0.00272	0.00282	3.60	96.40
2019	0.00087	0.00610	0.00697	12.54	87.46	0.00002	0.00011	0.00013	13.44	86.56
均值	0.00043	0.00424	0.00467	10.04	89.96	0.00017	0.00180	0.00197	7.67	92.33

综合表2-15和表2-16可知，2004～2019年我国流通产业TFP、EC、TC增长差异主要来源于组内差异。通过计算发现，TFP、EC、TC组内差异明显高于组间差异，组内差异贡献率均在89%以上，TFP、EC、TC的组内差异贡献率分别达到90.71%、89.96%和92.33%。

从组内泰尔指数变化趋势来看，2004～2019年流通产业TFP、EC、TC组内差异变动幅度不大。具体而言，TFP组内差异在2004年达到峰值0.00930，组内差异贡献率为99.51%，在2014年达到最小值0.00201，组内差异贡献率降至71.38%；EC组内差异在2015年达到峰值0.00305，组内差异贡献率为98.90%，在2010年达到最小值0.00168，组内差异贡献率降至76.78%；TC组内差异在2008年达到峰值0.00202，组内差异贡献率为97.36%，在2012年达到最小值0.00032，组内差异贡献率降至80.23%。因此，要缩小流通产业全要素生产率的空间差异，更应注重从缩小地区内省际差异着手。

第3章

城市流通产业空间结构研究述评

流通产业空间结构是指商贸流通业各类网点在城市空间布局状况及其比例关系。流通产业空间结构是在城市发展过程中呈现出来的一种基本形态，一般可以通过其物质载体以及与之相关的消费者、消费力的空间相对位置及其运动轨迹来表征。城市流通产业空间结构具有系统性、复杂性、地域性和动态性等显著特点。从系统论的角度来看，城市流通产业空间结构是一个自适应的子系统，因此实际的空间结构就是其最优结构，我们需要做的就是将其描述出来。也有相关的研究认为，实际呈现的流通产业空间结构可能受到了来自政府等市场以外的因素干扰而未能达到最优状态，因此我们有必要从理论上去寻找这个最优结构到底是什么，以及如何才能达到这个最优结构。本章着眼于商业实践应用，融合当前主要理论学派的观点，从一般研究、基础理论和前沿研究（包括影响因素与建模方法）四个方面对城市流通产业空间结构优化的基本理论、框架与方法进行综述，为城市流通产业空间结构优化提供理论依据。

3.1 流通产业一般研究

3.1.1 流通产业的定义、功能与地位

对于流通产业的界定，不同国家给出的定义不同，日本统计审议会认为

广义的流通产业主要由流通专门产业、流通关联产业和流通周边产业构成（王月辉，2005）。国内学者对流通产业的定义各有见地，林文益（1995）、夏春玉（1998）、马龙龙（2005）等人都曾从各自的研究视角对流通产业的内涵进行界定。例如，林文益（1995）认为，流通产业是指整个流通领域包含的产业部门，主要有商业、物资贸易业、仓储业、邮电通信业、金融业、保险业等；而在马龙龙（2005）看来，流通产业既应包括交易流通与物流业，也应包括生产者利用自身剩余流通能力为其他企业服务以及消费者自己组织的消费合作社且以流通活动目的等情形。借鉴学者们的研究，本书认为流通产业是指直接从事商品流通以及为商品流通提供服务的产业，包括交通运输仓储和邮政通信业、批发零售业、住宿和餐饮业。因此，本书更倾向狭义范畴的流通产业，在本书的研究中，如此定义的流通产业需要用到的数据也能在国家统计局找到。

国外学者对于商品流通的研究偏向微观组织方面，且多从经济学和营销学结合的角度进行研究，这些文献主要集中在流通企业的功能、流通企业集聚与消费者购物之间的关系、流通业经营管理与创新发展、流通效率的评价、流通渠道的选择与治理等方面。例如，肖（Shaw，1912）认为流通企业在风险分担、货物运输、经营融资、商品集中和品种搭配以及再销售等方面具有重要作用，而麦卡锡和佩罗（Mccarthy and Perreault，1985）、史普博（Spulber，1996）等认为商贸流通的核心作用在于向市场的买卖者提供沟通纽带，促使异质的生产者和消费者之间实现有效结合，在一定程度上能削弱交易中的逆向选择。

商品流通是交换和社会分工不断深化的必然结果。著名经济学家孙冶方（1981）在《流通概论》一文中对流通对于建设社会主义经济的重要性进行了重要阐述，他批判了"无流通论"的错误思想，论述了流通对于生产过程的重要作用，并且还讨论了流通劳动、流通费用、流通规模与流通时间等重要概念，明确了研究流通过程的对象与目的。晏维龙（2003）指出流通理论是马克思主义经济学的重要组成部分，剖析了商品流通的多层次内涵。马龙龙（2005）、柳思维（2007）阐述了马克思关于批发的产生和批发在社会再生产中的作用、批发的组织和运行、商品流通、批发商品流通和批发商业三者之间的关系等重要理论，系统总结了贸易经济学的框架体系，论述了批发零售等贸易方式。陈文玲（1998）提出了社会化大流通概念，认为大流通是指当社会的经济形态发展到高度发达的商品经济时期。晁钢令（2003）认为大流通、大市场、大集团将是流通体制改革的主要方向。李颋和徐从才（2006）指出流通正在日益表现出其联结供给与需求的中介作用的重要性。

流通产业的功能方面，纪宝成（2010）认为流通竞争力是一个国家竞争力的重要组成部分。而更多的学者从理论和实证两方面研究了流通产业对国民经济的作用。理论研究方面，宋则（2006）认为充分发挥现代流通服务业的影响力对于带动第二产业、反哺第一产业具有重要现实意义；赵萍（2007）分析了流通服务业对国民经济的直接与间接贡献，认为传统方法的分析低估了流通服务业对经济增长的外溢作用，同时也认为流通产业集群通过扩散效应可对区域经济增长产生巨大的辐射作用。实证研究方面，纪良纲和郭娜（2003）通过商品流通产出弹性分析发现商品流通产出规模的变动对国民经济的发展有着重要的作用；而李佛关（2012）通过实证方法揭示了"流通产业发展水平每增加1%，可推动经济效率提升0.4%以上"这一高度正相关关系；此外，陈阿兴和李希刚（2007）通过建立模型和格兰杰检验发现流通产业对城市化水平具有明显的正向促进作用，而高铁生（2007）则提出解决"三农"问题和建设好新农村，可以从深化流通改革、加快流通发展方面着手。

流通产业的地位方面，黄国雄（2005）较早地提出了流通业是基础产业和生产性产业；洪涛（2003）、祝合良（2005）认为中国流通产业既是一个先导产业，也是一个基础性产业；王德章和朱艳丽（2006）、陈文玲（2007）等均表示现代流通是经济运行的先导性力量，现代流通能力是一个国家的竞争力的重要体现；不过王先庆和房永辉（2007）却指出虽然流通业在国民经济中的基础产业地位和先导性作用越来越明显，但由于受现实中约束条件的限制，流通业目前并不能自动地成为经济中的先导性产业。

3.1.2 流通产业创新与影响因素

在流通产业创新方面，迪翁和阿诺尔德（Dion and Arnould，2011）研究了奢侈品的零售战略；雷纳兹等（Reinartz et al.，2011）研究了全球化零售环境中的零售创新，试图揭示那些在具有特色的国家市场以及更为广泛的市场中可带来更好绩效的零售创新的特点；柳阿（Liua，2012）认为中国台湾地区经济在过去二十年中的长期衰退加上商业环境的不确定性使许多企业陷入萧条，在本地零售市场的开放和外国竞争对手加入世界贸易组织之后，激烈的竞争带来了商品化和主动战略的创新，并主要分析了远东百货公司的周转和创新战略这一成功案例；潘塔诺（Pantano，2014）研究了零售行业创新管理，认为需要在零售业的创新管理方法、创新异质性程度和创新驱动力三个主要领域有更深入的理解；潘塔诺等（Pantano et al.，2017）通过对创新水平评估的分类和专利创新的分析来全面了解影响零售部门创新的动力，该研究结果表明，由于有强大的专利追踪记录所突出的技术进步支持，零售商可能转向更多的创新型战略，以提出创新的消费者解决方案，指出高水平的产权（由大量的专利定义）会推动零售商更多地投资专利技术，以获取超过竞争对手的优势或采用新的管理实践作为专利的替代品。

对于流通产业创新发展的影响因素，主要集中在经济发展水平、投资需求、城市化水平、工业化水平、市场化水平、信息化水平、对外开放程度、人力资源、制度因素等方面（孙敬水和章迪平，2010；刘玉玲，2016）。具体来说，范月娇（2015）研究发现信息化水平和产业结构是流通产业技术非效率的重要影响因素。吴旭晓（2015）的研究表明物流业效率的核心影响因素存在着一定的区域差异，其中，影响广东物流业效率最大的因素是城镇化，江苏和浙江是人力资源，山东是产业结构，而河南则是制度。王晓东和周旭东（2016）认为影响我国流通产业增长的最重要因素是需求因素，制度因素的作用表现得相对不显著。柳思维和杜焱（2016）发现中部地区流通产业格局的改变主要受地区间的经济总量、经济增长方式、城镇化进程、流通业基础设施等因素的影响。陈宇峰和章武滨（2015）的研究表明，对外开放程度、产业结构、市场化程度、城市化水平等能显著地促进流通效率提升；而资本存量和政府财政支出比重对流通效率存在负向的影响作用。而林翊和陈俊滨（2015）建立的空间误差模型的回归结果显示，经济发展水平、城镇化率和交通基础设施水平对流通产业发展具有显著促进作用，且城镇化水平是驱动流通产业发展的最重要因素，而人力资本水平对流通业发展的作用则不显著。此外，王良举和王永培（2011）、汪延明（2016）还探讨了影响农村地区和民族流通产业发展的因素，认为农村基础设施、农村公共服务供生态治理、绿色化发展理念、产业链社会责任、绿色技术创新能力、绿色文化建设等因素均具有重要作用。

3.1.3 流通效率测度与评价

3.1.3.1 流通效率的测度研究

安鲁伊（Anrooy，2003）在研究越南水产品流通的时候提出流通效率指实现资源的有效配置以达到消费者的最大满意程度。巴罗斯和佩里戈特（Barros and Perrigot，2008）使用由西马尔和威尔逊发展的创新两阶段方法测定法国零售业效率的决定因素。第一阶段使用 DEA 方法来评估法国零售商的技术效率与配置效率；第二阶段通过截断回归，运用由西马尔和威尔逊模型引导 DEA 分值，此后古普塔和米塔尔（Gupta and Mittal，2010）利用 43 家零售奥特莱斯店的数据，运用 DEA 方法研究了印度零售部门的生产效率，发现其中 16 家是单位有效率的，并表示从长远来看，通过将有效率的零售商基准化将有助于其他零售商改进投入产出效率。豪尔赫·莫雷诺（Jorge-Moreno，2012）通过数据包络分析方法分析五个欧洲国家 1998～2006 年零售业公司的数据，并在此基础上使用 M 阶估计比较分析 DEA 结果和使用 Malmquist 指数分析零售业的生产率增长。

3.1.3.2 流通产业效率的研究

在内涵界定方面，洪涛（2012）把流通效率表达为：在组织商品流通中的投入与产出的比例关系、在流通领域单位时间内所实现的商品价值量与流通费用之比例和在既定流通产出的条件下追求流通成本最小化等三层内涵。在效率评价方面，部分学者对农产品流通效率（欧阳小迅和黄福华，2011）、林产品流通效率（张学文和柳思维，2013）进行了测度，也有学者对整个流通行业效率进行了实证研究，其中李骏阳和余鹏（2009）、荆林波（2013）、郭守亭和俞彤辉（2013）等人运用因子分析法综合测评了中国流通业的效率，主要从周转率、规模性和效益性等方面构建行业人均年销售总额、行业人均年毛利、总资产周转率、库存周转率等多个指标进行评价。此外孙金秀（2014）运用 GRE-DEA 混合模型发现我国 2008～2011 年的现代流通业综合效率、技术效率呈先降后升的趋势，而规模效率逐年上升；陈宇峰和章武滨（2015）运用超效率 DEA 模型测度了我国 29 个省份的流通效率，结果显示全国及三大地区的效率总体呈波浪式变化，且波动趋势较为一致；范月娇（2015）的研究显示国家级流通节点城市的物流产业平均效率较低；而王世进（2015）的 DEA 模型结果表明，2000 年以来流通产业效率对消费率的提升作用明显，但基于某些原因，部分年份中流通产业效率对消费率的提升作用出现无效率；柳思维和周洪洋（2016）基于空间计量模型，研究了人口城镇化、土地城镇化对流通产业产出效率的影响，发现人口城镇化主要通过改善城镇居民消费能力、提高地区的人力资本和创新能力等来促进流通业的产出效率，而土地城镇化则更多地通过提高工业生产水平、进行固定资产投资来促进流通业的产出效率；林翙和吴碧凡（2017）从市场、产业与企业 3 个层面构建了一个包含零售业集中度、流通业劳动生产率、库存率等 12 项指标的流通效率评价指标体系，对 2008～2015 年我国 31 个省份的流通产业效率进行了评价，并运用空间计量模型对其影响因素进行了计量分析，发现存在显著的负向空间关联效应，即周边省份流通产业效率高会导致本地流通产业效率低，反之则相反。

3.1.3.3 流通渠道管理与流通效率研究

克里本斯坦和劳伦斯（Kliebenstein and Lawrence，2002）提出信息技术是提升流通效率的有效路径，而凯皮亚和安斯卡宁（Kaipia and Anskanen，2003）则指出产品类别管理和库存单位规划可以提高食品零售业的物流供应链效率。韦尔霍夫等（Verhoef et al.，2015）讨论了多渠道和全渠道对零售业的不同影响。曹和李（Cao and Li，2015）提出了一个概念框架来解释是否存在以及在何种企业级条件下跨渠道整合会影响企业销售增长，通过分析 2008～2011 年美国 71 家零售上市企业的纵向数据，结果表明跨渠道整合刺激了销售增长，但是在线体验和实体店面的存在削弱了这种效果。赫豪森等（Herhausen et al.，2015）的研究表明虽然渠道整合已被认为对于零售商来说是有前途的战略，但它对于客户对零售商和跨不同渠道的反应的影响仍不清楚。利用技术采纳研究和扩散理论，通过构建理论模型发现在线渠道整合导致了竞争优势和渠道协同而不是渠道利用。金塔纳等（Quintana et al.，2016）认为客户对新产品的反应对于零售企业十分重要，该研究介绍了一个提高零售企业的质量和效率以及吸引力的工作流程。

3.1.4　流通产业全要素生产率研究

3.1.4.1　关于全要素生产率的内涵的研究

1957 年，美国经济学家索洛提出了技术进步率和技术进步对经济增长贡献的定量计量方法，引起了学术界对全要素生产率（total factor productivity，TFP）研究的广泛关注，此后丹尼森（Denison，1962）、乔根森（Jorgenson，1967）等人继续对全要素生产率或技术进步与经济增长关系进行了探索研究。其中，在索洛的研究当中，总产出被看作是资本、劳动两大投入要素的函数，他把从总产出增长中扣除资本、劳动力带来的产出增长后的余值作为技术进步对总产出的贡献，即全要素生产率的贡献。所以在经济学家看来，全要素生产率的增长可作为科技进步的指标，用来衡量一个国家或地区经济增长质量、技术进步和管理效率，其主要来自技术进步、组织创新和生产创新等。因此，本书认为流通产业全要素生产率是指流通产业的总产出中扣除资本、劳动带来的产出增长，由产业中技术创新与进步、组织管理效率改善等带来的产出增长，将其赋予技术变化率或者技术进步速度的含义，称之为流通产业全要素生产率。

在国外，索洛、肯德里克、丹尼森和乔根森等经济学家通过构建不同理论模型对经济增长中全要素生产率进行了研究和测度。在中国，提高全要素生产率增长对经济增长的贡献率已被认为是经济发展中的重要目标，同时也成为衡量经济增长质量的重要指标（郑玉歆，2007）。已有许多学者从不同视角使用不同方法对于我国经济增长的全要素生产率进行了研究，章祥荪和贵斌威（2008）、刘建国等（2012）等研究对中国全要素生产率进行了测度。其中，王兵等（2008）、陈红蕾等（2013）等研究考虑环境因素，测度了考虑二氧化碳排放的全要素生产率；陶长琪和齐亚伟（2010）、范剑勇等（2014）、张少华和蒋伟杰（2014）等研究通过方法的改进，分别使用基于 TOPSIS 理想解思想和 Malmquist 指数分解方法、Levinsohn-Petrin 半参估计方法、随机前沿分析方法、投入冗余的全要素生产率指数（ISP）对我国区域、省区、县级等全要素生产率的变动趋势进行了测度和分析，但得到的结论并不相同；范剑勇等（2014）发现技术效率改善与前沿技术进步是全要素生产率增长的主要结构性因素，但在总体上前者的贡献份额高于后者；而张少华和蒋伟杰（2014）的研究显示在国家层面全要素生产率增长解释了中国经济增长 35.08%的份额，全要素生产率变化的主要原因是技术进步。

3.1.4.2 不同产业全要素生产率测度与影响因素

国内许多学者测度和分析了不同产业的全要素生产率及影响因素，得到了大量研究成果。

（1）制造业方面。宫俊涛等（2008）、孙晓华等（2012）基于不同方法测算了中国制造业的全要素生产率；杨汝岱（2015）的测算显示，我国制造业整体全要素生产率增长速度在 2% ~6% 之间，年均增长 3.83%；王杰和刘斌（2014）研究认为我国工业企业要提高全要素生产率和降低污染，政府需要制定合理的环境规制水平和差异化的环境规制政策。

（2）服务业方面。杨勇（2008）测算了中国 1952 ~2006 年的服务业全要素生产率，发现中国全要素生产率增长率对服务业产出的贡献差异以 1980年为分界线，在 1980 年前的波动较大，而 1980 年后渐趋平稳，但贡献总体水平偏低；另外姚星等（2015）通过实证方法研究了我国四种服务外包的全要素生产率效应及其影响机制。

（3）农业方面。潘丹和应瑞瑶（2012）的研究显示，中国农业全要素生产率在 1978 ~2008 年的平均增长率为 3.17%，东、中、西部区域农业全要素生产率的增长的主要来源均是农业技术进步；金怀玉和菅利荣（2013）发现造成我国农业全要素生产率波动的主要原因是气候变化所造成的自然灾害频发；此外张成等（2014）、杜江（2015）还分别测算了我国水产养殖业综合技术效率和全要素生产率以及种植业全要素生产率增长。

（4）金融业方面。吕健（2013）对中国金融业和商业银行的全要素生产率增长分解进行了测算；姜永宏和蒋伟杰（2014）的研究表明城市商业银行的优势在于技术水平和技术效率，国有商业银行在于规模效率，股份制商业银行在于范围效率；李健和卫平（2015）发现 2000 ~2012 年我国金融发展规模的全要素生产率增长效应要远低于金融效率发展的全要素生产率增长效应。

（5）其他产业方面。郑世林和葛珺沂（2012）应用 DEA-Malmquist 方法测算了文化产业全要素生产率增长，叶珊瑚等（2014）利用汽车企业数据测度了对汽车行业全要素生产率。

3.1.4.3 流通产业全要素生产率测度与影响因素

流通产业的全要素生产率的研究起步较晚，且文献较少。国外学者拉奇福德（Ratchford，2003）针对美国零售食品商店的劳动生产率 BLS 指数（劳工统计局指数）下降的这一令人困惑现象，通过测度生产率，发现 BLS 指数的下降是由于零售食品商店提供的服务变化未纳入该指数，如果计入，生产力将会提高。巴罗斯和阿尔维斯（Barros and Alves，2004）通过数据包络分析，估算了葡萄牙零售连锁店的全要素生产率，并将其分解为效率改善和技术进步，结果表明零售连锁店提高全要素生产率要注重管理。茜恩和埃克西格鲁（Shin and Eksioglu，2015）试图解释射频识别技术（RFID）与零售商劳动生产率之间的关联，使用的 Cobb-Douglas 生产函数回归分析表明，采用 RFID 技术的零售商比非 RFID 对手的收入弹性高，RFID 零售商劳动生产率更高。迈坎和奥思（Maican and Orth，2015）通过使用瑞典零售业商店数据，运用动态结构模型评估了当地市场进入条例对零售贸易生产力的作用，结果表明更多的自由进入条例能增加未来生产力，且小商店和小市场的生产率的提高比大型商店和大型市场更大。

国内刘振娥、李晓慧、王永培等人相对较早的对流通产业的全要素生产率进行了测度和研究。其中，刘振娥（2011）分析了我国流通业全要素生产率增长源泉、区域差异原因与全要素生产率跨期生产率动态变化趋势，研究表明我国流通业全要素生产率显现出增长的态势，而技术效率增长是流通业全要素生产率增长的主要驱动力；李晓慧（2011）运用数据包络分析的 Malmquist 指数方法，发现 1993～2008 年中国流通业全要素生产率的平均增长率为 0.6%，其中技术效率为 0.4%，技术进步率为 0.2%，并且指出目前的全要素生产率对流通业的作用有待进一步提高；而王良举和王永培（2011）则采用超越对数生产函数的随机前沿模型测度了我国农村流通产业的技术效率，结果表明农村流通产业存在显著的技术非效率现象，但非效率现象并没有持续反而有一定的降低趋势，同时发现地区间农村流通产业效率的差异正在逐步缩小。此后，刁凯（2014）、王琦（2015）、赵洁琼（2016）、孙畅和吴立力（2017）等研究对我国的个别省份以及某些地域的流通产业全要素生产率进行了进一步的研究。首先，在省份方面，刁凯（2014）测算了山东省 17 个地市 2005～2011 年流通产业全要素生产率，结果显示山东省东部地区的总效率水平最高，其次是中部地区，而西部地区则最低，此外，该研究还发现影响山东省流通产业无效率最大的因素是固定资产投资，而综合能耗和人力投入也是重要因素；赵洁琼（2016）研究总结了河北省流通产业的全要素生产率的时空变化特征，实证结果显示河北省流通产业全要素生产率保持了稳定的增长趋势，而增长的主要动力来源于流通产业的技术进步。其次，在地域方面，王琦（2015）主要研究了我国区域间流通业全要素生产率增长的趋同性，从长期来看，我国区域流通业全要素生产率的增长具有趋同趋势，但是东部、中部、西部三大区域流通业的全要素生产率的趋同效应强度呈现出一定的差异。

孙畅和吴立力（2017）测算了长江经济带的流通业全要素生产率，结果发现在 2004～2013 年，我国长江经济带流通产业的全要素生产率年均增长率为 -2.5%、技术效率为 -0.8%、技术进步率为 -1.7%，说明流通产业的发展主要靠要素驱动，而非效率提升。赵德海和曲艺（2017）构造了 Global-Metafrontier-Malmquist 生产率指数模型，基于我国各省份 2006～2015 年零售商业数据，利用空间面板计量方法对我国零售业生产率的影响因素进行了分析，结果表明地区 GDP、人力资本、IT 技术与市场化对零售业生产率有正向作用，而管制则仅具有负向作用。柳思维和周洪洋（2018）使用超效率 SBM-DEA 方法和 Malmquist 指数测度了我国 31 个省份 2004～2015 年流通产业全要素生产率，并使用空间杜宾回归方法发现，产业结构高度化、人口城镇化对本地流通产业全要素生产率有正向促进作用，但对邻省的流通产业全要素生产率产生抑制作用，研发强度和连锁化对流通产业全要素生产率有显著的正向作用，且空间溢出明显，但产业政策对流通产业全要素生产率的作用却很小。

3.2 流通产业空间结构演化及其影响因素研究

3.2.1 离心不空心趋势的研究

伴随着新型城镇化进程中的居民空间分布离心化，城市商圈体系也出现了离心化趋势，但是不同于西方国家城市商圈体系的离心也空心，中国城市商圈体系空间结构的发展是离心而不空心。例如，郭崇义和戴学珍（2002）在研究北京市外商投资零售企业的区位选择时，发现不同业态的大型零售网点在城市空间上的圈层分布规律，以及郊区商业与市中心商业共荣的商业空间格局发展趋势；林耿和阎小培（2004）基于产业关联和产业地域共生的视角，探讨了广州市商业结构的变化趋势时，也提出广州商业也同时具有向中心集聚和向郊区离心扩散的趋势；叶强和鲍家声（2004）分析了长沙的城市空间结构及形态的演变过程和机制；谭怡恬等（2011）提出城市发展历史、交通、城市规划政策、商业自身规律共同作用下使得商业空间结构不断演变，并认为长沙商业业态分化已经呈现出多元化趋势，中心区商业空间逐渐向外疏解；尹德洪和赵娴（2016）研究了分工对流通产业空间结构的影响，认为分工带来了专业化程度提高、进而提升了生产效率，使物质财富增加从而提高了交易效率、促进了流通空间结构载体的升级和区位选择和空间结构产生根本影响，同时，该研究还分析了交易成本对流通产业空间结构演进的阻碍作用。

3.2.2　产业空间拓展的虚拟化趋势研究

正如前文所述，互联网及移动终端的发展，促使网络零售商业蓬勃发展。具有模糊关联性的零售组织，基于某一特定网络服务平台聚集形成的能产生出空间聚集效应（包括规模经济、范围经济和外部经济的共同作用效应）的商圈，即为虚拟商圈。虚拟商圈从其聚集的主体、机理和效应来看，其本质上仍是商圈，只是与实体商圈存在着空间形态、市场覆盖范围有着显著的区别。学者们还通过改造传统实体商圈的空间阈值测算模型对虚拟商圈的空间阈值进行了研究。唐红涛（2009）通过修正哈夫（Huff）模型提出了虚拟商圈空间吸引力模型，并以淘宝网和拍拍网的网店数据进行了实证分析。徐靖雯（2011）采用 AHP 分析模型对淘宝网等三个虚拟商圈的空间阈值进行了分析。余金艳等（2012）则通过 ArcGIS 地图投影空间变换法将地理聚集重新定义为时间距离之后，测度了虚拟商圈的空间阈值。并且，学者们大多认为虚拟商圈的发展并不是对传统实体商圈的颠覆，而是创新与互补。潘勇（2011）基于逆向选择视角的实证研究、汪中波（2012）通过对大商等的案例分析都证实了这一看法。

3.2.3　对中国城市商业空间发展困境的判断

现有的相关研究提出中国城市商业空间结构发展存在四大困境：一是城市内商圈体系发展结构性失衡。晁钢令（1996）、鲍军（2004）和马晓龙（2007）等认为城市区域经济发展的不均衡，使得城市商圈体系的演进也出现了相应的问题，即城市各区域内的商圈发展与市场所需不匹配，特别是新城区内的商圈发展跟不上居民城镇化速度，有些居住密集区域甚至存在商圈空白区域。二是城市商圈内商业塌陷阻碍了城市商圈体系的演进。柳思维和朱艳春（2014）提出由于各种历史原因，许多的城市商圈内部都存在商业塌陷区，该区域的零售组织与其他零售组织之间的空间交互关系非常弱，没能充分利用聚集效应，造成了大量商业资源的浪费，使得商圈的空间发展受阻，形成了商圈之间的空间互动瓶颈，阻碍了城市商圈体系的空间演进。三是城市商圈体系内重复竞争现象严重。李学工和朱红（1998）分析得出城市商圈体系内的商圈差异度不高，过度竞争激烈，导致城市商圈体系整体协同效应不高。四是城市商圈体系演进的速度不合市场需求的放缓。面对互联网及移动终端带来的网络零售商业冲击，传统零售商业由于创新不及时，居民的多样化需求在本地没能得到及时满足，实体商圈业绩出现了较大幅度的衰退，城市商圈体系演进速度放缓。

俞彤晖（2018）基于2004~2015年省级面板数据、计算了中国流通产业发展水平的综合值，并对其空间分布演进轨迹进行了实证分析，结果表明：中国各省流通业发展水平分布极不均衡，随着时间推移极化现象逐渐消失，呈现多极化分布特征，并进一步提出东部地区应注重合理引导流通资源分配增加高端流通资源积累，中部地区应着重改善流通效率，西部地区应着重改善流通基础设施建设水平。杨秋彬等（2018）运用POI数据和空间计量方法，对上海市体验性商业空间结构及其影响因素进行了实证研究，结果表明上海市体验型商业呈现出"一主多次"的空间格局，空间外溢、人口密度、公交站密度、地铁人流量与房价等是影响体验型商业空间格局的主要因素；但是同时也出现了如四川北路、小陆家嘴—张杨路市级商业中心的体验型商业集聚程度与同等级商业中心存在非常大的差距，体验型商业"空心化"现状比较严重。

3.2.4 城市商业空间结构影响因素

怀特（White，1977）通过模拟分析零售组织和消费者两者之间的互动，解释了零售商圈体系空间结构的动态演进过程，其中零售组织的分析通过成本方程，消费者则用空间交互方程描述。此后，克拉克和威尔逊（Clarke and Wilson，1981）运用突变理论解释零售商业体系的变化，前者研究了零售商业如何从街角商铺向大型超级市场演变，后者研究了零售商业体系从空间离散向空间集聚转变的过程。拉贾戈帕尔（Rajagopal，2010）基于调查数据以及消费者决策模式理论模型（CDMS）解释了发展中国家在城市购物中心商圈辐射范围内，街角商圈与购物中心商圈并存的缘由，以及两者之间发展过程中的竞争冲突。黄和列文森（Huang and Levinson，2008）建立了一个由消费者、零售商和供应商组成的供应链网络，深入探讨了零售商在空间聚集的离心力和向心力，提出了零售商圈空间聚集的两个度量指标：区位熵和集聚密度。朱玮和王德（2014）利用上海市 2000 年的商业数据模拟了多代理人模型的关键参数，并预测了上海市未来的各级零售中心分布结构和状态。

同时，学者们也日益关注零售商圈空间结构随着零售环境变化而产生的变化。随着城市的发展，城市居民居住趋向于离心化，以 CBD 为核心最高层级的城市零售商业空间结构特征逐渐发生变化，城市边缘地区的有统一零售组织管理的商业中心集群，在逐渐蚕食由独立零售商聚集在一起的市内商业街的市场份额，土耳其政府对近郊商业中心发展的鼓励政策使得这一局面进一步恶化（Ozuduru et al.，2014）。而多中心、离散的城市群整合发展模式对城市群的零售商圈发展产生了一定的负面影响。一方面，整个区域满足多目标需求的零售商圈数量比其他不强调多中心整合发展区域的零售商圈数量少；另一方面，保持其他因素不变，消费者净消费支出在本城市之外的区域每增加 1%，会到导致本城市零售商铺的数量减少 0.61%。并且，城市群中非主导型的其他城市一级核心零售商圈级别低于同等规模的城市群外城市的一级核心零售商圈（Burger et al.，2013）。邱灵（2013）利用单位普查的大样本数据通过距离加权插值（IDW）模拟和 ArcGis 对北京市生产性服务业的空间结构演化进行了深入研究，各种服务业的空间区位选择首要影响因素和演化初始动力都来自交通通达性。牛方曲等（2015）在定义城市群的基础上，提出了城市群多层次空间结构分析算法。通过综合评价方法确定城市群的核心城市并依据通勤空间分布确定研究区域，通过多层次空间结构树进行计算机模拟分析城市之间相互作用和空间边界。周彬学等（2013）将引力模型和空间区位论结合起来，通过 Lowry 模型进行计算机模拟城市空间结构演化特征，特别从模型构建、参数设置和情景模拟三个方面进行了深入探索，建立了基于北京市基本社会经济发展状况的空间结构模型。

但一个值得注意的现象是，国外学者在研究零售商圈的影响因素，几乎没有考虑政府行政中心的区位影响。这与国外发达国家零售商圈发展实际情况非常相符，由于政府相对不执行过多的职能，其商圈发展往往与行政中心所在位置没有太大关联，而与交通基础设施、人口等关系更紧密。而在国内政府和行政中心会很大程度影响商圈发展，但也仅有一些论文分析了政府与商圈的关系。罗建勤（2008）指出城市商圈的规模绩效和竞争优势来自商圈所拥有的资源及商圈内在的结构方式，政府应通过提高商圈业态关联度，为商圈发展奠定基础；建立有效的竞和机制，以保证商圈运行效率。张怡悦（2013）以江苏省连云港市为例分析了政府在商圈打造中的重要作用，特别是历史文化因素、城市空间扩展因素、消费者需求多元化、合理空间布局等相关因素。上述研究阐述的更多的是政府的权力对城市商圈的影响。

3.3 城市流通产业空间结构的建模方法

3.3.1 经济学建模方法

如前文所述，经济学是最早关注流通产业空间结构问题的学科，他们主要使用了商业区位模型、消费者选择模型、空间集聚模型等建模方法对这一经济社会现象进行了系统的研究。这些模型都从某一个角度对流通产业空间结构做了有力的解释。尽管从数理经济模型角度刻画城市商业空间结构存在着较大难度，但学者做了大量的努力，从早期的 Lowry 模型开始，交通成本、企业区位选择就被尝试纳入模型。当然，早期的模型更多的是静态模型，将许多重要的参数变量设置为外生变量，模型内生演化动力不足。DRAM 模型开始将空间相互作用加入模型，并考虑居民居住分配和空间供给匹配。关于这部分的研究，本部分不再赘述，相关文献参考前文内容。

石忆邵和周蕾（2017）利用成本法、收益还原法和楼层效用法等经济学方法，构建了一个城市商业地下空间使用权价格评估模型，并以上海市为例，计算出上海市地下商业空间价格的空间分异特征，结果表明：地下空间价格由市中心向郊区呈递减规律，其与地下交通的类型有较强的关系，且与地上商业空间相比，地下商业空间价格的空间集聚特征更为明显。韩宇瑶等（2018）利用经济学的空间关联分析方法，实证研究了武汉市道路结构与流通产业空间结构之间的空间关联性，结果表明：道路全局集成度是所有道路结构指标中与商业集聚关联最强的指标，其与道路连接值与流通产业 POI 密度呈正向相关关系，而总深度值与流通业产业 POI 密度呈负相关关系，流通业集聚分布为"核心 - 过渡 - 边缘"的多核心多层次结构。王芳等（2018）在借鉴哈夫模型的基础上构建了一个简化的人口住宅小区模型，对北京市各类商圈依据服务范围和服务人口进行了识别，结果表明：餐饮、专业店、购物中心、便利店、综合商业等商圈空间结构特征不尽相同，但它们都存在城市内部布局存在盲点、城市周边商圈面积过大、服务人口过多等空间结构不合理问题。

3.3.2　地理学建模方法

近十多年来，随着地理信息系统和遥感技术方法的成熟，地理学也在尝试构建模型以解释城市流通产业的空间结构变化。用 GIS 和 RS 技术可使我们对研究区域的空间结构特点予以更为精确的分析和可视化表达，为把握其空间结构演化规律、提炼相应的空间结构模式提供了很好的平台。王劲峰（1992）借助 GIS 技术，对区域核的生成与区域模型、增长极的空间效应及其腹地进行了模拟研究。王新生等（2005a，2005b）也借助 GIS 技术，利用 Voronoi 图、凸壳原理、分形、Boyce-Clark 半径形状指数等方法对我国城市空间形态的分布特征、城市空间扩展模式识别及城市空间形状测度等进行了深入研究。李双成等（2005）以 GIS 为平台，利用 ANN 模型对中国区域贫困化问题进行了空间模拟分析。朱文明和陶康华（2000）以景观空间分析和区域经济理论为基础,利用 RS 和 GIS 技术,分析了长江三角洲地区城镇空间结构和区域经济特征之间的相关性。区域发展研究前沿已由比较静态均衡阶段进入动态非均衡演化阶段。研究的重点从关注比较静态的空间均衡,考察区域系统稳定状态过渡到关心区域系统的时空演化的内在规律,发展趋势,而且将区域看成开放、非均衡的系统,并开始利用复杂性科学的理论方法研究区域问题及其时空演化规律,探讨区域系统的未来发展模式及其空间演化的可能途径。

陈蔚珊等(2016)、吴康敏等(2016)基于 POI 数据,借助于 Getis-Ord Gi* 指数对广州市零售业中心热点进行了识别与分析,结果发现不同的业态对商业集聚区位选择具有显著差异性。李阳和陈晓红(2017)则基于 POI 数据,对哈尔滨市商业空间结构在 2012 年、2014 年和 2016 年的演进进行了系统的比较研究,发现哈尔滨市市中心的商业设施呈"圈层 + 组团"的空间集聚状态,这些商业设施还持续向外扩张,但扩展的速度不均衡。李伟和黄正东(2018)运用凯立德导航软件的 POI 多年数据(2011 年、2014 年和 2017 年),对厦门市城市商业空间结构演变和业态重组的地理特征进行了识别,结果表明,日常零售业出现了社区化、小型化、便利化、可达性与网格化的发展趋势,而大型商业综合体与休闲餐饮等服务业则出现了综合发展的趋势。浩飞龙等(2018)基于 GPS 软件 POI 数据,基于核密度、区位熵、Ripley's K、NNI、Moran's I 等方法,对长春市的商业空间结构进行了识别,结果表明,长春市商业空间网点呈多中心分布格局,整体分布较为合理;同时中心外围分异特征明显,且不同行业的分异程度有较大差异;行业空间尺度范围差异也比较大,零售、家电尺度范围大,而服装、文体则尺度范围较小。

3.3.3　计算机科学建模方法

自 20 世纪 90 年代计算机技术飞速进步以来,表征更为复杂的空间作用也变得可能,这期间出现了大量的经典空间模型,包括 IRPUD、CUF 等。21 世纪以来,建模的趋势从静态到动态分析,借鉴的模型也开始越来越多地涉及经济学模型,各个学科共同将空间建模推向新高度。具体如表 3 – 1 所示。

表 3 - 1 经典城市空间区位模型

模型	开发者	开发时间	已应用地区	建模理论	企业/就业区位产生方式	企业/就业存在模块	企业区位处理方法
Lowry	Ira S. Lowry	1964 年	匹兹堡地区	宏观经济学原理	各区数量平衡	以变量形式直接参与总模型计算	人口就业匹配方法
DRAM/ EMPAL	Stephen Putman	20 世纪70 年代	奥兰多大都市区	空间相互作用	各区数量平衡	—	地块岗位数量变动方法
MEPLAN	Marcial Echeenique	20 世纪80 年代	萨克拉门托	空间投入产出	土地利用类型变更	土地市场	地块岗位数量变动方法
IRPUD	Michael Wegener	1994 年	德国鲁尔区	离散选择	个体选择	时间演化子模型、公共建设子模型、私人建设子模型	地块岗位数量变动方法
CUF	John Landis	1994 年	美国加州	基于规则建模	土地利用类型变更	—	地块岗位数量变动方法
Delta	David Simmonds	1995 年	英国北部	离散选择	地区竞争与产出条件下岗位数量变更	经济子模型、城市子模型	地块岗位数量变动方法
Simfirms	Leo van Wissen	1995 ~ 2000 年	荷兰	基于逻辑建模	企业决策	—	企业选址决策方法
UrbanSim	Paul Waddell	1996 年	尤金 - 斯普林尔德、俄勒冈州	城市经济学、离散选择、微观模拟	个体代理选择	经济转化模型、企业迁移模型、企业区位选择模型	地块岗位数量变动方法

资料来源:杨烁,于涛方. 国外大城市地区企业区位模型研究综述 [J]. 国际城市规划,2018 (2):68 - 74。

张延吉等(2017)利用数字化城市管理系统中的流动商贩数据、构建了 DO 指数和 M 函数,利用计算机技术对流通商贩的空间特征及其与正规商业的分布关系进行了数字模拟，结果发现：大部分流动商贩具有明显的空间集聚特征，特别是在极小空间尺度上来看这一集聚结果更为显著，同时流动商贩与正规商业之间表现出明显的互斥而非共生关系，在较小空间尺度上这一现象更为显著，并由此提出优化流动商贩与正规商业之间空间共生结构的建议。王晓梦等（2018）使用微博签到数据和问卷调查、实地测量数据，构建了城市商业区"规模－热度"得分模型，以北京6个商业区为例，结合K-means聚类衡量了城市商业空间化的程度。结果表明，30多个商业区中工体、西单等6个商业区发育较为完善暂未出现"空心化"现象，西直门、望京等则有轻度空心化趋势，而大钟寺、鲁谷等22个商业区则出现了明显的"空心化"现象。

3.4　简　要　评　述

从本章的文献回顾来看，国内外学者主要从一般性研究、空间结构研究以及建模技术研究这几个方面对城市流通产业展开了全面的研究，取得了丰硕的研究成果，这也成为本书的重要研究基础与逻辑起点。其中，一般性研究主要包括流通产业定义、功能与地位，创新与影响因素，效率测度，全要素生产率；等等；空间结构研究主要包括城市商业离心不空心趋势、产业空间虚拟化趋势、中国城市商业空间发展困境的判断等；建模技术研究主要包括经济学建模、地理学建模和计算机科学建模等方法。不过从本书的研究视角来看，现有的这些研究存在一些不足和空缺之处。

（1）当前文献对城市流通产业空间结构的评价还较为薄弱，特别是空间结构的量化评价还有较大欠缺。现有文献关于流通效率的评价比较多，尤其对不同类型产品的流通效率通过建立的指标体系进行了测评，但是专门对城市流通产业空间结构评价的文献还未出现。部分文献对商业基础设施的空间分布进行了分析，发现了部分空间结构短板；另外部分文献对消费者、社区的分布与商业空间分布的耦合度进行了研究，结果也发现了存在部分不耦合的情况。然而，该如何综合地评价一个城市的流通产业空间结构是否处于较优状态呢？这需要使用经济统计方法，构建以空间结构为导向的多层次评价指标体系，才能全面、综合、客观地描述城市空间结构的发展状况，最终提出优化目标与实施路径。

（2）当前文献对城市流通产业空间结构的形成机理与影响因素研究还不够充分，特别是各种冲击是如何引起空间结构变化还较少涉及。从理论层面来看，商业空间结构的形成机理不外乎包括消费者选择、流通企业集聚以及两个方面的双向互动等，然而它们究竟是如何触发结构变动的开关，又是经过何种传导机制最终实现从微观到中观、从局部到整体的变动的，没有文献对这个动态过程进行描述。然而，这是城市流通产业空间结构优化的基本条件。事实上，随着计算机技术的进步，已经完全可以建立一个城市流通产业空间的描述性模型，并模拟某一外部冲击（如政策）对城市流通产业空间结构的影响。

（3）当前文献对流通产业空间结构的研究方法是多种多样的，但是这些多样化的研究方法并没有同时对同一个研究主题进行过集中式、比照式的研究。目前来看，这些对城市空间结构研究的方法包括：POI 数据挖掘技术、GIS 技术、GPS 技术、RS 技术、空间关联分析技术、计算机模拟技术等等。这些前沿方法在描述流通产业空间结构方面各有长处，如能将它们集中使用到某特定大城市的流通产业空间结构优化研究中来，则可以从不同技术方法的视角对同一事物进行多角度分析，让我们得到关于城市流通产业空间结构优化的更多信息，从而得出更加系统、准确、可行的空间结构优化方案。

本书主要从以上三个方面对我国城市流通产业空间结构进行描述、建模与优化，并主要地以中部大城市长沙市为例，分析了城市流通产业空间结构优化的具体过程、方法与路径，以期为我国城市流通产业结构优化提供理论参考。

第4章

优化城市流通产业空间结构指标体系研究

空间结构是城市流通产业在其发展过程中呈现出来的一种基本形态，一般可以通过其物质载体以及与之相关的消费者、消费力的空间相对位置及其运动轨迹来表征。城市流通产业空间结构具有系统性、复杂性、地域性和动态性等显著特点。纵然如此，我们仍坚持认为城市流通产业空间结构应具有一个适应性最优值。关于这个最优结构到底是什么，甚至于该如何求解该最优结构等问题，均未见有让大家都满意的答案。本章着眼于应用，融合当前主要理论学派的观点，基于系统学原理提出一个城市流通产业空间结构优化的基本理论、框架与方法，构建"城市商业空间结构优化度"多层次评价指标体系，为流通产业空间结构优化实践提供理论依据和决策参考。

4.1 理 论 依 据

4.1.1 商业区位理论

商业区位是较早被经济学者和地理学者共同广泛关注的问题之一，思想渊源最早可以追溯到英国经济学家马歇尔，商业区位理论基础主要是德国城市地理学家克里斯塔勒的中心地理论和美国学者赖力的零售引力法则。古典的中心地理论将商品服务的集散地定义为"中心地"，其最优结构为等级有所区别的正六边形空间系统（蜂窝结构）。虽然该理论没有涉及商业蜂窝结构形成的具体原因是什么，但它首次理论化地描述了城市商业基础设施的空间分布规律。后来的研究表明，当人口呈非均匀分布时，中心地的空间等级结构也能形成。人们还发现，当经济发展使消费需求增加、交通条件变好，商人的巡回销售路线变短、集市将逐渐由巡回型变为固定经营型，由此逐渐形成商业区位的空间蜂窝结构。还有学者比较了中心地理论、空间相互作用理论和最小差异化原则这三种古典区位理论在解释微型零售企业区位选择中的作用，发现还是中心地理论对此具有最好的解释力。国内相关研究表明，我国北京、上海、广州等国内大城市商业网点规模、等级和分布情况也基本符合空间蜂窝结构。

在商业区位理论框架下，不少学者就城市可达性展开深入研究。黄和列文森（Huang and Levinson，2012）认为高速铁路有利于城市站点的可达性，但对沿线居民的生活有负面干扰作用。奥尔梅多等（Olmedo et al.，2015）引入竞争对手和边界效应因素，评价了新建公路交通设施对欧盟可达性的影响。张兵等（2006）认为湖南省公路网络可达性以中南部为主的中心边缘是同心圈层结构，呈现明显东北—西南轴线特征。蒋海兵等（2010）采用同心圆法、扇形法与最近邻域法探讨卖场空间特征，利用行进成本分析法计算卖场可达性，并根据伽萨法则叠加了卖场引力因素，得到伽萨法则商圈。宋正娜等（2010）将主要可达性度量方法分为比例法、最近距离法、基于机会累积的方法、基于空间相互作用的方法，并对各类方法的应用领域及优缺点进行比较，同时以潜能模型、两步移动搜寻法为例探讨相关方法在公共服务设施空间可达性度量中的应用。徐晓燕等（2012）以空间句法研究方法，根据总体整合度、住区配套商业设施的拓扑深度及线段分析法得出最佳服务区域，综合评价不同空间模式的住区配套商业设施可达性差异。谌丽等（2013）利用北京市城市服务设施空间数据借助 GIS 评估居民的客观服务设施可达性，通过多元回归模型讨论居民服务设施可达性偏好与现实的错位情况和相关因素并侧重验证城市空间结构和住房获取渠道的影响。江海燕等（2014）系统比较了城市公共设施公平评价的物理可达性与时空可达性测度方法，前者是基于地方、考察设施与个体日常生活位置之间的物质空间临近方法，后者是基于个人的、考察个体使用设施机会大小的评价方法。赵梓渝等（2016）引入营业面积、人口数量、消费者偏好等变量，对长春市大型零售设施的空间分布特征进行了研究，认为快消零售设施空间分布的向心性显著，呈单中心的集聚特征；耐用消费品设施分布的离心化相对明显。谢栋灿（2016）通过互联网地图的路线导航服务获取交通时间距离数据，对上海、宁波、杭州三市当前的一日交流圈进行了划定和比较，分析了一日交流圈的扩展特征，探讨了高速公路网和高铁在一日交流圈扩展中的作用，发现区域重大交通基础设施的建设对一日交流圈的扩展具有显著作用。浩飞龙等（2017）以高德互联网地图的导航服务功能为基础，利用时空圈测度工具，从步行交通、公共交通及小汽车交通三个方面，综合测度与评价长春市各商业中心的时空可达性，并分析其交通拥挤度与公共交通优先度特征。毛琦梁和王菲（2017）认为可达性高的地区产业升级对于本地累积生产能力禀赋的依赖要弱于可达性低的地区，在一定程度上说明区域一体化程度是影响产业升级的重要方面。

总体来说，可达性研究具有比较丰富的研究成果，可达性与商圈结合的研究成果并不多见。在一般性的基于 GIS 的商业区位模型研究中，也只要采用质点直线距离测算，显然偏误较大，因为没有全面考虑实际交通网络、道路等级、不同的交通方式等等具体问题。只有谢栋灿（2016）基于互联网地图服务考虑了这些实际因素，运用时空圈模型研究了长春市商业中心可达性分析和上海、宁波、杭州三市的城市一日交流圈，为本书提供了直接的思路启发和方法借鉴。

当前，还有不少学者将 GIS 技术引入商业区位的研究与实践中来，对中心地理论进行了优化，为商业区位分析开辟了新的思路。例如，他们给出了基于 GIS 的商业地理定位的技术路线及推广应用模式，基于 GIS 方法建立了矢量网格矩阵模型，并在此基础上构建了商业网点密度分析、商圈影响范围分析、商业空间查询分析等空间分析方法，并以北京、上海、广州等地商业空间数据为基础进行验证。在此基础上，他们还提出传统的关于确定商业中心地边界的理论方法、实证方法与统计方法都存在主观性的缺陷，并基于空间形态学和 GIS 技术，给出了确定商业中心边界的方法和步骤。例如，张俊娥等（2018）运用 ArcGIS 软件工具对黑龙江省城市商业网点空间集聚特征进行了描述，结果发现，批发零售业、餐饮业与住宿业三种业态网点均呈现出中心集聚外围分散的空间特征；其中，批发零售业网点数量最多、经济效益也最好；而影响这一分布格局的主要因素是各城市的居民消费能力和地区经济发展水平。

4.1.2　消费者选择理论

商业经济学则根据商业实践坚持"顾客是上帝"的观点，认为商业空间集聚是消费者追求效用最大化行为的结果，其根本动力来源于消费者行为的特征。中心地理论关于"距离是消费者选择商业中心唯一重要因素"的假设被部分研究挑战，认为消费者对商品需求程度、购买能力和出行能力将在商业中心选择中起决定作用，同一规模的中心地也可能出现功能上的差异。其中，有学者提出了多个竞争性中心地消费者的多可能性选择问题，从消费行为视角量化了居民利用其中某一个商业聚集区的概率。甚至，部分研究完全从消费的知觉和行为的视角来探讨零售区位的分布问题，提出了信息场和利用场的区别，认为信息场的大小与消费者的社会地位、年龄和家庭规模等直接相关。

国内学者在对上海居民购物行为的时空特征进行分析的基础上，从居民购物消费行为特征入手，考察了其对商业空间集聚结构的影响。还有学者引入城市人口密度、城市在岗职工平均工资和年末实有公共（汽）电车运营数等变量，作为影响城市商业空间集聚发展的自变量系统，并证实了它们与城市商业集聚发展呈同向关系。有学者在对北京王府井大街消费者进行实地调查的基础上，以地块为分析单位从空间视角探讨了消费者的行为特征，包括人流、停留人次、消费金额、人均消费金额等要素的空间分布的基本特征以及入口、回游、出口各阶段的空间特征，阐述了消费行为的复杂性和影响因素的多样性。

4.1.3　空间集聚理论

区域经济学从商业企业"集聚经济"的视角出发，认为商业空间集聚是商业企业主动追求集聚经济的结果。例如，有学者在霍特林模型的基础上，认为如果两个商业企业可以自由选址，则跳跃到较大市场上以最大化他们各自市场领地的过程将会相继发生，其结果是两个企业会在这一市场的中心位置形成集聚，而不会是分散在市场的不同位置。对零售集聚区的企业进行的实地调查表明，"利润"是促使企业空间集聚的根本驱动力；成本节约、知识与创新、品牌与社会资本、风险规避等因素使商业企业集聚在一起经营。

流通企业集聚与消费者购物之间的关系方面，在赖利（Reilly，1931）提出了零售引力法则，其后康弗斯（Converse，1949）将其改进推导出均衡点模型，此后赫夫（Huff，1964）研究了消费者到商贸店购物的概率与商贸企业的规模、商贸店的距离之间的关系，20 世纪 80 年代哈佛商学院的学者更是提出了零售饱和指数法来说明某一地区的零售潜力。之后李和佩斯（Lee and Pace，2005）研究了距离因素之间的相关性对于商圈影响力范围的作用和商业优势区位评估的影响，而泰勒和科扎卜（Teller and Kotzab，2012）讨论和评估了购物相关的物流对基于商店的零售风格的消费者的相关性。研究中基于方差的结构方程模型显示，购物者物流对基于商店的购物便利性具有重要影响，且会部分地影响消费者对购物相关成本的观念，而购物者物流并不影响消费者的商店访问率。达塔和苏迪尔（Datta and Sudhir，2013）通过构建结构方程对行政区划如何影响商业集群的进入、选址和商店样式进行了研究。霍伊维尔和奥格尔维（Heuvel and Ogilvie，2013）研究了荷兰地区的零售密度，发现零售密度随着女性领导而增加，且发现在荷兰西部地区省份密度很高，中部地区省份的密度中等，但在东部地区省份的密度较低；在大、小聚居的零售密度的差异上，在西部地区省份非常小，中部地区省份适中，而在东部地区省份比较突出。霍万尼斯扬和博齐克（Hovhannisyan and Bozic，2016）研究了美国零售业集中度和零售乳制品价格之间的关系，发现杂货零售业集中度对分析地点的零售乳制品价格具有积极的统计学显著影响。具体来说，集中度每增加 10%，会导致零售乳制品价格上涨 0.46%。

国内学者从空间经济学的视角分析了商业集聚的区位成本优势和区位经济组合优势，认为商业集聚的本质驱动力在于店铺间的相互依存关系所带来的利益，远远大于竞争关系所损失的利益。对浙江义乌的小商品企业集群的长期跟踪研究表明，在不同区域共享一个大规模市场的条件下，由于市场不断拓展所产生的投资协同以及由此引致的规模报酬递增，导致相关区域基于各自的比较利益更容易围绕市场形成有效的分工，即分工经济、网络外部效应以及规模报酬递增是义乌商业集聚的根本原因；以南京为例的实证结果表明，都市圈带来的分工与资源重组效应、要素的聚集与扩散效应、分享效应以及新型的竞争与合作效应促成了商业专业化与商业空间集聚，并且指出都市商业结构应该包括形态结构、空间结构、业态结构和技术结构。

4.1.4 供需均衡理论

西方主流经济学对流通产业的研究非常少，主要原因是其对交易成本为零的假设以及流通产业对均衡概念的缺失。就像《流通经济学的贫困与建设构想》提到的那样，流通经济学的贫困有多方面的原因，其中流通经济学自身的原因是最为主要的，要构建一个容易被主流经济学所乐意接受的流通经济学理论，就要大量引入主流经济学的均衡分析法，对"商业企业均衡、交换均衡、流通均衡、市场均衡、贸易均衡和流通产业均衡"等领域进行深入阐述和论证。博弈理论因其均衡解的不断解决而得以成为主流经济学不可忽视的一部分，这或许能为流通经济学未来的发展道路提供很好的启示。

马歇尔首次将均衡分析作为经济学理论分析的核心方法，他认为均衡就是指一种市场活动中相互作用的力量处于相对静止的一种状态，也称为供需分析方法。要找到这一均衡结果，必须牢牢把握市场主体相对静止的条件，即无论从意愿还是从能力的角度来看，他们都没有动力改变这一状态，也就是这一状态在其他条件不变的情况下，对双方来说都已经达到了最好的结果，调整选择集只会降低所得。这一状态的关键在于均衡价格的确定，即要找到能令双方都满意的价格，才能让他们都达成保持现状的结果。而供求关系的相互作用恰好能确定出这个价格，因此这一均衡价格乃至均衡状态是存在并且唯一的。瓦尔拉斯将马歇尔的均衡分析方法扩展到整个经济系统、包含多个市场的情况，提出了"一般均衡"的分析框架，并证明整个经济系统的一般均衡结果是存在且唯一的。后来人们发现，他的这一结论是正确的，但论证过程是错误的，不过这已经无伤大雅，均衡分析成为贯穿整个经济学理论的一根红线。以至于人们认为，所有标准化的经济学理论分析，如果找不到均衡，就等于是一张找不到北的地图。国外学者关于商业和市场的研究并不完全是空白，例如，市场营销理论，就包括麦肯锡的"4P"理论（产品、价格、渠道和促销）、劳特朋的"4C"理论（顾客、成本、便利和沟通）以及舒尔茨的"4R"理论（关联、反应、关系和回报）等著名理论。然而这些理论始终没有着力于均衡分析，而难以完成向主流经济学的转身。不过，仍然有少量学者从供需角度研究了城市商业空间结构的优化问题。例如，吴丹贤和周素红（2017）利用广州社区居民入户问卷和商业设施 POI 数据，构建了城市商业设施的供需模型，并用多元回归的方法验证了它们之间的匹配关系，结果表明：广州社区商业设施的供需匹配关系基本良好，1500 米是匹配良好的阈值，但在郊区则存在明显的不匹配现象。王芳和高晓路（2015）利用北京市中心城区和近郊区的商业零售网点和人口空间分布数据，构建了一个点模式的耦合度模型，研究了城市商业与人口的耦合关系问题，结果表明：北京市商业设施空间集聚现象显著，各类商业网点 Ripley's K 曲线呈倒 U 形、上扬形和波浪形三种类型，大多数商业属于第一种情况，城区商业网点在小区尺度与人口的耦合度还不高，城郊则是高级商业设施和日常生活配套设施还跟不上需求。

4.2　基　本　原　则

流通经济学者们一直在尝试构建一套关于城市商业空间结构的研究框架。例如，夏春玉（1998）在论述日本的批发业空间结构时，主要以城市各区的店铺数、销售额以及城市间的货物流通种类等指标为依据，实证分析了日本流通产业空间层级关系。仵宗卿等（2003）以城市商业空间供需均衡为主线，描绘了城市商业空间结构的研究框架。该框架包括将从商业基础设施的物质形态、区位、规模和中心性四个方面来表征商业活动的供给；从消费偏好、消费行为、出行方式和消费能力四个方面来表征商业活动的需求。进而以商业活动的动态供需平衡为依据，指出地域结构和商圈结构是城市商业空间结构研究的主要对象。罗彦和周春山（2005）则直接给出城市商业空间结构优化的四个主要目标，包括视觉优先、经济优先、生态优先和社会优先，城市商业空间的优化主要体现在规模密度、功能布局的优化和形态意向的优化三个方面。

本书认为在城市流通产业空间结构优化过程中，单一考察商业基础设施、消费者或者销售结果都是片面的，必须全面考虑多个方面因素。因此，本书拟综合多种理论观点，以均衡分析为主线、充分考虑系统性、复杂性、动态性和地域性因素，综合考察商业基础设施、消费者和最终销售额等多方面情况，设计一个包括效率优先、兼顾公平、绿色生态和文化传承等多目标的指标体系。

4.2.1　效率优先原则

首先，要保证供需匹配。流通产业作为一种生产与生活服务业，其供给必须与需求基本匹配才能获得基本的、技术层面的效率。其中，流通产业的供给不是一般意义上的产品，而是商业销售作为一种服务的供给。需求则是消费者的消费购买支付能力与意愿。市场理论认为，供给与需求的匹配要在长期内形成基本均衡（或称市场出清），且当外部条件冲击商业服务业供需系统的时候，系统本身要有能力在较短时间内恢复均衡状态，这样的市场才是有效率的。因此，可以从市场是否经常处于供需均衡状态来考察市场存在效率。

其次，要形成适度集聚。产业的规模与集聚经济在现代经济学中有非常重要的地位，例如，工业集聚、产业集群内部的设施共享和知识溢出就被认为工业效率的主要来源。而商品流通产业的规模与集聚经济也逐渐引起理论界的注意并被证实，这主要体现在商业规模与集聚能增加品牌效应、产生消费外部性和降低搜索和交易成本等。与此同时，商业与工业所不同的是，集聚的负面效应也非常明显，例如，竞争加剧、交通拥堵等。因此，商业服务在特定区域形成适度（不能过度）的集聚，是流通产业效率的一种重要表现。

4.2.2 兼顾公平原则

首先，要促进区域协调。作为一项现代生活必需的服务，流通产业的发展除了强调其效率以外，还要兼顾社会公平。其中，区域协调是公平的首要表现。区域协调的表征主要是经济发达与经济不发达区域之间公民应该享有基本同等的商业服务，包括商品服务的数量、质量和种类等多个方面。以我国为例，区域协调应该包括东中西部区域之间的协调、大中小城市之间的协调、城市内部各市区之间的协调等多个层次。值得注意的是协调发展并不是指绝对公平和同步发展，而是指区域之间的发展要相对一致。

其次，要推动城乡统筹。城乡统筹是社会公平的重要体现，这是我国科学发展观的"五个统筹"之一，也是我国从粗放式的工业化和城镇化向工业反哺农业和新型城镇化转变过程中一项重要内容。农村问题和城乡对立是所有发展中国家面临的普遍问题，这个问题不解决，就难以逾越"中等收入陷阱"，拉美国家在这方面已经有过很多的教训。商品流通产业的城乡统筹对该难题的缓解具有非常重要的作用，可以带动其他市场、各类产业的城乡互动发展。因此，流通业的城乡统筹应该成为流通产业空间结构优化的重要内容。

4.2.3　绿色生态原则

首先，要保证密度适中。城市作为实现市场交易功能的重要载体，天然就比农村地区具有更高的经济密度。这一密度主要包括更密集的人流、更密集的商铺、更琳琅满目的商品、更密集的供求信息、更密集的公共设施以及更密集的生活设施。马歇尔用规模经济解释了这种高密集度对城市的必要性，然而后来人们的经验表明集聚也会带来不经济问题。例如，更严重的交通堵塞、更严重的环境污染和更脆弱的生态系统等等。因此，商业以及相关设施密度的适度控制，是城市流通产业空间结构优化的一个重要方面。

其次，要鼓励绿色低碳。商业中心（CBD）是一个城市的名片，摩天大楼和超级大卖场往往出现在这里，因此也是一个城市人流最为密集的地方。一方面商业中心的绿色覆盖率要有一定的保证，可以通过路旁植树、屋顶绿化等方式来达成。另一方面，消费者的出行方式也会在很大程度上影响到CBD的可持续发展。例如，最传统的方式是摩托车、私人汽车（越来越大）等，然而这些出行方式已经被证明是高碳、低经济性和不可持续的。必须更多地鼓励自行车、电动公交车、地铁等新型绿色交通工具的投入使用。

4.2.4　文化传承原则

首先，要注重遗产保护。文化是继技术与制度之后的第三生产力，商业文化的传承与发展也是城市流通产业发展的重要内容，城市流通产业空间结构优化的过程中不能忽略传统商业文化的传承。商业文化传承一个重要方面是对商业文化遗产的保护来实现的，其中又可以分为物质文化遗产和非物质文化遗产两个方面。商业的物质文化遗产主要包括古代或传统商业街区遗迹，例如，长沙的中山路老步行街、太平古街、坡子街、火宫殿等均属于长沙商业的物质文化遗产，并且在今天均得到了一定程度的保护与修复。而商业非物质文化遗产则主要包括传统商业品牌以及形成的消费文化，例如，长沙保护起来的老字号包括火宫殿、杨裕兴等品牌及其相关的饮食文化。

其次，要突出创新发展。商业文化传承不是单纯的保护，还应包括对文化的创新与发展。与保护不同的是，商业文化的创新发展主要体现在商品经营、管理模式等非物质方面。例如，有多少老字号品牌形成了连锁经营？连锁范围有多大？有多少通过O2O（线上线下结合）等方式进行网上销售？销售份额及行业竞争力如何？以长沙为例，火宫殿已经以长沙坡子街店为本部，在长沙开了6家分店，在北京、上海、深圳等主要城市各开了1家分店，形成了全国连锁的餐饮新模式。此外，还与美团等互联网销售平台合作，形成了O2O的现代经营模式，焕发了火宫殿商业品牌新的生命力。

4.3　指标体系

根据以上关于城市流通产业空间结构优化原则的理论分析，本部分将其具体转化为如图4-1所示的"城市商业空间结构优化度多层次评价指标体系"。该指标体系构建的依据包括科学性、一致性与可得性。下面就从这几个方面对四个子系统的各项评价指标进行详细分析。

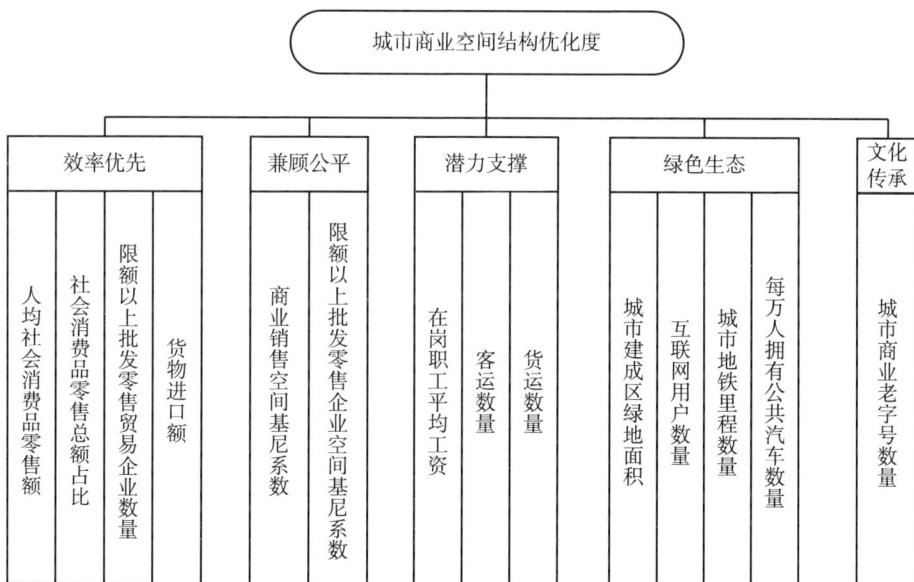

图4-1　城市商业空间结构优化度多层次评价指标体系

4.3.1　效率优先子系统

效率优先子系统，包括四项指标。城市商业效率的提升首先表现在商品销售额的增长，其次还体现在规模以上商业企业主体数量的增加，故采用人均消费品零售额、社会消费品零售总额占 GDP 比重、限额以上批发零售贸易企业数量和货物进口额来测量。

4.3.2　兼顾公平子系统

兼顾公平子系统包括两项指标。主要描述商业服务在不同空间中的均衡状况。在主流经济学理论中，公平与效率是两个不能两全的目标，其中效率的衡量相对容易，但公平的衡量却相对困难。本书选择商业销售空间基尼系数和限额以上批发零售企业空间基尼系数来描述商业服务的空间是否公平。

4.3.3　潜力支撑子系统

潜力支撑子系统，包括三项指标。城市商业空间结构的优化需要有强大的市场需求和基础设施作为支撑。市场需求方面，以在岗职工平均工资来衡量；基础设施方面，客运数量和货运数量分别表示城市交通基础设施和物流基础设施的运转能力。

4.3.4　绿色生态子系统

绿色生态子系统，包括四项指标，主要描述商业服务业是否符合低排放和生态环保的标准。商业服务业对环境的影响主要包括批发、零售、住宿、餐饮的供给方和需求方在能源消耗、污染排放等方面的表现。其中以餐饮业对环境的影响最为直观，尽管如此，由于其分布的零散性和流动性，对其直接描述仍然是困难的，因此本书考虑使用间接指标来描述流通产业在绿色生态方面的表现：城市建成区绿地面积、互联网用户数量、城市地铁里程数量和每万人拥有公共汽车数量。其中，互联网用户数量由移动电话用户加互联网宽带接入用户得到。

4.3.5 文化传承子系统

文化传承子系统，包括一项指标。主要描述流通产业文化的保护与创新状况。囿于数据可得性，以城市商业老字号数量来衡量。以长沙为例，商业老字号包括火宫殿、玉楼东、杨裕兴、黄春和、九芝堂等等。其中，火宫殿、九芝堂已经逐渐成为全国连锁企业。

4.4 权 重 确 定

从数理统计的角度看，多层次指标评价方法是一个将众多单项指标合成为一个综合指标的计算过程，其中的关键问题是指标合并过程中的权重该如何确定。因此，权重的确定是多层次指标评价方法的关键。从当前的方法研究与应用进展来看，比较成熟和被广泛接受的权重确定方法包括专家权重法、信息熵权重法以及专家熵权法。

4.4.1 专家权重法

聘请若干在相应领域的专家，直接根据其研究或实践经验给出权重，具体步骤：第一，选择专家组成员，一般以单数为佳；第二，将评价因子列表，并发给每位专家填写；第三，每位专家对每个因子权值填上 0～100 范围的分数；第四，将每位专家对每个因子的评分值相加，得出总数，作为分母求得每个因子的比重即为该专家对该因子的权重；第五，把每位专家的表格集中起来，求得各种评价因子的平均权重；第六，把结果公布给所有专家，若没有异议，则各因子的权值就此决定了，若还有异议则从第三步开始重新修正。专家权重法的优点是能充分利用专家的宝贵经验，得到一个比较接近事实的权重；不足之处是能否选取到最优秀的专家需要付出很大的努力，另外专家也很难具体将权重精确到一个很小的数而一般性地给出一个"概数"。

为此，统计学家们开发出了一个"多层次分析"的 1～9 标度量表（Satty，

1980）供专家们填写，专家们在赋权时不需要考虑是给 0.50 还是 0.55 这样的艰难选择，而只需要回答"A 和 B 相对目标的实现来说更重要"这样的简单问题。假设有 n 个因子 x_1，…，x_n，使用表 4-1 的标准两两比较得到判断矩阵 X。

表 4-1　　　　　　层次分析法的专家判断矩阵标度值及其含义

标度值 b_{ij}	具体含义
1	表示两因素相比，i 与 j 同等重要
3	表示两因素相比，i 比 j 稍微重要
5	表示两因素相比，i 比 j 明显重要
7	表示两因素相比，i 比 j 更为重要
9	表示两因素相比，i 比 j 极端重要
2，4，6，8	上述两相邻判断之中值，表示重要性判断之间的过渡性
倒数	因素 i 与 j 对调

假设有一同阶正则向量 A，使得存在 $XA = \lambda_{max}A$，解此特征方程可得到特征向量 A，经正规化后即为 x_1，…，x_n 的权值。不过，由于客观事物的复杂性及我们对事物认识的片面性，专家们给出的判断矩阵不一定是一致性矩阵，当偏离一致性过大时，会导致许多问题（如方程无法求解）。因此得到 λ_{max} 后，还需进行一致性和随机性检验。检验公式为：

$$CR = \frac{(\lambda_{max} - n)/n - 1}{RI} \qquad (4-1)$$

其中，CR 为一致性指标，λ_{max} 为最大特征根，n 为矩阵阶数，RI 为平均随机一致性指标（其取值见表 4-2）。只有当"CR 小于 0.1"时，判断矩阵才具有满意的一致性，所获取值才比较合理。

表 4-2　　　　　　　　　层次分析法中的 RI 取值

n	1	2	3	4	5	6	7	8	9
RI	0.00	0.00	0.58	0.90	1.12	1.24	1.32	1.41	1.45

4.4.2　信息熵权重法

专家权重法属于主观赋权法，容易受到专家主观偏好和情绪的影响。信息熵权重法则从数据本身特征出发，给出的一个客观赋权方法。该方法的基本思想是：如果某评价因子越复杂或越离散（熵越大），则它对总体质量评价的影响就越大，就越应该赋予更大权重。利用熵值法估算各指标的权重，其本质是利用该指标信息的价值系数来计算的，其价值系数越高，对评价的重要性就越大。

假定需要评价的对象具有 n 个评价指标、m 年的序列数据，由此构成决策矩阵为 $D = (d_{ij})_{m \times n}$，并假设该矩阵已经标准化，且符合按行归一化的要求。定义第 j 项指标的信息熵值为：

$$e_j = -\frac{1}{\ln m} \sum_{i=1}^{m} d_{ij} \ln d_{ij} \qquad (4-2)$$

其中，$e_j \in [0, 1]$，当 $d_{ij} = (1/m, 1/m, \cdots, 1/m)_j$，即该序列完全有序时，其熵为最大值 $e_j = 1$，这样该项因子对目标评价来说贡献很小，应赋较小权重；当该序列完全无序时，其熵为最小值 $e_j = 0$，该项因子对目标评价来说贡献较大，应赋较大权重。因此，令 $f_j = 1 - e_j$。在 (m, n) 型评价模型中，第 j 个指标的熵权 w_j 可以定义为：

$$w_j = \frac{f_j}{\sum_{j=1}^{m} f_j} \qquad (4-3)$$

4.4.3　专家熵权法

专家权重法属于主观赋权法，或者叫事前赋权法，系经验驱动的权重；信息熵权重法属于客观赋权法，或者叫事后赋权法，系数据驱动的权重。两者各有优缺点，专家法的优缺点前文已阐述，而信息熵权重法虽然避免了主观性和随意性，但由于其纯属数据驱动的性质，其非常容易受到数据质量的影响。如果数据本身存在噪声等问题导致质量不够高，那么权重就有可能出现较严重的和较明显的偏差。细心分析不难发现，专家法和熵权法的优缺点是完全相对的，因此可以考虑将这两种方法有机结合起来，达到优势互补的效果，这就专家熵权法。

专家熵权法首先根据专家法得到经验权重 a_1，…，a_n，然后根据熵权法得到熵权 w_1，…，w_n，然后按公式（4-4）用熵权对专家权重进行修正。

$$\beta_j = \frac{a_j w_j}{\sum_{j=1}^{m} a_j w_j} \qquad (4-4)$$

所得 β_j 值即为用熵权修正后的专家权重。该权重继承了专家权重法的经验优点以及熵权法的客观科学原则。这一方法因其优点和可操作性，已经被越来越多地应用在复杂系统多层次评价指标体系的权重确定研究领域。

第 5 章

中国直辖市与省会城市流通产业空间结构比较

在中国城市体系中，直辖市是行政级别最高的，行政地位与省、自治区、特别行政区相同，是直接由中央人民政府所管辖的建制市和省级行政区。直辖市往往有较大的建成区、较多的居住人口，且在全国的政治、经济、科学、文化、交通等方面具有重要地位。目前我国有北京、上海、天津、重庆四个直辖市。省会，或称省治、治所，古称"首邑"，清代称为省城，为省的行政中心（省政府机关驻地）。省会作为一省（自治区）行政区的政治、科教、文化、交通中心，直接由省（自治区）政府管辖。我国地域辽阔，各地自然环境、资源分布、经济基础、产业特色、民族风俗等方面差异很大，因此直辖市之间、省会城市之间的流通产业结构也不尽相同。本章旨在用前面研究的指标体系，并选取 2019 年相关数据对直辖市之间、省会城市之间的流通产业结构进行比较分析。

5.1　直辖市与省会城市流通产业空间结构比较

根据赫什（Hirsh）对城市的定义，城市是具有相当面积、经济活动和住户集中，并在私人企业和公共部门产生规模经济的连片地理区域。按照不同的标准，城市可划分为不同类型，如按照人口规模标准，可将城市划分为超大城市、特大城市、大城市、中等城市和小城市；按照城市功能标准，可将城市划分为集市型城市、功能型城市、综合型城市和城市圈；按照城市行政管辖标准，可将城市划分为直辖市、省会城市、地级城市和县级城市。为便于对我国城市流通产业空间结构进行比较和优化，将城市内涵和范围限定于地级以上行政管辖城市市辖区域。

根据前面城市流通产业空间结构优化的指标体系设计，城市流通产业空间结构是否合理，取决于效率指标、公平指标、潜力支撑指标、绿色生态指标以及文化传承指标等 5 个一级指标评价与度量，但由于每一个一级指标下又包含着若干个二级指标，因此，对于各二级指标的比较成为城市流通产业空间结构比较的关键。

目前，我国现有直辖市 4 个，即北京、天津、上海和重庆；省会城市 27 个，即石家庄、太原、呼和浩特、哈尔滨、长春、沈阳、南京、杭州、合肥、福州、南昌、济南、郑州、武汉、长沙、广州、南宁、海口、成都、贵阳、昆明、拉萨、西安、兰州、西宁、银川、乌鲁木齐。从人口规模和经济发展程度来看，4 个直辖市和 27 个省会城市均属于我国的超大城市和经济发达城市。要比较我国直辖市和省会城市当前流通产业空间结构现状，可以分别从效率指标、公平指标、潜力支撑指标、绿色生态指标、文化传承指标以及整体综合指标视角来判断。

5.1.1　效率指标比较

根据前文所述，城市流通产业空间结构效率评价指标主要包括：人均社会消费品零售总额（元）、社会消费品零售总额占 GDP 的比重（%）、限额以上批发零售贸易企业数量（个）、货物进口额（万元）四个二级指标。2019 年 31 个直辖市和省会城市四个二级效率指标比较，如表 5 - 1 所示。

表 5 - 1　　2019 年直辖市和省会城市流通产业空间结构效率各二级指标比较

城市	人均社会消费品零售总额（元）	社会消费品零售总额占 GDP 的比重（%）	限额以上批发零售贸易企业数量（个）	货物进口额（万元）
北京	107828. 58	42. 59	9740	235047999
天津	38070. 48	29. 91	6444	6285159

续表

城市	人均社会消费品零售总额（元）	社会消费品零售总额占 GDP 的比重（%）	限额以上批发零售贸易企业数量（个）	货物进口额（万元）
上海	107879.87	41.53	11420	203259072
重庆	34050.57	49.27	5870	20798640
石家庄	23433.36	42.43	939	5236240
太原	50854.42	48.47	874	4678453
呼和浩特	43232.71	38.57	351	607000
沈阳	59253.85	69.24	1665	7569203
长春	41374.16	52.84	1146	8471297
哈尔滨	46065.88	83.46	757	1317121
南京	100511.62	50.86	3380	18213000
杭州	77831.43	40.25	5373	18394044
合肥	56859.95	46.53	1495	8287513
福州	59139.94	44.71	2933	7836899
南昌	44203.90	42.34	1052	4159899
济南	64770.65	54.67	2687	4807663
郑州	60362.81	45.94	2350	14516000
武汉	85811.17	47.92	2285	10779000
长沙	71098.00	45.33	2174	6055994
广州	100121.28	40.42	10446	47426778
南宁	29767.25	51.65	1198	3838836
海口	45023.80	49.28	382	2450445
成都	55422.68	48.86	2088	25128554
贵阳	32252.51	34.17	606	765022
昆明	55133.85	49.21	716	6607589
拉萨	57531.11	52.13	92	66400
西安	53719.21	55.15	1870	15122342
兰州	50361.50	58.94	620	475437
西宁	30243.43	47.60	280	117724
银川	41500.31	43.75	248	532348
乌鲁木齐	61197.80	40.70	1120	1782795

资料来源：根据《中国城市统计年鉴（2020）》以及商务部相关数据整理计算。

由表5-1可知，从人均社会消费品零售总额指标来看，在31个直辖市和省会城市中，排名前五位的城市分别是上海、北京、南京、广州、武汉，而排名后五位的城市则分别是石家庄、南宁、西宁、贵阳、重庆；从社会消费品零售总额占GDP的比重指标来看，在31个直辖市和省会城市中，排名前五位的城市分别是哈尔滨、沈阳、兰州、西安、济南，而排名后五位的城市则分别是天津、贵阳、呼和浩特、杭州、广州；从限额以上批发零售贸易企业数量指标来看，在31个直辖市和省会城市中，排名前五位的城市分别是上海、广州、北京、天津、重庆；而排名后五位的城市则分别是拉萨、银川、西宁、呼和浩特、海口；从货物进口额来看，在31个直辖市和省会城市中，排名前五位的城市分别是北京、上海、广州、成都、重庆，而排名后五位的城市则分别是拉萨、西宁、兰州、银川、呼和浩特。

进一步地，如果要从效率一级指标来比较31个直辖市和省会城市的流通产业空间结构的合理性，则需要根据前述所确定的效率一级指标下各二级指标的权重进行加权计数比较。为使数据具有可比性，对数据进行无量纲化处理。处理方法如下：将表5-1中的每一列数据除以每一列数据当中的最大数值，可以得到各城市在每一个二级指标中的相对排位值，然后将各城市的每一个二级指标下的相对排位值乘以各自的权重值，就可得到2019年各城市一级指标的综合排位值。其中，各二级指标相对排位，如表5-2所示。

表5-2　　2019年直辖市和省会城市流通产业空间结构效率各二级指标相对排位

城市	人均社会消费品零售总额	社会消费品零售总额占GDP的比重	限额以上批发零售贸易企业数量	货物进口额
北京	1.000	0.510	0.853	1.000
天津	0.353	0.358	0.564	0.027
上海	1.000	0.498	1.000	0.865
重庆	0.316	0.590	0.514	0.088
石家庄	0.217	0.508	0.082	0.022
太原	0.471	0.581	0.077	0.020
呼和浩特	0.401	0.462	0.031	0.003
沈阳	0.549	0.830	0.146	0.032

城市	人均社会消费品零售总额	社会消费品零售总额占 GDP 的比重	限额以上批发零售贸易企业数量	货物进口额
长春	0.384	0.633	0.100	0.036
哈尔滨	0.427	1.000	0.066	0.006
南京	0.932	0.609	0.296	0.077
杭州	0.721	0.482	0.470	0.078
合肥	0.527	0.558	0.131	0.035
福州	0.548	0.536	0.257	0.033
南昌	0.410	0.507	0.092	0.018
济南	0.600	0.655	0.235	0.020
郑州	0.560	0.550	0.206	0.062
武汉	0.795	0.574	0.200	0.046
长沙	0.659	0.543	0.190	0.026
广州	0.928	0.484	0.915	0.202
南宁	0.276	0.619	0.105	0.016
海口	0.417	0.590	0.033	0.010
成都	0.514	0.585	0.183	0.107
贵阳	0.299	0.409	0.053	0.003
昆明	0.511	0.590	0.063	0.028
拉萨	0.533	0.625	0.008	0.000
西安	0.498	0.661	0.164	0.064
兰州	0.467	0.706	0.054	0.002
西宁	0.280	0.570	0.025	0.001
银川	0.385	0.524	0.022	0.002
乌鲁木齐	0.567	0.488	0.098	0.008

资料来源：根据《中国城市统计年鉴（2020）》以及商务部相关数据整理计算。

根据之前所确定的人均社会消费品零售总额指标权重 0.3、社会消费品零售总额占 GDP 的比重指标权重 0.3、限额以上批发零售贸易企业数量指标权重0.2、货物进口额指标权重0.2，将各城市的效率各二级指标相对排位值分别乘以各自权重，得到2019年直辖市和省会城市流通产业空间结构效率一级指标综合排位，如表5-3所示。

表5-3　　2019年直辖市和省会城市流通产业空间结构效率一级指标综合排位

城市	综合值	城市	综合值
贵阳	0.224	福州	0.383
石家庄	0.239	郑州	0.387
西宁	0.260	成都	0.388
呼和浩特	0.266	重庆	0.392
银川	0.277	西安	0.393
南宁	0.293	长沙	0.404
南昌	0.297	济南	0.428
海口	0.311	哈尔滨	0.442
天津	0.332	沈阳	0.449
长春	0.332	武汉	0.460
太原	0.335	杭州	0.471
乌鲁木齐	0.338	南京	0.537
昆明	0.348	广州	0.647
拉萨	0.349	上海	0.822
合肥	0.359	北京	0.824
兰州	0.363	—	—

注：根据各指标权重综合计算得出。

从表5-3中效率一级指标综合来看，在31个直辖市和省会城市中，排名前五位的城市分别是北京、上海、广州、南京、杭州，这五个城市除首都北京外，全是东部沿海地区的。而排名后五位的城市则分别是贵阳、石家庄、西宁、呼和浩特、银川这五个城市全是中、西部地区的。

5.1.2 公平指标比较

根据前文所述，城市流通产业空间结构公平评价指标主要包括商业销售分布空间基尼系数和限额以上批发零售企业分布空间基尼系数两个二级指标。同理，为使数据具有可比性，对数据进行无量纲化处理。处理方法同上。2019 年直辖市和省会城市流通产业空间结构公平各二级指标相对排位，如表 5－4 所示。

表 5－4　2019 年直辖市和省会城市流通产业空间结构公平各二级指标相对排位

城市	商业销售分布空间基尼系数	限额以上批发零售企业分布空间基尼系数
北京	0.845	0.845
天津	0.878	0.877
上海	0.099	0.098
重庆	0.968	0.963
石家庄	0.935	0.951
太原	0.907	0.904
呼和浩特	0.974	0.974
沈阳	0.927	0.923
长春	0.951	0.954
哈尔滨	0.985	0.986
南京	0.803	0.803
杭州	0.940	0.940
合肥	0.919	0.919
福州	0.950	0.953
南昌	0.923	0.920
济南	0.893	0.887
郑州	0.847	0.866
武汉	0.866	0.859
长沙	0.934	0.926
广州	0.746	0.746

城市	商业销售分布空间基尼系数	限额以上批发零售企业分布空间基尼系数
南宁	0.973	0.975
海口	0.879	0.879
成都	0.892	0.891
贵阳	0.918	0.916
昆明	0.960	0.960
拉萨	1.000	1.000
西安	0.915	0.914
兰州	0.969	0.966
西宁	0.978	0.980
银川	0.955	0.950
乌鲁木齐	0.946	0.946

资料来源：根据《中国城市统计年鉴（2020）》以及商务部相关数据整理计算。

根据前述所确定的商业销售分布空间基尼系数指标权重 0.6 和限额以上批发零售企业分布空间基尼系数指标权重 0.4，将各城市的公平各二级指标相对排位值分别乘以各自权重，得到 2019 年直辖市和省会城市流通产业空间结构公平一级指标综合排位，如表 5-5 所示。

表 5-5　2019 年直辖市和省会城市流通产业空间结构公平一级指标综合排位

城市	综合值	城市	综合值
上海	0.099	济南	0.891
广州	0.746	成都	0.892
南京	0.803	太原	0.906
北京	0.845	西安	0.915
郑州	0.855	贵阳	0.917
武汉	0.863	合肥	0.919
天津	0.877	南昌	0.922
海口	0.879	沈阳	0.925

续表

城市	综合值	城市	综合值
长沙	0.931	重庆	0.966
杭州	0.940	兰州	0.968
石家庄	0.941	南宁	0.974
乌鲁木齐	0.946	呼和浩特	0.974
福州	0.951	西宁	0.979
长春	0.952	哈尔滨	0.986
银川	0.953	拉萨	1.000
昆明	0.960	—	—

注：根据各指标权重综合计算得出。

从公平一级指标综合来看，在 31 个直辖市和省会城市中，商业销售分布空间和限额以上批发零售企业分布空间差距最小的五个城市分别是上海、广州、南京、北京、郑州，而商业销售分布空间差距最大的五个城市则分别是拉萨、哈尔滨、西宁、呼和浩特、南宁。

5.1.3　潜力支撑指标比较

根据前文所述，城市流通产业空间结构潜力支撑评价指标主要包括：在岗职工平均工资（元）、客运数量（万人）、货运数量（万吨）三个二级指标。2019 年 31 个直辖市和省会城市三个二级效率指标比较，如表 5 - 6 所示。

表 5 - 6　2019 年直辖市和省会城市流通产业空间结构潜力支撑各二级指标比较

城市	在岗职工平均工资（元）	客运数量（万人）	货运数量（万吨）
北京	173205	57393	22491.12
天津	111602	14275	45673.33
上海	160256	9404	109135.78
重庆	89714	55151	111073.16
石家庄	78937	4409	51110.32

续表

城市	在岗职工平均工资（元）	客运数量（万人）	货运数量（万吨）
太原	82860	1400	5.76
呼和浩特	84105	1630	11317.62
沈阳	87696	14540	18965.36
长春	88082	6694	11651.93
哈尔滨	82385	6513	7907.30
南京	129605	11306	41381.46
杭州	120308	13765	35873.03
合肥	95156	7919	44038.71
福州	88952	10773	30728.11
南昌	88470	3948	16594.25
济南	100593	4248	34511.71
郑州	88030	7818	29062.00
武汉	98043	6563	59369.19
长沙	98459	6657	47418.00
广州	123498	35288	133062.80
南宁	90986	5789	41113.20
海口	85121	7083	13783.88
成都	97519	15525	30610.80
贵阳	92650	86313	60108.01
昆明	94063	9471	33430.58
拉萨	127057	393	1079.00
西安	96867	19983	26939.19
兰州	88393	5193	13288.20
西宁	91494	2883	6551.10
银川	94559	2360	6.12
乌鲁木齐	90729	2210	19311.51

注：表中客运数量为公路客运量、水运客运量与民用航空客运量之和。
资料来源：根据《中国城市统计年鉴（2020）》以及商务部相关数据整理计算。

由表 5 - 6 可知，从在岗职工平均工资指标来看，在 31 个直辖市和省会城市中，排名前五位的城市分别是北京、上海、南京、拉萨、广州，而排名后五位的城市则分别是石家庄、哈尔滨、太原、呼和浩特、海口；从客运数量指标来看，在 31 个直辖市和省会城市中，排名前五位的城市分别是贵阳、北京、重庆、广州、西安，而排名后五位的城市则分别是拉萨、太原、呼和浩特、乌鲁木齐、银川；从货运数量指标来看，在 31 个直辖市和省会城市中，排名前五位的城市分别是广州、重庆、上海、贵阳、武汉；而排名后五位的城市则分别是太原、银川、拉萨、西宁、哈尔滨。

进一步地，如果要从潜力支撑一级指标来比较 31 个直辖市和省会城市的流通产业空间结构的合理性，则需要根据前述所确定的潜力支撑一级指标下各二级指标的权重进行加权计数比较。为使数据具有可比性，对数据进行无量纲化处理。处理方法同上。2019 年直辖市和省会城市流通产业空间结构潜力支撑各二级指标相对排位，如表 5 - 7 所示。

表 5 - 7　2019 年直辖市和省会城市流通产业空间结构潜力支撑各二级指标相对排位

城市	在岗职工平均工资	客运数量	货运数量
北京	1.000	0.665	0.169
天津	0.644	0.165	0.343
上海	0.925	0.109	0.820
重庆	0.518	0.639	0.835
石家庄	0.456	0.051	0.384
太原	0.478	0.016	0.000
呼和浩特	0.486	0.019	0.085
沈阳	0.506	0.168	0.143
长春	0.509	0.078	0.088
哈尔滨	0.476	0.075	0.059
南京	0.748	0.131	0.311
杭州	0.695	0.159	0.270
合肥	0.549	0.092	0.331
福州	0.514	0.125	0.231

城市	在岗职工平均工资	客运数量	货运数量
南昌	0.511	0.046	0.125
济南	0.581	0.049	0.259
郑州	0.508	0.091	0.218
武汉	0.566	0.076	0.446
长沙	0.568	0.077	0.356
广州	0.713	0.409	1.000
南宁	0.525	0.067	0.309
海口	0.491	0.082	0.104
成都	0.563	0.180	0.230
贵阳	0.535	1.000	0.452
昆明	0.543	0.110	0.251
拉萨	0.734	0.005	0.008
西安	0.559	0.232	0.202
兰州	0.510	0.060	0.100
西宁	0.528	0.033	0.049
银川	0.546	0.027	0.000
乌鲁木齐	0.524	0.026	0.145

资料来源：根据《中国城市统计年鉴（2020）》以及商务部相关数据整理计算。

根据前述所确定的在岗职工平均工资指标权重 0.33、客运数量指标权重 0.33 和货运数量指标权重 0.33，将各城市的潜力支撑各二级指标相对排位值分别乘以各自权重，得到 2019 年直辖市和省会城市流通产业空间结构潜力支撑一级指标综合排位，如表 5-8 所示。

表 5-8　　2019 年直辖市和省会城市流通产业空间结构潜力支撑一级指标综合排位

城市	综合值	城市	综合值
太原	0.163	南宁	0.297
哈尔滨	0.201	济南	0.293

续表

城市	综合值	城市	综合值
银川	0.189	成都	0.321
呼和浩特	0.195	西安	0.328
西宁	0.202	合肥	0.321
海口	0.223	长沙	0.331
长春	0.222	武汉	0.359
兰州	0.221	杭州	0.371
南昌	0.225	天津	0.380
乌鲁木齐	0.229	南京	0.393
沈阳	0.270	贵阳	0.656
郑州	0.270	北京	0.605
拉萨	0.246	重庆	0.657
福州	0.287	上海	0.612
石家庄	0.294	广州	0.700
昆明	0.298	—	—

注：根据各指标权重综合计算得出。

从潜力支撑一级指标综合来看，在 31 个直辖市和省会城市中，排名前五位的城市分别是广州、上海、重庆、北京、贵阳，而排名后五位的城市则分别是太原、哈尔滨、银川、呼和浩特、西宁。

5.1.4 绿色生态指标比较

根据前文所述，城市流通产业空间结构绿色生态评价指标主要包括城市建成区绿地面积（公顷）、移动电话和互联网入户数量（万户）、城市地铁（含轻轨）里程数量（公里）、每万人拥有公共汽车数量（辆）四个二级指标。2019 年 31 个直辖市和省会城市四个二级绿色生态指标各二级指标比较，如表 5 - 9 所示。

表 5 - 9　2019 年直辖市和省会城市流通产业空间结构绿色生态各二级指标比较

城市	城市建成区绿地面积（公顷）	移动电话和互联网入户数量（万户）	城市地铁（含轻轨）里程数量（公里）	每万人拥有公共汽车数量（辆）
北京	88704	4709	713.7	16.47
天津	42921	2229	264	11.50
上海	157785	4898	784.6	12.18
重庆	67694	5051	315.3	2.73
石家庄	14655	1796	28.4	3.69
太原	13788	1057	0	9.20
呼和浩特	15695	701	0	12.76
沈阳	23223	1523	128.7	7.81
长春	42066	1641	115.6	5.99
哈尔滨	15335	1528	22.7	7.78
南京	92553	1845	394.5	12.25
杭州	47304	2341	114.7	12.26
合肥	19870	1393	52.3	7.87
福州	12833	1364	24.6	6.83
南昌	13696	974	48.5	7.31
济南	26367	1534	0	10.25
郑州	23194	2134	136.6	7.16
武汉	29035	2109	351.1	10.83
长沙	13324	1688	67.4	13.00
广州	147720	4211	437.9	16.13
南宁	13520	1375	53.1	4.90
海口	7128	500	0	11.60
成都	44846	3399	329.4	10.63
贵阳	19782	1013	35.1	7.44
昆明	21207	1435	88.7	10.65
拉萨	7700	146	0	9.79
西安	31994	2150	124.2	10.64
兰州	8286	842	61	9.36

续表

城市	城市建成区绿地面积（公顷）	移动电话和互联网入户数量（万户）	城市地铁（含轻轨）里程数量（公里）	每万人拥有公共汽车数量（辆）
西宁	3845	416	0	9.28
银川	7783	492	0	8.78
乌鲁木齐	32328	915	16.8	19.43

资料来源：根据《中国城市统计年鉴（2020）》以及商务部相关数据整理计算。

由表 5-9 可知，从城市建成区绿地面积指标来看，在 31 个直辖市和省会城市中，排名前五位的城市分别是上海、广州、南京、北京、重庆，而排名后五位的城市则分别是西宁、海口、拉萨、银川、兰州；从移动电话和互联网入户数量指标来看，在 31 个直辖市和省会城市中，排名前五位的城市分别是重庆、上海、北京、广州、成都，而排名后五位的城市则分别是拉萨、西宁、银川、海口、呼和浩特；从城市地铁（含轻轨）里程数量指标来看，在 31 个直辖市和省会城市中，排名前五位的城市分别是上海、北京、广州、南京、武汉，而没有地铁的城市则分别是拉萨、西宁、银川、海口、呼和浩特、太原、济南；从每万人拥有公共汽车数量指标来看，在 31 个直辖市和省会城市中，排名前五位的城市分别是乌鲁木齐、北京、广州、长沙、呼和浩特，而排名后五位的城市则分别是重庆、石家庄、南宁、长春、福州。

进一步地，如果要从绿色生态一级指标来比较 31 个直辖市和省会城市的流通产业空间结构的合理性，则需要根据前述所确定的绿色生态一级指标下各二级指标的权重进行加权计数比较。为使数据具有可比性，对数据进行无量纲化处理。处理方法同上。2019 年直辖市和省会城市流通产业空间结构绿色生态各二级指标相对排位，如表 5-10 所示。

表 5-10　2019 年直辖市和省会城市流通产业空间结构绿色生态各二级指标相对排位

城市	城市建成区绿地面积	移动电话和互联网入户数量	城市地铁（含轻轨）里程数量	每万人拥有公共汽车数量
北京	0.562	0.932	0.910	0.848
天津	0.272	0.441	0.336	0.592

续表

城市	城市建成区绿地面积	移动电话和互联网入户数量	城市地铁（含轻轨）里程数量	每万人拥有公共汽车数量
上海	1.000	0.970	1.000	0.627
重庆	0.429	1.000	0.402	0.141
石家庄	0.093	0.356	0.036	0.190
太原	0.087	0.209	0.000	0.473
呼和浩特	0.099	0.139	0.000	0.657
沈阳	0.147	0.302	0.164	0.402
长春	0.267	0.325	0.147	0.308
哈尔滨	0.097	0.303	0.029	0.400
南京	0.587	0.365	0.503	0.630
杭州	0.300	0.463	0.146	0.631
合肥	0.126	0.276	0.067	0.405
福州	0.081	0.270	0.031	0.352
南昌	0.087	0.193	0.062	0.376
济南	0.167	0.304	0.000	0.528
郑州	0.147	0.422	0.174	0.369
武汉	0.184	0.418	0.447	0.557
长沙	0.084	0.334	0.086	0.669
广州	0.936	0.834	0.558	0.830
南宁	0.086	0.272	0.068	0.252
海口	0.045	0.099	0.000	0.597
成都	0.284	0.673	0.420	0.547
贵阳	0.125	0.201	0.045	0.383
昆明	0.134	0.284	0.113	0.548
拉萨	0.049	0.029	0.000	0.504
西安	0.203	0.426	0.158	0.548
兰州	0.053	0.167	0.078	0.482
西宁	0.024	0.082	0.000	0.478
银川	0.049	0.097	0.000	0.452
乌鲁木齐	0.205	0.181	0.021	1.000

资料来源：根据《中国城市统计年鉴（2020）》以及商务部相关数据整理计算。

　　根据前述所确定的城市建成区绿地面积指标权重 0.25、移动电话和互联网入户数量指标权重 0.25、城市地铁（含轻轨）里程数量指标权重 0.25 和每万人拥有公共汽车数量指标权重 0.25，将各城市的绿色生态各二级指标相对排位值分别乘以各自权重，得到 2019 年直辖市和省会城市流通产业空间结构绿色生态一级指标综合排位，如表 5 - 11 所示。

表 5 - 11　2019 年直辖市和省会城市流通产业空间结构绿色生态一级指标综合排位

城市	综合值	城市	综合值
拉萨	0.145	长春	0.262
西宁	0.146	昆明	0.270
银川	0.150	郑州	0.278
石家庄	0.169	长沙	0.293
南宁	0.169	西安	0.334
南昌	0.179	乌鲁木齐	0.352
福州	0.184	杭州	0.385
海口	0.185	武汉	0.402
贵阳	0.188	天津	0.410
太原	0.193	成都	0.481
兰州	0.195	重庆	0.493
哈尔滨	0.207	南京	0.521
合肥	0.218	广州	0.790
呼和浩特	0.224	北京	0.813
济南	0.250	上海	0.899
沈阳	0.254	—	—

注：根据各指标权重综合计算得出。

　　从效率一级指标综合来看，在 31 个直辖市和省会城市中，排名前五位的城市分别是上海、北京、广州、南京、重庆，很明显效率高的五个城市中三个是直辖市，两个是东部省会城市。而排名后五位的城市则分别是拉萨、西宁、银川、石家庄、南宁，这五个城市全部处于中西部地区。

5.1.5 文化传承指标比较

根据前文所述，城市流通产业空间结构文化传承评价指标主要包括：城市商业老字号数量（家）一个二级指标。2019 年 31 个直辖市和省会城市二级文化传承指标比较，如表 5 – 12 所示。

表 5 – 12 　　　　2019 年直辖市和省会城市流通产业空间
结构文化传承二级指标比较　　　　　　单位：家

城市	城市商业老字号数量	城市	城市商业老字号数量
北京	80	郑州	1
天津	45	武汉	8
上海	98	长沙	13
重庆	20	广州	17
石家庄	2	南宁	2
太原	13	海口	1
呼和浩特	3	成都	18
沈阳	8	贵阳	6
长春	4	昆明	10
哈尔滨	15	拉萨	0
南京	16	西安	8
杭州	29	兰州	3
合肥	4	西宁	1
福州	4	银川	2
南昌	2	乌鲁木齐	1
济南	8	—	—

资料来源：根据商务部相关数据整理计算。

由表 5 – 12 可知，从城市保留的商业老字号企业数量指标来看，在 31 个直辖市和省会城市中，排名前五位的城市分别是上海、北京、天津、杭州、重庆，而排名后五位的城市则分别是拉萨、郑州、海口、西宁、乌鲁木齐。

　　由于度量城市流通产业空间结构的文化传承一级指标下只考虑设置一个二级指标，因此，其二级指标的排名决定了城市流通产业空间结构文化传承一级指标的排名。

5.1.6　综合指标比较

　　由于城市流通产业空间结构的单项指标度量只能片面地反映其在某一方面的情况，不能全面综合地反映出各城市流通产业空间结构的合理性及其排位，因此，有必要综合前述效率、公平、潜力支撑、绿色生态和文化传承五个一级度量指标对城市流通产业空间结构进行整体评价和比较，如表 5 - 13 所示。

表 5 - 13　　2019 年直辖市和省会城市流通产业空间结构各一级指标比较

城市	效率指标	公平指标	潜力支撑指标	绿色生态指标	文化传承指标
北京	0.824	0.845	0.605	0.813	1.000
天津	0.332	0.877	0.380	0.410	0.563
上海	0.822	0.099	0.612	0.899	1.225
重庆	0.392	0.966	0.657	0.493	0.250
石家庄	0.239	0.941	0.294	0.169	0.025
太原	0.335	0.906	0.163	0.193	0.163
呼和浩特	0.266	0.974	0.195	0.224	0.038
沈阳	0.449	0.925	0.270	0.254	0.100
长春	0.332	0.952	0.222	0.262	0.050
哈尔滨	0.442	0.986	0.201	0.207	0.188
南京	0.537	0.803	0.393	0.521	0.200
杭州	0.471	0.940	0.371	0.385	0.363
合肥	0.359	0.919	0.321	0.218	0.050
福州	0.383	0.951	0.287	0.184	0.050
南昌	0.297	0.922	0.225	0.179	0.025

城市	效率指标	公平指标	潜力支撑指标	绿色生态指标	文化传承指标
济南	0.428	0.891	0.293	0.250	0.100
郑州	0.387	0.855	0.270	0.278	0.013
武汉	0.460	0.863	0.359	0.402	0.100
长沙	0.404	0.931	0.331	0.293	0.163
广州	0.647	0.746	0.700	0.790	0.213
南宁	0.293	0.974	0.297	0.169	0.025
海口	0.311	0.879	0.223	0.185	0.013
成都	0.388	0.892	0.321	0.481	0.225
贵阳	0.224	0.917	0.656	0.188	0.075
昆明	0.348	0.960	0.298	0.270	0.125
拉萨	0.349	1.000	0.246	0.145	0.000
西安	0.393	0.915	0.328	0.334	0.100
兰州	0.363	0.968	0.221	0.195	0.038
西宁	0.260	0.979	0.202	0.146	0.013
银川	0.277	0.953	0.189	0.150	0.025
乌鲁木齐	0.338	0.946	0.229	0.352	0.013

资料来源：根据《中国城市统计年鉴（2020）》以及商务部相关数据整理计算。

由于前述已分别从一级指标的角度对我国直辖市和省会城市进行排位比较，从综合角度对我国直辖市和省会城市进行整体评价只需要结合各一级指标权重予以加权计算。根据前述所确定的各一级指标权重，即：效率一级指标权重为0.25、公平一级指标权重为0.25、潜力支撑一级指标权重为0.2、绿色生态一级指标为0.2、文化传承一级指标为0.1，进行加权计算，得到我国直辖市和省会城市的综合排名得分，具体结果见表5-14。

表5-14 2019年直辖市和省会城市流通产业空间结构一级指标排位加权综合得分

城市	综合值	城市	综合值
银川	0.378	西宁	0.381
海口	0.380	南昌	0.388

续表

城市	综合值	城市	综合值
石家庄	0.390	沈阳	0.458
呼和浩特	0.398	贵阳	0.462
太原	0.398	西安	0.469
南宁	0.412	长沙	0.475
拉萨	0.415	武汉	0.493
兰州	0.420	成都	0.503
郑州	0.421	天津	0.517
长春	0.423	南京	0.538
合肥	0.432	杭州	0.540
福州	0.433	重庆	0.595
乌鲁木齐	0.439	上海	0.655
济南	0.448	广州	0.668
昆明	0.453	北京	0.801
哈尔滨	0 457	—	—

注：根据表 5-13 数据进行加权计算得出。

综合各一级指标，在 31 个直辖市和省会城市中，城市流通产业空间结构相对合理性排名前五位的城市分别是北京、广州、上海、重庆、杭州，而排名后五位的城市则分别是银川、海口、西宁、南昌、石家庄。

5.2 直辖市与省会城市流通产业空间结构优化

5.2.1 单项指标体系下直辖市与省会城市流通产业空间结构优化

单项指标体系下的城市流通产业空间结构优化主要是指分别从效率指标、公平指标、潜力支撑指标、绿色生态指标和文化传承指标的视角下提出各直辖市和省会城市流通产业空间结构完善的举措。

5.2.1.1 全国直辖市和省会城市流通产业空间结构的优化

在表 5 – 14 的基础上，我们进一步计算得到全国 31 个直辖市和省会城市在各个指标维度的均值排名。在城市流通产业空间结构 5 个一级指标中，效率指标方面整体排名为 0.398，在公平指标方面整体排名为 0.893，在潜力支撑指标方面整体排名为 0.334，在绿色生态指标方面整体排名为 0.324，在文化传承指标方面整体排名为 0.178，最弱指标表现在文化传承指标方面，最好表现在公平指标。因此，整体而言，对于全国直辖市和省会城市流通产业空间结构的优化，最先强化的是文化传承指标所涵盖的内容，即城市商业老字号的保护和发展，其后依次要强调绿色生态、潜力支撑、效率、公平等指标所涵盖的内容建设。

5.2.1.2 东部地区直辖市和省会城市流通产业空间结构的优化

东部地区直辖市和省会城市主要包括沈阳、石家庄、济南、南京、杭州、福州、广州、海口 8 个省会城市和北京、上海、天津 3 个直辖市。从城市流通产业空间结构 5 个一级指标分别来看，东部 11 个直辖市和省会城市在效率指标方面整体排名为 0.495，高于全国平均水平；在公平指标方面整体排名为 0.809，低于全国平均水平；在潜力支撑指标方面整体排名为 0.403，在绿色生态指标方面整体排名为 0.442，在文化传承指标方面整体排名为 0.350，三个指标均高于全国平均水平。从单项指标来看，表现最好的指标为公平指标，其次依次为效率指标、绿色生态指标、潜力支撑指标和文化传承指标。但与全国平均水平比较，东部地区直辖市和省会城市流通产业空间结构调整和完善，首先着重要改善是公平指标所涵盖的内容，即要缩小城乡流通产业发展的差距，其后再改善文化传承、绿色生态、潜力支撑和效率指标所涵盖的内容。

5.2.1.3 中部地区直辖市和省会城市流通产业空间结构的优化

中部地区直辖市和省会城市主要包括长春、哈尔滨、郑州、武汉、长沙、合肥、南昌、太原 8 个省会城市。从城市流通产业空间结构 5 个一级指标分别来看，中部 8 个省会城市在效率指标方面整体排名为 0.377，在公平指标方面整体排名为 0.917，在潜力支撑指标方面整体排名为 0.262，在绿色生态指标方面整体排名为 0.254，在文化传承指标方面整体排名为 0.094，表现最好的指标为公平指标，其次依次为效率指标、潜力支撑指标、绿色生态指标和文化传承指标。与全国平均水平比较，除公平指标外，其余指标水平均低于全国平均水平。与东部地区直辖市和省会城市比较，除公平指标高于东部地区城市外，其他指标均低于东部地区城市。因此，对于中部地区直辖市和省会城市流通产业空间结构调整和完善，首先要对文化传承指标所涵盖的内容即城市商业老字号进行大力保护与发展，其后再改善绿色生态、效率、潜力支撑和公平指标所涵盖的内容。

5.2.1.4　西部地区直辖市和省会城市流通产业空间结构的优化

西部地区直辖市和省会城市主要包括南宁、成都、贵阳、昆明、拉萨、西宁、西安、兰州、银川、乌鲁木齐、呼和浩特 11 个省会城市和重庆 1 个直辖市。从城市流通产业空间结构 5 个一级指标分别来看，西部 12 个直辖市和省会城市在效率指标方面整体排名为 0.324，在公平指标方面整体排名为 0.954，在潜力支撑指标方面整体排名为 0.320，在绿色生态指标方面整体排名为 0.262，在文化传承指标方面整体排名为 0.077，表现最好的指标依然为公平指标，其次依次为效率指标、潜力支撑指标、绿色生态指标和文化传承指标。与全国平均水平比较，公平指标高于全国平均水平，效率、潜力支撑、绿色生态和文化传承指标水平均低于全国平均水平，差异度分别为 0.074、0.014、0.062、0.101。与东中部地区城市比较，除公平指标高于东中部地区城市，其他指标均要低于东部和中部地区城市。因此，对于西部地区直辖市和省会城市流通产业空间结构调整和完善，首先要对文化传承指标所涵盖的内容即城市商业老字号进行大力保护与发展，其后再改善效率、潜力支撑、绿色生态指标所涵盖的内容。

5.2.2　综合指标体系下直辖市与省会城市流通产业空间结构优化

综合指标体系下的城市流通产业空间结构优化主要是指从效率、公平、潜力支撑、绿色生态和文化传承五个一级指标并结合权重的视角下，综合考量各直辖市和省会城市流通产业空间结构优化度，并提出各直辖市和省会城市流通产业空间结构完善的举措。

5.2.2.1　全国直辖市和省会城市流通产业空间结构的优化

根据城市流通产业空间结构评价体系，从全国 31 个直辖市和省会城市整体来看，城市流通产业空间结构排位靠后的五个城市分别是银川、海口、西宁、南昌、石家庄，综合排位得分值分别为 0.378、0.380、0.381、0.388、0.390；城市流通产业空间结构最好的前五个城市分别是北京、广州、上海、重庆、杭州，综合排位得分值分别为 0.801、0.668、0.655、0.595、0.540。从地域结构上看，城市流通产业空间结构比较优化的城市主要集中在东部地区，空间结构较差的城市主要集中在西部地区；从综合排名得分值看，城市流通产业空间结构最差的五个城市综合排名得分值平均为 0.383，城市流通产业空间结构最好的五个城市综合排名得分值平均为 0.652，距离城市流通产业空间结构综合排名相对得分最优值 1 还有较大差距。具体探究其原因，西部地区城市主要是在效率、潜力支撑、绿色生态和文化传承等一级指标方面存在较大缺陷，而东部地区则主要在公平指标方面存在较大不足，中部地区则在五个一级指标方面均存在较大提升空间。因此，对于全国直辖市和省会城市流通产业空间结构的优化，东部地区城市重点主要在城乡流通产业均衡发展等公平指标方面进行调整，西部地区城市则重点在效率、潜力支撑、绿色生态和文化传承等指标内容方面调整，中部地区城市则需要全面提升五个一级指标方面的内容。

5.2.2.2　东部地区直辖市和省会城市流通产业空间结构的优化

从东部地区 11 个直辖市和省会城市来看，城市流通产业空间结构排位依次为北京、广州、上海、杭州、南京、天津、沈阳、济南、福州、石家庄、海口，综合排位得分值依次为 0.801、0.668、0.655、0.540、0.538、0.517、0.458、0.448、0.433、0.390、0.380，在东部地区直辖市和省会城市中，城市流通产业空间结构排名得分平均为 0.530，但最好与最差相差达到 0.421，说明在东部地区城市流通产业空间结构优化度差异相对比较大，东部地区直辖市和省会城市流通产业结构整体优化还有较大提升空间。

5.2.2.3 中部地区直辖市和省会城市流通产业空间结构的优化

从中部地区 8 个省会城市来看，城市流通产业空间结构排位依次为武汉、长沙、哈尔滨、合肥、长春、郑州、太原、南昌，综合排位得分值依次为 0.493、0.475、0.457、0.423、0.421、0.398、0.388，在中部地区直辖市和省会城市中，城市流通产业空间结构排名得分平均为 0.436，最好与最差相差为 0.105，中部地区内部城市流通产业空间结构优化度差异相对不大，但中部地区直辖市和省会城市流通产业结构整体优化还有待提升。

5.2.2.4 西部地区直辖市和省会城市流通产业空间结构的优化

从西部地区 12 个直辖市和省会城市来看，城市流通产业空间结构排位依次为重庆、成都、西安、贵阳、昆明、乌鲁木齐、兰州、拉萨、南宁、呼和浩特、西宁、银川，综合排位得分值依次为 0.595、0.503、0.469、0.462、0.453、0.439、0.420、0.415、0.412、0.398、0.381、0.378，在中部地区直辖市和省会城市中，城市流通产业空间结构排名得分平均为 0.444，最好与最差相差为 0.215，西部地区内部城市流通产业空间结构优化度差异小于东部地区但大于中部地区，平均值既小于东部地区也小于中部地区，说明西部地区直辖市和省会城市流通产业空间结构优化度整体较低，同时地区内部城市流通产业空间结构优化度差异也较大，西部地区直辖市和省会城市流通产业空间结构优化在这两个方面均有较大提升空间。

| 第6章 |

中国地级市流通产业空间结构比较

在中国城市体系中，地级市是上连省会城市下接县城和广大乡村的重要节点与枢纽。其行政地位与地区、自治州、盟相同，属地级行政区，由省、自治区管辖。新中国成立初期，中国地级市仅 54 个，而行政专区的数目较多。至 1982 年，地级市增加到 112 个，地区数为 170 个。1983 年实行市管县体制改革，相当部分地区改为地级市，地级市增加到 293 个，已取代地区成为地级行政区的主体。近 300 个地级市的资源禀赋、经济体量、人口规模、产业结构存在很大差异，个别地级市的经济实力甚至超过省会城市。本章特选取全国 256 个地级市 2019 年相关数据，对流通产业结构进行比较研究。

6.1 地级市流通产业空间结构比较

为进一步了解我国城市流通产业空间结构的状况，本节对我国地级层面城市按照前述所设计的流通产业空间结构评价指标体系进行对比较研究，并提出优化思路。

根据资料的可得性，本节研究对象确定为我国 256 个地级市，即河北省的唐山、秦皇岛、邯郸、邢台、保定、张家口、承德、沧州、廊坊、衡水 10 个城市；山西省的大同、阳泉、长治、晋城、晋中、运城、忻州、临汾、吕梁 9 个城市；内蒙古自治区的包头、乌海、赤峰、通辽、鄂尔多斯、呼伦贝尔、巴彦淖尔、乌兰察布 8 个城市；辽宁省的大连、鞍山、抚顺、本溪、丹东、锦州、营口、阜新、辽阳、盘锦、铁岭、朝阳、葫芦岛 13 个城市；吉林省的吉林、四平、辽源、通化、白山、松原、白城 7 个城市；黑龙江省的齐齐哈尔、鸡西、鹤岗、双鸭山、大庆、伊春、佳木斯、七台河、牡丹江、黑河、绥化 11 个城市；江苏省的无锡、徐州、常州、苏州、南通、连云港、淮安、盐城、扬州、镇江、泰州、宿迁 12 个城市；浙江省的宁波、温州、嘉兴、湖州、绍兴、金华、衢州、舟山、台州、丽水 10 个城市；安徽省的芜湖、蚌埠、淮南、马鞍山、淮北、铜陵、安庆、黄山、滁州、阜阳、宿州、六安、亳州、池州、宣城 15 个城市；福建省的厦门、莆田、三明、泉州、漳州、南平、龙岩、宁德 8 个城市；江西省的景德镇、萍乡、九江、新余、鹰潭、赣州、吉安、宜春、抚州、上饶 10 个城市；山东省的青岛、淄博、枣庄、东营、烟台、潍坊、济宁、泰安、威海、日照、临沂、德州、聊城、滨州、菏泽 15 个城市；河南省的开封、洛阳、平顶山、安阳、鹤壁、新乡、焦作、濮阳、许昌、漯河、三门峡、南阳、商丘、信阳、周口、驻马店 16 个城市；湖北省的黄石、十堰、宜昌、襄阳、鄂州、荆门、孝感、荆州、黄冈、咸宁、随州 11 个城市；湖南省的株洲、湘潭、衡阳、邵阳、岳阳、常德、张家界、益阳、郴州、永州、怀化、娄底 12 个城市；广东省的韶关、深圳、珠海、汕头、佛山、江门、湛江、茂名、肇庆、惠州、梅州、汕尾、河源、阳江、清远、东莞、中山、潮州、揭阳、云浮 20 个城市；广西壮族自治区的柳州、桂林、梧州、北海、防城港、钦州、贵港、玉林、百色、贺州、河池、来宾、崇左 13 个城市；海南省的三亚 1 个城市；四川省的自贡、攀枝花、泸州、德阳、绵阳、广元、遂宁、内江、乐山、南充、眉山、宜宾、广安、达州、雅安、巴中、资阳 17 个城市；贵州省的六盘水、遵义、安顺、毕节、铜仁 5 个城市；云南省的曲靖、玉溪、保山、昭通、丽江、普洱、临沧 7 个城市；陕西省的铜川、宝鸡、咸阳、渭南、延安、汉中、榆林、安康、商洛 9 个城市；甘肃省的嘉峪关、金昌、白银、天水、武威、张掖、平凉、酒泉、庆阳、定西、陇南 11 个城市；青海省的海东 1 个城市；宁夏回族自治区的石嘴山、吴忠、固原、中卫 4 个城市；新疆维吾尔自治区的克拉玛依 1 个城市。从人口规模和经济发展程度来看，256 个地级市均属于我国的中等以上人口规模城市和经济较发达城市。同理，要对我国地级市当前流通产业空间结构现状进行比较，可以根据流通产业空间结构评价体系效率指标、公平指标、潜力支撑指标、绿色生态指标、文化传承指标以及整体综合指标来进行研究。

6.1.1 效率指标比较

对 2019 年 256 个地级市人均社会消费品零售总额、社会消费品零售总额占 GDP 的比重、限额以上批发零售贸易企业数量、货物进口额四个二级效率指标数值进行比较，如表 6 – 1 所示。

表 6 – 1　　2019 年地级市流通产业空间结构效率各二级指标比较

城市	人均社会消费品零售总额（元）	社会消费品零售总额占 GDP 的比重（%）	限额以上批发零售贸易企业数量（个）	货物进口额（万元）
唐山	27707.18	30.40	656	4398705
秦皇岛	19443.72	36.31	280	1310359
邯郸	11569.19	35.21	374	1214430
邢台	12309.80	46.51	373	268056
保定	12980.86	41.81	552	470759
张家口	12031.56	36.07	182	111768
承德	12697.93	33.06	161	38538
沧州	13781.41	30.23	430	1874989
廊坊	27493.82	41.55	423	1689096
衡水	12912.61	39.30	279	252501
大同	23741.77	57.24	180	168661
阳泉	23475.91	43.10	150	50564
长治	17747.50	36.79	513	68494
晋城	21061.27	34.51	278	625397
晋中	18016.76	41.34	322	35586
运城	16672.59	54.83	346	456419
忻州	13672.97	41.89	198	29339
临汾	17098.19	50.72	259	9184
吕梁	13625.87	35.51	238	233633
包头	70051.87	58.08	278	928000

续表

城市	人均社会消费品 零售总额（元）	社会消费品零售总额 占GDP的比重（%）	限额以上批发零售 贸易企业数量（个）	货物进口额 （万元）
乌海	36750.55	29.35	112	6000
赤峰	13463.81	36.26	142	326000
通辽	10281.75	25.72	203	14000
鄂尔多斯	36567.56	16.64	271	260000
呼伦贝尔	12924.47	27.63	214	1328000
巴彦淖尔	13746.05	27.33	75	2364100
乌兰察布	9065.65	30.18	61	79000
大连	65921.54	56.39	1391	24211874
鞍山	29518.89	57.52	461	1391186
抚顺	30324.83	74.11	127	44122
本溪	25900.26	48.09	82	1047073
丹东	13446.68	40.80	141	218880
锦州	23290.35	63.60	208	274603
营口	27158.34	47.24	276	2515910
阜新	18054.22	68.07	84	8995
辽阳	18105.97	37.91	139	74361
盘锦	34536.08	35.05	170	1924000
铁岭	15225.27	68.75	115	142907
朝阳	15599.14	61.99	126	116471
葫芦岛	20273.97	69.34	177	997184
吉林	34249.96	99.58	261	231104
四平	18987.52	75.85	128	21825
辽源	20975.44	59.86	50	29929
通化	20717.27	61.35	140	188326
白山	25825.81	59.36	59	69458
松原	26879.27	101.26	118	1032
白城	17958.14	68.99	49	11961

续表

城市	人均社会消费品零售总额（元）	社会消费品零售总额占GDP的比重（%）	限额以上批发零售贸易企业数量（个）	货物进口额（万元）
齐齐哈尔	6726.08	31.40	217	127461
鸡西	11830.99	36.22	107	31521
鹤岗	16361.19	47.72	50	26345
双鸭山	6660.31	19.73	54	54700
大庆	27000.03	28.60	292	9556000
伊春	9936.25	37.22	25	10035
佳木斯	24859.88	75.92	67	335
七台河	8689.81	28.97	20	7190
牡丹江	26495.86	80.29	164	2590889
黑河	9491.56	25.90	81	249842
绥化	13798.28	65.42	81	300728
无锡	60126.10	25.52	2825	25454758
徐州	33907.75	49.41	1975	1539911
常州	62381.30	32.45	2768	5920597
苏州	108069.10	40.62	4320	87544000
南通	44232.57	35.83	2479	8047482
连云港	21775.63	37.04	493	3751518
淮安	31168.09	45.09	860	913000
盐城	27295.94	39.30	1171	2206443
扬州	31142.23	24.33	968	2025896
镇江	42907.21	28.07	595	2299824
泰州	26956.83	26.31	1303	3403296
宿迁	22304.85	42.61	437	371257
宁波	70206.55	35.62	5292	32006256
温州	43940.78	55.34	2532	2168867
嘉兴	57762.10	39.15	1721	7256887
湖州	53331.05	45.78	922	1015881

续表

城市	人均社会消费品零售总额（元）	社会消费品零售总额占GDP的比重（％）	限额以上批发零售贸易企业数量（个）	货物进口额（万元）
绍兴	52512.44	40.69	2708	2078963
金华	55343.01	59.71	1568	1846795
衢州	29344.21	48.10	474	3466419
舟山	59391.43	41.99	512	8699104
台州	41921.41	49.56	1336	1349334
丽水	27230.50	49.96	403	275612
芜湖	39718.04	42.81	815	1852355
蚌埠	31142.67	58.44	479	5887725
淮南	19475.19	58.76	394	21577
马鞍山	33841.90	36.71	183	1836545
淮北	20773.16	42.20	229	53196
铜陵	19936.25	35.51	232	4345524
安庆	20688.21	45.96	619	288801
黄山	30619.42	55.77	208	116054
滁州	25007.02	39.11	502	1216311
阜阳	16477.11	65.60	655	169431
宿州	15926.04	52.95	509	19689
六安	15415.43	56.24	367	61088
亳州	14583.47	55.28	492	138605
池州	24585.08	47.87	199	436953
宣城	21979.68	39.28	311	86686
厦门	86510.21	37.66	2766	28841816
莆田	44658.50	62.64	1781	1623404
三明	27130.97	30.13	782	78184
泉州	70326.78	53.80	3300	6583180
漳州	34221.21	37.67	1332	2565050
南平	22975.55	36.68	480	78945

续表

城市	人均社会消费品零售总额（元）	社会消费品零售总额占GDP的比重（%）	限额以上批发零售贸易企业数量（个）	货物进口额（万元）
龙岩	41288.16	49.01	1761	1245941
宁德	23835.04	34.61	630	1421168
景德镇	22182.80	40.96	147	10887
萍乡	16146.58	34.72	146	13339
九江	22108.56	37.19	494	585347
新余	24462.35	31.46	138	737816
鹰潭	18938.60	25.96	198	2165850
赣州	16677.47	47.19	688	598480
吉安	10675.54	27.65	607	1369839
宜春	14665.59	32.95	527	173562
抚州	12071.43	34.59	260	125292
上饶	11515.07	36.34	642	21379
青岛	61691.90	43.66	2458	25136880
淄博	51792.79	61.72	1054	4641194
枣庄	21732.21	54.39	294	72945
东营	44733.98	30.37	373	13107624
烟台	42955.57	36.65	970	11731395
潍坊	26013.11	41.98	1132	6561494
济宁	24090.59	49.28	1353	1765665
泰安	28840.30	62.03	598	377253
威海	45260.02	39.24	477	4807140
日照	19626.64	31.02	316	6459245
临沂	21580.14	55.83	1323	1554026
德州	18603.10	36.87	472	1413963
聊城	21853.82	62.56	481	2016885
滨州	17850.26	28.91	360	5613658
菏泽	19280.64	58.01	440	3082326

续表

城市	人均社会消费品零售总额（元）	社会消费品零售总额占GDP的比重（%）	限额以上批发零售贸易企业数量（个）	货物进口额（万元）
开封	17166.36	40.74	506	96239
洛阳	32049.68	47.42	905	213591
平顶山	17163.53	41.23	455	29290
安阳	14309.82	40.38	336	332204
鹤壁	17500.05	30.26	120	32855
新乡	15002.16	34.14	583	144645
焦作	24671.01	33.33	457	385843
濮阳	15607.90	42.85	226	436195
许昌	18866.68	34.05	395	126621
漯河	23983.90	40.73	284	56050
三门峡	22106.55	34.75	362	1577363
南阳	16764.83	54.45	1104	1534715
商丘	14733.72	50.87	823	108958
信阳	13313.67	44.02	543	184016
周口	13362.13	52.52	536	183263
驻马店	11660.88	41.00	524	60517
黄石	32903.66	50.84	351	200659
十堰	34480.09	59.27	389	29149
宜昌	42583.03	37.32	935	256000
襄阳	31573.48	38.70	811	302000
鄂州	37666.50	37.01	61	40683
荆门	31514.09	45.09	568	335000
孝感	23556.51	52.72	366	152000
荆州	26239.64	66.43	788	233558
黄冈	18059.35	57.37	520	51000
咸宁	20429.41	39.07	332	69085
随州	26290.80	56.34	303	28000

续表

城市	人均社会消费品零售总额（元）	社会消费品零售总额占GDP的比重（%）	限额以上批发零售贸易企业数量（个）	货物进口额（万元）
株洲	29218.38	39.11	754	443776
湘潭	26664.36	34.13	348	755916
衡阳	20541.61	48.54	691	1628375
邵阳	15013.75	57.63	1054	61855
岳阳	28275.26	42.64	749	1383592
常德	24243.38	40.41	672	138000
张家界	15003.72	45.94	77	3150
益阳	15399.68	40.65	431	155905
郴州	21422.58	47.45	832	1130832
永州	12326.83	39.36	565	74957
怀化	11872.12	38.47	355	25050
娄底	13777.92	38.20	484	794315
韶关	14170.69	36.23	405	1069808
深圳	165961.13	33.96	8972	130649159
珠海	74909.68	29.00	1141	12543337
汕头	33117.74	70.32	984	1365052
佛山	79940.76	34.28	4120	10999023
江门	30174.00	38.35	997	2893094
湛江	20108.57	56.03	669	2044560
茂名	17612.21	44.30	902	258153
肇庆	20385.12	41.15	313	1327057
惠州	49347.53	46.08	714	8880062
梅州	14196.72	65.30	183	198780
汕尾	12388.36	40.95	118	1677400
河源	10370.71	35.82	227	518000
阳江	16686.12	38.87	242	344998
清远	12868.59	33.80	316	2016958

续表

城市	人均社会消费品零售总额（元）	社会消费品零售总额占 GDP 的比重（%）	限额以上批发零售贸易企业数量（个）	货物进口额（万元）
东莞	126684.31	33.53	3421	51728678
中山	83931.74	49.53	1041	4580098
潮州	17784.01	45.41	116	348276
揭阳	15131.00	50.89	614	161545
云浮	13699.50	44.72	210	468038
柳州	33836.31	42.62	594	1343228
桂林	17882.98	45.94	393	82805
梧州	14910.40	53.11	246	311473
北海	15786.86	21.84	156	1653116
防城港	14876.00	21.22	97	5636335
钦州	9600.06	29.59	207	1242735
贵港	7299.39	32.78	203	200070
玉林	9983.93	43.80	300	151232
百色	9142.40	30.74	348	304528
贺州	6977.08	24.68	89	38958
河池	8128.78	40.18	270	225451
来宾	5394.61	22.27	93	15987
崇左	6923.84	22.96	225	5931537
三亚	53974.65	50.15	99	903202
自贡	21675.83	48.57	252	77751
攀枝花	36846.40	39.40	161	183700
泸州	20277.65	49.60	632	433261
德阳	23636.72	38.85	302	309800
绵阳	24040.14	44.70	485	1384715
广元	14946.53	47.44	191	33036
遂宁	17456.02	46.95	278	159277
内江	14565.23	41.47	221	5830

续表

城市	人均社会消费品零售总额（元）	社会消费品零售总额占GDP的比重（%）	限额以上批发零售贸易企业数量（个）	货物进口额（万元）
乐山	21900.21	41.14	268	586700
南充	14764.23	46.03	442	16222
眉山	16043.58	39.76	186	195670
宜宾	18932.20	40.16	619	906454
广安	12294.38	45.14	278	2
达州	14991.48	48.38	382	679
雅安	17490.08	36.96	100	39936
巴中	13865.20	67.30	336	8900
资阳	11317.32	49.75	142	57160
六盘水	10283.88	28.67	239	78039
遵义	11889.77	27.96	877	81264
安顺	14421.27	47.91	219	35663
毕节	4358.69	21.51	487	10679
铜仁	13494.52	48.19	329	36
曲靖	13720.58	34.69	388	11414
玉溪	36842.14	41.75	263	45327
保山	15920.36	43.74	183	130606
昭通	7608.24	40.08	143	91
丽江	20466.38	53.22	88	3616
普洱	12446.20	36.13	142	565525
临沧	14040.60	44.58	156	453453
铜川	19810.57	44.09	247	39056
宝鸡	23987.09	40.66	798	401886
咸阳	19659.39	41.02	536	559500
渭南	14343.89	42.61	533	17856
延安	17569.55	24.71	428	228762
汉中	14549.23	35.81	538	9646

续表

城市	人均社会消费品零售总额（元）	社会消费品零售总额占GDP的比重（%）	限额以上批发零售贸易企业数量（个）	货物进口额（万元）
榆林	14423.08	13.43	440	11795
安康	15350.65	39.48	671	1675
商洛	8584.84	25.64	179	2600
嘉峪关	36200.00	26.86	44	63036
金昌	22662.27	29.99	50	1361868
白银	9000.00	33.52	97	416716
天水	7261.14	42.67	156	146063
武威	7650.52	29.63	76	3400
张掖	15796.39	46.09	146	2270
平凉	7161.35	36.67	49	255
酒泉	25828.15	41.38	147	3097
庆阳	6748.60	24.52	75	4636
定西	5264.62	38.47	84	12397
陇南	5128.00	32.96	56	91
海东	6749.85	23.50	17	49700
石嘴山	15140.15	22.22	56	106700
吴忠	8783.95	21.66	83	459
固原	5153.37	23.45	21	65
中卫	6192.47	17.25	56	40212
克拉玛依	23639.74	7.53	101	14973

资料来源：根据《中国城市统计年鉴（2020）》以及商务部相关数据整理计算。

由表 6-1 可知，从人均社会消费品零售总额指标来看，在 256 个地级市中，排名前十位的城市分别是深圳、东莞、苏州、厦门、中山、佛山、珠海、泉州、宁波、包头，而排名后十位的城市则分别是毕节、陇南、固原、定西、来宾、中卫、双鸭山、齐齐哈尔、庆阳、海东；从社会消费品零售总额占GDP 的比重指标来看，在 256 个地级城市中，排名前十位的城市分别是松原、吉林、牡丹江、佳木斯、四平、抚顺、汕头、葫芦岛、白城、铁岭，而排名后十位的城市则分别是克拉玛依、榆林、鄂尔多斯、中卫、双鸭山、防城港、毕节、吴忠、北海、石嘴山；从限额以上批发零售贸易企业数量指标来看，在256个地级城市中，排名前十位的城市分别是深圳、宁波、苏州、佛山、东莞、泉州、无锡、常州、厦门、绍兴；而排名后十位的城市则分别是海东、七台河、固原、伊春、嘉峪关、平凉、白城、金昌、鹤岗、辽源；从货物进口额指标来看，在256个地级城市中，排名前十位的城市分别是深圳、苏州、东莞、宁波、厦门、无锡、青岛、大连、东营、珠海，而排名后十位的城市则分别是广安、铜仁、固原、陇南、昭通、平凉、佳木斯、吴忠、达州、松原。

进一步地，如果从效率一级指标来比较和评价256个地级市流通产业空间结构的合理性，则需要根据前述所确定的效率一级指标下各二级指标的权重进行加权计数比较。为使数据具有可比性，对数据进行无量纲化处理，处理方法同前。2019年地级市流通产业空间结构效率各二级指标相对排位见表6-2。

表6-2　　　2019年地级市流通产业空间结构效率各二级指标相对排位

城市	人均社会消费品零售总额	社会消费品零售总额占GDP的比重	限额以上批发零售贸易企业数量	货物进口额
唐山	0.167	0.300	0.073	0.034
秦皇岛	0.117	0.359	0.031	0.010
邯郸	0.070	0.348	0.042	0.009
邢台	0.074	0.459	0.042	0.002
保定	0.078	0.413	0.062	0.004
张家口	0.072	0.356	0.020	0.001
承德	0.077	0.326	0.018	0.000
沧州	0.083	0.299	0.048	0.014
廊坊	0.166	0.410	0.047	0.013
衡水	0.078	0.388	0.031	0.002
大同	0.143	0.565	0.020	0.001
阳泉	0.141	0.426	0.017	0.000
长治	0.107	0.363	0.057	0.001

城市	人均社会消费品零售总额	社会消费品零售总额占 GDP 的比重	限额以上批发零售贸易企业数量	货物进口额
晋城	0.127	0.341	0.031	0.005
晋中	0.109	0.408	0.036	0.000
运城	0.100	0.541	0.039	0.003
忻州	0.082	0.414	0.022	0.000
临汾	0.103	0.501	0.029	0.000
吕梁	0.082	0.351	0.027	0.002
包头	0.422	0.574	0.031	0.007
乌海	0.221	0.290	0.012	0.000
赤峰	0.081	0.358	0.016	0.002
通辽	0.062	0.254	0.023	0.000
鄂尔多斯	0.220	0.164	0.030	0.002
呼伦贝尔	0.078	0.273	0.024	0.010
巴彦淖尔	0.083	0.270	0.008	0.018
乌兰察布	0.055	0.298	0.007	0.001
大连	0.397	0.557	0.155	0.185
鞍山	0.178	0.568	0.051	0.011
抚顺	0.183	0.732	0.014	0.000
本溪	0.156	0.475	0.009	0.008
丹东	0.081	0.403	0.016	0.002
锦州	0.140	0.628	0.023	0.002
营口	0.164	0.467	0.031	0.019
阜新	0.109	0.672	0.009	0.000
辽阳	0.109	0.374	0.015	0.001
盘锦	0.208	0.346	0.019	0.015
铁岭	0.092	0.679	0.013	0.001
朝阳	0.094	0.612	0.014	0.001
葫芦岛	0.122	0.685	0.020	0.008

续表

城市	人均社会消费品零售总额	社会消费品零售总额占GDP的比重	限额以上批发零售贸易企业数量	货物进口额
吉林	0.206	0.983	0.029	0.002
四平	0.114	0.749	0.014	0.000
辽源	0.126	0.591	0.006	0.000
通化	0.125	0.606	0.016	0.001
白山	0.156	0.586	0.007	0.001
松原	0.162	1.000	0.013	0.000
白城	0.108	0.681	0.005	0.000
齐齐哈尔	0.041	0.310	0.024	0.001
鸡西	0.071	0.358	0.012	0.000
鹤岗	0.099	0.471	0.006	0.000
双鸭山	0.040	0.195	0.006	0.000
大庆	0.163	0.282	0.033	0.073
伊春	0.060	0.368	0.003	0.000
佳木斯	0.150	0.750	0.007	0.000
七台河	0.052	0.286	0.002	0.000
牡丹江	0.160	0.793	0.018	0.020
黑河	0.057	0.256	0.009	0.002
绥化	0.083	0.646	0.009	0.002
无锡	0.362	0.252	0.315	0.195
徐州	0.204	0.488	0.220	0.012
常州	0.376	0.320	0.309	0.045
苏州	0.651	0.401	0.481	0.670
南通	0.267	0.354	0.276	0.062
连云港	0.131	0.366	0.055	0.029
淮安	0.188	0.445	0.096	0.007
盐城	0.164	0.388	0.131	0.017
扬州	0.188	0.240	0.108	0.016

城市	人均社会消费品零售总额	社会消费品零售总额占 GDP 的比重	限额以上批发零售贸易企业数量	货物进口额
镇江	0.259	0.277	0.066	0.018
泰州	0.162	0.260	0.145	0.026
宿迁	0.134	0.421	0.049	0.003
宁波	0.423	0.352	0.590	0.245
温州	0.265	0.547	0.282	0.017
嘉兴	0.348	0.387	0.192	0.056
湖州	0.321	0.452	0.103	0.008
绍兴	0.316	0.402	0.302	0.016
金华	0.333	0.590	0.175	0.014
衢州	0.177	0.475	0.053	0.027
舟山	0.358	0.415	0.057	0.067
台州	0.253	0.489	0.149	0.010
丽水	0.164	0.493	0.045	0.002
芜湖	0.239	0.423	0.091	0.014
蚌埠	0.188	0.577	0.053	0.045
淮南	0.117	0.580	0.044	0.000
马鞍山	0.204	0.363	0.020	0.014
淮北	0.125	0.417	0.026	0.000
铜陵	0.120	0.351	0.026	0.033
安庆	0.125	0.454	0.069	0.002
黄山	0.184	0.551	0.023	0.001
滁州	0.151	0.386	0.056	0.009
阜阳	0.099	0.648	0.073	0.001
宿州	0.096	0.523	0.057	0.000
六安	0.093	0.555	0.041	0.000
亳州	0.088	0.546	0.055	0.001
池州	0.148	0.473	0.022	0.003

续表

城市	人均社会消费品零售总额	社会消费品零售总额占GDP的比重	限额以上批发零售贸易企业数量	货物进口额
宣城	0.132	0.388	0.035	0.001
厦门	0.521	0.372	0.308	0.221
莆田	0.269	0.619	0.199	0.012
三明	0.163	0.298	0.087	0.001
泉州	0.424	0.531	0.368	0.050
漳州	0.206	0.372	0.148	0.020
南平	0.138	0.362	0.053	0.001
龙岩	0.249	0.484	0.196	0.010
宁德	0.144	0.342	0.070	0.011
景德镇	0.134	0.405	0.016	0.000
萍乡	0.097	0.343	0.016	0.000
九江	0.133	0.367	0.055	0.004
新余	0.147	0.311	0.015	0.006
鹰潭	0.114	0.256	0.022	0.017
赣州	0.100	0.466	0.077	0.005
吉安	0.064	0.273	0.068	0.010
宜春	0.088	0.325	0.059	0.001
抚州	0.073	0.342	0.029	0.001
上饶	0.069	0.359	0.072	0.000
青岛	0.372	0.431	0.274	0.192
淄博	0.312	0.610	0.117	0.036
枣庄	0.131	0.537	0.033	0.001
东营	0.270	0.300	0.042	0.100
烟台	0.259	0.362	0.108	0.090
潍坊	0.157	0.415	0.126	0.050
济宁	0.145	0.487	0.151	0.014
泰安	0.174	0.613	0.067	0.003

城市	人均社会消费品零售总额	社会消费品零售总额占 GDP 的比重	限额以上批发零售贸易企业数量	货物进口额
威海	0.273	0.388	0.053	0.037
日照	0.118	0.306	0.035	0.049
临沂	0.130	0.551	0.147	0.012
德州	0.112	0.364	0.053	0.011
聊城	0.132	0.618	0.054	0.015
滨州	0.108	0.286	0.040	0.043
菏泽	0.116	0.573	0.049	0.024
开封	0.103	0.402	0.056	0.001
洛阳	0.193	0.468	0.101	0.002
平顶山	0.103	0.407	0.051	0.000
安阳	0.086	0.399	0.037	0.003
鹤壁	0.105	0.299	0.013	0.000
新乡	0.090	0.337	0.065	0.001
焦作	0.149	0.329	0.051	0.003
濮阳	0.094	0.423	0.025	0.003
许昌	0.114	0.336	0.044	0.001
漯河	0.145	0.402	0.032	0.000
三门峡	0.133	0.343	0.040	0.012
南阳	0.101	0.538	0.123	0.012
商丘	0.089	0.502	0.092	0.001
信阳	0.080	0.435	0.061	0.001
周口	0.081	0.519	0.060	0.001
驻马店	0.070	0.405	0.058	0.000
黄石	0.198	0.502	0.039	0.002
十堰	0.208	0.585	0.043	0.000
宜昌	0.257	0.369	0.104	0.002
襄阳	0.190	0.382	0.090	0.002

城市	人均社会消费品零售总额	社会消费品零售总额占 GDP 的比重	限额以上批发零售贸易企业数量	货物进口额
鄂州	0.227	0.365	0.007	0.000
荆门	0.190	0.445	0.063	0.003
孝感	0.142	0.521	0.041	0.001
荆州	0.158	0.656	0.088	0.002
黄冈	0.109	0.567	0.058	0.000
咸宁	0.123	0.386	0.037	0.001
随州	0.158	0.556	0.034	0.000
株洲	0.176	0.386	0.084	0.003
湘潭	0.161	0.337	0.039	0.006
衡阳	0.124	0.479	0.077	0.012
邵阳	0.090	0.569	0.117	0.000
岳阳	0.170	0.421	0.083	0.011
常德	0.146	0.399	0.075	0.001
张家界	0.090	0.454	0.009	0.000
益阳	0.093	0.401	0.048	0.001
郴州	0.129	0.469	0.093	0.009
永州	0.074	0.389	0.063	0.001
怀化	0.072	0.380	0.040	0.000
娄底	0.083	0.377	0.054	0.006
韶关	0.085	0.358	0.045	0.008
深圳	1.000	0.335	1.000	1.000
珠海	0.451	0.286	0.127	0.096
汕头	0.200	0.694	0.110	0.010
佛山	0.482	0.339	0.459	0.084
江门	0.182	0.379	0.111	0.022
湛江	0.121	0.553	0.075	0.016
茂名	0.106	0.437	0.101	0.002

城市	人均社会消费品零售总额	社会消费品零售总额占 GDP 的比重	限额以上批发零售贸易企业数量	货物进口额
肇庆	0.123	0.406	0.035	0.010
惠州	0.297	0.455	0.080	0.068
梅州	0.086	0.645	0.020	0.002
汕尾	0.075	0.404	0.013	0.013
河源	0.062	0.354	0.025	0.004
阳江	0.101	0.384	0.027	0.003
清远	0.078	0.334	0.035	0.015
东莞	0.763	0.331	0.381	0.396
中山	0.506	0.489	0.116	0.035
潮州	0.107	0.448	0.013	0.003
揭阳	0.091	0.503	0.068	0.001
云浮	0.083	0.442	0.023	0.004
柳州	0.204	0.421	0.066	0.010
桂林	0.108	0.454	0.044	0.001
梧州	0.090	0.524	0.027	0.002
北海	0.095	0.216	0.017	0.013
防城港	0.090	0.210	0.011	0.043
钦州	0.058	0.292	0.023	0.010
贵港	0.044	0.324	0.023	0.002
玉林	0.060	0.433	0.033	0.001
百色	0.055	0.304	0.039	0.002
贺州	0.042	0.244	0.010	0.000
河池	0.049	0.397	0.030	0.002
来宾	0.033	0.220	0.010	0.000
崇左	0.042	0.227	0.025	0.045
三亚	0.325	0.495	0.011	0.007
自贡	0.131	0.480	0.028	0.001

续表

城市	人均社会消费品零售总额	社会消费品零售总额占GDP的比重	限额以上批发零售贸易企业数量	货物进口额
攀枝花	0.222	0.389	0.018	0.001
泸州	0.122	0.490	0.070	0.003
德阳	0.142	0.384	0.034	0.002
绵阳	0.145	0.441	0.054	0.011
广元	0.090	0.468	0.021	0.000
遂宁	0.105	0.464	0.031	0.001
内江	0.088	0.410	0.025	0.000
乐山	0.132	0.406	0.030	0.004
南充	0.089	0.455	0.049	0.000
眉山	0.097	0.393	0.021	0.001
宜宾	0.114	0.397	0.069	0.007
广安	0.074	0.446	0.031	0.000
达州	0.090	0.478	0.043	0.000
雅安	0.105	0.365	0.011	0.000
巴中	0.084	0.665	0.037	0.000
资阳	0.068	0.491	0.016	0.000
六盘水	0.062	0.283	0.027	0.001
遵义	0.072	0.276	0.098	0.001
安顺	0.087	0.473	0.024	0.000
毕节	0.026	0.212	0.054	0.000
铜仁	0.081	0.476	0.037	0.000
曲靖	0.083	0.343	0.043	0.000
玉溪	0.222	0.412	0.029	0.000
保山	0.096	0.432	0.020	0.001
昭通	0.046	0.396	0.016	0.000
丽江	0.123	0.526	0.010	0.000
普洱	0.075	0.357	0.016	0.004

城市	人均社会消费品零售总额	社会消费品零售总额占 GDP 的比重	限额以上批发零售贸易企业数量	货物进口额
临沧	0.085	0.440	0.017	0.003
铜川	0.119	0.435	0.028	0.000
宝鸡	0.145	0.402	0.089	0.003
咸阳	0.118	0.405	0.060	0.004
渭南	0.086	0.421	0.059	0.000
延安	0.106	0.244	0.048	0.002
汉中	0.088	0.354	0.060	0.000
榆林	0.087	0.133	0.049	0.000
安康	0.092	0.390	0.075	0.000
商洛	0.052	0.253	0.020	0.000
嘉峪关	0.218	0.265	0.005	0.000
金昌	0.137	0.296	0.006	0.010
白银	0.054	0.331	0.011	0.003
天水	0.044	0.421	0.017	0.001
武威	0.046	0.293	0.008	0.000
张掖	0.095	0.455	0.016	0.000
平凉	0.043	0.362	0.005	0.000
酒泉	0.156	0.409	0.016	0.000
庆阳	0.041	0.242	0.008	0.000
定西	0.032	0.380	0.009	0.000
陇南	0.031	0.325	0.006	0.000
海东	0.041	0.232	0.002	0.000
石嘴山	0.091	0.219	0.006	0.001
吴忠	0.053	0.214	0.009	0.000
固原	0.031	0.232	0.002	0.000
中卫	0.037	0.170	0.006	0.000
克拉玛依	0.142	0.074	0.011	0.000

资料来源：根据《中国城市统计年鉴（2020）》以及商务部相关数据整理计算。

同理，根据前文所述所确定的人均社会消费品零售总额指标权重 0.3、社会消费品零售总额占 GDP 的比重指标权重 0.3、限额以上批发零售贸易企业数量指标权重 0.2、货物进口额指标权重 0.2，将各城市的效率各二级指标相对排位值分别乘以各自权重，得到 2019 年地级市流通产业空间结构效率一级指标综合排位，如表 6-3 所示。

表 6-3　　2019 年地级市流通产业空间结构效率一级指标综合排位

城市	综合值	城市	综合值
中卫	0.064	六盘水	0.109
克拉玛依	0.067	齐齐哈尔	0.110
双鸭山	0.072	巴彦淖尔	0.111
榆林	0.076	钦州	0.112
来宾	0.078	呼伦贝尔	0.112
固原	0.079	延安	0.115
吴忠	0.082	贵港	0.115
海东	0.082	百色	0.116
毕节	0.082	吉安	0.117
庆阳	0.087	白银	0.118
贺州	0.088	鹰潭	0.119
石嘴山	0.095	鄂尔多斯	0.122
崇左	0.095	平凉	0.123
商洛	0.095	遵义	0.124
黑河	0.096	鹤壁	0.124
北海	0.099	承德	0.125
通辽	0.099	定西	0.125
防城港	0.101	沧州	0.127
七台河	0.102	伊春	0.129
武威	0.103	抚州	0.130
乌兰察布	0.107	河源	0.131
陇南	0.108	鸡西	0.131

续表

城市	综合值	城市	综合值
张家口	0.133	汕尾	0.149
金昌	0.133	娄底	0.150
清远	0.134	秦皇岛	0.151
普洱	0.134	眉山	0.151
滨州	0.135	阳江	0.151
萍乡	0.135	永州	0.152
邯郸	0.135	长治	0.153
赤峰	0.135	扬州	0.153
吕梁	0.135	铜陵	0.153
昭通	0.136	忻州	0.153
宜春	0.136	三门峡	0.153
曲靖	0.136	安阳	0.153
河池	0.140	焦作	0.154
新乡	0.141	内江	0.154
新余	0.142	驻马店	0.154
上饶	0.143	大庆	0.155
天水	0.143	玉林	0.155
怀化	0.143	德州	0.156
雅安	0.143	三明	0.156
韶关	0.144	乌海	0.156
许昌	0.144	益阳	0.158
日照	0.144	湘潭	0.158
汉中	0.144	安康	0.160
嘉峪关	0.146	咸宁	0.160
衡水	0.146	保定	0.160
晋城	0.147	濮阳	0.161
辽阳	0.148	泰州	0.161
丹东	0.149	南平	0.161

续表

城市	综合值	城市	综合值
唐山	0.162	铜川	0.172
临沧	0.162	鹤岗	0.172
宁德	0.162	酒泉	0.173
九江	0.162	南充	0.173
广安	0.162	安顺	0.173
晋中	0.162	盘锦	0.173
保山	0.163	阳泉	0.174
云浮	0.163	滁州	0.174
开封	0.163	铜仁	0.174
宣城	0.163	马鞍山	0.177
平顶山	0.163	宿迁	0.177
渭南	0.164	遂宁	0.177
景德镇	0.165	桂林	0.177
张家界	0.165	镇江	0.178
德阳	0.165	常德	0.179
连云港	0.166	达州	0.179
信阳	0.167	鄂州	0.179
淮北	0.168	宝鸡	0.182
肇庆	0.168	茂名	0.184
乐山	0.168	廊坊	0.185
张掖	0.168	株洲	0.186
宜宾	0.168	赣州	0.186
邢台	0.169	临汾	0.187
潮州	0.170	攀枝花	0.187
咸阳	0.170	安庆	0.188
漯河	0.170	自贡	0.189
资阳	0.171	绵阳	0.189
广元	0.172	梧州	0.190

续表

城市	综合值	城市	综合值
襄阳	0.190	淮安	0.210
池州	0.191	衢州	0.211
周口	0.192	黄冈	0.214
揭阳	0.192	朝阳	0.215
本溪	0.193	威海	0.216
江门	0.195	辽源	0.216
盐城	0.195	大同	0.217
商丘	0.196	淮南	0.218
玉溪	0.196	黄石	0.218
岳阳	0.196	南阳	0.219
丽江	0.197	洛阳	0.219
宿州	0.197	芜湖	0.220
泸州	0.198	湛江	0.220
衡阳	0.199	绥化	0.221
营口	0.199	随州	0.221
东营	0.199	菏泽	0.221
郴州	0.200	邵阳	0.221
运城	0.201	济宁	0.222
亳州	0.201	通化	0.223
柳州	0.203	梅州	0.224
六安	0.203	白山	0.224
荆门	0.204	黄山	0.225
丽水	0.207	烟台	0.226
潍坊	0.207	巴中	0.232
漳州	0.207	铁岭	0.234
枣庄	0.207	锦州	0.236
孝感	0.207	鞍山	0.236
宜昌	0.209	阜新	0.236

续表

城市	综合值	城市	综合值
临沂	0.236	绍兴	0.279
白城	0.238	常州	0.280
聊城	0.239	无锡	0.286
阜阳	0.239	汕头	0.292
十堰	0.247	牡丹江	0.293
葫芦岛	0.248	温州	0.303
蚌埠	0.249	包头	0.306
三亚	0.250	淄博	0.307
泰安	0.250	莆田	0.308
南通	0.254	金华	0.315
徐州	0.254	中山	0.329
湖州	0.254	青岛	0.334
台州	0.254	松原	0.351
惠州	0.255	大连	0.354
舟山	0.256	佛山	0.355
龙岩	0.261	吉林	0.363
四平	0.262	泉州	0.370
荆州	0.262	厦门	0.374
珠海	0.266	宁波	0.399
嘉兴	0.270	东莞	0.484
佳木斯	0.271	苏州	0.546
抚顺	0.277	深圳	0.801

注：根据表 6 - 2 数据进行加权计算得出。

由表 6 - 3 可知，从效率一级指标综合来看，在 256 个地级市中，排名前十位的城市分别是深圳、苏州、东莞、宁波、厦门、泉州、吉林、佛山、大连、松原，而排名后十位的城市则分别是中卫、克拉玛依、双鸭山、榆林、来宾、固原、吴忠、海东、毕节、庆阳。

6.1.2 公平指标比较

本书对 256 个地级市商业销售分布空间基尼系数和限额以上批发零售企业分布空间基尼系数两个二级公平指标数值进行比较，为使数据具有可比性，对数据进行无量纲化处理，处理方法同上。表 6 - 4 显示了 2019 年地级市流通产业空间结构公平各二级指标相对排位。

表 6 - 4   **2019 年地级市流通产业空间结构公平各二级指标相对排位**

城市	商业销售分布空间基尼系数	限额以上批发零售企业分布空间基尼系数
唐山	0.930	0.953
秦皇岛	0.963	0.967
邯郸	0.938	0.943
邢台	0.943	0.960
保定	0.952	0.958
张家口	0.991	0.991
承德	0.981	0.987
沧州	0.942	0.977
廊坊	0.932	0.953
衡水	0.966	0.969
大同	0.979	0.979
阳泉	0.968	0.970
长治	0.988	0.984
晋城	0.983	0.979
晋中	0.964	0.952
运城	0.978	0.964
忻州	0.994	0.985
临汾	0.987	0.984
吕梁	0.986	0.988
包头	0.986	0.986

续表

城市	商业销售分布空间基尼系数	限额以上批发零售企业分布空间基尼系数
乌海	0.931	0.931
赤峰	0.996	0.997
通辽	0.994	0.993
鄂尔多斯	0.995	0.996
呼伦贝尔	0.998	0.998
巴彦淖尔	0.997	0.997
乌兰察布	0.993	0.998
大连	0.925	0.926
鞍山	0.932	0.937
抚顺	0.973	0.971
本溪	0.966	0.971
丹东	0.985	0.989
锦州	0.975	0.977
营口	0.922	0.932
阜新	0.981	0.979
辽阳	0.930	0.940
盘锦	0.954	0.955
铁岭	0.965	0.975
朝阳	0.980	0.985
葫芦岛	0.975	0.973
吉林	0.975	0.965
四平	0.976	0.979
辽源	0.974	0.976
通化	0.964	0.973
白山	0.986	0.990
松原	0.980	0.985
白城	0.994	0.992
齐齐哈尔	0.993	0.992

续表

城市	商业销售分布空间基尼系数	限额以上批发零售企业分布空间基尼系数
鸡西	0.991	0.986
鹤岗	0.992	0.991
双鸭山	0.991	0.983
大庆	0.976	0.975
伊春	0.987	0.987
佳木斯	0.990	0.988
七台河	0.971	0.974
牡丹江	0.993	0.977
黑河	0.992	0.999
绥化	0.989	0.989
无锡	0.781	0.808
徐州	0.934	0.906
常州	0.883	0.896
苏州	0.820	0.800
南通	0.914	0.909
连云港	0.931	0.935
淮安	0.952	0.952
盐城	0.963	0.957
扬州	0.942	0.942
镇江	0.874	0.884
泰州	0.934	0.939
宿迁	0.961	0.946
宁波	0.891	0.923
温州	0.934	0.936
嘉兴	0.837	0.846
湖州	0.937	0.930
绍兴	0.922	0.934
金华	0.953	0.954

续表

城市	商业销售分布空间基尼系数	限额以上批发零售企业分布空间基尼系数
衢州	0.961	0.970
舟山	0.898	0.908
台州	0.936	0.944
丽水	0.990	0.991
芜湖	0.923	0.918
蚌埠	0.935	0.928
淮南	0.908	0.897
马鞍山	0.929	0.935
淮北	0.923	0.910
铜陵	0.875	0.879
安庆	0.972	0.962
黄山	0.978	0.976
滁州	0.954	0.957
阜阳	0.947	0.947
宿州	0.939	0.949
六安	0.981	0.984
亳州	0.966	0.968
池州	0.985	0.984
宣城	0.980	0.977
厦门	0.680	0.680
莆田	0.969	0.970
三明	0.988	0.994
泉州	0.871	0.853
漳州	0.972	0.978
南平	0.991	0.993
龙岩	0.989	0.988
宁德	0.984	0.990
景德镇	0.956	0.951

城市	商业销售分布空间基尼系数	限额以上批发零售企业分布空间基尼系数
萍乡	0.961	0.961
九江	0.977	0.968
新余	0.943	0.943
鹰潭	0.960	0.965
赣州	0.984	0.980
吉安	0.979	0.983
宜春	0.979	0.985
抚州	0.984	0.974
上饶	0.978	0.978
青岛	0.874	0.878
淄博	0.897	0.897
枣庄	0.889	0.901
东营	0.958	0.943
烟台	0.897	0.919
潍坊	0.935	0.890
济宁	0.926	0.898
泰安	0.914	0.918
威海	0.830	0.863
日照	0.942	0.939
临沂	0.946	0.951
德州	0.912	0.893
聊城	0.917	0.933
滨州	0.940	0.936
菏泽	0.928	0.917
开封	0.926	0.893
洛阳	0.953	0.961
平顶山	0.963	0.946
安阳	0.940	0.919

城市	商业销售分布空间基尼系数	限额以上批发零售企业分布空间基尼系数
鹤壁	0.897	0.912
新乡	0.954	0.921
焦作	0.848	0.877
濮阳	0.903	0.916
许昌	0.861	0.749
漯河	0.916	0.923
三门峡	0.977	0.979
南阳	0.963	0.960
商丘	0.973	0.976
信阳	0.969	0.963
周口	0.925	0.946
驻马店	0.956	0.960
黄石	0.946	0.946
十堰	0.988	0.988
宜昌	0.973	0.965
襄阳	0.970	0.961
鄂州	0.924	0.924
荆门	0.978	0.982
孝感	0.918	0.928
荆州	0.972	0.970
黄冈	0.961	0.960
咸宁	0.945	0.915
随州	0.980	0.979
株洲	0.957	0.934
湘潭	0.953	0.953
衡阳	0.954	0.964
邵阳	0.977	0.970
岳阳	0.978	0.976

续表

城市	商业销售分布空间基尼系数	限额以上批发零售企业分布空间基尼系数
常德	0.978	0.974
张家界	0.989	0.985
益阳	0.972	0.968
郴州	0.986	0.981
永州	0.986	0.981
怀化	0.988	0.992
娄底	0.951	0.964
韶关	0.985	0.979
深圳	0.384	0.384
珠海	0.867	0.867
汕头	0.782	0.782
佛山	0.921	0.921
江门	0.928	0.947
湛江	0.973	0.974
茂名	0.964	0.972
肇庆	0.705	0.977
惠州	0.933	0.935
梅州	0.986	0.990
汕尾	0.970	0.984
河源	0.987	0.993
阳江	0.973	0.971
清远	0.937	0.942
东莞	0.455	0.455
中山	0.888	0.888
潮州	0.967	0.968
揭阳	0.896	0.908
云浮	0.922	0.925
柳州	0.977	0.979

城市	商业销售分布空间基尼系数	限额以上批发零售企业分布空间基尼系数
桂林	0.991	0.991
梧州	0.984	0.989
北海	0.935	0.948
防城港	0.982	0.982
钦州	0.973	0.982
贵港	0.977	0.982
玉林	0.978	0.983
百色	0.994	0.994
贺州	0.993	0.995
河池	0.995	0.997
来宾	0.988	0.991
崇左	0.985	0.988
三亚	0.953	0.953
自贡	0.928	0.922
攀枝花	0.978	0.979
泸州	0.964	0.964
德阳	0.916	0.917
绵阳	0.977	0.978
广元	0.988	0.990
遂宁	0.941	0.942
内江	0.945	0.933
乐山	0.976	0.975
南充	0.959	0.959
眉山	0.965	0.970
宜宾	0.973	0.964
广安	0.960	0.959
达州	0.966	0.964
雅安	0.992	0.993

续表

城市	商业销售分布空间基尼系数	限额以上批发零售企业分布空间基尼系数
巴中	0.993	0.989
资阳	0.957	0.954
六盘水	0.985	0.989
遵义	0.989	0.985
安顺	0.975	0.982
毕节	0.992	0.991
铜仁	0.985	0.984
曲靖	0.986	0.985
玉溪	0.993	0.993
保山	0.995	0.992
昭通	0.992	0.989
丽江	0.996	0.997
普洱	0.997	0.998
临沧	0.996	0.995
铜川	0.977	0.977
宝鸡	0.987	0.983
咸阳	0.955	0.948
渭南	0.962	0.955
延安	0.997	0.997
汉中	0.994	0.991
榆林	0.991	0.988
安康	0.993	0.989
商洛	0.991	0.991
嘉峪关	0.955	0.955
金昌	0.988	0.987
白银	0.992	0.986
天水	0.991	0.992
武威	0.997	0.997

续表

城市	商业销售分布空间基尼系数	限额以上批发零售企业分布空间基尼系数
张掖	0.996	0.993
平凉	0.983	0.973
酒泉	1.000	1.000
庆阳	0.995	0.996
定西	0.994	0.992
陇南	0.974	0.998
海东	0.992	0.992
石嘴山	0.953	0.957
吴忠	0.989	0.991
固原	0.988	0.991
中卫	0.993	0.993
克拉玛依	0.983	0.983

资料来源：根据《中国城市统计年鉴（2020）》以及商务部相关数据整理计算。

根据前文所述所确定的商业销售分布空间基尼系数指标权重 0.6 和限额以上批发零售企业分布空间基尼系数指标权重 0.4，将各城市的公平各二级指标相对排位值分别乘以各自权重，得到 2019 年地级市流通产业空间结构公平一级指标综合排位，如表 6 - 5 所示。

表 6 - 5   2019 年地级市流通产业空间结构公平一级指标综合排位

城市	综合值	城市	综合值
深圳	0.384	许昌	0.816
东莞	0.455	嘉兴	0.841
厦门	0.680	威海	0.844
汕头	0.782	焦作	0.859
无锡	0.792	泉州	0.864
苏州	0.812	珠海	0.867
肇庆	0.814	青岛	0.876

续表

城市	综合值	城市	综合值
铜陵	0.877	聊城	0.924
镇江	0.878	鄂州	0.924
中山	0.888	大连	0.926
常州	0.889	自贡	0.926
枣庄	0.894	营口	0.926
淄博	0.897	绍兴	0.927
揭阳	0.901	乌海	0.931
舟山	0.902	安阳	0.932
鹤壁	0.903	马鞍山	0.932
宁波	0.904	蚌埠	0.933
淮南	0.904	连云港	0.933
德州	0.905	咸宁	0.933
烟台	0.906	周口	0.934
濮阳	0.908	鞍山	0.934
南通	0.912	辽阳	0.934
开封	0.913	惠州	0.934
济宁	0.915	湖州	0.935
泰安	0.916	温州	0.935
德阳	0.917	江门	0.936
潍坊	0.917	泰州	0.936
淮北	0.918	滨州	0.939
漯河	0.919	清远	0.939
佛山	0.921	台州	0.939
芜湖	0.921	唐山	0.939
孝感	0.922	邯郸	0.940
徐州	0.923	内江	0.940
云浮	0.923	廊坊	0.941
菏泽	0.924	北海	0.941

续表

城市	综合值	城市	综合值
日照	0.941	平顶山	0.957
新乡	0.941	驻马店	0.958
遂宁	0.942	衡阳	0.958
扬州	0.942	渭南	0.959
宿州	0.943	晋中	0.959
新余	0.943	南充	0.959
黄石	0.946	广安	0.960
阜阳	0.947	盐城	0.961
临沂	0.948	黄冈	0.961
株洲	0.948	萍乡	0.961
邢台	0.950	南阳	0.962
淮安	0.952	鹰潭	0.962
东营	0.952	泸州	0.964
咸阳	0.952	秦皇岛	0.965
三亚	0.953	衢州	0.965
湘潭	0.953	达州	0.966
金华	0.953	襄阳	0.967
景德镇	0.954	信阳	0.967
保定	0.954	茂名	0.967
盘锦	0.955	亳州	0.967
石嘴山	0.955	眉山	0.967
滁州	0.955	通化	0.968
宿迁	0.955	衡水	0.968
嘉峪关	0.955	潮州	0.968
资阳	0.956	本溪	0.968
洛阳	0.956	安庆	0.968
沧州	0.956	铁岭	0.969
娄底	0.957	阳泉	0.969

城市	综合值	城市	综合值
宜宾	0.969	安顺	0.978
莆田	0.970	上饶	0.978
宜昌	0.970	柳州	0.978
益阳	0.970	三门峡	0.978
吉林	0.971	攀枝花	0.978
荆州	0.971	宣城	0.979
阳江	0.972	大同	0.979
七台河	0.972	平凉	0.979
抚顺	0.972	贵港	0.979
运城	0.973	荆门	0.980
九江	0.974	随州	0.980
湛江	0.974	抚州	0.980
商丘	0.974	玉林	0.980
邵阳	0.974	阜新	0.981
葫芦岛	0.975	吉安	0.981
辽源	0.975	晋城	0.981
漳州	0.975	宜春	0.981
乐山	0.976	朝阳	0.982
汕尾	0.976	松原	0.982
大庆	0.976	防城港	0.982
锦州	0.976	赣州	0.982
常德	0.977	六安	0.982
钦州	0.977	韶关	0.983
黄山	0.977	承德	0.983
绵阳	0.977	克拉玛依	0.983
四平	0.977	陇南	0.984
铜川	0.977	郴州	0.984
岳阳	0.978	永州	0.984

续表

城市	综合值	城市	综合值
池州	0.985	河源	0.990
铜仁	0.985	来宾	0.990
宝鸡	0.986	怀化	0.990
临汾	0.986	白银	0.990
曲靖	0.986	榆林	0.990
包头	0.986	吴忠	0.990
梧州	0.986	丽水	0.990
长治	0.987	忻州	0.990
宁德	0.987	三明	0.991
崇左	0.987	昭通	0.991
牡丹江	0.987	张家口	0.991
丹东	0.987	商洛	0.991
六盘水	0.987	天水	0.991
伊春	0.987	巴中	0.991
吕梁	0.987	桂林	0.991
金昌	0.988	鹤岗	0.992
张家界	0.988	安康	0.992
梅州	0.988	毕节	0.992
遵义	0.988	南平	0.992
白山	0.988	海东	0.992
双鸭山	0.988	雅安	0.993
十堰	0.988	齐齐哈尔	0.993
龙岩	0.989	玉溪	0.993
鸡西	0.989	定西	0.993
绥化	0.989	中卫	0.993
广元	0.989	汉中	0.993
佳木斯	0.989	白城	0.994
固原	0.989	通辽	0.994

续表

城市	综合值	城市	综合值
百色	0.994	河池	0.996
保山	0.994	赤峰	0.997
贺州	0.994	丽江	0.997
黑河	0.995	延安	0.997
乌兰察布	0.995	巴彦淖尔	0.997
张掖	0.995	武威	0.997
临沧	0.996	普洱	0.998
鄂尔多斯	0.996	呼伦贝尔	0.998
庆阳	0.996	酒泉	1.000

注：根据表 6-4 数据进行加权计算得出。

由表 6-5 可知，从公平一级指标综合来看，在 256 个地级城市中，商业销售分布空间和限额以上批发零售企业分布空间差距最小的十个城市分别是深圳、东莞、厦门、汕头、无锡、苏州、肇庆、许昌、嘉兴、威海，而商业销售分布空间差距最大的十个城市则分别是酒泉、呼伦贝尔、普洱、武威、巴彦淖尔、延安、丽江、赤峰、河池、庆阳。

6.1.3　潜力支撑指标比较

对 256 个地级市在岗职工平均工资（元）、客运数量（万人）、货运数量（万吨）三个二级潜力支撑指标数值进行比较，如表 6-6 所示。

表 6-6　　2019 年地级市流通产业空间结构潜力支撑各二级指标比较

城市	在岗职工平均工资（元）	客运数量（万人）	货运数量（万吨）
唐山	77990	2819	44725.11
秦皇岛	80184	1677	7275.04
邯郸	66540	4119	22864.10
邢台	67415	1255	22770.00

续表

城市	在岗职工平均工资（元）	客运数量（万人）	货运数量（万吨）
保定	71315	9907	12553.00
张家口	70937	1413	13770.01
承德	69365	810	4623.00
沧州	79779	3990	26030.00
廊坊	91534	1842	3870.00
衡水	64590	942	6274.00
大同	70638	131	0.19
阳泉	65202	0	0.00
长治	65172	86	0.10
晋城	68461	0	0.00
晋中	69202	0	2.00
运城	62679	1954	21531.61
忻州	65612	49	0.01
临汾	66670	77	0.04
吕梁	70663	55	0.02
包头	81889	776	38211.78
乌海	85776	125	7573.07
赤峰	77181	1984	17356.24
通辽	75329	1192	11884.20
鄂尔多斯	99292	830	22258.00
呼伦贝尔	76376	1092	12832.46
巴彦淖尔	75879	654	11352.08
乌兰察布	76686	265	8182.02
大连	95442	8781	41757.42
鞍山	60962	5332	21198.00
抚顺	66686	1965	5761.00
本溪	55701	2207	8543.00
丹东	57008	3724	5342.04

续表

城市	在岗职工平均工资（元）	客运数量（万人）	货运数量（万吨）
锦州	65771	4310	16988.08
营口	65261	2503	16284.18
阜新	59849	1080	5117.00
辽阳	69094	2810	5679.00
盘锦	55447	2015	13861.00
铁岭	60166	3249	7701.00
朝阳	64331	1868	5473.00
葫芦岛	62556	2470	12717.00
吉林	69766	3285	4098.00
四平	65239	1954	7914.00
辽源	63708	793	1280.00
通化	60226	2126	1516.00
白山	58424	1505	958.01
松原	71455	2398	7012.06
白城	62182	1273	606.00
齐齐哈尔	65440	2551	14152.09
鸡西	63528	2804	1607.02
鹤岗	48238	356	754.00
双鸭山	62406	1203	1293.00
大庆	100781	980	4281.13
伊春	44953	474	601.00
佳木斯	50485	1274	5000.11
七台河	64270	490	746.00
牡丹江	65154	1844	1093.13
黑河	53820	419	856.00
绥化	60536	2241	2785.00
无锡	105759	6353	20517.51
徐州	78568	9735	34793.21

续表

城市	在岗职工平均工资（元）	客运数量（万人）	货运数量（万吨）
常州	104539	4778	12951.32
苏州	105572	29602	24839.00
南通	86797	7185	18946.23
连云港	81006	4276	14039.33
淮安	77874	5927	12632.03
盐城	84779	6297	24459.87
扬州	81837	3240	11830.24
镇江	87012	2892	7279.00
泰州	79895	6470	24473.24
宿迁	72473	4644	12041.00
宁波	110878	5253	66844.61
温州	90677	22262	16862.75
嘉兴	97767	3301	25000.00
湖州	89631	5645	21002.00
绍兴	80842	2108	15277.00
金华	90635	10766	10926.36
衢州	118256	3927	13517.08
舟山	106441	5970	41997.06
台州	85578	8414	29903.56
丽水	110875	2448	5506.00
芜湖	79161	2065	31692.00
蚌埠	75285	2058	37309.16
淮南	91156	2689	21308.00
马鞍山	83815	1737	15347.00
淮北	78796	994	9167.00
铜陵	76311	1076	11508.00
安庆	71841	3995	15737.23
黄山	78519	3170	5846.20

续表

城市	在岗职工平均工资（元）	客运数量（万人）	货运数量（万吨）
滁州	76413	3659	17804.00
阜阳	73342	5077	50261.06
宿州	67755	2776	15556.00
六安	78842	3699	28335.00
亳州	65672	3194	24889.00
池州	79614	1039	14221.09
宣城	77407	2237	17613.00
厦门	97779	7630	34786.01
莆田	70204	1901	4310.00
三明	86559	1676	8407.03
泉州	72321	4925	34720.53
漳州	86313	1447	7200.00
南平	76230	1953	4113.08
龙岩	78850	84	10396.05
宁德	82982	5628	6270.00
景德镇	71069	1596	4391.08
萍乡	76607	5443	4530.00
九江	77121	7659	16133.00
新余	78069	58826	53794.00
鹰潭	77230	1686	5545.00
赣州	70640	7808	13861.52
吉安	68643	4171	16497.04
宜春	65679	3671	28932.03
抚州	67544	3744	19929.00
上饶	69145	7114	30951.02
青岛	103125	7335	31663.00
淄博	78815	599	20766.00
枣庄	70788	2580	7844.00

城市	在岗职工平均工资（元）	客运数量（万人）	货运数量（万吨）
东营	100224	528	6982.33
烟台	82280	6291	25533.07
潍坊	75283	6100	28718.38
济宁	77459	4191	30063.30
泰安	67883	2956	8641.00
威海	71202	3724	10724.96
日照	79686	2619	10490.18
临沂	76310	5342	33283.02
德州	71740	1914	17286.00
聊城	70475	2086	23622.00
滨州	73518	1050	15038.00
菏泽	66362	4925	17843.00
开封	59288	3312	3978.00
洛阳	75283	10703	26816.12
平顶山	62154	6336	13644.00
安阳	62727	3981	17646.00
鹤壁	58801	634	9530.00
新乡	61149	5599	20590.00
焦作	61831	1568	16110.00
濮阳	70184	3158	6481.00
许昌	63355	4569	11468.00
漯河	61411	1854	8253.00
三门峡	66132	2309	6534.00
南阳	58160	10147	22908.10
商丘	59769	7498	19927.00
信阳	60507	3747	11453.00
周口	56667	5458	19426.00
驻马店	59291	12547	21261.00

续表

城市	在岗职工平均工资（元）	客运数量（万人）	货运数量（万吨）
黄石	56185	2629	8996.00
十堰	58138	3441	8315.10
宜昌	60135	10225	17386.46
襄阳	69683	9777	36889.28
鄂州	56038	1506	2837.00
荆门	55899	1845	3660.00
孝感	51904	5796	5125.00
荆州	67213	5619	19571.00
黄冈	49970	7883	16672.00
咸宁	54950	5018	11812.00
随州	65873	2329	9697.00
株洲	81646	5019	15544.00
湘潭	69324	1247	7589.00
衡阳	66236	7000	18446.07
邵阳	65835	8656	8577.00
岳阳	64825	7723	20876.00
常德	72037	6914	19724.04
张家界	72258	7829	2095.18
益阳	69867	4572	15517.00
郴州	67178	4142	18438.00
永州	66406	8057	7128.00
怀化	72946	11302	6884.00
娄底	64347	4417	7481.00
韶关	87326	5638	22570.00
深圳	127757	12475	34110.32
珠海	100878	3371	12883.29
汕头	76697	2010	7534.80
佛山	86401	4447	33311.27

续表

城市	在岗职工平均工资（元）	客运数量（万人）	货运数量（万吨）
江门	80332	8935	16901.00
湛江	81168	9449	22156.00
茂名	73057	6753	12487.00
肇庆	78768	2717	8510.00
惠州	83639	4686	27853.00
梅州	79652	2665	9412.02
汕尾	75334	1221	3071.00
河源	71939	2980	6879.00
阳江	76293	1594	10538.00
清远	86026	3250	16195.00
东莞	74017	3276	17653.00
中山	85691	1488	11529.00
潮州	74574	1953	6386.00
揭阳	65614	3133	4813.00
云浮	78144	2972	7141.00
柳州	77035	2161	17215.87
桂林	78252	7836	9621.03
梧州	69643	1489	8875.00
北海	74639	2449	8009.72
防城港	78165	765	6526.00
钦州	66847	1384	16007.00
贵港	73816	2459	27811.00
玉林	71968	2715	26122.00
百色	76420	3554	11495.00
贺州	76481	1037	5365.00
河池	79601	3206	7983.00
来宾	69576	1457	3056.00
崇左	70650	1141	5284.00

续表

城市	在岗职工平均工资（元）	客运数量（万人）	货运数量（万吨）
三亚	87058	1995	216.02
自贡	78164	3347	6170.00
攀枝花	88005	2360	11973.17
泸州	76607	5328	13559.66
德阳	84108	2891	9861.00
绵阳	76270	3709	8499.60
广元	82020	1568	5062.04
遂宁	59290	1906	4987.00
内江	61517	12235	42996.00
乐山	82389	3682	16769.00
南充	80702	5012	12205.23
眉山	62444	3006	10197.00
宜宾	85622	3322	6839.34
广安	62055	3880	4899.00
达州	61582	3926	12703.13
雅安	68543	1885	5901.00
巴中	64949	2100	4332.00
资阳	69358	2366	4730.00
六盘水	86650	50	0.01
遵义	94643	57185	81891.46
安顺	81854	9278	7005.03
毕节	81544	122	0.07
铜仁	84667	9076	7270.01
曲靖	79179	4339	21572.00
玉溪	94006	1605	13386.00
保山	81222	5118	7893.46
昭通	88764	1456	5378.03
丽江	97757	3383	4036.26

城市	在岗职工平均工资（元）	客运数量（万人）	货运数量（万吨）
普洱	89834	1325	4406.13
临沧	88971	4337	5028.08
铜川	66831	1318	10536.00
宝鸡	66984	8435	13018.00
咸阳	64021	8306	14251.00
渭南	62814	9300	19037.00
延安	74830	3025	4961.12
汉中	69926	2236	4615.22
榆林	82830	2906	29968.80
安康	66688	3620	4052.00
商洛	59950	3969	2701.00
嘉峪关	80651	8415	9981.18
金昌	79103	203	1738.02
白银	74018	1915	9357.00
天水	63692	3618	4816.02
武威	69337	3951	6686.00
张掖	76479	1357	3822.00
平凉	75160	3223	5777.00
酒泉	72880	9248	4255.06
庆阳	73250	3463	4639.00
定西	69222	2148	4685.00
陇南	63033	3391	1798.02
海东	90662	1932	4528.00
石嘴山	70781	589	4025.00
吴忠	80278	559	8327.00
固原	81025	38	0.01
中卫	87883	800	6638.04
克拉玛依	126026	137	4444.07

资料来源：根据《中国城市统计年鉴（2020）》以及商务部相关数据整理计算。

由表 6-6 可知，从在岗职工平均工资指标来看，在 256 个地级市中，排名前十位的城市分别是深圳、克拉玛依、衢州、宁波、丽水、舟山、无锡、苏州、常州、青岛，而排名后十位的城市则分别是伊春、鹤岗、黄冈、佳木斯、孝感、黑河、咸宁、盘锦、本溪、荆门；从客运数量指标来看，在 256 个地级城市中，排名前十位的城市分别是新余、遵义、苏州、温州、驻马店、深圳、内江、怀化、金华、洛阳，而排名后十位的城市则分别是阳泉、晋城、晋中、固原、忻州、六盘水、吕梁、临汾、龙岩、长治；从货运数量指标来看，在 256 个地级城市中，排名前十位的城市分别是遵义、宁波、新余、阜阳、唐山、内江、舟山、大连、包头、蚌埠，而排名后十位的城市则分别是阳泉、晋城、固原、忻州、六盘水、吕梁、临汾、毕节、长治、大同。

同时，如果要从潜力支撑一级指标来比较 256 个地级市流通产业空间结构的合理性，则需要根据前述潜力支撑一级指标下各二级指标的权重进行加权计数比较。为使数据具有可比性，对数据进行无量纲化处理。处理方法同上。表 6-7 显示了 2019 年地级市流通产业空间结构潜力支撑各二级指标相对排位。

表 6-7　2019 年地级市流通产业空间结构潜力支撑各二级指标相对排位

城市	在岗职工平均工资	客运数量	货运数量
唐山	0.610	0.048	0.546
秦皇岛	0.628	0.029	0.089
邯郸	0.521	0.070	0.279
邢台	0.528	0.021	0.278
保定	0.558	0.168	0.153
张家口	0.555	0.024	0.168
承德	0.543	0.014	0.056
沧州	0.624	0.068	0.318
廊坊	0.716	0.031	0.047
衡水	0.506	0.016	0.077
大同	0.553	0.002	0.000
阳泉	0.510	0.000	0.000

续表

城市	在岗职工平均工资	客运数量	货运数量
长治	0.510	0.001	0.000
晋城	0.536	0.000	0.000
晋中	0.542	0.000	0.000
运城	0.491	0.033	0.263
忻州	0.514	0.001	0.000
临汾	0.522	0.001	0.000
吕梁	0.553	0.001	0.000
包头	0.641	0.013	0.467
乌海	0.671	0.002	0.092
赤峰	0.604	0.034	0.212
通辽	0.590	0.020	0.145
鄂尔多斯	0.777	0.014	0.272
呼伦贝尔	0.598	0.019	0.157
巴彦淖尔	0.594	0.011	0.139
乌兰察布	0.600	0.005	0.100
大连	0.747	0.149	0.510
鞍山	0.477	0.091	0.259
抚顺	0.522	0.033	0.070
本溪	0.436	0.038	0.104
丹东	0.446	0.063	0.065
锦州	0.515	0.073	0.207
营口	0.511	0.043	0.199
阜新	0.468	0.018	0.062
辽阳	0.541	0.048	0.069
盘锦	0.434	0.034	0.169
铁岭	0.471	0.055	0.094
朝阳	0.504	0.032	0.067
葫芦岛	0.490	0.042	0.155

续表

城市	在岗职工平均工资	客运数量	货运数量
吉林	0.546	0.056	0.050
四平	0.511	0.033	0.097
辽源	0.499	0.013	0.016
通化	0.471	0.036	0.019
白山	0.457	0.026	0.012
松原	0.559	0.041	0.086
白城	0.487	0.022	0.007
齐齐哈尔	0.512	0.043	0.173
鸡西	0.497	0.048	0.020
鹤岗	0.378	0.006	0.009
双鸭山	0.488	0.020	0.016
大庆	0.789	0.017	0.052
伊春	0.352	0.008	0.007
佳木斯	0.395	0.022	0.061
七台河	0.503	0.008	0.009
牡丹江	0.510	0.031	0.013
黑河	0.421	0.007	0.010
绥化	0.474	0.038	0.034
无锡	0.828	0.108	0.251
徐州	0.615	0.165	0.425
常州	0.818	0.081	0.158
苏州	0.826	0.503	0.303
南通	0.679	0.122	0.231
连云港	0.634	0.073	0.171
淮安	0.610	0.101	0.154
盐城	0.664	0.107	0.299
扬州	0.641	0.055	0.144
镇江	0.681	0.049	0.089

续表

城市	在岗职工平均工资	客运数量	货运数量
泰州	0.625	0.110	0.299
宿迁	0.567	0.079	0.147
宁波	0.868	0.089	0.816
温州	0.710	0.378	0.206
嘉兴	0.765	0.056	0.305
湖州	0.702	0.096	0.256
绍兴	0.633	0.036	0.187
金华	0.709	0.183	0.133
衢州	0.926	0.067	0.165
舟山	0.833	0.101	0.513
台州	0.670	0.143	0.365
丽水	0.868	0.042	0.067
芜湖	0.620	0.035	0.387
蚌埠	0.589	0.035	0.456
淮南	0.714	0.046	0.260
马鞍山	0.656	0.030	0.187
淮北	0.617	0.017	0.112
铜陵	0.597	0.018	0.141
安庆	0.562	0.068	0.192
黄山	0.615	0.054	0.071
滁州	0.598	0.062	0.217
阜阳	0.574	0.086	0.614
宿州	0.530	0.047	0.190
六安	0.617	0.063	0.346
亳州	0.514	0.054	0.304
池州	0.623	0.018	0.174
宣城	0.606	0.038	0.215
厦门	0.765	0.130	0.425

城市	在岗职工平均工资	客运数量	货运数量
莆田	0.550	0.032	0.053
三明	0.678	0.028	0.103
泉州	0.566	0.084	0.424
漳州	0.676	0.025	0.088
南平	0.597	0.033	0.050
龙岩	0.617	0.001	0.127
宁德	0.650	0.096	0.077
景德镇	0.556	0.027	0.054
萍乡	0.600	0.093	0.055
九江	0.604	0.130	0.197
新余	0.611	1.000	0.657
鹰潭	0.605	0.029	0.068
赣州	0.553	0.133	0.169
吉安	0.537	0.071	0.201
宜春	0.514	0.062	0.353
抚州	0.529	0.064	0.243
上饶	0.541	0.121	0.378
青岛	0.807	0.125	0.387
淄博	0.617	0.010	0.254
枣庄	0.554	0.044	0.096
东营	0.784	0.009	0.085
烟台	0.644	0.107	0.312
潍坊	0.589	0.104	0.351
济宁	0.606	0.071	0.367
泰安	0.531	0.050	0.106
威海	0.557	0.063	0.131
日照	0.624	0.045	0.128
临沂	0.562	0.033	0.211

续表

城市	在岗职工平均工资	客运数量	货运数量
德州	0.552	0.035	0.288
聊城	0.575	0.018	0.184
滨州	0.519	0.084	0.218
菏泽	0.464	0.056	0.049
开封	0.589	0.182	0.327
洛阳	0.487	0.108	0.167
平顶山	0.491	0.068	0.215
安阳	0.460	0.011	0.116
鹤壁	0.479	0.095	0.251
新乡	0.484	0.027	0.197
焦作	0.549	0.054	0.079
濮阳	0.496	0.078	0.140
许昌	0.481	0.032	0.101
漯河	0.518	0.039	0.080
三门峡	0.455	0.172	0.280
南阳	0.468	0.127	0.243
商丘	0.474	0.064	0.140
信阳	0.444	0.093	0.237
周口	0.464	0.213	0.260
驻马店	0.440	0.045	0.110
黄石	0.455	0.058	0.102
十堰	0.471	0.174	0.212
宜昌	0.545	0.166	0.450
襄阳	0.439	0.026	0.035
鄂州	0.438	0.031	0.045
荆门	0.406	0.099	0.063
孝感	0.526	0.096	0.239
荆州	0.391	0.134	0.204

续表

城市	在岗职工平均工资	客运数量	货运数量
黄冈	0.430	0.085	0.144
咸宁	0.516	0.040	0.118
随州	0.639	0.085	0.190
株洲	0.543	0.021	0.093
湘潭	0.518	0.119	0.225
衡阳	0.515	0.147	0.105
邵阳	0.507	0.131	0.255
岳阳	0.564	0.118	0.241
常德	0.566	0.133	0.026
张家界	0.547	0.078	0.189
益阳	0.526	0.070	0.225
郴州	0.520	0.137	0.087
永州	0.571	0.192	0.084
怀化	0.504	0.075	0.091
娄底	0.684	0.096	0.276
韶关	1.000	0.212	0.417
深圳	0.790	0.057	0.157
珠海	0.600	0.034	0.092
汕头	0.676	0.076	0.407
佛山	0.629	0.152	0.206
江门	0.635	0.161	0.271
湛江	0.572	0.115	0.152
茂名	0.617	0.046	0.104
肇庆	0.655	0.080	0.340
惠州	0.623	0.045	0.115
梅州	0.590	0.021	0.038
汕尾	0.563	0.051	0.084
河源	0.597	0.027	0.129

续表

城市	在岗职工平均工资	客运数量	货运数量
阳江	0.673	0.055	0.198
清远	0.579	0.056	0.216
东莞	0.671	0.025	0.141
中山	0.584	0.033	0.078
潮州	0.514	0.053	0.059
揭阳	0.612	0.051	0.087
云浮	0.603	0.037	0.210
柳州	0.613	0.133	0.117
桂林	0.545	0.025	0.108
梧州	0.584	0.042	0.098
北海	0.612	0.013	0.080
防城港	0.523	0.024	0.195
钦州	0.578	0.042	0.340
贵港	0.563	0.046	0.319
玉林	0.598	0.060	0.140
百色	0.599	0.018	0.066
贺州	0.623	0.054	0.097
河池	0.545	0.025	0.037
来宾	0.553	0.019	0.065
崇左	0.681	0.034	0.003
三亚	0.612	0.057	0.075
自贡	0.689	0.040	0.146
攀枝花	0.600	0.091	0.166
泸州	0.658	0.049	0.120
德阳	0.597	0.063	0.104
绵阳	0.642	0.027	0.062
广元	0.464	0.032	0.061
遂宁	0.482	0.208	0.525

续表

城市	在岗职工平均工资	客运数量	货运数量
内江	0.645	0.063	0.205
乐山	0.632	0.085	0.149
南充	0.489	0.051	0.125
眉山	0.670	0.056	0.084
宜宾	0.486	0.066	0.060
广安	0.482	0.067	0.155
达州	0.537	0.032	0.072
雅安	0.508	0.036	0.053
巴中	0.543	0.040	0.058
资阳	0.678	0.001	0.000
六盘水	0.741	0.972	1.000
遵义	0.641	0.158	0.086
安顺	0.638	0.002	0.000
毕节	0.663	0.154	0.089
铜仁	0.620	0.074	0.263
曲靖	0.736	0.027	0.163
玉溪	0.636	0.087	0.096
保山	0.695	0.025	0.066
昭通	0.765	0.058	0.049
丽江	0.703	0.023	0.054
普洱	0.696	0.074	0.061
临沧	0.523	0.022	0.129
铜川	0.524	0.143	0.159
宝鸡	0.501	0.141	0.174
咸阳	0.492	0.158	0.232
渭南	0.586	0.051	0.061
延安	0.547	0.038	0.056
汉中	0.648	0.049	0.366

城市	在岗职工平均工资	客运数量	货运数量
榆林	0.522	0.062	0.049
安康	0.469	0.067	0.033
商洛	0.631	0.143	0.122
嘉峪关	0.619	0.003	0.021
金昌	0.579	0.033	0.114
白银	0.499	0.062	0.059
天水	0.543	0.067	0.082
武威	0.599	0.023	0.047
张掖	0.588	0.055	0.071
平凉	0.570	0.157	0.052
酒泉	0.573	0.059	0.057
庆阳	0.542	0.037	0.057
定西	0.493	0.058	0.022
陇南	0.710	0.033	0.055
海东	0.554	0.010	0.049
石嘴山	0.628	0.010	0.102
吴忠	0.634	0.001	0.000
固原	0.688	0.014	0.081
中卫	0.610	0.048	0.546
克拉玛依	0.451	0.003	0.002

资料来源：根据《中国城市统计年鉴（2020）》以及商务部相关数据整理计算。

  根据前文所述所确定的在岗职工平均工资指标权重 0.33、客运数量指标权重 0.33 和货运数量指标权重 0.33，将各城市的潜力支撑各二级指标相对排位值分别乘以各自权重，得到 2019 年地级市流通产业空间结构潜力支撑一级指标综合排位，如表 6-8 所示。

表 6 – 8   2019 年地级市流通产业空间结构潜力支撑一级指标综合排位

城市	综合值	城市	综合值
伊春	0.121	陇南	0.189
鹤岗	0.130	丹东	0.190
黑河	0.145	本溪	0.191
佳木斯	0.158	鹤壁	0.194
白山	0.163	黄石	0.196
鄂州	0.165	巴中	0.197
阳泉	0.168	衡水	0.197
长治	0.169	朝阳	0.199
荆门	0.169	来宾	0.200
忻州	0.170	广安	0.202
白城	0.170	漯河	0.202
七台河	0.172	承德	0.202
临汾	0.173	石嘴山	0.202
双鸭山	0.173	十堰	0.203
通化	0.174	天水	0.204
辽源	0.174	铁岭	0.205
晋城	0.177	揭阳	0.206
晋中	0.179	抚顺	0.206
绥化	0.180	安康	0.209
阜新	0.181	莆田	0.209
吕梁	0.183	固原	0.210
牡丹江	0.183	定西	0.210
大同	0.183	三门峡	0.210
遂宁	0.184	崇左	0.210
鸡西	0.186	景德镇	0.210
孝感	0.187	盘锦	0.210
开封	0.188	毕节	0.211
商洛	0.188	四平	0.211

城市	综合值	城市	综合值
雅安	0.211	河源	0.230
资阳	0.211	鹰潭	0.231
汉中	0.212	达州	0.232
金昌	0.212	防城港	0.232
汕尾	0.214	乌兰察布	0.233
吉林	0.215	焦作	0.233
湘潭	0.217	许昌	0.235
辽阳	0.217	平凉	0.236
咸宁	0.218	三亚	0.237
眉山	0.219	北海	0.239
张掖	0.221	张家界	0.239
娄底	0.221	白银	0.240
随州	0.222	汕头	0.240
铜川	0.222	齐齐哈尔	0.240
信阳	0.223	黄冈	0.240
梧州	0.224	广元	0.241
六盘水	0.224	吴忠	0.244
南平	0.224	黄山	0.244
贺州	0.225	钦州	0.245
濮阳	0.225	巴彦淖尔	0.245
松原	0.226	永州	0.245
葫芦岛	0.227	自贡	0.246
泰安	0.227	秦皇岛	0.246
庆阳	0.227	龙岩	0.246
武威	0.228	淮北	0.246
枣庄	0.229	张家口	0.247
潮州	0.229	萍乡	0.247
延安	0.230	云浮	0.247

续表

城市	综合值	城市	综合值
威海	0.248	百色	0.264
营口	0.248	德州	0.266
阳江	0.248	三明	0.267
通辽	0.249	吉安	0.267
铜陵	0.250	宜宾	0.267
平顶山	0.251	益阳	0.269
绵阳	0.252	池州	0.269
乌海	0.253	咸阳	0.269
肇庆	0.253	镇江	0.270
邵阳	0.253	保山	0.270
宿州	0.253	菏泽	0.271
呼伦贝尔	0.255	郴州	0.271
周口	0.255	宁德	0.271
安阳	0.255	安庆	0.271
河池	0.256	新乡	0.272
滨州	0.256	宝鸡	0.273
普洱	0.257	鞍山	0.273
酒泉	0.257	邢台	0.273
中卫	0.258	德阳	0.273
梅州	0.259	临沧	0.274
昭通	0.259	抚州	0.276
运城	0.260	中山	0.276
漳州	0.260	商丘	0.277
宿迁	0.262	茂名	0.277
廊坊	0.262	扬州	0.277
锦州	0.263	怀化	0.280
日照	0.263	赤峰	0.280
海东	0.263	柳州	0.280

续表

城市	综合值	城市	综合值
东莞	0.281	南阳	0.299
赣州	0.282	乐山	0.301
绍兴	0.282	株洲	0.302
泸州	0.282	常德	0.304
宜昌	0.283	清远	0.306
大庆	0.283	玉溪	0.306
宣城	0.283	玉林	0.306
荆州	0.284	宜春	0.307
衡阳	0.285	九江	0.307
桂林	0.285	驻马店	0.309
淮安	0.285	曲靖	0.316
南充	0.286	贵港	0.317
邯郸	0.287	丽水	0.322
丽江	0.288	江门	0.326
亳州	0.288	珠海	0.331
马鞍山	0.288	沧州	0.333
攀枝花	0.289	淮南	0.336
聊城	0.289	金华	0.339
滁州	0.290	六安	0.339
连云港	0.290	南通	0.341
东营	0.290	泰州	0.341
保定	0.290	上饶	0.343
淄博	0.291	芜湖	0.344
渭南	0.291	克拉玛依	0.344
安顺	0.292	潍坊	0.344
岳阳	0.295	济宁	0.345
嘉峪关	0.296	湖州	0.348
铜仁	0.299	韶关	0.348

城市	综合值	城市	综合值
常州	0.349	台州	0.389
烟台	0.351	无锡	0.391
鄂尔多斯	0.351	唐山	0.397
榆林	0.351	徐州	0.398
湛江	0.352	内江	0.401
盐城	0.353	阜阳	0.420
泉州	0.354	温州	0.427
惠州	0.355	青岛	0.435
蚌埠	0.356	厦门	0.436
临沂	0.361	大连	0.464
洛阳	0.363	舟山	0.478
包头	0.370	深圳	0.537
嘉兴	0.372	苏州	0.539
衢州	0.382	宁波	0.585
佛山	0.382	新余	0.748
襄阳	0.383	遵义	0.895

注：根据表 6-7 数据进行加权计算得出。

由表 6-8 可知，从潜力支撑一级指标综合来看，在 256 个地级市中，排名前十位的城市分别是遵义、新余、宁波、苏州、深圳、舟山、大连、厦门、青岛、温州，而排名后十位的城市则分别是伊春、鹤岗、黑河、佳木斯、白山、鄂州、阳泉、长治、荆门、忻州。

6.1.4 绿色生态指标比较

对 2019 年 256 个地级市城市建成区绿地面积（公顷）、移动电话和互联网入户数量（万户）、城市地铁（含轻轨）里程数量（公里）、每万人拥有公共汽车数量（辆）四个二级绿色发展指标数值进行比较，如表 6-9 所示。

表6-9　　2019年地级市流通产业空间结构绿色生态各二级指标比较

城市	城市建成区绿地面积（公顷）	移动电话和互联网入户数量（万户）	城市地铁（含轻轨）轻轨里程数（公里）	每万人拥有公共汽车数量（辆）
唐山	9718	1235	0	2.97
秦皇岛	6260	536	0	4.62
邯郸	8372	1218	0	2.52
邢台	4720	864	0	1.79
保定	8051	1512	0	1.20
张家口	3673	572	0	3.05
承德	3636	479	0	2.05
沧州	3011	1010	0	1.76
廊坊	4855	829	0	1.53
衡水	3742	606	0	2.29
大同	1089	421	0	3.45
阳泉	2282	215	0	7.15
长治	4331	491	0	2.51
晋城	2067	332	0	2.68
晋中	6334	446	0	2.05
运城	2165	609	0	1.25
忻州	1272	385	0	0.75
临汾	1981	555	0	0.98
吕梁	1240	413	0	0.68
包头	8471	441	0	5.84
乌海	2567	101	0	9.95
赤峰	4244	545	0	1.48
通辽	2383	424	0	1.44
鄂尔多斯	11865	332	0	3.48
呼伦贝尔	2044	376	0	2.45
巴彦淖尔	1657	209	0	1.06
乌兰察布	9919	231	0	1.22

续表

城市	城市建成区绿地面积（公顷）	移动电话和互联网入户数量（万户）	城市地铁（含轻轨）轻轨里程数（公里）	每万人拥有公共汽车数量（辆）
大连	19967	1089	182.1	9.49
鞍山	6764	474	0	5.60
抚顺	5361	275	0	4.86
本溪	23242	190	0	4.43
丹东	3402	299	0	4.18
锦州	3929	371	0	2.75
营口	6444	305	0	3.80
阜新	3197	231	0	2.25
辽阳	4269	238	0	3.39
盘锦	4235	201	0	5.52
铁岭	2390	298	0	1.13
朝阳	1750	319	0	0.93
葫芦岛	3491	313	0	4.12
吉林	7456	0	0	3.43
四平	2119	434	0	1.87
辽源	1541	128	0	3.03
通化	2002	274	0	1.83
白山	11239	221	0	3.13
松原	2133	331	0	1.72
白城	1558	262	0	1.09
齐齐哈尔	4423	519	0	1.70
鸡西	2812	308	0	4.04
鹤岗	2998	167	0	6.67
双鸭山	2196	187	0	3.55
大庆	10262	444	0	7.10
伊春	2964	149	0	3.84
佳木斯	3732	351	0	2.51

续表

城市	城市建成区绿地面积（公顷）	移动电话和互联网入户数量（万户）	城市地铁（含轻轨）轻轨里程数（公里）	每万人拥有公共汽车数量（辆）
七台河	2707	111	0	6.48
牡丹江	2161	342	0	3.24
黑河	722	212	0	0.63
绥化	252	478	0	0.96
无锡	19538	1394	55.7	5.95
徐州	16793	1298	0	2.55
常州	11934	929	0	6.22
苏州	22347	2516	164.9	8.29
南通	10871	1201	0	2.85
连云港	23049	645	0	2.60
淮安	8951	663	20	3.66
盐城	7951	978	0	1.91
扬州	8866	710	0	5.80
镇江	8984	533	0	5.84
泰州	5492	696	0	2.56
宿迁	9849	673	0	1.97
宁波	15861	1784	74.5	10.11
温州	9404	1621	0	3.05
嘉兴	5985	892	0	3.44
湖州	5443	667	0	3.81
绍兴	9291	883	0	5.16
金华	4277	1256	0	2.24
衢州	2975	333	0	1.14
舟山	14150	230	0	8.05
台州	6200	1214	0	2.39
丽水	1659	363	0	2.03
芜湖	7586	531	0	3.53

城市	城市建成区绿地面积（公顷）	移动电话和互联网入户数量（万户）	城市地铁（含轻轨）轻轨里程数（公里）	每万人拥有公共汽车数量（辆）
蚌埠	5756	395	0	4.00
淮南	5073	371	0	2.57
马鞍山	6201	316	0	3.24
淮北	4759	264	0	1.86
铜陵	6932	177	0	3.65
安庆	5366	516	0	1.05
黄山	13489	200	0	2.11
滁州	5140	481	0	1.38
阜阳	6647	874	0	0.55
宿州	3263	621	0	0.75
六安	3337	505	0	1.96
亳州	3842	538	0	1.13
池州	1780	192	0	1.31
宣城	4159	346	0	1.38
厦门	23328	885	30.3	16.81
莆田	4159	602	0	3.17
三明	1815	366	0	1.49
泉州	9595	1418	0	2.42
漳州	2852	711	0	1.27
南平	1978	389	0	1.77
龙岩	2966	396	0	1.72
宁德	1694	440	0	1.13
景德镇	5033	237	0	2.18
萍乡	2553	236	0	2.64
九江	7020	600	0	1.22
新余	4558	158	0	5.39
鹰潭	1914	148	0	2.05

续表

城市	城市建成区绿地面积（公顷）	移动电话和互联网入户数量（万户）	城市地铁（含轻轨）轻轨里程数（公里）	每万人拥有公共汽车数量（辆）
赣州	10367	1072	0	1.07
吉安	2673	500	0	0.86
宜春	3942	588	0	0.91
抚州	4561	383	0	1.47
上饶	4466	725	0	0.83
青岛	40844	1626	178	10.22
淄博	19886	675	0	6.18
枣庄	7353	497	0	3.70
东营	9660	369	0	7.01
烟台	12561	1077	0	3.53
潍坊	11169	1309	0	1.69
济宁	9384	1032	0	3.12
泰安	7243	679	0	4.19
威海	9538	485	0	8.78
日照	4839	398	0	3.42
临沂	12435	1322	0	1.91
德州	6789	682	0	1.18
聊城	5410	722	0	2.60
滨州	6415	613	0	1.19
菏泽	6843	1002	0	1.96
开封	5709	551	0	1.90
洛阳	8144	976	0	3.82
平顶山	2993	554	0	1.81
安阳	3238	694	0	1.74
鹤壁	2507	212	0	4.09
新乡	4803	808	0	1.56
焦作	4303	484	0	2.23

续表

城市	城市建成区绿地面积（公顷）	移动电话和互联网入户数量（万户）	城市地铁（含轻轨）轻轨里程数（公里）	每万人拥有公共汽车数量（辆）
濮阳	2522	486	0	2.17
许昌	4233	556	0	2.64
漯河	2536	301	0	3.10
三门峡	2050	286	0	1.77
南阳	8423	1087	0	0.81
商丘	3577	919	0	1.98
信阳	5111	751	0	1.26
周口	3418	941	0	0.57
驻马店	3740	821	0	1.04
黄石	3006	317	0	3.66
十堰	4645	452	0	3.67
宜昌	6449	557	0	1.99
襄阳	7392	695	0	2.52
鄂州	1370	136	0	3.50
荆门	2461	326	0	2.08
孝感	1869	446	0	0.78
荆州	3203	626	0	1.52
黄冈	1203	688	0	0.49
咸宁	4236	327	0	1.15
随州	1963	250	0	1.46
株洲	5965	550	0	3.59
湘潭	4879	397	0	3.76
衡阳	5300	732	0	2.26
邵阳	3123	686	0	0.85
岳阳	5328	646	0	1.72
常德	4134	685	0	1.31
张家界	1440	213	0	2.43

续表

城市	城市建成区绿地面积（公顷）	移动电话和互联网入户数量（万户）	城市地铁（含轻轨）轻轨里程数（公里）	每万人拥有公共汽车数量（辆）
益阳	3202	481	0	3.00
郴州	3293	579	0	8.13
永州	2471	531	0	1.17
怀化	2311	553	0	0.60
娄底	1850	461	0	0.93
韶关	4781	368	0	1.19
深圳	97709	3429	297.6	70.07
珠海	15542	494	8.9	18.32
汕头	11790	792	0	4.08
佛山	7130	1595	33.5	14.82
江门	6875	723	0	2.76
湛江	4632	876	0	0.92
茂名	5043	679	0	0.81
肇庆	13687	395	0	1.69
惠州	11432	957	0	5.48
梅州	2693	489	0	2.92
汕尾	1174	301	0	1.83
河源	1617	347	0	0.75
阳江	12383	328	0	1.11
清远	5452	478	0	1.47
东莞	49879	1969	37.8	23.31
中山	11915	874	0	1.81
潮州	3141	353	0	1.20
揭阳	10958	1152	0	0.76
云浮	1496	290	0	0.41
柳州	10317	619	0	3.06
桂林	4984	693	0	2.07

续表

城市	城市建成区绿地面积（公顷）	移动电话和互联网入户数量（万户）	城市地铁（含轻轨）轻轨里程数（公里）	每万人拥有公共汽车数量（辆）
梧州	3506	355	0	1.65
北海	3005	290	0	3.34
防城港	2064	155	0	2.84
钦州	11288	375	0	0.64
贵港	3215	454	0	0.88
玉林	3003	645	0	0.37
百色	2086	460	0	0.51
贺州	2144	241	0	1.06
河池	1597	430	0	0.52
来宾	1728	268	0	1.26
崇左	1538	282	0	0.31
三亚	2275	189	0	18.38
自贡	3544	357	0	3.15
攀枝花	3170	194	0	6.66
泸州	7462	605	0	2.94
德阳	3334	574	0	1.48
绵阳	6099	761	0	2.47
广元	3771	343	0	1.31
遂宁	5763	348	0	0.75
内江	3183	712	0	2.09
乐山	7124	484	0	1.73
南充	6299	732	0	1.17
眉山	2690	425	0	1.50
宜宾	4568	619	0	1.61
广安	4828	448	0	0.50
达州	3956	519	0	0.77
雅安	1479	228	0	1.93

续表

城市	城市建成区绿地面积（公顷）	移动电话和互联网入户数量（万户）	城市地铁（含轻轨）轻轨里程数（公里）	每万人拥有公共汽车数量（辆）
巴中	2353	362	0	0.63
资阳	1835	282	0	0.71
六盘水	5406	418	0	2.73
遵义	7243	894	0	1.26
安顺	5341	316	0	2.52
毕节	1552	658	0	0.46
铜仁	2226	433	0	0.46
曲靖	3765	632	0	0.74
玉溪	2085	269	0	2.57
保山	1520	310	0	1.04
昭通	1286	486	0	0.48
丽江	871	149	0	3.40
普洱	1144	343	0	0.70
临沧	727	320	0	0.39
铜川	1933	102	0	4.52
宝鸡	4747	501	0	2.83
咸阳	2546	629	0	1.63
渭南	2337	613	0	0.70
延安	1575	329	0	2.17
汉中	2243	456	0	1.17
榆林	2706	532	0	0.92
安康	1734	332	0	0.84
商洛	821	221	0	0.41
嘉峪关	2800	66	0	7.29
金昌	1557	77	0	3.47
白银	2182	220	0	1.25
天水	1999	576	0	1.67

续表

城市	城市建成区绿地面积（公顷）	移动电话和互联网入户数量（万户）	城市地铁（含轻轨）轻轨里程数（公里）	每万人拥有公共汽车数量（辆）
武威	1059	231	0	2.17
张掖	1716	205	0	1.97
平凉	1490	381	0	1.25
酒泉	1698	183	0	2.22
庆阳	964	305	0	0.53
定西	596	307	0	0.39
陇南	110	318	0	4.93
海东	845	187	0	1.31
石嘴山	4626	124	0	3.20
吴忠	3007	190	0	2.40
固原	1752	148	0	1.32
中卫	2148	137	0	2.27
克拉玛依	5656	90	0	16.87

资料来源：根据《中国城市统计年鉴（2020）》以及商务部相关数据整理计算。

由表 6-9 可知，从城市建成区绿地面积指标来看，在 256 个地级城市中，排名前十位的城市分别是深圳、东莞、青岛、厦门、本溪、连云港、苏州、大连、淄博、无锡，而排名后十位的城市则分别是陇南、绥化、定西、黑河、临沧、商洛、海东、丽江、庆阳、武威；从移动电话和互联网入户数量指标来看，在 256 个地级城市中，排名前十位的城市分别是深圳、苏州、东莞、宁波、青岛、温州、佛山、保定、泉州、无锡，而排名后十位的城市则分别是吉林、嘉峪关、金昌、克拉玛依、乌海、铜川、七台河、石嘴山、辽源；从城市地铁（含轻轨）里程数量指标来看，在 256 个地级城市中，只有 8 个地级城市拥有地铁，按里程多少分别是深圳、大连、青岛、苏州、宁波、无锡、东莞、佛山、厦门、淮安、珠海，而其他地级城市没有地铁；从每万人拥有公共汽车数量指标来看，在 256 个地级城市中，排名前十位的城市分别是深圳、东莞、三亚、珠海、克拉玛依、厦门、佛山、青岛、宁波、乌海，而排名后十位的城市则分别是崇左、玉林、定西、临沧、商洛、云浮、铜仁、毕节、昭通、黄冈。

同时，如果要从绿色生态一级指标来比较256个地级城市流通产业空间结构的合理性，则需要根据前述所确定的绿色生态一级指标下各二级指标的权重进行加权计数比较。为使数据具有可比性，对数据进行无量纲化处理，处理方法同上。表6-10显示了2019年地级市流通产业空间结构绿色生态各二级指标相对排位。

表6-10　　2019年地级市流通产业空间结构绿色生态各二级指标相对排位

城市	城市建成区绿地面积	移动电话和互联网入户数量	城市地铁（含轻轨）里程数量	每万人拥有公共汽车数量
唐山	0.099	0.360	0.000	0.042
秦皇岛	0.064	0.156	0.000	0.066
邯郸	0.086	0.355	0.000	0.036
邢台	0.048	0.252	0.000	0.026
保定	0.082	0.441	0.000	0.017
张家口	0.038	0.167	0.000	0.044
承德	0.037	0.140	0.000	0.029
沧州	0.031	0.295	0.000	0.025
廊坊	0.050	0.242	0.000	0.022
衡水	0.038	0.177	0.000	0.033
大同	0.011	0.123	0.000	0.049
阳泉	0.023	0.063	0.000	0.102
长治	0.044	0.143	0.000	0.036
晋城	0.021	0.097	0.000	0.038
晋中	0.065	0.130	0.000	0.029
运城	0.022	0.178	0.000	0.018
忻州	0.013	0.112	0.000	0.011
临汾	0.020	0.162	0.000	0.014
吕梁	0.013	0.120	0.000	0.010

续表

城市	城市建成区绿地面积	移动电话和互联网入户数量	城市地铁（含轻轨）里程数量	每万人拥有公共汽车数量
包头	0.087	0.129	0.000	0.083
乌海	0.026	0.029	0.000	0.142
赤峰	0.043	0.159	0.000	0.021
通辽	0.024	0.124	0.000	0.021
鄂尔多斯	0.121	0.097	0.000	0.050
呼伦贝尔	0.021	0.110	0.000	0.035
巴彦淖尔	0.017	0.061	0.000	0.015
乌兰察布	0.102	0.067	0.000	0.017
大连	0.204	0.318	0.612	0.135
鞍山	0.069	0.138	0.000	0.080
抚顺	0.055	0.080	0.000	0.069
本溪	0.238	0.055	0.000	0.063
丹东	0.035	0.087	0.000	0.060
锦州	0.040	0.108	0.000	0.039
营口	0.066	0.089	0.000	0.054
阜新	0.033	0.067	0.000	0.032
辽阳	0.044	0.069	0.000	0.048
盘锦	0.043	0.059	0.000	0.079
铁岭	0.024	0.087	0.000	0.016
朝阳	0.018	0.093	0.000	0.013
葫芦岛	0.036	0.091	0.000	0.059
吉林	0.076	0.000	0.000	0.049
四平	0.022	0.127	0.000	0.027
辽源	0.016	0.037	0.000	0.043
通化	0.020	0.080	0.000	0.026
白山	0.115	0.064	0.000	0.045
松原	0.022	0.097	0.000	0.025

续表

城市	城市建成区绿地面积	移动电话和互联网入户数量	城市地铁（含轻轨）里程数量	每万人拥有公共汽车数量
白城	0.016	0.076	0.000	0.016
齐齐哈尔	0.045	0.151	0.000	0.024
鸡西	0.029	0.090	0.000	0.058
鹤岗	0.031	0.049	0.000	0.095
双鸭山	0.022	0.055	0.000	0.051
大庆	0.105	0.129	0.000	0.101
伊春	0.030	0.043	0.000	0.055
佳木斯	0.038	0.102	0.000	0.036
七台河	0.028	0.032	0.000	0.092
牡丹江	0.022	0.100	0.000	0.046
黑河	0.007	0.062	0.000	0.009
绥化	0.003	0.139	0.000	0.014
无锡	0.200	0.407	0.187	0.085
徐州	0.172	0.379	0.000	0.036
常州	0.122	0.271	0.000	0.089
苏州	0.229	0.734	0.554	0.118
南通	0.111	0.350	0.000	0.041
连云港	0.236	0.188	0.000	0.037
淮安	0.092	0.193	0.067	0.052
盐城	0.081	0.285	0.000	0.027
扬州	0.091	0.207	0.000	0.083
镇江	0.092	0.155	0.000	0.083
泰州	0.056	0.203	0.000	0.037
宿迁	0.101	0.196	0.000	0.028
宁波	0.162	0.520	0.250	0.144
温州	0.096	0.473	0.000	0.044
嘉兴	0.061	0.260	0.000	0.049

续表

城市	城市建成区绿地面积	移动电话和互联网入户数量	城市地铁（含轻轨）里程数量	每万人拥有公共汽车数量
湖州	0.056	0.195	0.000	0.054
绍兴	0.095	0.258	0.000	0.074
金华	0.044	0.366	0.000	0.032
衢州	0.030	0.097	0.000	0.016
舟山	0.145	0.067	0.000	0.115
台州	0.063	0.354	0.000	0.034
丽水	0.017	0.106	0.000	0.029
芜湖	0.078	0.155	0.000	0.050
蚌埠	0.059	0.115	0.000	0.057
淮南	0.052	0.108	0.000	0.037
马鞍山	0.063	0.092	0.000	0.046
淮北	0.049	0.077	0.000	0.027
铜陵	0.071	0.052	0.000	0.052
安庆	0.055	0.150	0.000	0.015
黄山	0.138	0.058	0.000	0.030
滁州	0.053	0.140	0.000	0.020
阜阳	0.068	0.255	0.000	0.008
宿州	0.033	0.181	0.000	0.011
六安	0.034	0.147	0.000	0.028
亳州	0.039	0.157	0.000	0.016
池州	0.018	0.056	0.000	0.019
宣城	0.043	0.101	0.000	0.020
厦门	0.239	0.258	0.102	0.240
莆田	0.043	0.176	0.000	0.045
三明	0.019	0.107	0.000	0.021
泉州	0.098	0.414	0.000	0.035
漳州	0.029	0.207	0.000	0.018

城市	城市建成区绿地面积	移动电话和互联网入户数量	城市地铁（含轻轨）里程数量	每万人拥有公共汽车数量
南平	0.020	0.113	0.000	0.025
龙岩	0.030	0.115	0.000	0.025
宁德	0.017	0.128	0.000	0.016
景德镇	0.052	0.069	0.000	0.031
萍乡	0.026	0.069	0.000	0.038
九江	0.072	0.175	0.000	0.017
新余	0.047	0.046	0.000	0.077
鹰潭	0.020	0.043	0.000	0.029
赣州	0.106	0.313	0.000	0.015
吉安	0.027	0.146	0.000	0.012
宜春	0.040	0.171	0.000	0.013
抚州	0.047	0.112	0.000	0.021
上饶	0.046	0.211	0.000	0.012
青岛	0.418	0.474	0.598	0.146
淄博	0.204	0.197	0.000	0.088
枣庄	0.075	0.145	0.000	0.053
东营	0.099	0.108	0.000	0.100
烟台	0.129	0.314	0.000	0.050
潍坊	0.114	0.382	0.000	0.024
济宁	0.096	0.301	0.000	0.045
泰安	0.074	0.198	0.000	0.060
威海	0.098	0.141	0.000	0.125
日照	0.050	0.116	0.000	0.049
临沂	0.127	0.386	0.000	0.027
德州	0.069	0.199	0.000	0.017
聊城	0.055	0.211	0.000	0.037
滨州	0.066	0.179	0.000	0.017

城市	城市建成区绿地面积	移动电话和互联网入户数量	城市地铁（含轻轨）里程数量	每万人拥有公共汽车数量
菏泽	0.070	0.292	0.000	0.028
开封	0.058	0.161	0.000	0.027
洛阳	0.083	0.285	0.000	0.055
平顶山	0.031	0.162	0.000	0.026
安阳	0.033	0.202	0.000	0.025
鹤壁	0.026	0.062	0.000	0.058
新乡	0.049	0.236	0.000	0.022
焦作	0.044	0.141	0.000	0.032
濮阳	0.026	0.142	0.000	0.031
许昌	0.043	0.162	0.000	0.038
漯河	0.026	0.088	0.000	0.044
三门峡	0.021	0.083	0.000	0.025
南阳	0.086	0.317	0.000	0.012
商丘	0.037	0.268	0.000	0.028
信阳	0.052	0.219	0.000	0.018
周口	0.035	0.274	0.000	0.008
驻马店	0.038	0.239	0.000	0.015
黄石	0.031	0.092	0.000	0.052
十堰	0.048	0.132	0.000	0.052
宜昌	0.066	0.162	0.000	0.028
襄阳	0.076	0.203	0.000	0.036
鄂州	0.014	0.040	0.000	0.050
荆门	0.025	0.095	0.000	0.030
孝感	0.019	0.130	0.000	0.011
荆州	0.033	0.183	0.000	0.022
黄冈	0.012	0.201	0.000	0.007
咸宁	0.043	0.095	0.000	0.016

续表

城市	城市建成区绿地面积	移动电话和互联网入户数量	城市地铁（含轻轨）里程数量	每万人拥有公共汽车数量
随州	0.020	0.073	0.000	0.021
株洲	0.061	0.160	0.000	0.051
湘潭	0.050	0.116	0.000	0.054
衡阳	0.054	0.213	0.000	0.032
邵阳	0.032	0.200	0.000	0.012
岳阳	0.055	0.188	0.000	0.025
常德	0.042	0.200	0.000	0.019
张家界	0.015	0.062	0.000	0.035
益阳	0.033	0.140	0.000	0.043
郴州	0.034	0.169	0.000	0.116
永州	0.025	0.155	0.000	0.017
怀化	0.024	0.161	0.000	0.009
娄底	0.019	0.134	0.000	0.013
韶关	0.049	0.107	0.000	0.017
深圳	1.000	1.000	1.000	1.000
珠海	0.159	0.144	0.030	0.261
汕头	0.121	0.231	0.000	0.058
佛山	0.073	0.465	0.113	0.212
江门	0.070	0.211	0.000	0.039
湛江	0.047	0.255	0.000	0.013
茂名	0.052	0.198	0.000	0.012
肇庆	0.140	0.115	0.000	0.024
惠州	0.117	0.279	0.000	0.078
梅州	0.028	0.143	0.000	0.042
汕尾	0.012	0.088	0.000	0.026
河源	0.017	0.101	0.000	0.011
阳江	0.127	0.096	0.000	0.016

续表

城市	城市建成区绿地面积	移动电话和互联网入户数量	城市地铁（含轻轨）里程数量	每万人拥有公共汽车数量
清远	0.056	0.139	0.000	0.021
东莞	0.510	0.574	0.127	0.333
中山	0.122	0.255	0.000	0.026
潮州	0.032	0.103	0.000	0.017
揭阳	0.112	0.336	0.000	0.011
云浮	0.015	0.085	0.000	0.006
柳州	0.106	0.181	0.000	0.044
桂林	0.051	0.202	0.000	0.030
梧州	0.036	0.104	0.000	0.024
北海	0.031	0.085	0.000	0.048
防城港	0.021	0.045	0.000	0.041
钦州	0.116	0.109	0.000	0.009
贵港	0.033	0.132	0.000	0.013
玉林	0.031	0.188	0.000	0.005
百色	0.021	0.134	0.000	0.007
贺州	0.022	0.070	0.000	0.015
河池	0.016	0.125	0.000	0.007
来宾	0.018	0.078	0.000	0.018
崇左	0.016	0.082	0.000	0.004
三亚	0.023	0.055	0.000	0.262
自贡	0.036	0.104	0.000	0.045
攀枝花	0.032	0.057	0.000	0.095
泸州	0.076	0.176	0.000	0.042
德阳	0.034	0.167	0.000	0.021
绵阳	0.062	0.222	0.000	0.035
广元	0.039	0.100	0.000	0.019
遂宁	0.059	0.101	0.000	0.011

续表

城市	城市建成区绿地面积	移动电话和互联网入户数量	城市地铁（含轻轨）里程数量	每万人拥有公共汽车数量
内江	0.033	0.208	0.000	0.030
乐山	0.073	0.141	0.000	0.025
南充	0.064	0.213	0.000	0.017
眉山	0.028	0.124	0.000	0.021
宜宾	0.047	0.181	0.000	0.023
广安	0.049	0.131	0.000	0.007
达州	0.040	0.151	0.000	0.011
雅安	0.015	0.066	0.000	0.028
巴中	0.024	0.106	0.000	0.009
资阳	0.019	0.082	0.000	0.010
六盘水	0.055	0.122	0.000	0.039
遵义	0.074	0.261	0.000	0.018
安顺	0.055	0.092	0.000	0.036
毕节	0.016	0.192	0.000	0.007
铜仁	0.023	0.126	0.000	0.007
曲靖	0.039	0.184	0.000	0.011
玉溪	0.021	0.078	0.000	0.037
保山	0.016	0.090	0.000	0.015
昭通	0.013	0.142	0.000	0.007
丽江	0.009	0.043	0.000	0.049
普洱	0.012	0.100	0.000	0.010
临沧	0.007	0.093	0.000	0.006
铜川	0.020	0.030	0.000	0.065
宝鸡	0.049	0.146	0.000	0.040
咸阳	0.026	0.183	0.000	0.023
渭南	0.024	0.179	0.000	0.010
延安	0.016	0.096	0.000	0.031

续表

城市	城市建成区绿地面积	移动电话和互联网入户数量	城市地铁（含轻轨）里程数量	每万人拥有公共汽车数量
汉中	0.023	0.133	0.000	0.017
榆林	0.028	0.155	0.000	0.013
安康	0.018	0.097	0.000	0.012
商洛	0.008	0.064	0.000	0.006
嘉峪关	0.029	0.019	0.000	0.104
金昌	0.016	0.022	0.000	0.050
白银	0.022	0.064	0.000	0.018
天水	0.020	0.168	0.000	0.024
武威	0.011	0.067	0.000	0.031
张掖	0.018	0.060	0.000	0.028
平凉	0.015	0.111	0.000	0.018
酒泉	0.017	0.053	0.000	0.032
庆阳	0.010	0.089	0.000	0.008
定西	0.006	0.090	0.000	0.006
陇南	0.001	0.093	0.000	0.070
海东	0.009	0.055	0.000	0.019
石嘴山	0.047	0.036	0.000	0.046
吴忠	0.031	0.055	0.000	0.034
固原	0.018	0.043	0.000	0.019
中卫	0.022	0.040	0.000	0.032
克拉玛依	0.058	0.026	0.000	0.241

资料来源：根据《中国城市统计年鉴（2020）》以及商务部相关数据整理计算。

根据前文所述所确定的城市建成区绿地面积指标权重 0.25、移动电话和互联网入户数量指标权重 0.25、城市地铁（含轻轨）里程数量指标权重 0.25 和每万人拥有公共汽车数量指标权重 0.25，将各城市的绿色生态各二级指标相对排位值分别乘以各自权重，得到 2019 年地级市流通产业空间结构绿色生态一级指标综合排位，如表 6 - 11 所示。

表 6 - 11　2019 年地级市流通产业空间结构绿色生态一级指标综合排位

城市	综合值	城市	综合值
黑河	0.020	张家界	0.028
商洛	0.020	来宾	0.028
固原	0.020	随州	0.028
海东	0.020	铜川	0.029
金昌	0.022	吴忠	0.030
鹰潭	0.023	保山	0.030
池州	0.023	普洱	0.030
巴彦淖尔	0.023	朝阳	0.031
中卫	0.024	吉林	0.031
辽源	0.024	汕尾	0.031
丽江	0.025	通化	0.032
定西	0.025	安康	0.032
崇左	0.026	铁岭	0.032
酒泉	0.026	双鸭山	0.032
鄂州	0.026	河源	0.032
白银	0.026	伊春	0.032
张掖	0.026	石嘴山	0.032
云浮	0.026	三门峡	0.032
临沧	0.027	阜新	0.033
庆阳	0.027	萍乡	0.033
防城港	0.027	忻州	0.034
贺州	0.027	玉溪	0.034
白城	0.027	巴中	0.035
雅安	0.027	吕梁	0.036
武威	0.027	松原	0.036
资阳	0.028	延安	0.036

续表

城市	综合值	城市	综合值
衢州	0.036	呼伦贝尔	0.041
平凉	0.036	娄底	0.042
鹤壁	0.036	牡丹江	0.042
三明	0.037	通辽	0.042
河池	0.037	新余	0.042
荆门	0.037	龙岩	0.043
景德镇	0.038	遂宁	0.043
丽水	0.038	汉中	0.043
嘉峪关	0.038	眉山	0.043
潮州	0.038	韶关	0.043
淮北	0.038	鹤岗	0.044
七台河	0.038	铜陵	0.044
咸宁	0.039	四平	0.044
铜仁	0.039	黄石	0.044
绥化	0.039	鸡西	0.044
晋城	0.039	佳木斯	0.044
广元	0.039	贵港	0.044
漯河	0.039	抚州	0.045
南平	0.040	盘锦	0.045
孝感	0.040	丹东	0.045
辽阳	0.040	安顺	0.046
昭通	0.040	大同	0.046
宁德	0.040	攀枝花	0.046
百色	0.041	自贡	0.046
梧州	0.041	吉安	0.046
北海	0.041	葫芦岛	0.046
宣城	0.041	乌兰察布	0.047
陇南	0.041	广安	0.047

续表

城市	综合值	城市	综合值
锦州	0.047	湘潭	0.055
阳泉	0.047	黄冈	0.055
怀化	0.048	安庆	0.055
榆林	0.049	齐齐哈尔	0.055
临汾	0.049	德阳	0.056
淮南	0.049	长治	0.056
永州	0.049	赤峰	0.056
乌海	0.049	玉林	0.056
濮阳	0.050	白山	0.056
马鞍山	0.050	晋中	0.056
达州	0.051	宜春	0.056
抚顺	0.051	宿州	0.056
承德	0.052	黄山	0.057
营口	0.052	蚌埠	0.058
六安	0.052	十堰	0.058
梅州	0.053	咸阳	0.058
天水	0.053	曲靖	0.058
亳州	0.053	钦州	0.059
滁州	0.053	宝鸡	0.059
渭南	0.053	荆州	0.059
毕节	0.054	阳江	0.060
日照	0.054	乐山	0.060
益阳	0.054	许昌	0.061
清远	0.054	邵阳	0.061
六盘水	0.054	开封	0.062
焦作	0.054	衡水	0.062
运城	0.054	张家口	0.062
平顶山	0.055	宜宾	0.063

续表

城市	综合值	城市	综合值
漳州	0.064	湖州	0.076
宜昌	0.064	东营	0.077
安阳	0.065	新乡	0.077
常德	0.065	廊坊	0.078
茂名	0.065	襄阳	0.079
滨州	0.065	湛江	0.079
莆田	0.066	周口	0.079
九江	0.066	郴州	0.080
岳阳	0.067	绵阳	0.080
鄂尔多斯	0.067	江门	0.080
上饶	0.067	克拉玛依	0.081
内江	0.068	宿迁	0.081
株洲	0.068	邢台	0.081
枣庄	0.068	舟山	0.082
肇庆	0.070	柳州	0.082
桂林	0.071	镇江	0.083
芜湖	0.071	阜阳	0.083
德州	0.071	泰安	0.083
秦皇岛	0.072	商丘	0.083
鞍山	0.072	大庆	0.084
信阳	0.072	三亚	0.085
驻马店	0.073	沧州	0.088
南充	0.074	遵义	0.088
泸州	0.074	本溪	0.089
泰州	0.074	威海	0.091
包头	0.075	嘉兴	0.093
衡阳	0.075	扬州	0.095
聊城	0.076	菏泽	0.098

续表

城市	综合值	城市	综合值
盐城	0.098	唐山	0.126
中山	0.101	南通	0.126
淮安	0.101	潍坊	0.130
汕头	0.102	临沂	0.135
南阳	0.104	保定	0.135
洛阳	0.106	泉州	0.137
绍兴	0.107	徐州	0.147
赣州	0.108	珠海	0.149
济宁	0.110	温州	0.153
金华	0.111	厦门	0.210
台州	0.113	佛山	0.216
揭阳	0.115	无锡	0.220
连云港	0.115	宁波	0.269
惠州	0.119	大连	0.317
邯郸	0.119	东莞	0.386
常州	0.120	苏州	0.409
淄博	0.122	青岛	0.409
烟台	0.123	深圳	1.000

注：根据表6-10数据进行加权计算得出。

由表6-11可知，从绿色生态一级指标综合来看，在256个地级城市中，排名前十位的城市分别是深圳、青岛、苏州、东莞、大连、宁波、无锡、佛山、厦门、温州，而排名后十位的城市则分别是黑河、商洛、固原、海东、金昌、鹰潭、池州、巴彦淖尔、中卫、辽源。

6.1.5 文化传承指标比较

对2019年256个地级市商业老字号这一个二级文化传承指标进行比较，

如表 6 – 12 所示。

表 6 – 12　　2019 年地级市流通产业空间结构文化传承二级指标比较

城市	城市商业老字号数量（家）	城市	城市商业老字号数量（家）
唐山	6	开封	2
秦皇岛	0	洛阳	2
邯郸	3	平顶山	1
邢台	1	安阳	0
保定	2	鹤壁	0
张家口	1	新乡	2
承德	2	焦作	1
沧州	1	濮阳	0
廊坊	1	许昌	0
衡水	1	漯河	0
大同	0	三门峡	0
阳泉	2	南阳	0
长治	1	商丘	2
晋城	0	信阳	0
晋中	6	周口	2
运城	2	驻马店	1
忻州	0	黄石	1
临汾	2	十堰	1
吕梁	0	宜昌	2
包头	0	襄阳	0
乌海	0	鄂州	0
赤峰	0	荆门	0
通辽	1	孝感	4
鄂尔多斯	0	荆州	1
呼伦贝尔	0	黄冈	0
巴彦淖尔	2	咸宁	1

续表

城市	城市商业老字号数量（家）	城市	城市商业老字号数量（家）
乌兰察布	1	随州	0
大连	1	株洲	0
鞍山	2	湘潭	1
抚顺	1	衡阳	1
本溪	1	邵阳	0
丹东	2	岳阳	0
锦州	4	常德	1
营口	0	张家界	0
阜新	0	益阳	1
辽阳	2	郴州	0
盘锦	1	永州	0
铁岭	0	怀化	0
朝阳	0	娄底	0
葫芦岛	2	韶关	0
吉林	3	深圳	0
四平	1	珠海	0
辽源	1	汕头	2
通化	3	佛山	5
白山	2	江门	2
松原	1	湛江	0
白城	1	茂名	0
齐齐哈尔	5	肇庆	0
鸡西	0	惠州	0
鹤岗	0	梅州	1
双鸭山	0	汕尾	0
大庆	0	河源	0
伊春	0	阳江	0
佳木斯	0	清远	1

续表

城市	城市商业老字号数量（家）	城市	城市商业老字号数量（家）
七台河	0	东莞	0
牡丹江	2	中山	3
黑河	0	潮州	1
绥化	0	揭阳	0
无锡	2	云浮	0
徐州	2	柳州	0
常州	3	桂林	1
苏州	20	梧州	1
南通	4	北海	0
连云港	2	防城港	0
淮安	2	钦州	0
盐城	0	贵港	0
扬州	8	玉林	1
镇江	3	百色	0
泰州	1	贺州	0
宿迁	3	河池	0
宁波	3	来宾	0
温州	7	崇左	0
嘉兴	4	三亚	0
湖州	6	自贡	2
绍兴	10	攀枝花	0
金华	2	泸州	3
衢州	2	德阳	3
舟山	1	绵阳	2
台州	0	广元	0
丽水	1	遂宁	1
芜湖	1	内江	0
蚌埠	0	乐山	2

续表

城市	城市商业老字号数量（家）	城市	城市商业老字号数量（家）
淮南	0	南充	6
马鞍山	1	眉山	1
淮北	1	宜宾	1
铜陵	0	广安	0
安庆	3	达州	0
黄山	3	雅安	0
滁州	0	巴中	1
阜阳	2	资阳	1
宿州	0	六盘水	0
六安	2	遵义	2
亳州	0	安顺	0
池州	0	毕节	0
宣城	1	铜仁	0
厦门	9	曲靖	1
莆田	1	玉溪	3
三明	1	保山	1
泉州	4	昭通	2
漳州	1	丽江	0
南平	0	普洱	0
龙岩	0	临沧	0
宁德	0	铜川	0
景德镇	0	宝鸡	3
萍乡	0	咸阳	1
九江	3	渭南	2
新余	0	延安	0
鹰潭	0	汉中	4
赣州	3	榆林	0
吉安	2	安康	0

续表

城市	城市商业老字号数量（家）	城市	城市商业老字号数量（家）
宜春	1	商洛	0
抚州	2	嘉峪关	0
上饶	1	金昌	0
青岛	17	白银	0
淄博	9	天水	1
枣庄	0	武威	1
东营	0	张掖	1
烟台	1	平凉	1
潍坊	3	酒泉	0
济宁	3	庆阳	0
泰安	1	定西	2
威海	0	陇南	2
日照	0	海东	0
临沂	2	石嘴山	0
德州	5	吴忠	0
聊城	1	固原	0
滨州	1	中卫	0
菏泽	0	克拉玛依	0

资料来源：根据《中国城市统计年鉴（2020）》以及商务部相关数据整理计算。

由表 6-12 可知，从城市保留的商业老字号企业数量指标来看，在 256 个地级市中，排名前十位的城市分别是苏州、青岛、绍兴、淄博、厦门、扬州、温州、南充、湖州、晋中、唐山，而 118 个地级市目前还没有商业老字号，这些城市分别是秦皇岛、大同、晋城、忻州、吕梁、包头、乌海、赤峰、鄂尔多斯、呼伦贝尔、营口、阜新、铁岭、朝阳、鸡西、鹤岗、双鸭山、大庆、伊春、佳木斯、七台河、黑河、绥化、盐城、台州、蚌埠、淮南、铜陵、滁州、宿州、亳州、池州、南平、龙岩、宁德、景德镇、萍乡、新余、鹰潭、枣庄、东营、威海、日照、菏泽、安阳、鹤壁、濮阳、许昌、漯河、三门峡、南阳、信阳、襄阳、鄂州、荆门、黄冈、随州、株洲、邵阳、岳阳、张家界、郴州、永州、怀化、娄底、韶关、深圳、珠海、湛江、茂名、肇庆、惠州、汕尾、河源、阳江、东莞、揭阳、云浮、柳州、北海、防城港、钦州、贵港、百色、贺州、河池、来宾、崇左、三亚、攀枝花、广元、内江、广安、达州、雅安、六盘水、安顺、毕节、铜仁、丽江、普洱、临沧、铜川、延安、榆林、安康、商洛、嘉峪关、金昌、白银、酒泉、庆阳、海东、石嘴山、吴忠、固原、中卫、克拉玛依。

同理，由于对度量地级城市流通产业空间结构的文化传承一级指标下只考虑设置一个二级指标，因此，其二级指标的排名决定了地级城市流通产业空间结构文化传承一级指标的排名。

6.1.6　综合指标比较

表6-13显示了2019年地级市流通产业空间结构各一级指标相对排位。在此基础上，对256个地级市从效率指标、公平指标、潜力支撑指标、绿色生态指标和文化传承指标五个一级度量指标并结合指标权重，进行加权计算，得到我国地级市的综合排名得分，具体结果如表6-14所示。

表6-13　　2019年地级市流通产业空间结构各一级指标相对排位

城市	效率指标	公平指标	潜力支撑指标	绿色生态指标	文化传承指标
唐山	0.162	0.942	0.397	0.126	0.300
秦皇岛	0.151	0.965	0.246	0.072	0.000
邯郸	0.135	0.941	0.287	0.119	0.150
邢台	0.169	0.952	0.273	0.081	0.050
保定	0.160	0.955	0.290	0.135	0.100
张家口	0.133	0.991	0.247	0.062	0.050
承德	0.125	0.984	0.202	0.052	0.100
沧州	0.127	0.960	0.333	0.088	0.050
廊坊	0.185	0.943	0.262	0.078	0.050
衡水	0.146	0.968	0.197	0.062	0.050

续表

城市	效率指标	公平指标	潜力支撑指标	绿色生态指标	文化传承指标
大同	0.217	0.979	0.183	0.046	0.000
阳泉	0.174	0.969	0.168	0.047	0.100
长治	0.153	0.986	0.169	0.056	0.050
晋城	0.147	0.981	0.177	0.039	0.000
晋中	0.162	0.958	0.179	0.056	0.300
运城	0.201	0.971	0.260	0.054	0.100
忻州	0.153	0.990	0.170	0.034	0.000
临汾	0.187	0.986	0.173	0.049	0.100
吕梁	0.135	0.987	0.183	0.036	0.000
包头	0.306	0.986	0.370	0.075	0.000
乌海	0.156	0.931	0.253	0.049	0.000
赤峰	0.135	0.997	0.280	0.056	0.000
通辽	0.099	0.994	0.249	0.042	0.050
鄂尔多斯	0.122	0.996	0.351	0.067	0.000
呼伦贝尔	0.112	0.998	0.255	0.041	0.000
巴彦淖尔	0.111	0.997	0.245	0.023	0.100
乌兰察布	0.107	0.996	0.233	0.047	0.050
大连	0.354	0.926	0.464	0.317	0.050
鞍山	0.236	0.935	0.273	0.072	0.100
抚顺	0.277	0.972	0.206	0.051	0.050
本溪	0.193	0.969	0.191	0.089	0.050
丹东	0.149	0.987	0.190	0.045	0.100
锦州	0.236	0.976	0.263	0.047	0.200
营口	0.199	0.927	0.248	0.052	0.000
阜新	0.236	0.980	0.181	0.033	0.000
辽阳	0.148	0.935	0.217	0.040	0.100
盘锦	0.173	0.955	0.210	0.045	0.050
铁岭	0.234	0.970	0.205	0.032	0.000

续表

城市	效率指标	公平指标	潜力支撑指标	绿色生态指标	文化传承指标
朝阳	0.215	0.983	0.199	0.031	0.000
葫芦岛	0.248	0.974	0.227	0.046	0.100
吉林	0.363	0.970	0.215	0.031	0.150
四平	0.262	0.978	0.211	0.044	0.050
辽源	0.216	0.975	0.174	0.024	0.050
通化	0.223	0.969	0.174	0.032	0.150
白山	0.224	0.988	0.163	0.056	0.100
松原	0.351	0.983	0.226	0.036	0.050
白城	0.238	0.993	0.170	0.027	0.050
齐齐哈尔	0.110	0.993	0.240	0.055	0.250
鸡西	0.131	0.989	0.186	0.044	0.000
鹤岗	0.172	0.992	0.130	0.044	0.000
双鸭山	0.072	0.987	0.173	0.032	0.000
大庆	0.155	0.976	0.283	0.084	0.000
伊春	0.129	0.987	0.121	0.032	0.000
佳木斯	0.271	0.989	0.158	0.044	0.000
七台河	0.102	0.973	0.172	0.038	0.000
牡丹江	0.293	0.985	0.183	0.042	0.100
黑河	0.096	0.996	0.145	0.020	0.000
绥化	0.221	0.989	0.180	0.039	0.000
无锡	0.286	0.795	0.391	0.220	0.100
徐州	0.254	0.920	0.398	0.147	0.100
常州	0.280	0.890	0.349	0.120	0.150
苏州	0.546	0.810	0.539	0.409	1.000
南通	0.254	0.912	0.341	0.126	0.200
连云港	0.166	0.933	0.290	0.115	0.100
淮安	0.210	0.952	0.285	0.101	0.100
盐城	0.195	0.960	0.353	0.098	0.000

续表

城市	效率指标	公平指标	潜力支撑指标	绿色生态指标	文化传承指标
扬州	0.153	0.942	0.277	0.095	0.400
镇江	0.178	0.879	0.270	0.083	0.150
泰州	0.161	0.937	0.341	0.074	0.050
宿迁	0.177	0.954	0.262	0.081	0.150
宁波	0.399	0.907	0.585	0.269	0.150
温州	0.303	0.935	0.427	0.153	0.350
嘉兴	0.270	0.842	0.372	0.093	0.200
湖州	0.254	0.934	0.348	0.076	0.300
绍兴	0.279	0.928	0.282	0.107	0.500
金华	0.315	0.954	0.339	0.111	0.100
衢州	0.211	0.966	0.382	0.036	0.100
舟山	0.256	0.903	0.478	0.082	0.050
台州	0.254	0.940	0.389	0.113	0.000
丽水	0.207	0.991	0.322	0.038	0.050
芜湖	0.220	0.921	0.344	0.071	0.050
蚌埠	0.249	0.932	0.356	0.058	0.000
淮南	0.218	0.903	0.336	0.049	0.000
马鞍山	0.177	0.932	0.288	0.050	0.050
淮北	0.168	0.917	0.246	0.038	0.050
铜陵	0.153	0.877	0.250	0.044	0.000
安庆	0.188	0.967	0.271	0.055	0.150
黄山	0.225	0.977	0.244	0.057	0.150
滁州	0.174	0.956	0.290	0.053	0.000
阜阳	0.239	0.947	0.420	0.083	0.100
宿州	0.197	0.944	0.253	0.056	0.000
六安	0.203	0.983	0.339	0.052	0.100
亳州	0.201	0.967	0.288	0.053	0.000
池州	0.191	0.985	0.269	0.023	0.000

续表

城市	效率指标	公平指标	潜力支撑指标	绿色生态指标	文化传承指标
宣城	0.163	0.979	0.283	0.041	0.050
厦门	0.374	0.680	0.436	0.210	0.450
莆田	0.308	0.970	0.209	0.066	0.050
三明	0.156	0.991	0.267	0.037	0.050
泉州	0.370	0.862	0.354	0.137	0.200
漳州	0.207	0.975	0.260	0.064	0.050
南平	0.161	0.992	0.224	0.040	0.000
龙岩	0.261	0.989	0.246	0.043	0.000
宁德	0.162	0.987	0.271	0.040	0.000
景德镇	0.165	0.954	0.210	0.038	0.000
萍乡	0.135	0.961	0.247	0.033	0.000
九江	0.162	0.973	0.307	0.066	0.150
新余	0.142	0.943	0.748	0.042	0.000
鹰潭	0.119	0.963	0.231	0.023	0.000
赣州	0.186	0.982	0.282	0.108	0.150
吉安	0.117	0.981	0.267	0.046	0.100
宜春	0.136	0.982	0.307	0.056	0.050
抚州	0.130	0.979	0.276	0.045	0.100
上饶	0.143	0.978	0.343	0.067	0.050
青岛	0.334	0.876	0.435	0.409	0.850
淄博	0.307	0.897	0.291	0.122	0.450
枣庄	0.207	0.895	0.229	0.068	0.000
东营	0.199	0.951	0.290	0.077	0.000
烟台	0.226	0.908	0.351	0.123	0.050
潍坊	0.207	0.913	0.344	0.130	0.150
济宁	0.222	0.912	0.345	0.110	0.150
泰安	0.250	0.916	0.227	0.083	0.050
威海	0.216	0.847	0.248	0.091	0.000

续表

城市	效率指标	公平指标	潜力支撑指标	绿色生态指标	文化传承指标
日照	0.144	0.941	0.263	0.054	0.000
临沂	0.236	0.949	0.361	0.135	0.100
德州	0.156	0.903	0.266	0.071	0.250
聊城	0.239	0.925	0.289	0.076	0.050
滨州	0.135	0.938	0.256	0.065	0.050
菏泽	0.221	0.923	0.271	0.098	0.000
开封	0.163	0.910	0.188	0.062	0.100
洛阳	0.219	0.957	0.363	0.106	0.100
平顶山	0.163	0.955	0.251	0.055	0.050
安阳	0.153	0.930	0.255	0.065	0.000
鹤壁	0.124	0.905	0.194	0.036	0.000
新乡	0.141	0.938	0.272	0.077	0.100
焦作	0.154	0.863	0.233	0.054	0.050
濮阳	0.161	0.910	0.225	0.050	0.000
许昌	0.144	0.805	0.235	0.061	0.000
漯河	0.170	0.920	0.202	0.039	0.000
三门峡	0.153	0.978	0.210	0.032	0.000
南阳	0.219	0.962	0.299	0.104	0.000
商丘	0.196	0.975	0.277	0.083	0.100
信阳	0.167	0.966	0.223	0.072	0.000
周口	0.192	0.936	0.255	0.079	0.100
驻马店	0.154	0.958	0.309	0.073	0.050
黄石	0.218	0.946	0.196	0.044	0.050
十堰	0.247	0.988	0.203	0.058	0.050
宜昌	0.209	0.969	0.283	0.064	0.100
襄阳	0.190	0.966	0.383	0.079	0.000
鄂州	0.179	0.924	0.165	0.026	0.000
荆门	0.204	0.980	0.169	0.037	0.000

城市	效率指标	公平指标	潜力支撑指标	绿色生态指标	文化传承指标
孝感	0.207	0.923	0.187	0.040	0.200
荆州	0.262	0.971	0.284	0.059	0.050
黄冈	0.214	0.961	0.240	0.055	0.000
咸宁	0.160	0.930	0.218	0.039	0.050
随州	0.221	0.980	0.222	0.028	0.000
株洲	0.186	0.946	0.302	0.068	0.000
湘潭	0.158	0.953	0.217	0.055	0.050
衡阳	0.199	0.959	0.285	0.075	0.050
邵阳	0.221	0.974	0.253	0.061	0.000
岳阳	0.196	0.977	0.295	0.067	0.000
常德	0.179	0.976	0.304	0.065	0.050
张家界	0.165	0.987	0.239	0.028	0.000
益阳	0.158	0.970	0.269	0.054	0.050
郴州	0.200	0.984	0.271	0.080	0.000
永州	0.152	0.984	0.245	0.049	0.000
怀化	0.143	0.990	0.280	0.048	0.000
娄底	0.150	0.958	0.221	0.042	0.000
韶关	0.144	0.982	0.348	0.043	0.000
深圳	0.801	0.384	0.537	1.000	0.000
珠海	0.266	0.867	0.331	0.149	0.000
汕头	0.292	0.782	0.240	0.102	0.100
佛山	0.355	0.921	0.382	0.216	0.250
江门	0.195	0.938	0.326	0.080	0.100
湛江	0.220	0.974	0.352	0.079	0.000
茂名	0.184	0.968	0.277	0.065	0.000
肇庆	0.168	0.841	0.253	0.070	0.000
惠州	0.255	0.934	0.355	0.119	0.000
梅州	0.224	0.988	0.259	0.053	0.050

城市	效率指标	公平指标	潜力支撑指标	绿色生态指标	文化传承指标
汕尾	0.149	0.977	0.214	0.031	0.000
河源	0.131	0.990	0.230	0.032	0.000
阳江	0.151	0.972	0.248	0.060	0.000
清远	0.134	0.940	0.306	0.054	0.050
东莞	0.484	0.455	0.281	0.386	0.000
中山	0.329	0.888	0.276	0.101	0.150
潮州	0.170	0.968	0.229	0.038	0.050
揭阳	0.192	0.902	0.206	0.115	0.000
云浮	0.163	0.924	0.247	0.026	0.000
柳州	0.203	0.978	0.280	0.082	0.000
桂林	0.177	0.991	0.285	0.071	0.050
梧州	0.190	0.987	0.224	0.041	0.050
北海	0.099	0.942	0.239	0.041	0.000
防城港	0.101	0.982	0.232	0.027	0.000
钦州	0.112	0.978	0.245	0.059	0.000
贵港	0.115	0.980	0.317	0.044	0.000
玉林	0.155	0.981	0.306	0.056	0.050
百色	0.116	0.994	0.264	0.041	0.000
贺州	0.088	0.994	0.225	0.027	0.000
河池	0.140	0.996	0.256	0.037	0.000
来宾	0.078	0.990	0.200	0.028	0.000
崇左	0.095	0.987	0.210	0.026	0.000
三亚	0.250	0.953	0.237	0.085	0.000
自贡	0.189	0.925	0.246	0.046	0.100
攀枝花	0.187	0.979	0.289	0.046	0.000
泸州	0.198	0.964	0.282	0.074	0.150
德阳	0.165	0.917	0.273	0.056	0.150
绵阳	0.189	0.978	0.252	0.080	0.100

续表

城市	效率指标	公平指标	潜力支撑指标	绿色生态指标	文化传承指标
广元	0.172	0.989	0.241	0.039	0.000
遂宁	0.177	0.942	0.184	0.043	0.050
内江	0.154	0.939	0.401	0.068	0.000
乐山	0.168	0.976	0.301	0.060	0.100
南充	0.173	0.959	0.286	0.074	0.300
眉山	0.151	0.968	0.219	0.043	0.050
宜宾	0.168	0.969	0.267	0.063	0.050
广安	0.162	0.960	0.202	0.047	0.000
达州	0.179	0.965	0.232	0.051	0.000
雅安	0.143	0.993	0.211	0.027	0.000
巴中	0.232	0.991	0.197	0.035	0.050
资阳	0.171	0.956	0.211	0.028	0.050
六盘水	0.109	0.987	0.224	0.054	0.000
遵义	0.124	0.987	0.895	0.088	0.100
安顺	0.173	0.979	0.292	0.046	0.000
毕节	0.082	0.992	0.211	0.054	0.000
铜仁	0.174	0.985	0.299	0.039	0.000
曲靖	0.136	0.986	0.316	0.058	0.050
玉溪	0.196	0.993	0.306	0.034	0.150
保山	0.163	0.994	0.270	0.030	0.050
昭通	0.136	0.991	0.259	0.040	0.100
丽江	0.197	0.997	0.288	0.025	0.000
普洱	0.134	0.998	0.257	0.030	0.000
临沧	0.162	0.996	0.274	0.027	0.000
铜川	0.172	0.977	0.222	0.029	0.000
宝鸡	0.182	0.985	0.273	0.059	0.150
咸阳	0.170	0.952	0.269	0.058	0.050
渭南	0.164	0.959	0.291	0.053	0.100

续表

城市	效率指标	公平指标	潜力支撑指标	绿色生态指标	文化传承指标
延安	0.115	0.997	0.230	0.036	0.000
汉中	0.144	0.993	0.212	0.043	0.200
榆林	0.076	0.990	0.351	0.049	0.000
安康	0.160	0.991	0.209	0.032	0.000
商洛	0.095	0.991	0.188	0.020	0.000
嘉峪关	0.146	0.955	0.296	0.038	0.000
金昌	0.133	0.988	0.212	0.022	0.000
白银	0.118	0.989	0.240	0.026	0.000
天水	0.143	0.992	0.204	0.053	0.050
武威	0.103	0.997	0.228	0.027	0.050
张掖	0.168	0.995	0.221	0.026	0.050
平凉	0.123	0.978	0.236	0.036	0.050
酒泉	0.173	1.000	0.257	0.026	0.000
庆阳	0.087	0.996	0.227	0.027	0.000
定西	0.125	0.993	0.210	0.025	0.100
陇南	0.108	0.986	0.189	0.041	0.100
海东	0.082	0.992	0.263	0.020	0.000
石嘴山	0.095	0.955	0.202	0.032	0.000
吴忠	0.082	0.990	0.244	0.030	0.000
固原	0.079	0.990	0.210	0.020	0.000
中卫	0.064	0.993	0.258	0.024	0.000
克拉玛依	0.067	0.983	0.344	0.081	0.000

资料来源：根据《中国城市统计年鉴（2020）》以及商务部相关数据整理计算。

表 6 - 14　2019 年地级市流通产业空间结构一级指标排位加权综合得分

城市	综合值	城市	综合值
许昌	0.299	双鸭山	0.306
鹤壁	0.303	石嘴山	0.309
黑河	0.306	伊春	0.310

城市	综合值	城市	综合值
肇庆	0.310	陇南	0.329
七台河	0.311	娄底	0.329
来宾	0.312	景德镇	0.329
固原	0.313	六盘水	0.330
商洛	0.313	咸宁	0.330
鄂州	0.314	遂宁	0.330
北海	0.316	萍乡	0.330
焦作	0.316	白银	0.330
铜陵	0.316	广安	0.330
崇左	0.317	汕尾	0.330
中卫	0.321	延安	0.331
漯河	0.321	武威	0.331
贺州	0.321	三门峡	0.331
鹰潭	0.321	雅安	0.332
庆阳	0.321	辽阳	0.332
毕节	0.321	乌海	0.332
濮阳	0.322	河源	0.333
防城港	0.322	威海	0.333
吴忠	0.323	钦州	0.333
吕梁	0.324	淮北	0.333
海东	0.325	日照	0.335
晋城	0.325	资阳	0.335
鹤岗	0.326	枣庄	0.335
鸡西	0.326	长治	0.335
云浮	0.326	平凉	0.335
忻州	0.327	衡水	0.335
金昌	0.327	安阳	0.335
开封	0.329	安康	0.336

续表

城市	综合值	城市	综合值
乌兰察布	0.336	潮州	0.343
通辽	0.336	永州	0.343
定西	0.337	黄石	0.344
呼伦贝尔	0.337	大同	0.345
眉山	0.337	清远	0.345
湘潭	0.337	朝阳	0.345
荆门	0.337	张掖	0.345
铜川	0.337	贵港	0.346
揭阳	0.337	平顶山	0.346
滨州	0.338	广元	0.346
承德	0.338	绥化	0.346
盘锦	0.338	榆林	0.346
百色	0.338	宿州	0.347
阳泉	0.339	阜新	0.347
天水	0.340	自贡	0.347
普洱	0.340	汕头	0.347
巴彦淖尔	0.341	吉安	0.347
丹东	0.341	临汾	0.348
南平	0.341	克拉玛依	0.348
营口	0.341	张家口	0.348
张家界	0.341	孝感	0.348
嘉峪关	0.342	铁岭	0.348
秦皇岛	0.342	怀化	0.349
辽源	0.342	宁德	0.349
阳江	0.342	镇江	0.349
信阳	0.343	临沧	0.350
河池	0.343	酒泉	0.350
达州	0.343	马鞍山	0.350

城市	综合值	城市	综合值
赤峰	0.350	巴中	0.357
随州	0.350	晋中	0.357
新乡	0.350	铜仁	0.357
滁州	0.351	德州	0.357
咸阳	0.351	株洲	0.357
德阳	0.351	淮南	0.358
本溪	0.351	周口	0.358
昭通	0.352	泰安	0.358
益阳	0.352	攀枝花	0.358
抚州	0.352	驻马店	0.359
梧州	0.352	渭南	0.360
白城	0.352	齐齐哈尔	0.360
三明	0.352	韶关	0.360
池州	0.352	菏泽	0.360
黄冈	0.353	沧州	0.360
通化	0.354	亳州	0.360
保山	0.354	曲靖	0.360
廊坊	0.354	丽江	0.361
安顺	0.355	东营	0.361
汉中	0.355	玉林	0.361
宣城	0.355	邵阳	0.362
宜宾	0.355	泰州	0.362
佳木斯	0.355	鄂尔多斯	0.363
邢台	0.356	三亚	0.365
大庆	0.356	漳州	0.365
茂名	0.356	邯郸	0.365
白山	0.357	连云港	0.366
宜春	0.357	岳阳	0.366

城市	综合值	城市	综合值
四平	0.366	黄山	0.376
十堰	0.366	丽水	0.376
郴州	0.366	泸州	0.377
衡阳	0.366	淮安	0.378
运城	0.366	蚌埠	0.378
宿迁	0.367	盐城	0.379
内江	0.367	珠海	0.379
上饶	0.367	莆田	0.380
常德	0.368	玉溪	0.380
柳州	0.368	襄阳	0.382
绵阳	0.368	荆州	0.382
东莞	0.368	烟台	0.383
乐山	0.368	六安	0.384
桂林	0.368	湛江	0.385
聊城	0.368	锦州	0.385
抚顺	0.369	南充	0.385
安庆	0.369	赣州	0.385
葫芦岛	0.370	衢州	0.388
梅州	0.370	扬州	0.388
龙岩	0.370	济宁	0.390
鞍山	0.371	嘉兴	0.391
芜湖	0.373	松原	0.391
宝鸡	0.373	潍坊	0.391
九江	0.374	惠州	0.392
江门	0.374	中山	0.395
保定	0.374	洛阳	0.397
宜昌	0.374	吉林	0.398
商丘	0.375	台州	0.399
牡丹江	0.375	常州	0.401
南阳	0.376	无锡	0.402

城市	综合值	城市	综合值
南通	0.405	绍兴	0.429
临沂	0.405	新余	0.429
舟山	0.406	厦门	0.437
阜阳	0.407	温州	0.461
唐山	0.410	佛山	0.464
湖州	0.412	大连	0.481
包头	0.412	遵义	0.485
徐州	0.413	宁波	0.512
金华	0.417	青岛	0.556
泉州	0.427	深圳	0.604
淄博	0.429	苏州	0.629

注：根据表6-13进行加权计算得出。

由表6-13和表6-14可知，综合各一级指标，在256个地级市中，城市流通产业空间结构相对合理性排名前十位的城市分别是苏州、深圳、青岛、宁波、遵义、大连、佛山、温州、厦门、新余，其中八个城市在东部地区，一个在中部地区、一个在西南地区。而排名后十位的城市则分别是许昌、鹤壁、黑河、双鸭山、石嘴山、伊春、肇庆、七台河、来宾、固原，除肇庆外，其余九个均是中西部地区。

6.2 地级市流通产业空间结构优化

6.2.1 单项指标体系下地级市流通产业空间结构优化

6.2.1.1 全国地级市流通产业空间结构优化

在表6-13的基础上，我们进一步计算得到全国256个地级城市在各个指标维度的均值排名。

从全国 256 个地级城市整体来看，在城市流通产业空间结构 5 个一级指标中，在效率指标方面整体排名为 0.187，在公平指标方面整体排名为 0.953，在潜力支撑指标方面整体排名为 0.270，在绿色生态指标方面整体排名为 0.070，在文化传承指标方面整体排名为 0.066，最弱指标表现在文化传承指标方面，最好表现在公平指标。因此，整体而言，对于全国地级城市流通产业空间结构的优化，最先应加强文化传承指标所涵盖的内容，即城市商业老字号的保护和发展，其后依次要强调绿色生态、潜力支撑、效率、公平等指标所涵盖的内容建设。

6.2.1.2　东部地区地级市流通产业空间结构优化

东部地区地级城市主要包括辽宁、河北、山东、江苏、浙江、福建、广东、海南 8 个省份所覆盖的 89 个地级市。从城市流通产业空间结构 5 个一级指标分别来看，东部地区 89 个地级城市在效率指标方面整体排名为 0.231，高于全国平均水平；在公平指标方面整体排名为 0.920，低于全国平均水平；在潜力支撑指标方面整体排名为 0.300，在绿色生态指标方面整体排名为 0.110，在文化传承指标方面整体排名为 0.109，3 个指标均高于全国平均水平。从单项指标来看，表现最好的指标为公平指标，其次依次为效率指标、潜力支撑指标、绿色生态指标和文化传承指标。但与全国平均水平比较，东部地区地级城市流通产业空间结构调整和完善，首先着重要改善是公平指标所涵盖的内容，即要缩小城乡流通产业发展的差距，其后再改善文化传承、绿色生态、潜力支撑和效率指标所涵盖的内容。

6.2.1.3　中部地区地级市流通产业空间结构优化

中部地区地级城市主要包括吉林、黑龙江、河南、湖北、湖南、安徽、江西、山西 8 个省份所覆盖的 91 个地级市。从城市流通产业空间结构 5 个一级指标分别来看，中部地区 91 个地级城市在效率指标方面整体排名为 0.183，在公平指标方面整体排名为 0.961，在潜力支撑指标方面整体排名为 0.246，在绿色生态指标方面整体排名为 0.052，在文化传承指标方面整体排名为 0.047，表现最好的指标为公平指标，其次依次为效率指标、潜力支撑指标、绿色生态指标和文化传承指标。与全国平均水平比较，其效率、潜力支撑、绿色生态、文化传承指标水平均低于全国平均水平，差异度分别为0.004、0.024、0.018和0.019，其公平指标水平高于全国平均水平，差异度分别为0.008。与东部地区地级城市比较，除公平指标高于东部地区城市外，其他指标均低于东部地区城市。因此，对于中部地区地级城市流通产业空间结构调整和完善，首先要对文化传承、绿色生态、效率指标所涵盖的内容进行大力发展和建设，其次才对公平和潜力支撑指标所涵盖的内容进行完善和发展。

6.2.1.4　西部地区地级市流通产业空间结构优化

西部地区地级城市主要包括广西、内蒙古、四川、贵州、云南、青海、陕西、甘肃、宁夏、新疆10个省份所覆盖的76个地级市。从城市流通产业空间结构5个一级指标分别来看，西部地区77个城市在效率指标方面整体排名为0.142，在公平指标方面整体排名为0.980，在潜力支撑指标方面整体排名为0.263，在绿色生态指标方面整体排名为0.044，在文化传承指标方面整体排名为0.038，表现最好的指标依然为公平指标，其次依次为效率指标、潜力支撑指标、绿色生态指标和文化传承指标。与全国平均水平比较，公平指标高于全国平均水平0.028，效率、潜力支撑、绿色生态和文化传承指标水平均低于全国平均水平，差异度分别为0.046、0.006、0.026、0.028。与东中部地区城市比较，除公平指标高于东中部地区城市，其他指标均要低于东部和中部地区城市。因此，对于西部地区地级城市流通产业空间结构调整和完善，首先要对效率指标所涵盖的内容进行大力发展，其后再改善潜力支撑、绿色生态和文化传承指标所涵盖的内容。

6.2.2　综合指标体系下地级市流通产业空间结构优化

6.2.2.1　全国地级市流通产业空间结构优化

根据城市流通产业空间结构评价体系，从全国256个地级城市整体来看，城市流通产业空间结构排位靠前的10个城市分别是苏州、深圳、青岛、宁波、遵义、大连、佛山、温州、厦门、新余，综合排位得分值分别为0.629、0.604、0.556、0.512、0.485、0.481、0.464、0.461、0.437、0.429；城市流通产业空间结构排位靠后的 10 个城市则分别是许昌、鹤壁、黑河、双鸭山、石嘴山、伊春、肇庆、七台河、来宾、固原，综合排位得分值分别为0.299、0.303、0.306、0.306、0.309、0.310、0.310、0.311、0.312、0.313。从地域结构上看，城市流通产业空间结构比较优化的城市主要集中在东部地区，空间结构较差的城市主要集中在西部和中部地区；从综合排名得分值看，城市流通产业空间结构最差的 10 个城市综合排名得分值平均为0.308，城市流通产业空间结构最好的 10 个城市综合排名得分值平均为0.506，距离城市流通产业空间结构综合排名相对得分最优值 1 分别相差0.692 和 0.494，这说明无论是东部地区流通产业空间结构较好城市还是西部地区流通产业空间结构较差的城市，对于当前提升和优化流通产业空间结构都还存在较大的空间，均需要全面提升 5 个一级指标方面的内容。

6.2.2.2 东部地区地级市流通产业空间结构优化

从东部地区 8 个省份所辖 89 个地级城市来看，城市流通产业空间结构排位靠前的 10 个城市依次为苏州、深圳、青岛、宁波、大连、佛山、温州、厦门、绍兴、淄博，综合排位得分值依次为 0.629、0.604、0.556、0.512、0.481、0.464、0.461、0.437、0.429、0.429。城市流通产业空间结构较差的 10 个城市依次为肇庆、云浮、汕尾、辽阳、河源、威海、日照、枣庄、衡水、揭阳，综合排位得分值依次为 0.310、0.326、0.330、0.332、0.333、0.333、0.335、0.335、0.335、0.337。在东部地区地级城市中，城市流通产业空间结构排名得分平均为 0.381，但最好与最差相差达到 0.319，东部地区地级城市流通产业空间结构优化度差异相对较大，说明在东部地区地级城市中，缩小流通产业空间结构优化度差异还有较大提升空间。即使同一个省内地级市之间的差距也明显存在，以广东为例，位于东部地级市前十的深圳、佛山与位于东部地级市后十的河源、揭阳之间的差距就较大。

6.2.2.3 中部地区地级市流通产业空间结构优化

从中部地区 8 个省份所辖 91 个地级城市来看，城市流通产业空间结构最好的 10 个城市依次为新余、阜阳、吉林、洛阳、松原、赣州、六安、荆州、襄阳、蚌埠，综合排位得分值依次为 0.429、0.407、0.398、0.397、0.391、0.385、0.384、0.382、0.382、0.378。城市流通产业空间结构较差的 10 个城市依次为许昌、鹤壁、黑河、双鸭山、伊春、七台河、鄂州、焦作、铜陵、漯河，综合排位得分值依次为 0.299、0.303、0.306、0.306、0.310、0.311、0.314、0.316、0.316、0.321。在中部地区地级城市中，城市流通产业空间结构排名得分平均为 0.350，但最好与最差相差达到 0.130，中部地区内部城市流通产业空间结构优化度差异相对不大，但平均值偏低，中部地区地级城市流通产业结构整体优化还有待提升。

6.2.2.4　西部地区地级市流通产业空间结构优化

从西部地区 10 个省份所辖 76 个地级城市来看，城市流通产业空间结构排位靠前的 10 个城市依次为遵义、包头、南充、玉溪、泸州、宝鸡、桂林、乐山、绵阳、柳州，综合排位得分值依次为 0.485、0.412、0.385、0.380、0.377、0.373、0.368、0.368、0.368、0.368。城市流通产业空间结构排位靠后的 10 个城市依次为石嘴山、来宾、固原、商洛、北海、崇左、中卫、贺州、庆阳、毕节，综合排位得分值依次为 0.309、0.312、0.313、0.313、0.316、0.317、0.321、0.321、0.321、0.321。在西部地区地级城市中，城市流通产业空间结构排名得分平均为 0.346，最好与最差相差为 0.175，西部地区地级城市流通产业空间结构优化度差异小于东部地区但大于中部地区，平均值既小于东部地区也小于中部地区，说明西部地区地级城市流通产业空间结构优化度整体较低，同时地区内部的城市流通产业空间结构优化度差异也较大，西部地区地级城市流通产业空间结构优化在这两个方面均有较大提升空间。

| 第 7 章 |

地理研究视角下城市流通产业空间结构优化

7.1 城市流通产业空间关联研究

城市流通产业相对于其他产业而言，天然地具有空间集聚的特点。从单个商业企业看，其扩张模式更多地采用复制粘贴的形式，但从商业集聚的视角看，各种不同业态、不同规模、不同类型的商业企业网点趋向于集中在一个固定的区域，彼此相互依赖，相互影响，共同形成商业集聚，即店多成市。从多个城市来看，商业也存在类似的空间关联效应。流通产业对区域经济发展的重要性在不同区域和不同发展阶段是不同的，有些地区未能结合自身实际情况，夸大或忽视了流通业的地位与作用，导致一定程度地阻碍了区域经济健康快速发展。本章从空间关联的角度，考察了全国地级城市流通产业的发展历程和现状，使我们对我国城市流通产业之间的互动模式和互动程度有更系统的了解和把握。

7.1.1 流通业空间理论方法的来源

克里斯泰勒将商品服务的集散地定义为"中心地"，在市场、交通与行政三个原则下分析认为中心地的最优结构分别是 $k=3$、$k=4$ 和 $k=7$ 的正六边形空间系统，从经济发展角度将中心地的形成过程分解为初始的均匀离散阶段、中间的集聚发展阶段与最后的均衡集聚阶段。商业集聚理论在国外有着大量的应用研究，还有人实证分析了古典区位对微型零售企业的重要性，表明中心地理论对微型零售企业的竞争优势具有很好的解释力。国内学者则对我国自改革开放以后的大城市商业网点规模、等级和分布进行许多验证性分析，包括对北京市商业空间布局、广州商业空间以及上海、长春、兰州、西安等重要城市的商业空间研究。

商业集聚研究的主要内容是探索与发现集聚的共同规律，其研究方法总的来说可以分为案例验证法、时间序列回归法以及空间截面和面板回归法三大类。其中，案例验证法是传统产业空间集聚研究中主要使用的方法；时间序列回归法是在现代计量经济学以及现代计算机技术蓬勃发展的基础上形成的现代研究法方法，这是当前主流的计量研究方法；空间截面与空间面板回归方法是在空间自相关理论上提出来的前沿方法。

当前，空间分析方法在商业空间集聚中的应用才刚刚起步，大多属于较初步的探索性分析。有学者从理论上探讨地理信息与商业环境之间的关系，并结合中国广东的商业发展状况，初步分析了地理信息系统在商业空间分析领域中的潜在应用。也有学者研究了 GIS 技术在商业地理定位中的应用问题，并以上海为例，基于 GIS 技术分析了大型百货零售商业设施的空间布局。还有学者基于地理信息系统方法建立了矢量网格矩阵模型，并在此基础上构建了商业网点密度分析、商圈影响范围分析、商业空间查询分析等空间分析方法，并以北京商业空间数据为基础进行了实际验证。部分学者还进一步结合 GIS 技术，分析了影响零售商业网点选址的人口、经济、市场竞争三个关键要素，提出了一种基于权重设置的零售商业网点选址评价模型。

当前，空间集聚研究的计量方法已趋于成熟并有较多应用，但在商业空间集聚方面的应用研究仍较少。从现有的空间集聚研究文献中可以发现，传统时间序列分析仍然是当前的主流方法。而事实上，空间集聚研究的计量方法——空间数据分析法已经日趋成熟，且近年来在人口增长、经济增长、能源消耗、政府支出、房价和粮价、知识与创新、疾病传播等领域的应用逐渐增多。但是空间数据分析方法在商业空间集聚中的应用仍处于起步阶段。

7.1.2　流通业空间关联的探索性空间数据分析方法

探索性空间数据分析（exploratory spatial data analysis，ESDA）是在没有

任何先验理论或假设前提的条件下，基于统计学原理和空间地理图形、图标等可视化技术，对研究对象的空间关联模式进行初步分析与探索，再根据所探索的结果进行归纳，以进一步提出理论假设的方法集（Anselin，1995）。ESDA 方法的核心是通过对空间分布的测度，发现空间关联模式（如趋同与分异、集聚与扩散等），以达到支持相应空间实证模型建立的目的。其分析方法除了一般统计量和散点图等传统探索性数据分析（EDA）方法，主要包括描述空间依赖性与空间异质性的 Moran's I、LISA、Geary's C、G 系数等空间自相关统计量以及 Moran's I 散点图和各种派生图等等方法与技术。其中，Moran's I 与 LISA 统计变量是 ESDA 核心的和应用最广泛的方法。

7.1.2.1　全局 Moran's I

当空间观测点的某一属性在空间上不是随机分布而是呈现出一定的规律性时，我们可以认为这些观测点之间存在一定的空间自相关，而 Moran's I 统计量是描述总体空间自相关的有效指标（Cliff and Ord，1981）。其表达式为：

$$I = \frac{n}{S_0} \times \frac{\sum_{i=1}^{n} \sum_{j=1}^{n} w_{ij}(x_i - \bar{x})(x_j - \bar{x})}{\sum_{i=1}^{n}(x_i - \bar{x})^2} \tag{7-1}$$

其中，I 为 Moran's I 统计量，n 为空间观测点的个数，x_i 为第 i 个空间观测点的观测值，$\bar{x}$ 为所有观测值的均值，w_{ij} 为根据一定标准定义的 0-1 二值变量，为 1 时表示空间单元 i 与空间单元 j 属于邻居关系，反之为非邻居关系，$n \times n$ 个 w_{ij} 构成空间权重矩阵 W，S_0 为 $n \times n$ 个 w_{ij} 的总和。

通常将 Moran's I 统计量解释为一个取值属于 [-1，1] 的相关系数；研究证明（Cliff and Ord，1981），在随机分布假设下 Moran's I 的期望值与方差分别为：

$$\begin{cases} E(I) = \dfrac{-1}{n-1} \\ \mathrm{Var}(I) = \dfrac{n[(n^2 - 3n + 3)S_1 - nS_2 + 3S_0^2] - b_2[(n^2 - n)S_1 - 2nS_2 + 6S_0^2]}{S_0^2(n^2 - 1)} - E(I) \end{cases}$$

$$\tag{7-2}$$

其中，$S_0 = \sum_{i=1}^{n} \sum_{j=1}^{n} w_{ij}$，$S_1 = \dfrac{1}{2} \sum_{i=1}^{n} \sum_{j=1}^{n} (w_{ij} + w_{ji})^2$，$S_2 = \sum_{i=1}^{n} (\sum_{j=1}^{n} w_{ij} + \sum_{j=1}^{n} w_{ji})^2$，

$$b_2 = \frac{n \sum_{i=1}^{n} (x_i - \bar{x})^4}{[\sum_{i=1}^{n} (x_i - \bar{x})^2]^2} \text{。}$$

在给定的显著水平下，不同的 Moran's I 统计值有不同的含义：

（1）若 $I \to E(I) = -1/(n-1)$，则表示观测样本在总体上不存在空间自相关，观测点在空间上呈随机分布的状态。

（2）若 $I \to 1$，则表示观测样本在总体上存在正的空间自相关，高观测值倾向于和高观测值集聚在一起，低观测值倾向于和低观测值集聚在一起，即 H-H 型和 L-L 型分布比较显著。

（3）若 $I \to -1$，则表示总体上存在负的空间自相关，高观测值倾向于和低观测值集聚在一起，低观测值倾向于和高观测值集聚在一起，即 H-L 型和 L-H 型分布比较显著。

全局 Moran's I 统计指标在描述内部空间差异较小的区域的总体集聚状态上有较好的性质，但它在描述内部空间差异较大的区域的总体集聚状态上却有很大的局限性；因为如果某区域内部的一部分为正相关，另一部分为负相关，则全局 Moran's I 会出现相互抵消而总体不相关的情况。针对全局 Moran's I 的这种缺点，安瑟林（Anselin，1995）提出了局部 Moran's I 统计指标，以更真实地描述区域的空间自相关关系。

7.1.2.2　局部 Moran's I (LISA)

对空间观测点 i，定义其局部 Moran's I 统计量为其观测值与周围邻居观测值的加权平均的乘积，即：

$$I_i = \sum_{j=1}^{n} w_{ij} z_i z_j \tag{7-3}$$

其中，z_i 与 z_j 是观测值的均值标准化，w_{ij} 是空间权重矩阵元素的标准化形式，即 $\sum \sum w_{ij} = n$；这样，局部 Moran's I 与全局 Moran's I 的关系为：

$$I = \frac{\sum_{i=1}^{n} \sum_{j \neq i}^{n} w_{ij} z_i z_j}{S^2 \sum_{i=1}^{n} \sum_{j \neq i}^{n} w_{ij}} = \frac{1}{n} \sum_{i=1}^{n} (z_i \sum_{j \neq i}^{n} w_{ij} z_j) = \frac{1}{n} \sum_{i=1}^{n} I_i \tag{7-4}$$

局部 Moran's I 的取值范围并不限定于 [-1, 1]，而是与数据有很大关系；根据所观测到的 I_i 值，我们可以在一定的显著性水平下对其进行如下的推断：

（1）若 $I_i > 0$ 且 $z_i > 0$，则表明空间单元 i 的观测值和周围邻居的观测值都相对比较高，属于高高集聚，即 H-H 型集聚。

（2）若 $I_i > 0$ 且 $z_i < 0$，则表明空间单元 i 的观测值和周围邻居的观测值都相对比较低，属于低低集聚，即 L-L 型集聚。

（3）若 $I_i < 0$ 且 $z_i > 0$，则表明空间单元 i 的周围邻居的观测值相对比较低，属于高低集聚，即 H-L 型集聚。

（4）若 $I_i < 0$ 且 $z_i < 0$，则表明空间单元 i 的观测值相对于周围邻居的观测值相对比较低，属于低高集聚，即 L-H 型集聚。

7.1.3 城市流通空间关联的 ESDA 分析

7.1.3.1 数据来源与统计性描述

本章数据来源于 1998～2018 年《中国城市统计年鉴》，去除数据缺失比较严重的几十个城市（地级），主要采集了 287 个地级城市的数据。其中，ESDA 部分使用的主要数据为各地级城市（市区）的社会消费品零售总额（单位：万元），CSDA 部分使用到的相关数据包括城市建成区面积、城市市区人口、人均 GDP、建成区绿化率、每万人拥有公共汽车、移动电话年末用户数、互联网接入用户数等等。表 7-1 显示了数据的统计性描述结果。

表 7-1   我国城市流通业空间分析主要指标统计性描述

变量	变量说明	均值	标准差	最大值	最小值	样本数
Ret	社会消费品零售总额（万元）	814.43	1524.53	11830.30	3.37	287
Pop	市区人口总数（万人）	163.84	218.79	2449.00	16.00	287
Gdpp	市区人均 GDP（元/人）	6.54	9.33	101.75	1.00	287
Bus	万人拥有公共汽车（辆）	460.46	508.60	4076.00	44.00	287
Mob	人均移动电话拥有量（部）	84.56	115.25	1014.00	5.00	287
Int	接入互联网户数（户）	7.99	5.17	31.43	0.59	287

资料来源：根据《中国城市统计年鉴（2018）》整理计算。

7.1.3.2　流通空间的分位图分析

分位图是做空间数据分析的第一步，即将空间单元按照考察指标从大到小排序和平均分成若干小组，可以直观地展现他们的相对位置、空间分布的基本格局。根据 1997 年我国 287 个地级城市社会消费品销售总额的空间分布情况（图略）。可以看到，处在第一集团的城市主要集中在胡焕庸线以东，这些城市包括如北京、上海、广州、深圳、南京、武汉、成都、重庆、杭州、青岛等等；在胡焕庸线以西也还有少数城市处于第一集团，例如，乌鲁木齐、包头、呼和浩特、兰州等等。从总体的分布格局来看，第一集团比较集中的区域包括京津冀地区、长三角地区、珠三角地区、山东半岛地区、长株潭地区等等；第四集团（低水平集团）比较集中的区域包括云南、贵州、内蒙古、甘肃、陕西、山西、吉林等等，此外，黑龙江省北部、湖北西部、安徽南部、湖南西部、江西南部、福建西部、广西西部、广东北部也分布了较多的第四和第三集团城市。

可以发现，总量上我国城市社会消费品零售总额呈现大规模增长的整体发展趋势。如 1997 年我国 287 个主要城市市区社会消费品零售总额为 1.44 万亿元，2017 年增长到 23.37 万亿元，年均增长 15 个百分点。不过从 2017 年我国城市消费品零售总额的空间分布来看（图略），2017 年与 1997 年相比的空间格局似乎并没有太大的变化，基本格局比较稳定。第一集团比较集中的区域仍然包括京津冀地区、长三角地区、珠三角地区、山东半岛地区、长株潭地区等等；第四集团（低水平集团）比较集中的区域也仍然是云南、贵州、内蒙古、甘肃、陕西、山西、吉林等等，黑龙江北部、湖北西部、安徽南部、湖南西部、江西南部、福建西部、广西西部、广东北部的第四和第三集团城市也仍然较多。

当然，也有一些城市社会消费品零售总额发生了变化。升入第一集团的城市包括山东泰安、济宁，湖北宜昌、襄阳，江苏盐城、浙江湖州、广东惠州等等。跌出第一集团的城市包括辽宁鞍山、抚顺、河北张家口、山西大同、江西上饶，绍兴，湖南株洲、衡阳，等等。

7.1.3.3　全局 Moran's I 分析

根据公式（7-1），我们可以计算我国城市消费品零售总额的全局

Moran's I 统计量。计算结果表明，1997 年我国城市消费品零售总额的全局 Moran's I 统计量为 0.06，2017 年增加到 0.10，这表明从总体上看，我国城市流通业的空间关联效应是呈现出逐渐增强的发展趋势。不过，从这一指数，我们还不知道空间关联效应增强的具体来源是什么。为了继续探讨这一问题，我们需要继续进行局部 Moran's I 分析。

7.1.3.4 局部 Moran's I 分析

进一步，我们给出如图 7-1 所示的 Moran 散点图进一步刻画这一空间格局变化的具体来源。在 Moran 散点图中，第一象限为 H-H 型相关的城市，第四象限为 L-L 型相关的城市，这两个象限都表明了正向的相关，是典型的空间集聚，H-H 型表示高值集聚，L-L 型表示低值集聚。H-L 型和 L-H 型为负局域空间自相关，被称为空间离群。

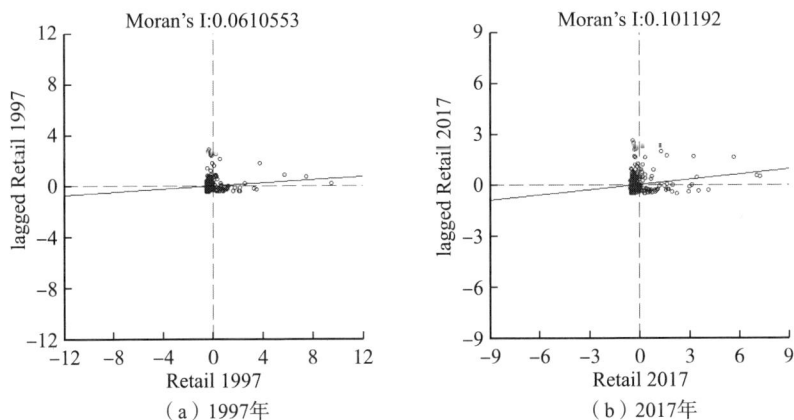

图 7-1　1997 年和 2017 年城市消费品零售总额的局域 Moran's I 散点图

从图 7-1 可以看出，1997 年处于第一和第三象限（高高集聚和低低集聚）的城市明显比处于第二和第四象限（高低集聚和低高集聚）的城市要多，因此总体上的高高集聚和低低集聚效应就比较显著。2017 年，处于第一和第三象限的城市较之 1997 年是略有增加的，而处于第二和第四象限的城市数量是减少的，因此 2017 年的总体 Moran's I 增加就更加容易理解。

1997 年我国城市消费品零售总额的局域 Moran's I 统计量分布地图（图

略）显示，我国城市消费品零售总额分布中，显著的"高高集聚区"包括三块。其中，珠三角的广州、深圳、东莞、佛山是一个显著的流通业高水平集聚区，长三角的上海、苏州是第二个显著的流通业高水平集聚区，第三个是北京和天津流通业高水平集聚区。显著的"低低集聚区"包括五块区域：一是包括鄂尔多斯、庆阳、吴忠、固原、延安、铜川、榆林、天水等城市的陕西、甘肃、宁夏、内蒙古、青海五省（区）交界的一大片地区；二是包含安庆、黄山的安徽南部地区；三是以怀化为中心的大湘西地区；四是以赣州、韶关、肇庆为中心的湘赣粤交界地区，五是包含宝山、昭通的云南西部地区。

对比 1997 年和 2017 年我国城市消费品零售总额的局域 Moran's I 统计量分布地图（图略），可以发现我国城市消费品零售总额集聚格局确实有不小的变化。

一方面，我国城市流通业发展"高高集聚"区从"三足鼎立"演进为"四分天下"格局。其中，珠三角、长三角和京津冀三个高水平俱乐部仍然领衔全国，并且长三角的显著区域增加到上海、苏州和南通。另一个令人瞩目的是，以威海为中心的山东半岛成为新的、显著的城市流通产业高水平发展俱乐部之一，该区域包括了济南、威海、青岛、烟台、潍坊、淄博和临沂等城市。

另一方面，我国城市流通业发展"低低集聚"区总量基本保持不变，分布出现离散化的格局。例如，之前最大的低低集聚区——陕西、甘肃、内蒙古、青海五省（区）交界，榆林市脱离了该俱乐部区，距离更远的、西北部的张掖和酒泉加入了该俱乐部区。此外，在黑龙江东部、临近国境线片区出现了一个新的"低低集聚区"，包括了鸡西、鹤岗、双鸭山和佳木斯等城市。而安徽南部、赣州南部等多个城市也增长较快，逐渐脱离了"低低集聚区"。

7.1.4 城市流通空间关联的 CSDA 分析

7.1.4.1 空间计量模型构建

根据已有研究文献，本书构建如下城市流通产业增长的计量模型：

$$\ln Ret_i = c + \beta_1 \ln Pop_i + \beta_2 \ln Gdpp_i + \beta_3 \ln Bus_i + \beta_4 \ln Mob_i + \beta_5 \ln Int_i + \mu_i$$

$$(7-5)$$

将空间变量嵌入常规模型，得本书的两个空间计量模型：

$$\ln Ret_i = c + \rho WRet_i^L + \sum \beta_k Contrs_{ki} + \mu_i \tag{7-6}$$

$$\begin{cases} \ln Ret_i = c + \sum \beta_k Contrs_{ki} + \mu_i \\ \mu_i = b + \rho WRet_i^L + \varepsilon_i \end{cases} \tag{7-7}$$

模型（7-6）为空间滞后模型 SLM，模型（7-7）为空间误差模型 SEM，表示了两种不同的空间效应来源。其中，Ret_i 为 i 城市市区社会消费品零售总额，$Contrs_{ki}$ 为 k 个控制变量，包括市区人口总数、市区人均 GDP、万人拥有公共汽车数、人均移动电话拥有量、接入互联网户数，空间滞后变量为 i 城市邻区的城市市区社会消费品零售总额；空间权重矩阵 W 是对"邻居"区域的定义，本书考虑边界邻接和距离邻接两种典型情况。

7.1.4.2 空间自相关类型诊断

到底是选择空间滞后模型还是空间误差模型，可以通过 LM 和 Robust LM 检验来进行诊断。如表 7-2 所示，普通的 LM 检验表明，空间滞后更显著地是空间效应的主要来源；Robust LM 检验显示，空间滞后仍然更显著地是空间效应的主要来源。在距离权重下，所有检验都不显著，但仍然是空间滞后好于空间误差。于是，最终诊断结果是空间滞后是我国城市流通业空间效应的主要来源。下面，我们仍然分别使用这两种权重矩阵进行实证分析。

表 7-2　　　　　　　　　　　空间自相关诊断结果

检验项目	邻接权重 rook		距离权重 dist	
	统计值	P 值	统计值	P 值
LM test no s-lag	5.1842	0.0228	0.6576	0.4174
Robust LM test no s-lag	10.2687	0.0013	0.9603	0.3271
LM test no s-err	3.2241	0.0726	0.0490	0.8248
Robust LM test no s-err	8.3086	0.0039	0.3510	0.9999

注：该结果由 Open Geoda 输出，下同。

7.1.4.3 空间计量回归结果及其解释

如表 7-3 所示，我们首先对不考虑空间效应的一般模型进行 OLS 回归，然后分别使用边界邻接空间权重矩阵（rook）和距离空间权重矩阵（dist）进行了空间滞后回归 SLM 和空间误差回归 SEM。结果显示，边界邻接空间权重 rook 下空间滞后回归的空间效应非常显著，并且系数为负。这一结果表明，当前我国城市流通业仍然处于"集聚效应"为主导的发展阶段，中小城市的消费能力和商业设施仍然不断被邻区大城市"虹吸"；而大城市对中小城市的"溢出效应"则尚不显著。控制变量方面，城市人均 GDP、人口规模数、公共交通设施人均量、移动电话拥有量和因特网接入量等因素均对城市流通业增长起到了非常显著和稳定的正向促进作用。

表 7 - 3　　　　　　　　　我国城市流通业空间溢出效应的回归结果

变量名称	OLS 回归	SLM 回归		SEM 回归	
		rook	dist	rook	dist
W_Ret 17	—	- 0. 09 *** (0. 03)	- 0. 13 (0. 13)	0. 15 * (0. 08)	0. 08 (0. 31)
常数项	- 648. 19 *** (54. 25)	- 581. 79 *** (59. 53)	- 542. 86 *** (118. 00)	- 645. 02 *** (56. 28)	- 647. 35 *** (54. 97)
Gdpp	6. 66 ** (3. 22)	7. 47 ** (3. 16)	6. 72 ** (3. 18)	5. 86 * (3. 18)	6. 67 ** (3. 19)
Pop	2. 18 *** (0. 22)	2. 10 *** (0. 22) ***	2. 16 *** (0. 22)	2. 15 *** (0. 22)	2. 19 *** (0. 22)
Mob	1. 73 *** (0. 11)	1. 75 *** (0. 11)	1. 72 *** (0. 11)	1. 77 *** (0. 11)	1. 73 *** (0. 11)
Bus	21. 84 *** (5. 64)	20. 36 *** (0. 55)	22. 00 *** (5. 57)	21. 12 *** (5. 61)	21. 80 *** (5. 58)
Int	1. 09 ** (0. 43)	1. 27 *** (0. 43)	1. 15 *** (0. 43)	1. 14 *** (0. 43)	1. 08 ** (0. 43)
R^2	0. 905	0. 908	0. 906	0. 907	0. 906
观测值	287	287	287	287	287

注：W_Ret 17 为各城市市区社会消费品零售总额空间滞后项；括号内为标准误，*** 、** 和 * 分别表示结果在 1% 、5% 和 10% 水平下显著。

7.1.5　研究结论

本章用探索性空间数据分析方法和实证性空间数据分析方法，对 1997 年和 2017 年我国 287 个主要地级城市流通产业的空间关联效应、模式与影响进行了系统分析。从分析结果我们可以清晰地看到，我国城市流通产业空间发展格局存在以下几个方面的显著特征。

（1）目前我国城市流通产业仍然处于"集聚发展"的阶段，大城市对中小城市形成了强大的"虹吸效应"，而方向相反的"溢出效应"和"扩散效应"尚不显著。这就导致了我国城市流通产业"强者恒强"的极化现象。

（2）当前我国出现了京津冀、珠三角、长三角和山东半岛"四分天下"的发展格局。京津冀以北京和天津为中心，珠三角以广州、深圳和东莞为中心，长三角以上海、南京和苏州为中心，山东半岛以青岛和威海为中心。

（3）当前我国流通产业发展水平较低的城市主要分布在陕西、甘肃、宁夏、内蒙古、青海五省（区）交界区以及各省份的偏远山区。这些城市由于经济发展水平低、人口数量规模偏小、交通通信基础设施配套不足等原因，流通产业一直处于低水平状态。

7.2　城市商圈空间分异研究

商圈是较早被经济学者和地理学者共同广泛关注的问题之一，思想渊源最早可以追溯到英国经济学家马歇尔，商圈理论基础主要是德国城市地理学家克里斯特勒的中心地理论和美国学者赖力的零售引力法则。

中心地理论提出中心地为向居住在它周围地域的居民提供各种货物和服务的地方，本书借鉴这一思想，将长沙的市级和各区级商业中心分别设定为中心地，运用高德地图导航路径规划数据，计算到中心地的等时线，分析城市商圈可达性。列文森（Levinson，2012）认为高速铁路有利于城市站点的可达性，但对沿线居民的生活有负面干扰作用。萨拉斯·奥尔梅多等（Salas-Olmedo et al.，2015）引入竞争对手和边界效应因素，评价了新建公路交通设施对欧盟可达性的影响。张兵等（2006）认为湖南公路网络可达性以中南部为主的中心边缘是同心圈层结构，呈现明显东北—西南轴线特征。蒋海兵等（2010）采用同心圆法、扇形法与最近邻域法探讨卖场空间特征，利用行进成本分析法计算卖场可达性，并根据伽萨法则叠加了卖场引力因素，得到伽萨法则商圈。宋正娜等（2010）将主要可达性度量方法分为比例法、最近距离法、基于机会累积的方法、基于空间相互作用的方法，并对各类方法的应用领域及优缺点进行比较，同时以潜能模型、两步移动搜寻法为例探讨相关方法在公共服务设施空间可达性度量中的应用。徐晓燕等（2012）以空间句法研究方法，根据总体整合度、住区配套商业设施的拓扑深度及线段分析法得出最佳服务区域，综合评价不同空间模式的住区配套商业设施可达性差异。谌丽等（2013）利用北京城市服务设施空间数据借助 GIS 评估居民的客观服务设施可达性，通过多元回归模型讨论居民服务设施可达性偏好与现实的错位情况和相关因素并侧重验证城市空间结构和住房获取渠道的影响。江海燕等（2014）系统比较了城市公共设施公平评价的物理可达性与时空可达性测度方法，前者是基于地方、考察设施与个体日常生活位置之间的物质空间临近方法，后者是基于个人的、考察个体使用设施机会大小的评价方法。赵梓渝等（2016）并引入营业面积、人口数量、消费者偏好等变量，对长春市大型零售设施的空间分布特征进行了研究，认为快消零售设施空间分布的向心性显著，呈单中心的集聚特征；耐消设施分布的离心化相对明显。谢栋灿（2016）通过互联网地图的路线导航服务获取交通时距数据，对沪宁杭三市当前的一日交流圈进行了划定和比较，分析了一日交流圈的扩展特征，探讨了高速公路网和高铁在一日交流圈扩展中的作用，发现区域重大交通基础设施的建设对一日交流圈的扩展具有显著作用。浩飞龙等（2017）以高德互联网地图的导航服务功能为基础，利用时空圈测度工具，从步行交通、公共交通及小汽车交通三个方面，综合测度与评价长春市各商业中心的时空可达性，并分析其交通拥挤度与公共交通优先度特征。毛琦梁和王菲（2017）认为可达性高的地区产业升级对本地累积生产能力禀赋的依赖要弱于可达性低的地区，一定程度上说明区域一体化程度是影响产业升级的重要方面。

　　总体来说，可达性研究具有比较丰富的研究成果，然而可达性与商圈结合的研究成果并不多见。在一般性的基于 GIS 的商业区位模型研究中，也只要采用质点直线距离测算，显然偏误较大，因为没有全面考虑实际交通网络、道路等级、不同的交通方式等具体问题。谢栋灿（2016）基于互联网地图服务考虑了这些实际因素，运用时空圈模型研究了长春市商业中心可达性分析和沪宁杭三市的城市一日交流圈，提供了重要的方法借鉴。本章正是从这些实际问题和方法出发，基于克里斯特勒的中心地理论和高德地图导航服务数据，东部以深圳市为例、中部以长沙市为例、西部以兰州市为例，研究城市商圈的空间分异特征。

7.2.1 研究框架

7.2.1.1 大数据获取方法

基于高德地图应用程序编程接口（application programming interface，API），使用网络爬虫爬取东部代表城市深圳市、中部代表城市长沙市、西部代表城市兰州市的城市商业网点兴趣点（point of interest，POI）大数据，然后筛选大型商场和超市作为研究对象，属性信息包括大型商场或超市名称、类型、地址、面积、经纬度等基本属性信息。交通等时线数据同样也是通过高德地图 API 获取，然后绘制交通等时线和栅格。

7.2.1.2 研究方法

可达性是比较宽泛的概念，不同的学者从克服空间阻隔的难易、单位时间的接触机会、相互作用的潜力、交通出行的时空范围、居民出行效应等不同的角度给出了不同的界定。可达性的量度大致上都包含了土地利用、交通设施、时间约束、个体属性等基本要素。计算可达性的方法可以分为以下四种。

（1）平均最短时间法：

$$A_i = \frac{1}{n} \times \sum_{j}^{n} T_{ij} \qquad (7-8)$$

其中，A_i 为最短时间的平均值；T_{ij} 为 i 点到 j 点之间最短路程所对应的最短时长。

（2）加权平均最短时间法：

$$A_i = \sum_{j}^{n} (T_{ij} \times M_j) / \sum_{j}^{n} M_j \qquad (7-9)$$

其中，A_i 为最短时间的加权平均值；T_{ij} 为 i 点到 j 点之间最短路程所对应的最短时长；M_j 为节点之间的人口或 GDP 等属性指标。

（3）空间阻隔法：

$$A_i = \sum_{i=1, j \neq 1}^{n} c_{ij} \qquad (7-10)$$

其中，A_i 为 i 区域的综合可达性；C_{ij} 为 i 点到 j 点之间的空间阻隔，指标可以是两点之间的空间直线距离、交通网络距离、出行时耗、货币成本或综合成本等，引入阻隔衰减函数。

（4）累计机会法：

$$A_i = \sum_{j} O_{j\tau} \qquad (7-11)$$

其中，A_i 为节点的可达性；j 为到达目的地的距离及花费的时效；τ 为时间阈值，在计算之前设定；$O_{j\tau}$ 为节点的就业等机会。

7.2.1.3　交通等时线获取方法

获取交通等时线的具体方法为：第一，借鉴中心地理论，指定具体的中心点，输入目标点名称或者 WGS84 坐标系经纬度地址，本章先后设定深圳市、兰州市和长沙市三个城市的商圈中心点名称。第二，以第一步设定的目标点为中心，根据具体情况设置从各个方向到达中心点的最大时限范围，本书根据不同的交通方式条件设置了 60 分钟、45 分钟和 30 分钟三种时限，再生成指定时限范围内的点阵。第三，根据高德导航提供的交通方式选取研究所用的具体交通方式，重点部分分别选取小汽车、公共交通、自行车三种交通方式，作为到达各商圈中心点的交通方式。第四，选择各交通方式等时线的时间间距，本书根据不同的交通方式选择等时线间距为 15 分钟或 10 分钟。第五，将上述点阵导入到 ArcMap，依次以小汽车、公共交通、自行车三种交通方式确定高德导航系统的交通速度，以各商圈中心点的实际路网距离为路程，即采用可达性计算方法的平均最短时间法，基于点阵数据空间插值得到交通时耗栅格，依据选定的等时线间距生成等时线交通圈。

考虑到不同等级的商圈，满足的顾客群体不同，市级商圈主要满足全市顾客的需求，因此市级商圈的时限范围比区级商圈的时限范围要大。基于以上考虑，综合已有相关研究结论，本书将不同交通方式的等时线的时限范围设置如表 7-4 所示。

表 7-4   不同交通方式等时线的时限范围及时间间距   单位：分钟

商圈	汽车		公共交通		自行车	
	时限范围	时间间距	时限范围	时间间距	时限范围	时间间距
市级商圈	45	15	60	10	60	10
区级商圈	30	10	45	15	45	15

设定时限范围的目的在于研究在相同时间范围内到达中心点的覆盖范围差异，若在相同时限范围内覆盖的地域面积越大，则说明该商圈的可达性越好，反之亦然。等时线时间间距设置没有固定的规律和要求，一般来说，只需要保证等时线不过于密集或稀疏就可以。经过多次实验，根据本书具体研究对象设置为 10 分钟和 15 分钟比较合适。

7.2.2 东部城市：深圳市流通产业空间结构优化

7.2.2.1 研究区域

深圳市是改革开放的前沿阵地，又是改革开放以来新崛起的一座市场化开放度国际化高的新兴城市。研究深圳市的流通产业空间结构具有代表性意义。深圳市地处广东省南部，位于珠江三角洲的东岸，紧邻香港地区，整个深圳市分为深东、深西、深北和深南四大区域，2018 年深圳市行政区划下辖光明区、宝安区、龙华区、南山区、龙岗区、福田区、罗湖区、坪山区、盐田区和大鹏新区，共 10 个行政区。为方便比较研究深圳市全市范围内的城市商圈空间分布规律，本章以整个深圳市的典型城市商圈为例展开研究。

7.2.2.2 基于汽车等时线的城市商圈空间分异

小汽车是城市居民出行的主要交通工具，深圳市的交通路网通达性比较好，因此以汽车出行为代表，作为深圳市研究城市商圈等时线的交通方式。以深圳市现有的发育比较成熟的宝安商圈、福田商圈、华强北商圈、龙岗商圈、龙华商圈、罗浮商圈和南山商圈为例，运用等时线研究方法，生成各个城市商圈的 30 分钟汽车等时线，研究深圳市城市商圈空间结构特征，得到以下基本规律。

第一，由单中心型城市商圈向多中心型城市商圈发展演进。20 世纪八九十年代深圳市城市商圈主要集中在东门老街以及华强北等商业街，属于辐射全市的单中心型市级城市商圈，发展到现在形成了多中心型城市商圈结构。深圳市城市商圈空间结构与业态相辅相成，各城市商圈之间呈差异式发展。

第二，各城市商圈汽车等时线呈不规则触角外伸形态，触角主要沿深圳市主要快速路和城市主干道外延。由于整个深圳市南面靠海，受水面影响，宝安商圈、福田商圈、南山商圈受水面影响不能往南向延伸，华强北商圈和罗湖商圈与香港地区商业经济联系强度大，这两个城市商圈南向往香港方向延伸明显。

第三，大部分城市商圈覆盖面积差异不明显。深圳七个主要城市商圈汽车等时线，每个城市商圈均有三条等时线，每条等时线的时间间距均是 10 分钟，最外围的等时线表示每个城市商圈中心向四周辐射，驾驶汽车沿城市道路行驶，所能覆盖的最远区域。

根据各城市商圈矢量图（图略），运用计算几何方法计算各城市商圈面积，得到表 7 - 5 所示深圳市各城市商圈汽车等时线 30 分钟的覆盖面积。汽车等时线 30 分钟所覆盖的面积从大到小依次是华强北商圈、福田商圈、龙华商圈、宝安商圈、罗湖商圈、南山商圈、龙岗商圈。华强北商圈面积最大，龙岗商圈面积最小，凸显了华强北商圈的重要地位。

表 7 - 5　　　　　　　　　深圳各城市商圈面积比较　　　　　　　单位：平方公里

商圈	宝安商圈	福田商圈	华强北商圈	龙岗商圈	龙华商圈	罗湖商圈	南山商圈
面积	241.5	290.1	313.9	117.6	261.6	223.1	199.8

7.2.3　西部城市：兰州市流通产业空间结构优化

7.2.3.1　研究区域

兰州市是甘肃省的省会城市，是新亚欧大陆桥中国段的五大中心城市之一，还是丝绸之路经济带的重要节点城市。兰州是中国西北地区重要的工业基地和综合交通枢纽，西部地区重要的中心城市之一，具有重要的战略地位。兰州市依黄河而建，黄河自东西穿城而过，是唯一一个黄河穿越市区的省会，市区东西狭长，具有带状盆地城市的特征。兰州市辖 5 个区 3 个县，即城关、七里河、西固、安宁、红古 5 个区和永登、榆中、皋兰 3 个县。本章选取兰州市的中心城区作为兰州市流通产业空间结构优化的研究区域，包括西固区、安宁区、城关区、七里河区，共 4 个市辖区。

7.2.3.2　基于汽车等时线的城市商圈空间分异

兰州市形有的城市商圈主要有东方红广场商圈、南关商圈、铁路局商圈、西关商圈、西站商圈、小西湖商圈等，以上述城市商圈中心为核心，以小汽车为主要交通方式，以 10 分钟为时间间距，生成 30 分钟汽车等时线，刻画兰州市城市商圈所能覆盖的城市区域范围。兰州市的汽车等时线商圈具有鲜明的特征，表现在以下几个方面：

第一，城市商圈形态都呈现不规则外伸触角形态。因为小汽车对城市道路的依赖性大，使得城市商圈触角主要沿着城市快速路和主要干道外伸，触角越往外伸长，表明交通可达性越好，城市商圈覆盖范围越广。相比之下，自行车骑行轨迹对道路的依赖性远弱于小汽车，一般而言自行车汽车商圈的形态一般呈现比较规则的同心圆形态。

第二，城市商圈在空间上整体都呈现东西狭长形。这样的城市商圈形态主要受到兰州市地理位置特殊性的影响。因为在兰州市内黄河自东西穿城而过，整个兰州市是依黄河而建，也是唯一一个黄河穿越市区的省会城市，黄河水域的阻隔对兰州市城市商圈形态具有显著影响。其次，兰州市也受到南北两山夹峙地形的影响较大，兰州市区东西狭长，大约有 30 公里长，南北最窄处，仅约 5 公里，受这样的地形影响，使得兰州市具有典型的带状盆地城市特征。兰州的带状盆地特征对兰州市城市商圈整体形态具有重要的影响，使得几乎所有汽车商圈中心线呈现沿东西方向和南北方向 45 度线的方位倾斜。

第三，城市商圈面积差异显著。依据兰州汽车等时线商圈矢量图（图略），计算兰州市各城市商圈 30 分钟汽车等时线所围成的区域面积，得到如表 7-6 所示的兰州城市商圈面积。

表7-6 兰州各城市商圈面积比较 单位：平方公里

商圈	东方红广场商圈	南关商圈	铁路局商圈	西关商圈	西站商圈	小西湖商圈
面积	95.7	92.4	87.3	134.4	173.3	142.4

由表7-6可知，兰州市六个主要城市商圈面积存在比较大的差异，东方红广场商圈、南关商圈、铁路局商圈面积都在100平方公里以内，最小的是铁路局商圈，面积为87.3平方公里。西关商圈、西站商圈、小西湖商圈面积均在100平方公里以上200平方公里以内，最大的是西站商圈，面积为173.3平方公里。各城市商圈面积从大到小依次是西站商圈、小西湖商圈、西关商圈、东方红广场商圈、南关商圈、铁路局商圈，最大商圈面积比最小商圈面积的两倍略大。

下面对深圳市和兰州市同为30分钟的汽车等时线商圈进行比较分析，如表7-7所示。

表7-7 深圳城市商圈与兰州城市商圈比较 单位：平方公里

深圳商圈	华强北	福田	龙华	宝安	罗湖	南山	龙岗
商圈面积	313.9	290.1	261.6	241.5	223.1	199.8	117.6
兰州商圈	西站	小西湖	西关	东方红广场	南关	铁路局	—
商圈面积	173.3	142.4	134.4	95.7	92.4	87.3	—

表7-7分别为深圳市和兰州市30分钟汽车等时线商圈，由此反映东、西部城市商圈面积存在显著差异。需要明确的是，两个城市的汽车等时线商圈，时间限定都是30分钟，即各城市的各商圈中心分别向四周驾驶汽车，在30分钟内所能覆盖的区域面积。商圈面积当然受城市道路、人口密度、山川河流、经济发展等众多因素的影响。在客观结果上，深圳最大的华强北商圈几乎是兰州最大商圈西站商圈的两倍，而且发现按依次排序的深圳商圈面积都几乎是所对应位序兰州商圈的两倍，而且深圳倒数第二的南山商圈面积比兰州最大的西站商圈面积还大。

7.2.4 中部城市：长沙市流通产业空间结构优化①

7.2.4.1 研究区域

长沙市位于湖南省东部偏北，是长江中游重要的节点城市，是湖南省省会，也是湖南省的政治、经济、文化和商贸中心。长沙市辖芙蓉、天心、岳麓、开福、雨花、望城 6 区和长沙县、宁乡市、浏阳市 3 县（市）。本书研究区域选取长沙市 6 个辖区，即芙蓉区、天心区、岳麓区、开福区、雨花区、望城区。

长沙市现分布有 1 个市级商圈、10 个区级商圈，根据数据可得性选取 9 个商圈作为研究对象，即五一广场商圈、溁湾镇商圈、火车站商圈、伍家岭商圈、东塘商圈、红星商圈、望城坡商圈、黎托商圈、大托商圈。

7.2.4.2 基于汽车等时线的城市商圈空间分异

城市居民购物出行的主要交通方式还是汽车，但在现代都市发展中，汽车也导致越来越严重的拥堵现象，因此汽车也成为我国大都市政府治理交通的主要考虑方式之一。在几种可选的城市交通方式中，汽车的便捷程度和可达性都优于其他交通方式。

长沙城市商圈汽车可达性分析中，五一广场作为唯一的市级商圈表现出较大的空间分异特征。

（1）空间结构层级特征突出。基于市级商圈和区级商圈定位的不同，商圈空间结构表现出明显的层级特征，五一广场市级商圈覆盖面广辐射全市，区级商圈主要辐射所在区域。五一广场市级商圈的小汽车 45 分钟等时线基本覆盖了长沙中心城区，仅有望城区和岳麓区的含浦街道、莲花镇、雨敞坪镇等部分区域没有覆盖。五一广场市级商圈依托强有力的商业聚集中心，形成了东起蔡锷路、西抵太平街、南达城南路、北至营盘路的长方形商业区域，五一广场市级商业中心规划控制面积达 1.13 平方公里。五一广场商圈汇聚了

---

① 本部分内容来自课题阶段性成果：吴忠才，唐红涛. 基于交通等时线的城市商圈识别及交通要素研究——以长沙五一商圈为例［J］. 商学研究，2018（3）.

大型的百货、商场、超市、专卖店等丰富的业态，形成了购物、餐饮、休闲消费"三分天下"的消费格局，已经成为长沙市的高档购物消费中心，由此形成的辐射范围广。

（2）空间形态沿快速路延伸拓展明显。五一广场市级商圈45分钟等时线最外围，西向从绕城高速沿长张高速向西方向拓展特征明显，已经抵达岳临高速线。南北方向沿主要城市干道呈指状拓展特征明显。东向沿机场高速向东拓展特征明显。内部的30分钟等时线，基本形状和走向与外围的45分钟等时线类似，西向主要沿枫林路和岳麓大道向西延伸，基本抵达绕城高速，北向和南向都已经抵达绕城高速，但东向延伸受阻，主要是因为经过市中心交通受阻。内核的15分钟等时线主要在五一广场附近，西向沿五一大道向西延伸至枫林一路，南北向沿黄兴路、蔡锷路方向扩展，呈现一个空心加号形状，向北向西延伸优于向东向南。在区级商圈空间形态上，也表现出沿城市主干道向外延伸拓展的明显特征，呈现向外延伸的指状突出特点。在大托商圈表现最为明显，沿芙蓉南路、环保东路向东南方向延伸拓展明显，望城坡商圈和伍家岭商圈均沿长张高速向西拓展明显，向外拓展越明显则可达性越好。

7.2.4.3 基于公共交通等时线的城市商圈空间分异

长沙市公共交通以地铁和公交为主。截至2017年8月，长沙市轨道交通运营线路有长沙地铁1号线、地铁2号线、磁浮快线共3条线路，轨道交通线网覆盖了长沙主城区，运营里程68.48公里。长沙市公共交通在城市功能、居民出行、节能减排、缓解拥堵等各方面起到了重要的作用。公共交通是城市建设和发展最重要的基础设施之一，也是城市商圈发展最重要的支撑条件之一。基于公共交通等时线的长沙城市商圈空间分异具有明显的特征。

（1）核心边缘正相关特征。公共交通的核心边缘呈现正相关的显著特征，五一广场商圈、溁湾镇商圈、火车站商圈等地处城市核心功能地带的商圈，其商圈辐射范围越大，可达性越好。望城坡商圈、伍家岭商圈、红星商圈、大托商圈、黎托商圈等地处城市边缘的商圈，公共交通等时线覆盖面积明显较小，商圈可达性较弱。城市商圈的可达性空间特征，呈现明显的与地理区位的核心边缘相一致的结论，即核心区位可达性强，边缘区位可达性弱，是一种正相关关系。可以理解为城市核心区位的公共交通路网密度大、公交频次高、公交线路多，对城市商圈的支撑能力强等因素导致的。

公共交通的核心边缘正相关结论具有十分鲜明的政策指导意义和价值，即未来城市交通建设和发展的重点领域应该优先放在公共交通的建设和改革上，特别是重点方向和城市边缘地带的公共交通建设和发展，符合我国城市交通发展客观规律，这对政府制定相关政策和城市规划具有重要的理论价值和实践指导意义。

（2）河流阻隔效应明显。城市商圈可达性受到的阻碍因素主要有河流、山脉、铁路等，从城市商圈公共交通可达性计算结果来看，影响最大的是河流，大托商圈可达性可以很明显地反映出来。大托商圈的公共交通辐射范围呈近似狭长椭圆形，与湘江平行分布，南北可达性较好，但东西向可达性很弱，主要原因就是湘江的阻隔作用。其他另外的两种影响因素不显著，岳麓山和京广铁路对附近区级商圈的阻碍作用不明显，可达性较好。

7.2.4.4　基于自行车交通等时线的城市商圈空间分异

自行车交通是一种既古老又便捷的交通方式，特别是随着现代社会城市交通拥堵的出现和居民健身意识的加强，共享单车已经成为城市一种重要的交通方式。自行车交通具有鲜明的优势和劣势，劣势主要表现在与机动车相比交通时耗更长。其优势主要体现在骑行便捷、成本低廉、停放方便、节能减排、强身健体等方面，2012 年国家住房和城乡建设部、国家发展改革委和财政部三部委联合发布了《关于加强城市步行和自行车交通系统建设的指导意见》，指出为了"促进城市交通领域节能减排，加快城市交通发展模式转变，预防和缓解城市交通拥堵，促进城市交通资源合理配置，倡导绿色出行"，"大城市、特大城市发展步行和自行车交通，重点是解决中短距离出行和与公共交通的接驳换乘；中小城市要将步行和自行车交通作为主要交通方式予以重点发展。"长沙城市商圈自行车可达性空间分异特征也很明显。

（1）空间形态基本一致，均呈近似圆形。长沙城市商圈自行车等时线空间形态基本保持一致，无论是市级商圈还是区级商圈，均呈近似同心圆圈层结构，而上述小汽车和公共交通等时线辐射范围基本都呈现不规则多边形。基本原因在于小汽车和公共交通对城市路网或路线的依赖性要远远大于自行车对路网的依赖性。本书依据国家《城市道路工程设计规范》（CJJ 37—2012），把城市道路等级划分为快速路、主干路、次干路、支路四级。快速路完全为交通功能，是解决城市大容量、长距离、快速交通的道路，设计行车速度为60～100公里/小时。主干路，是连接城市各分区的干路，是城市道路网的主要骨架，以交通功能为主，设计行车速度为40～60公里/小时。次干路，主要承担主干路与各分区间的交通集散作用，兼有服务功能，设计行车速度为30～50公里/小时。支路为次干路联系各居住小区的连接线路，解决局部地区交通，以服务功能为主，设计行车速度为20～40公里/小时。特别是公共交通只能沿固定路线行驶，使得城市商圈等时线辐射范围呈现不规则多边形。自行车相对于机动车来说，骑行和停放都非常方便，对城市路网的依赖性弱，从而使得自行车等时线辐射空间形态呈现规则的近似同心圆圈层结构。

（2）辐射面积大致相似。由于自行车使用者在城市内骑行的速度，受到不同等级城市路网的影响较小，使得城市商圈的自行车等时线的辐射面积在市级商圈与区级商圈之间的表现得很相似，在各个不同区位的区级商圈之间的等时线辐射面积也很相似。因此城市商圈的自行车等时线辐射面积都大致相似，主要原因是城市内自行车骑行速度受路网等级影响小。

7.2.5　研究结论

本书选择了汽车、公共交通和自行车三种交通工具，运用高德地图导航路径规划 API，分析了基于三种交通工具的深圳市、兰州市和长沙市城市商圈等时线的空间形态和空间结构分异特征，得到了以下的几个主要结论。

（1）运用互联网在线地图导航功能分析城市商圈在技术上是可行的，由于所用距离是实际路网距离和实际车速，使得分析结论更加接近实际。

（2）以汽车等时线为例的分析中，深圳市与兰州市同为30分钟外围等时线商圈差异显著。深圳市最大的华强北商圈几乎是兰州市最大商圈西站商圈的两倍，按依次排序的深圳市商圈面积都几乎是所对应位序兰州市商圈的两倍，而且深圳市倒数第二的南山商圈面积比兰州市最大的西站商圈面积还大。

（3）基于汽车等时线的城市商圈空间结构层级特征突出，长沙市五一广场市级商圈覆盖面广辐射全市，区级商圈主要辐射所在区域。汽车等时线的城市商圈空间形态沿快速路延伸拓展明显，覆盖面积越大、结构向外拓展明显则可达性越好。汽车等时线的区级商圈具有核心边缘负相关特征，商圈可达性与位置呈反向关系，越接近郊区可达性越好，越接近市区可达性越弱。

（4）基于公共交通等时线的城市商圈空间分异具有核心边缘正相关特征，核心区位可达性强，边缘区位可达性弱，城市核心区位的公共交通路网密度大、公交频次高、公交线路多，对城市商圈的支撑能力强等因素导致的。因此未来城市交通建设和发展的重点领域应该优先放在公共交通的建设和改革上，特别是重点方向和城市边缘地带的公共交通建设和发展，这对政府制定相关政策和城市规划具有重要的理论价值和实践指导意义。公共交通等时线的城市商圈河流阻隔效应明显，大托商圈是典型例证，岳麓山和京广铁路对附近区级商圈的阻碍作用不明显，可达性较好。

（5）基于自行车等时线的城市商圈空间形态基本一致，无论是市级商圈还是区级商圈，均呈近似同心圆圈层结构，而汽车和公共交通等时线辐射范围基本都呈现不规则多边形，基本原因在于汽车和公共交通对城市路网或路线的依赖性要远远大于自行车对路网的依赖性。由于城市内自行车骑行速度受路网等级影响小，自行车等时线的城市商圈辐射服务面积大致相似。

第8章

仿真研究视角下城市流通产业空间结构优化

　　城市流通产业空间结构研究拥有悠久的传统，从最早的零售商业空间到各种业态的空间结构。考虑到流通产业包括批发、零售、餐饮及仓储行业，但是具有比较鲜明的空间结构形态的只有零售业及餐饮业，它们的空间相互作用形成了城市流通产业空间结构（也可以用城市商业空间结构或者城市商圈来描述）。流通产业在各种空间维度上都呈现出空间集聚的状态和特征。在宏观维度，从雷利提出的商圈引力模型就反映了城市层面上流通产业集聚的空间状态表征，在发达国家的流通产业空间分布也呈现出在大都市到郊区的历史过程；但是我们主要研究中观和微观层面的空间集聚，城市、区域乃至全球尺度均呈现空间集聚特征。在中观和宏观尺度，城市流通产业的空间特征几乎等同于商业空间结构特征（以下用商业空间替代流通产业空间），这种空间结构特征反映在城市内部商业的空间集聚和空间扩散现象同时存在，在商业空间之间以及商业空间内部商业主体、消费者以及其他相关利益主体互相作用，从而演化出现实生活中的多种多样的商业空间结构。

　　从现有城市商业空间结构形状看，大多呈现出比较明显的圈层分布现象，排除自然环境（如山川河流等城市固有环境）造成的影响，在现实生活中城市大多演化成一个或者数个核心商业区，然后随着城市规模不断扩张以及交通基础设施的不断改善，城市商业空间向周边辐射，最终形成一个中心，多个次中心，众多社区商业网点共同组成的城市商业空间结构，这一点可以从下面的几个城市的商业空间分布得到一些证实。

　　研究显示，无论是一线城市的北京市和广州市，还是一般省会城市的长沙市，城市商业空间都是比较明显的中间核心的圈层分布结构，这也成为后面我们进行商业空间影响因素仿真研究的空间分布基础。尽管城市商业空间分布大体呈现出中心圈层分布，但具体到每个城市仍然充满了空间差异性，城市商业空间结构会受到什么因素影响呢？国内外学者进行了大量的研究。无论是分析城市商业空间的基本趋势还是进行城市商业空间建模，经济学、地理学和计算机学科都在自己的学科领域和交叉学科领域做出了探索。

8.1　城市流通产业空间结构形成机理[①]

城市流通产业空间结构如何形成现有的空间结构，从杜能的农业区位论、韦伯的工业区位论、廖什的商业区位论都试图给出答案，但无论是哪种理论都没有真正刻画城市流通产业空间结构形成和演化的核心。

8.1.1　城市商业空间结构形成基础

首先城市流通产业空间结构形成和演化的一个重要基础假设是城市商业空间存在异质性，只有城市商业空间不同区位存在差别，所谓的城市商业中心以及由此而带来的商业空间结构才可能成立，匀质的商业空间只能形成均匀分布的商业组织，围绕消费者形成整齐的商业空间。但是非匀质的商业空间分布给空间建模带来了极大的难题，地理学家的处理方法是将城市实际商业地理分布进行地理学意义的探讨，计算商业核密度和各种指数；经济学家只能将这种空间异质性进行简化处理，正如克鲁格曼在空间经济学经典建模中所做的处理一样。其次，要分析城市商业空间结构均衡问题，必须要深入分析城市商业空间供给和空间需求。城市商业空间供给的主体主要来自大大小小、业态各异的商业组织以及由这些商业组织形成的商业集群（商圈），商业空间供给函数主要包括供给商品和服务本身以及空间区位[②]，而且这种供给函数还包括各个商业企业之间复杂的空间相互作用；城市商业空间需求

---

① 本部分内容来自课题阶段性成果：唐红涛，等. 城市商圈空间均衡模型及仿真实验研究［J］. 湖南理工学院学报，2018（2）.

② 商业企业供给空间区位可以看作商业企业的选址，但一旦选定即可视为对消费者提供了特定区位。

的主体主要来自城市的消费者，为了简便起见，一般假定消费者是同质分布的，但即使是同质消费者对不同商业企业提供的空间区位、商品服务还是有明显的异质性需求。另外，商业空间分布对居住在城市不同区域的消费者有着显著的差异，这种差异可以部分解释城市商业空间集聚现象的形成。最后，城市商业空间供给和城市商业空间需求必须实现空间均衡，从实际看，城市商业空间均衡的结构不是唯一的，存在着多重均衡，一个是城市的发展有很强的路径依赖性，历史上的商业中心往往会延续到今天，城市商业空间均衡也是长期发展的结果，也会随着经济社会环境变化产生相应变化。

8.1.2 城市商业空间集聚

无论是城市商业空间的哪种均衡结构，城市商业空间集聚现象都是城市商业空间结构中最为重要的现象。在现有商业经济学理论中，城市商业分布与消费者分布关系的研究就属于城市商业空间结构研究领域，而且两者的空间关系对城市通勤行为[①]、土地和房地产价格、商业空间分布特征有很大影响，同时这些因素的变动又会强烈地反作用于上述关系。从微观层面来刻画，消费者在特定商业区位、居住区位、工资水平、通勤水平的共同约束下实现消费效用最大化；商业企业选择特定的空间区位，在工资水平、企业交通成本等共同约束下实现企业经营利润最大化，两者的一般均衡即可实现整个城市在宏观层面上的商业空间状态。

但商业空间集聚现象除了考虑一般因素，商业空间外部经济和外部不经济对商业空间集聚产生了最为重要的影响。正如前文论述，初始的商业空间分布可能呈现出异质性分布状态，初始的商业空间比较优势会导致一个或多个商业中心的行为，但是随之而来的商业空间集聚过程会加剧商业空间不平衡性，正如怀特（White，1977）应用早期的空间模型详细分析了空间集聚的动态过程。产业经济活动产生集聚外部性分为内部规模经济和外部规模经济，内部规模经济既包括私人产品的生产，也包括公共产品的形成和维护，后者包括交易市场、政治与文化设施、人文景观等。随着经济活动的相对聚集，它们的边际收益增加，成为集聚经济产生的源头。而商业集聚形式主要是商

---

① 区别于一般产业活动的通勤活动，这里特指商业活动的通勤。

业企业之间产生的强烈外部性，既包括共享基础设施带来的整体运输成本的下降，也包括共享劳动力市场所形成的劳动力水池效应，还包括信息交互产生的网络外部性以及学习先进企业带来的知识外溢效应。当然，商圈形成对消费者产生的整体吸引力更是这种外部经济直接效应。以上这些外部效应既有市场交互作用，也有非市场交互作用。这种集聚效应如何形成商业空间分布呢？由于建模的实际困难，并没有文献直接给出答案，但是考虑到类似空间分布情况下，许多学者测算了整体城市空间分布状态。发现如果交通成本很高，城市空间演化的结果将会是混合用地均衡，在多个区域实现局部均衡；如果交通成本偏低，空间外部性强度足够大，并且随着空间扩散空间外部性衰减较小，则会通过城市中心强烈的集聚效应产生一个单中心的城市；如果外部性衰减较大，则会在城市多个区域实现中心分布，表征为城市多中心。事实上，城市商业空间分布可以借鉴类似分析思路。如果城市商业空间区位成本①很高，城市必然实现商业空间的均匀分布，只有当这种区位成本降到较低的水平时，商业空间集聚才会发生并且要一直持续到商业空间外部性衰减的区域。因此，考虑各个城市的不同状况，实际城市商业空间分布会呈现出多种均衡并存。

8.1.3 一个城市商业空间均衡模型

按照新经济地理学的理论，我们可以建立一个基于商业空间区位的一般均衡模型。首先假设一个城市经济体中仅仅存在两个经济主体：商业企业和消费者。商业企业在城市中选择不同的商业区位，获得不同的商业空间外部性②，以获取利润最大化为最终目标。我们考虑城市之中一个典型性的商业企业，需要使用劳动力和商业资本提供商业空间供给，生产函数采用柯布－道格拉斯函数，不考虑规模报酬递增，因此可以将生产函数定义为：

$$q_i = f(\ \cdot\ )(h_i L_i)^{\alpha} K_i^{\beta}, \ \alpha + \beta = 1 \tag{8-1}$$

---

① 这里的城市商业空间区位成本可以表示为城市商业企业提供产品和通勤成本的一个关联函数。

② 在这里，为了模型推导简便，我们将商业空间租金内化进商业空间外部性之中，将其考虑为一种空间负外部性。

其中，q_i 为商业企业的供给；h_i 为劳动力的知识水平[①]，反映了在城市中典型商业企业的人力资本水平；$f(\cdot)$ 函数度量了商业企业空间选择所带来的商业空间外部性，主要包含三个层面：第一，商业企业集聚与消费者产生的良性循环互动，能够有效降低商业企业的营销成本和消费者的交易成本；第二，商业企业之间形成的空间外部性，特别是商业主力店在商业空间结构中带来了人流、信息流、资金流，为其他商业企业空间供给带来强烈的正外部性；第三，考虑到城市范围内往往不只有一个商圈，城市商圈之间的空间外部性[②]也能传递给商业企业，从而反映在商业企业的生产函数之中。因此，我们可以将 $f(\cdot)$ 定义为商业空间外部性函数：

$$f(\cdot) = A_0 LS_1^{\varphi_1} LS_2^{\varphi_2} LS_3^{\varphi_3}, \quad \varphi_1, \ \varphi_2, \ \varphi_3 > 0 \qquad (8-2)$$

其中，A_0 为常数，表示除了商业空间外部性之外的其他影响因素。LS_i（$i = 1, 2, 3$）表示上面描述的商业空间正外部性的三个层次，$\varphi_i(i = 1, 2, 3)$ 表示这三种正外部性的作用强度，一般而言，商业企业之间的商业空间正外部性的作用强度最大。与之类似的，PS_i，$i = 1, 2$ 和 τ_i，$i = 1, 2$ 分别表示商业空间负外部性以及作用强度。这五个指标可以刻画出城市商业空间供给的互动机制以及形成商业集聚的演化逻辑。

商业企业在劳动力和资本约束下，考虑到商业空间外部性的作用来实现利润最大化，利润函数可以刻画如下：

$$\pi = p_i q_i - \omega_i L_i - r_i K_i \qquad (8-3)$$

其中，p_i、ω_i、r_i 分别为商业企业产品和服务价格、劳动力工资和商业资本价格。考虑到商业企业的资源约束条件和商业空间外部性，对商业利润进行一阶求导可得商业资本和劳动力价格的最优解为：

$$\omega_i = \alpha p_i f(\cdot) h_i^{\alpha} \left(\frac{K_i}{L_i}\right)^{\beta}, \ r_i = \beta p_i f(\cdot) h_i^{\alpha} \left(\frac{K_i}{L_i}\right)^{\beta-1} \qquad (8-4)$$

根据公式（8-1）和公式（8-4），可以计算出商业企业的空间生产率[③]为：

$$prod_i = \frac{p_i q_i}{L_i} = \beta^{\frac{\beta}{\alpha}} r_i^{-\frac{\beta}{\alpha}} h_i [p_i f(\cdot)]^{\frac{1}{\alpha}} \qquad (8-5)$$

---

① 某种层面而言，商业企业的技术创新几乎都来自劳动力的人力资本质量。

② 例如，城市地铁等快速交通的发展很容易地将消费者从一个城市商圈转移到另一个城市商圈。

③ 之所以用空间生产率是因为商业企业生产率函数包含了商业空间外部性。

接下来分析在城市商业空间格局中的消费者，消费者一方面从商业企业获得收入，另一方面选择商业产品和土地①进行消费者决策以实现消费者效用最大化。

因此可以定义城市中典型的消费者的效用函数：

$$U_i = g(\cdot) C_i^\mu S_i^\gamma, \ \mu + \gamma = 1 \qquad (8-6)$$

其中，U_i 为消费者的效用函数，为简单起见，我们取类似于生产函数的指数形式，C_i、S_i 分别代表了消费者对商业产品和土地的消费量，$g(\cdot)$ 与商业企业空间选择相类似，可以定义为商业空间给消费者带来的负外部性，主要包含了两个层面：第一，商业企业集聚必然会导致城市土地租金的上升，深入分析可以发现这种增加与集聚程度并非呈现出简单的线性关系，有可能出现先递增后递减的趋势，类似于生存曲线；第二，商业企业集聚可能会带来所在区域出现拥堵现象，从而增加通勤时间增加消费者的交易成本，影响消费者效用。因此可以将这种负外部性定义为：

$$g(\cdot) = G_0 PS_1^{\tau_1} PS_2^{\tau_2}, \ \tau_1, \ \tau_2 > 0 \qquad (8-7)$$

其中，G_0 表示影响消费者空间选择的其他固定因素，PS_i 和 τ_i 分别代表了商业空间集聚给消费者带来的土地涨价和交通拥堵的负外部性，以及相应的空间作用强度。

消费者的预算约束可以表示为：

$$y_i = p_i C_i + \sigma_i S_i \qquad (8-8)$$

其中，y_i、p_i、σ_i 分别代表城市中消费者的收入、商业商品价格以及城市土地价格。消费者在公式（8-8）的约束条件下实现效用最大化，根据公式（8-6）进行一阶求导可得效用最大化时的均衡时消费效用为：

$$U^* = \frac{\mu^\mu \gamma^\gamma y}{p_i^\mu \sigma_i^\gamma} \times g(\cdot) \qquad (8-9)$$

因为消费者可以在城市空间内自由流动，通过选择土地和商业商品实现消费效用最大化，因此在商业空间供给和需求均衡状态下，可以认为消费者的效用将趋同，可以将 U^* 视为常数。同时由于商业的特殊性，包含城市内部商业需求和城市外部商业需求，特别是当电子商务的蓬勃兴起将商业空间需求扩展到几乎无限。基于此，可以认为在城市内消费者的收入不仅仅等于

① 消费者选择土地主要是在城市中居住，也可以将其余商业企业的空间选择关联起来。

商业企业空间生产率，而应该是空间生产率的一个增函数，我们令这个函数形式为包含 θ 系数的指数形式，$0 < \theta < 1$。

综合公式（8－2）、公式（8－5）、公式（8－7）和公式（8－9）可以推导出最终城市商业空间均衡状态下，城市商业空间生产率的表达形式：

$$prod_i = \left(\frac{G_0 A_0^\mu \beta^{\beta\mu} \mu^\mu \gamma^\gamma}{U^* r^{\beta\mu}} \right)^{\frac{1}{\alpha\mu - \theta}} \times h_i^{\frac{\alpha\mu}{\alpha\mu - \theta}} \times \sigma_i^{\frac{\gamma}{\alpha\mu - \theta}} \times LS_1^{\frac{\varphi_1 \mu}{\alpha\mu - \theta}} \times LS_2^{\frac{\varphi_2 \mu}{\alpha\mu - \theta}} \times LS_3^{\frac{\varphi_3 \mu}{\alpha\mu - \theta}} \times PS_1^{\frac{\tau_1}{\alpha\mu - \theta}} \times PS_2^{\frac{\tau_2}{\alpha\mu - \theta}}$$

$$(8 - 10)$$

其中，方程式右边第一项可以商业资本以及消费者均衡效用，由于消费者均衡效用为常数，商业资本的价格在短时期内也可以认为不变，因此第一项可以认为是常数。因此在城市商业空间均衡状态下，城市商业企业的空间生产率主要受到城市人力资本水平（也可以理解为城市商业技术创新）、城市土地价格（主要受到城市商业空间分布影响）、城市商业空间集聚的正外部性和负外部性影响。

8.2 商业企业聚集、城市商圈演化、商圈体系分布[①]

目前学者们对城市商业空间结构的研究倾向于两个方向，一派偏向于为实际商业管理提供政策支持，主要是解释现有商圈发展现象以及预测未来发展趋势；而另一派则比较实际，通过实际商业数据，特别是空间商业地理数据，利用 GIS、Mapinfo 等工具分析并绘制出实际的城市商圈形状。虽然现有的研究成果已为城市商圈的发展提供了基础性指导作用。但城市零售商圈空间区位研究仍缺乏系统的分析范式，原本城市商圈体系的发展是一个连贯的过程，却因为受制于过去研究手段的限制未能形成一个统一的框架而被割裂。系统的城市商圈理论，特别是从空间动态演化视角系统深入地分析城市商圈聚集、商圈发展阈值以及商圈体系成型等问题的理论研究较为缺乏。本部分立足于系统视角，阐释商业企业发展、城市商圈演化和商圈体系分布的全过程，并探讨演化过程中重要的节点和规律。

---

① 本部分内容来自课题阶段性成果：唐红涛，等. 商业企业聚集、城市商圈演化、商圈体系分布——一个基础框架［J］. 商业经济与管理，2015（4）.

8.2.1 一个概念模型

所谓城市商圈，指的多种业态、各种规模商业企业在特定空间范围的聚集体（柳思维等，2007），城市内许多大小不一的零售商圈构成了城市的零售商圈体系，零售商圈体系的空间移动轨迹形成城市商圈空间结构演化。本书拟系统构建出一个城市商圈从产生到商圈体系空间动态演化的理论框架，为进一步展开研究提供支持。城市商圈体系的基本演化逻辑为：商业企业空间聚集—城市商圈空间扩张—城市商圈体系空间分布[①]。毋庸置疑，城市商业的发展根源于消费者，城市商圈的发展亦是由城市商业组织与消费者的空间互动而促成的。城市建立之初，消费者的规模偏小、分布集中、购买力有限、偏好就近购买，城市商圈初始的形成就从某个颇具凝聚力的单个商业企业发展起来；随着消费者与该区域商业企业的空间互动，消费者的规模不断增大或消费者的购买力上升，该区域的商业组织的规模亦不断上升至突破一个阈值下限形成城市商圈；再随着消费者与城市商业的空间互动加剧，以及消费者的规模不断增加、分布逐渐扩散、购买力不断上升、通勤成本降低改变购买偏好等情况的发生，单个商圈不足以满足城市全体消费者的需求，在城市其他区域的商业洼地，涌现新的商圈，从而发展形成城市商圈体系。据此，本书将城市商圈的演化分为三个阶段：初级阶段、中级阶段和高级阶段，第一阶段主要是分析商业企业如何发展直到突破商圈下限阈值开始形成商圈；第二阶段主要分析城市商圈如何内生自主演化直到达到商圈临界点形成商圈体系；最后一个阶段则是分析城市商圈体系自身的演化。

商圈体系演化的核心和主体是商业企业，正是商业企业自身的规模、业态的变化和空间区位的聚集和分散形成了城市商圈以及区域商圈体系分布。因此，描述商圈体系演化的核心就在于刻画一个典型的商业企业的演化路径。本书建立了以下的概念模型进行描述：

$$B_{ijt}(Scale,\ Format) = f(C_{it},\ B_{it} \times C_{it},\ B_{ijt} \times B_{ij-t},\ B_{it} \times B_{i-t},\ R_{it},\ TC_{it},\ \varepsilon_t)$$

$$(8-11)$$

---

① 这一名词是借鉴了天文物理学中星系的概念，在此之前似乎没有人提及，我们觉得一个城市中大大小小分布在城市各处的城市商圈共同形成的体系是一个值得研究的现象，并且这些商圈和商圈之间的演化规律与单个商圈有显著不同，因此应该特别研究，故将其命名为城市商圈体系。

其中，B_{ijt}（Scale，Format）代表了城市中第 i 个商圈第 j 个商业企业在第 t 时期的演化状态，这种状态可以用规模（Scale）和业态（Format）来进行描述，C_{it} 代表第 i 个商圈在第 t 时期的消费购买力，这是非常关键的变量，它既与城市商圈商业企业相互影响，同时也是非常重要的控制变量，决定着商圈的下限阈值和临界值。模型中后面几项代表商圈演化的阻碍要素，R_{it} 代表第 i 个商圈的商业租金，一般而言，城市商圈越发展，商业租金越高，对城市商圈演化起到阻碍影响。TC_{it} 代表第 i 个商圈的拥堵成本，它同样会随着城市商圈规模扩大而增加。ε_t 表示模型中没有描述的其他因素影响。城市商圈主要演化动力来自前四项，分别对应于城市商圈演化的各个不同阶段，其中 C_{it} 在城市商圈演化的各个阶段都起着非常重要的作用。$B_{it} \times C_{it}$ 则代表了第 i 个商圈的商业企业和消费者购买力间的复杂互动关联，这种关联作用城市商圈演化初级、中级和高级阶段的全过程。随着消费者购买力的不断增加，商业企业开始有了演化的外生动力，同时商业企业规模和业态的变化也能吸引更多的消费者购买力转移到第 i 个商圈。$B_{ijt} \times B_{ij-t}$ 表示第 i 个商圈之间第 j 个商业企业受到商圈内部所有其他商业企业对它的影响，这种影响发生在商圈演化的中级和高级阶段，来自外部经济以及规模经济、范围经济等共同作用影响。$B_{it} \times B_{i-t}$ 表示在城市商圈体系中第 i 个商圈和商圈体系中其他商圈的相互互动关系，这种影响仅当城市商圈体系形成时才会出现，作用于商圈演化的高级阶段。这种关系既包括城市商圈间的扩散效应，也包括商圈间竞争关系。

决定商业企业是无序零散的商业企业组合还是构成了城市商圈以及商圈体系，最为重要的控制变量就是城市的消费者购买力，这一变量决定了城市商圈演化的重要节点。

当 $0 \leqslant C < \underline{C}$ 时，$\underline{C}$ 代表城市商圈的消费者购买力下限值，城市商圈因为没有足够的消费者购买力不能形成，商业企业更多的是自身的演化而与其他商业企业的相互关联非常弱，为城市商圈演化的初级阶段；当 $\underline{C} \leqslant C < \overline{C}$ 时，城市商圈体系开始形成，并且随着消费者购买力的不断增加而在商圈内部激烈演化，既包括商圈内部各商业企业之间也包括商业企业和消费者之间的互动，这一阶段为商圈演化的中级阶段，直到消费者购买力达到上限值；$\overline{C} \leqslant C < \infty$ 时，单个商圈在原地扩张已经无法满足消费者购买力需求，所以必然会在城市内部分裂出新的城市商圈，与原有商圈共同形成区域商圈体系，此时除了商圈内部的演化机理仍然存在，商圈间的相互关联也成为城市商圈体系演化的重要动

力，这是城市商圈演化的高级阶段。我们在接下来对每个阶段进行详细分析，其中对于各个阶段的一些关键问题进行了重点刻画。

8.2.2 初级阶段：商业企业空间聚集

事实上，许多早期的商业经济学者心目中的商圈研究就等同于单个商业企业的研究，无论是商业企业辐射力的研究，还是探讨城市区域内某个商店或购物中心的辐射范围及主力商店对其他商店产生的外部经济。事实上，在城市区域内商业企业的形成和发展恰似天体物理中星球的形成，在大气中各种不同的物质随着运动不断组合在一起，形成了恒星、行星以及卫星等不同星体，而许多商业企业也在特定空间内在与消费者需求的空间互动中于不断聚集演化直至最终形成商圈。

8.2.2.1 商业企业空间聚集

城市商业企业在诞生的初期，伴随着消费者的需求以及城市经济社会的发展，不断形成不同种类的商业企业。对于商圈微观层面的研究就来自与测度商店的购买辐射范围，最为经典的就是雷利模型，仿照经典的牛顿力学模型，利用城市人口以及城市间距离测量城市的辐射力。后来的学者则开始将城市人口用具体商业参数替代，来测算出商业企业的影响力。将这种测算推向顶峰的是哈夫模型，他从消费者的角度建立了概率计算模型，指出某个商场吸引消费者的概率与一系列的正向指标（譬如该商场的营业面积、经营种类等）以及一系列的负向指标（譬如到达商场耗费的时间精力等）相关，并且这种相关是一种经验性的指数分布（表现为各个指标的指数项都必须通过经验数据回归获得，因此不同区域、不同时间的指数选择有很大差异，这也很大程度影响了模型的拓展）。学者们多是从具体正向负向指标的选择取舍，以及指数的确定对哈夫模型了不断修正，使得模型适应各种类型商场的辐射力计算。

与第一部分的概念模型相比，可以发现当 $0 \leqslant C < \underline{C}$ 时，城市商圈尚未形成，单个商业企业[①]的演化过程为其自身的演化，主要受到消费者购买力、

[①] 事实上，当我们提及某个城市区域内商业企业数目少于一定数量时，都可以将其称之为单个商业企业，而达到形成城市商圈的临界点规模我们可以定义为城市商圈的最小规模或下限阈值。

城市所在区域商业地租以及交通成本的共同影响，见公式（8-12）。

$$B_t(Scale, Format) = f(C_t, R_t, TC_t, \varepsilon_t) \qquad (8-12)$$

城市商业企业的演化主要从两个方面展开：一个是商业企业的规模不断扩大，既包括单个商业企业的规模扩大，也包括通过加盟、连锁等方式的企业规模扩大，从而形成商业企业内部的规模经济效应，这种正向的规模经济效应极大地提升商业企业聚集的动力。另一个则是商业企业的业态不断改变升级，商业企业业态的不断改变则适应和满足了消费者的不断增长的需要，因此也能成为商业企业聚集的内生动力。

在特定城市区域内商业企业的演化聚集与消费者购买力或者消费者偏好之间相互影响。一方面，消费者购买力总量极大地约束了商业企业演化的上限，消费者偏好则约束了商业企业的业态发展；但另一方面商业企业的规模扩大和业态升级也会改变消费者偏好，某种程度提升消费者购买力①。正是在这些复杂的互动关系推动下，商业企业的不断演化直至形成城市商圈。

8.2.2.2 城市商圈下限阈值

一般情况下，城市空间区域会不断扩大，城市居住人群不断增加，也就意味着城市区域的消费者购买力不断地增长，这必然刺激着商业企业不断发展壮大，当消费者购买力突破下限值 C 时，商业聚集状态达到某种临界点（城市商圈下限），商业企业数目不断增加、商业业态种类丰富，城市商圈就出现了。

在商业企业演化的过程中，非常重要的两个学术问题是城市商圈的下限阈值如何分析，以及在消费者购买力不断增加的约束下，商业企业的演化轨迹是如何变化？城市商圈的下限阈值确定问题体现了城市商圈研究中一个至今仍很模糊的领域，即到底多少的商业企业、多大的商业面积可以称为商圈。从动态经济学的理论上看，构成阈值的重要特征是在阈值左右事物发展具有巨大的差异，如果我们能够绘制出图形会发现曲线在阈值出现了明显的断裂和离散现象。只要拥有城市区域内商业企业销售额或利润的足够长的时间序列数据，就能够绘制出商业企业的演化轨迹并分析出其规模的临界点以及其他重要的参数。Logistic 曲线或其他非线性曲线都比较适合拟合商业企业发展

① 例如，新的商业业态的出现会刺激消费者购买欲望，提高消费者购买力。

的轨迹。在现实数据缺乏时，我们仍然可以进行定性的、理论上的初步尝试，构成城市商圈下限阈值有三个非常显著和重要的指标：首先是商业密度①，商业密度大于某个限度才能称为商圈，否则我们只能称之为商业企业或者商业企业组合；其次是商业企业的数量或消费者的人流量必须达到某个限度，这是为了保证能够实现后面商圈分析中提及的商业企业之间以及商业企业与消费者之间的交互作用具有发生的外在保证；最后是商业企业的业态种类也是商圈形成的重要标志，如同生物多样性对自然环境的重要性一样，城市商业企业业态丰富程度对于保证城市商圈内在聚集演化具有重要的作用，只有当业态种类达到一定数目才能触发引起业态间的聚集经济效应。城市商圈下限阈值的大小还会受到许多内在及外部环境因素的影响，例如，所在城市区域消费购买力大小、城市基础设施的发达程度、城市政府商业管理水平等都会在很大程度上改变城市商圈下限阈值。

8.2.3 中级阶段：城市商圈演化

当城市经济不断发展，城市商圈在突破下限阈值后就出现了，城市商圈的演化与商业企业的演化有本质的差别，城市商圈的演化本质上就是城市商圈不断聚集的过程，而这一过程涉及城市商圈内各商业企业之间、商业企业与消费者之间的互动作用，甚至在某种程度上消费者之间互动也会影响城市商圈。与单个商业企业自身简单演化不同，城市商圈内商业企业演化更多受到城市商圈其他商业企业的影响。

8.2.3.1 城市商圈聚集与测度

城市商圈聚集研究为许多学者热衷，他们从空间经济、外部经济、规模经济、范围经济、制度经济深入讨论了城市商圈作为一个复杂的经济对象如何形成、聚集。在城市商圈演化过程中，除了前述的商业企业自身演化外，城市商圈内部各个商业企业的相互影响成为重要的演化动力。此时城市商圈演化的模型变化为公式（8 - 13）。

$$B_{jt}(Scale, Format) = f(C_t, B_{jt} \times B_{j-t}, B_t \times C_t, R_t, TC_t, \varepsilon_t) \qquad (8-13)$$

---

① 商业密度可以定义为单位空间的商业销售额或者商业经营面积。

其中，除了消费者购买力、商业租金、交通成本等仍然存在的影响因素，城市商圈的形成及演化开始受到了商业企业之间的相互作用以及商业企业与消费者之间的相互作用的深刻影响。商业企业与消费者的互动关系非常复杂，呈现出双向非线性的关系，消费者购买力的增加会影响商圈的商业企业演化，同时商业企业和城市商圈不断演化也会影响消费者购买力分布。但是与之相比，商业企业间的相互作用对于城市商圈聚集和演化更为重要。

从本质原因分析，城市商圈聚集演化的主要动力来自外部经济，其余动力来源也包括商业企业规模经济、范围经济。城市商圈初始的形成有非常大的偶然性，与城市外部环境密切相关①，但是当城市商圈形成后，其演化就受到了外部经济的影响，导致了越来越多的商业企业自发融合在一起，城市商圈内部商业企业间的相互影响可以用公式（8－14）来描述，这种影响既包括相同业态间商业企业的相互影响，也包括不同业态间商业企业的相互影响。

$$B_{jt} \times B_{j-t} \Rightarrow \begin{cases} P_i = f(\alpha_1 P_{i-}, \ \beta_1 P_j, \ \omega) \\ P_j = f(\beta_2 P_i, \ \alpha_2 P_{j-}, \ \xi) \end{cases} \qquad (8-14)$$

其中，P_i、P_j 分别代表主力店和其他商店带来的人流量②，P_{i-}、P_{j-} 分别代表同种类型的其他商店带来的人流量。公式（8－14）里面 α 表示主力商店和其他商店间的外部性，β 表示同种类型商店间的外部性，下标表示相互影响程度不一样。ω、ξ 代表了影响商店人流量的其他因素。这个基础模型很好地反映了城市商圈集聚的内在机理，由于主力商店的外在辐射力大，能吸引到更多的消费者，这种消费人群由于主力商店和其他商店间的空间距离临近可以充分共享，构成了集聚的内在动因。由于人流量指标不太好计量，因此许多学者利用商店的租金差异反映主力商店和其他商店间的外部性，这种方法的核心思想在于由于主力商店吸引到了非常多的消费者，而消费者又被其他商店充分共享，因此商圈规划者或者商店所有者应该给予主力店更为便宜

---

① 例如，早期城市都是修建在河边，因此早期商圈都是建立在河边，这甚至影响到了今天，几乎所有城市的 CBD 都是在临近河流的街道。

② 也可以用销售额或者其他数据替代，并且人流量只是对商圈外部经济的简单度量，真实商圈中各商业企业的外部经济远远不止人流量共享，还包括基础设施共享、营销活动共享、劳动力市场共享等。

的店铺租金以弥补这种外部性①。但是这种分析方法也有着非常大的局限性，反映在：第一，这种租金差异计算方法无法测度同种类型商店（即主力店和主力店之间、其他商店和其他商店之间）的外部性，因为同种类型商店的租金几乎相同，但事实上同种类型商店之间也存在着人流量及其他重要因素的共享，外部性非常明显，也是影响城市商圈演化的重要因素；第二，租金差异计算不能完全反映主力店对其他商店的外部性②，但是其他商店对于主力店也有影响，租金计算方法只能测算出单向外部性，无法计算出双向外部性；第三，租金差异计算无法衡量出城市商圈与商圈间的外部性，只能计算出城市商圈内部的外部性。

尽管关于城市商圈的演化研究已经相对成熟，但是仍有一些学术问题被有意无意忽视。主要体现在城市商圈聚集度、城市商圈临界点③两个方面。

城市商圈聚集作为一种不断发生的动态现象，应该有个衡量标准，即到底什么指标或指标体系能够反映出城市商圈聚集程度，也就是城市商圈聚集度。传统关于产业集群的聚集度研究非常成熟，有些学者也利用类似的方法计算城市商圈聚集，但是城市商圈聚集相对于传统的工业集群而言有着非常明显的不同，主要表现为城市商圈的自组织性、动态演化性以及复杂交互性。因此，在构建聚集度指标体系时必须深入考虑到这些特质，简单地移植产业集群聚集度指标体系会出现许多偏差，无法深入描述城市商圈聚集的本质。从总体上看，城市商圈聚集度指标体系应该包括规模指标、结构指标和交互指标等几大类指标，具体的指标应该包括在这三大类中。

在指标体系的构建中，规模指标从理论上看是最为清晰、容易度量的，可以用整个商圈的商业总面积、总销售额、商店总数量等，甚至也可以用整个商圈的日均或月均客流量表征。只需处理好指标间存在的权重问题就好。结构指标相对而言就比较难以构建，具体哪种城市商圈结构更能够代表聚集状态。例如，有些商圈是由一家或几家大型商业综合体为主体，辅以大量小

---

① 事实上，这种在现实商圈中非常常见，许多大型商店的按平均面积计算的月租金均小于周边小型精品店。

② 一般而言，租金差异不能完全消除外部性，否则无法解释城市商圈规模不断扩大、业态不断升级。

③ 如果与前面文章相对应，此处应该用城市商圈上限阈值，但是考虑到与经济学中企业和产业临界点的名词相对应，我们还是采用城市商圈临界点表示城市商圈发展到上限的极限状态。

的便利店及快捷的商业设施；而有些商圈则是由数量庞大、规模适中的商业专卖店和专业店构成，这两种商圈结构从规模总量上看也许相当，但结构完全不同。此时采用传统产业经济学在研究产业集聚中常用的 CR4 或赫芬达尔指数就很不适合，因为如果按照 CR4 计算，前一种商圈的聚集程度将大大超过后一种商圈。但是两种商圈的聚集程度不论从消费者感觉还是实际销售额上面都几乎一样。因此，结构指标可以采用商圈密度、各种零售业态所占权重来计算。商圈密度可以引入空间因素，用单位土地商业销售额或者单位商业面积销售额来替代。而分析各种零售业态所占权重实际上隐含着一个重要假设：各种零售业态的聚集程度天然不一样。比如商业综合体的聚集程度大于普通百货，超市聚集程度大于便利店。因此将商圈内部各种业态按照数量或者营业面积计算各自所占权重能够较好地衡量商圈的内部结构。

上述两类指标还比较能够清晰地量化和计算，但在理论上最为重要的聚集要素外部经济及范围经济则无法简单处理。这类指标可以定义为交互指标，主要反映了城市商圈内同种业态商业企业的外部经济以及不同业态商业企业的外部经济，甚至商业企业与消费者间复杂的交互作用。这些均没有直接度量的指标，但是却是体现了城市商圈聚集的本质要素，只能通过各种间接的方式获取。其中消费者和商业企业间复杂的交互关系可以利用问卷调查或者消费者询问等方式获取[1]，至于商业企业间的相互作用，则可以考虑利用各商业企业的历史客流量以及销售额指标，通过经验公式回归出作用系数[2]。

很显然的，城市商圈聚集度是一个复合指标体系，它的计算涉及几个重要的方面：一是各种一级指标以及相关的二级指标之间权重如何确立？一般可以利用主观权重法或客观权重法进行计算。但无论哪种方法计算都要注意保持权重的相对性，即能够推广到各种不同类型的商圈。二是从时间演化角度看，城市商圈聚集度必须能保证从时间层面考察，即能够探究随着时间变化，聚集程度会发生怎样的变化，增长的趋势是逐渐增长的平滑曲线还是发

---

[1]　虽然这种测量会有各种主观因素作用，同时样本选择的误差以及结论的通用性也会受到质疑，但是这也是一种一般化的替代指标。

[2]　这种作用一般而言是复杂的非线性关系，因此这种相互作用可以用指数模型替代，测量的系数主要可以用指数系数来，取值范围在 0、1 之间，越大代表相互作用越强。

生突变的离散图形。这就要求城市商圈集聚度指标体系设计具有较强的适应性，能够适应随时间变化而不断出现的商圈新业态等①。这样只要具备足够多的样本数据，就可以分析出城市商圈聚集的时间轨迹。三是下面即将讨论的命题，城市商圈是否能够无限制成长下去，因此在城市商圈聚集度指标设计中必须要有讨论商圈临界点的部分。

8.2.3.2 城市商圈演化临界点

在讨论完城市商圈聚集度指标体系的构建问题后，下一个值得深入讨论的命题就是城市商圈的临界点②。从经济学角度看，城市商圈临界点的问题有点类似于企业的临界点或最优规模问题。在传统经济学中，企业的最优规模是由两种经济效应的相互作用共同决定的，规模经济效应体现了当企业规模不断扩大时产生的积极效应③，而管理成本效应体现了企业规模不断扩大时产生的消极效应④。现实生活中的企业在这两种作用相反的效应影响下实现了规模的均衡。用同样类似的方法，我们可以分析城市商圈的最优规模，即分析城市商圈不断扩大后产生的积极效应和消极效应，但是与企业相比城市商圈的临界点会受到一个重要的约束条件，即消费购买力总量约束⑤，只有当某个区域的消费者购买力达到上限值 $\overline{C}$ 时，单一城市商圈无法满足消费者需求，商圈才会发展到临界点以至于形成新的城市商圈。

（1）城市商圈扩大的积极效应。首先，当城市商圈扩大时，由于商圈内部强烈的外部经济效应，使得城市商圈内各商业企业都能享受到外部经济⑥

---

① 例如，当城市商圈出现了新的城市综合商业体后，现有指标体系能够较好地适应这一情况，并能与之前的数据能够进行对比分析。

② 也可借鉴经济学中经典的名词，称之为城市商圈最优规模，城市商圈在哪种规模下能够实现最优的社会结果。

③ 一般来说，企业规模不断扩大，能够引起生产成本的不断下降，甚至由于规模增大后能节省交易成本，这些共同成为企业扩大规模的内生动力。

④ 企业规模扩大也会带来所谓的"大企业病"，导致企业管理层次增多，内部管理成本急剧上升，这是企业规模扩大的内生阻力。

⑤ 这其实很容易理解，城市商圈与企业不一样，企业可以在原地就实现规模提升，同时不用担心购买力约束，而城市商圈不能无限制扩张的一个很重要原因就是本地购买力以及外来购买力总是有一个上限的。

⑥ 这种外部经济可以是人流量的共享、基础设施的共享、营销的共享、信息的共享甚至劳动力市场的共享等。

带来的收益，尽管这种收益部分随着店铺租金差异①而内生化，但这种收益还是客观存在并且随着城市商圈规模的不断扩大也呈现出不断增加的态势。其次，当城市商圈不断扩大时，由于城市商圈内部有大量不同规模、不同业态的商业企业，与传统企业单纯的规模经济不同，这时城市商圈能够实现前所未有的规模经济，尽管不是某一家企业实现②。许多或大或小的商业企业通过城市商圈实现了单个企业无法实现的规模经济程度，同时与单个企业的规模经济相比，这种规模经济还不会带来管理成本的急剧上升。因此这种积极效应也会随着城市商圈扩大而增加。再次，城市商圈扩大能够提升由于消费购买力总量约束所决定的城市商圈临界容量，因为当城市商圈规模不断扩大时，由于商业企业和消费者间的复杂作用，导致许多原本不属于城市商圈辐射范围的消费者也不断被吸引，消费购买力总量也不断增加，因此城市商圈规模的约束也不断降低。最后，城市商圈的规模不断扩大有利于商圈实现多样性，这种多样性体现在商圈各种业态的多样性、各种规模的多样性、各种销售产品的多样性，这种多样性实现了城市商圈的范围经济，并且这种范围经济的效应也远远超过单个企业所能实现的广度和深度。

（2）城市商圈扩大的消极效应。首先，城市商圈的不断扩大会带来所在区域商业店铺租金的上升。正如前面分析的一样，这种租金的增加会内化商圈的外部经济收益，而且更为重要的是租金的增加将会导致许多中小商业企业无力承担，会大大减少了城市商圈的多样性，降低城市商圈的范围经济效应。其次，城市商圈规模的扩大将会导致商圈所在区域的交通拥堵，商业建筑过于密集和消费者数量过于庞大都会降低城市商圈的吸引力，尤其针对特定商业业态③下降的程度更加厉害。最后，城市商圈规模扩大会受到自然地理环境、消费者购买力以及政府规划等共同的限制，如果盲目扩大城市商圈很有可能引起整体吸引力的下降。

城市商圈演化临界点是一个复杂的系统问题，不同类型商圈④的临界点

---

① 很容易发现繁华的城市商圈平均店铺租金要高于一般的城市商圈，这隐含了一个假设，即繁华的城市商圈能吸引更多的人流量等，这种差异部分就表现为租金差异。

② 传统企业能够类比的大概是产业集中度或者产业纵向一体化、横向一体化之类的概念。

③ 大型超市就是典型例子，消费者现在越来越采用汽车购物的形式，而城市商圈规模扩大必然导致所在区域的拥挤及停车不便，因此城市商圈规模的扩大可能会抑制商圈内大型超市的发展。

④ 比如以零售商业为主的城市商圈临界点有可能会大于以批发商业或餐饮商业为主的城市商圈。

会有着显著的差异，同时城市商圈自身的发展也会不断影响临界点的大小，临界点的首要约束条件就是消费者购买力达到上限值 $\bar{C}$，但从商圈自身演化过程看，城市商圈扩大积极效应和消极效应本身也会深刻影响临界点的产生，可以用公式（8 – 15）对城市商圈临界点进行描述：

$$Scale_t = f(V_t, \ T_t, \ Scale_{t-1}, \ G_t, \ \zeta_t) \qquad (8-15)$$

其中，$Scale_t$，$Scale_{t-1}$ 分别代表城市商圈在时间 t 和 $t-1$ 的规模，由于城市商圈发展具有非常强的自组织性，因此城市商圈规模的扩大会受到自身的影响，值得注意的是，如果我们假设城市商圈发展具有上限约束，那么可以认为城市商圈规模发展是拟凸性曲线，必然具有数学意义上的拐点和经济学意义上的临界点（最优规模）。在达到临界点之前，城市商圈规模具有正向的自组织性，规模的扩大有利于规模进一步扩大，越过临界点后则呈现出反向影响。V_t 和 T_t 分别代表在 t 时刻城市商圈规模所带来的积极效应和消极效应，G_t 表示在城市商圈演化中政府的作用。事实上，政府对于城市商圈演化有着非常重要的正面影响。一方面，政府可以通过商贸网点规划、商业政策制定、商贸法律法规等来调控和规制城市商圈内部商业企业布局；另一方面，政府也能够改善城市商圈的基础设施条件①，降低城市商圈演化阻力。ζ_t 则代表影响城市商圈规模的其他因素。上述公式只是给出了城市商圈演化的基本方程，事实上，真实的城市商圈规模动态扩大非常复杂。一则上述简化的方程只是简单认为城市商圈规模与一些变量相关，但是这种作用的函数形式是怎样？线性或非线性？在实际验算中可能只能通过现实数据进行模拟，拟合出曲线和临界点。二则 V_t 和 T_t 两种效应本身也只能用非常复杂的函数进行表达，在前面的分析中可以看出，V_t 会受到城市商圈内商业企业数量、商业企业业态类型以及消费者购买力因素等的影响。而 T_t 则会受到城市商圈单位租金、城市商圈拥堵②、消费者购买力因素等的影响。V_t 和 T_t 都会受到消费者的影响，同时它们也会反作用于消费者，因此描述 V_t 和 T_t 的方程必然会是复杂的非线性系统方程。另外还有个问题也值得深入探讨，城市商圈受到的约束条件，如消费者购买力总量、政府规划等，也会随着时间变化而

---

① 例如，为城市商圈设置公交线路和地铁线路，降低居民购买成本，将周边居民用地改造为商业用地，降低商业租金。

② 要度量城市商圈拥堵指标也非常复杂，为了简化可以考虑用达到城市商圈的通勤时间替代。

不断变化①，甚至会随着城市商圈规模扩大而发生变化②。

8.2.3.3 城市商圈演化分析方法

如何分析城市商圈演化过程，一个显而易见的理论就是突变理论，从商业企业到城市商圈，以及城市商圈之间的体系都符合突变的理论。但是城市商圈聚集和演化还有一个非常有趣的现象，城市商圈可以看成由无数个商业企业③组成共同实现演化。我们所见到的城市商圈聚集、扩张和演化过程其实都是由单个小的商业企业的决定所共同影响。借鉴区域经济学中的元胞自动机④分析方法，小商业企业强烈地类似于一个个的元胞，自身的发展受到外在环境的重要影响，而影响外在环境的能力几乎可以忽略，并且商业企业数量巨大。我们可以将每一商业企业的行为定义为｛新建、扩张、收缩、退出｝四个策略构成的策略集，如果构建出合适的商业运算规则，就可以通过计算机模拟出城市商圈聚集演化的轨迹和各种可能的结果。更加进一步地可以将商业业态因素也考虑进去，则可以利用元胞自动机分析更符合现实的模拟结果。

8.2.4 高级阶段：区域商圈体系分布

当我们深入分析了随着消费者购买力突破上限，单个城市商圈规模不断扩大一直到临界点，如果城市中心商圈再发展，则不可能在原地实现规模扩张。特别当城市发展后，某些新的城市区域消费者购买力不断提升，同时原有商圈不能满足这一需要，这时城市商圈就必须选择新的地点进行扩张，在整个城市范围内就会出现新的大大小小不同商圈，这些商圈共同组成了城市商圈体系。在城市商圈体系的演化过程中，除了商业企业自身的演化、商圈内

---

① 一个简单的例子就是如果城市规划地铁线路经过某个城市商圈，显然此时城市商圈的临界点受到的上限提高。

② 例如，城市商圈规模和影响的提升会吸引更远的消费者进入商圈，从而提高了约束上限。

③ 大型商业业态其实也可以认为由许多小商业企业组成，百货商场由大量专柜组成，每个专柜就可以视为一个小商业企业。大型超市也可看成由各个专业销售事业部组成。

④ 元胞自动机是一时间和空间都离散的动力系统。散布在规则格网（lattice grid）中的每一元胞（cell）取有限的离散状态，遵循同样的作用规则，依据确定的局部规则作同步更新。大量元胞通过简单的相互作用而构成动态系统的演化。

部商业企业间、企业与消费者相互的关联仍然存在外，商圈与商圈间的相互作用开始日益显现，这种作用主要通过商圈间扩散效应以及商圈间竞争关系体现。

8.2.4.1　城市商圈体系形成与演化

城市商圈体系形成的关键问题在于新的城市商圈如何出现，正如前面所讨论的一样，单个城市商圈达到发展上限时，消极效应就会超过积极效应，因此当城市规模不断扩大时，新商圈就会出现，这一过程可以通过两种手段实现：第一种手段是在新的城市区域自发出现简单商业形态满足，这往往出现在城市区域刚开始延伸时，消费者购买力和购买习惯尚未完全形成，此时类似于前面所讨论的城市商圈的初始发展，也会沿着从商业企业——城市商圈的逻辑发展。第二种手段就使得城市新商圈演化与城市原有商圈初始演化不同，城市原有商圈固然由于自身地理位置和其他因素局限导致无法实现原地扩张，但它们必然会通过连锁等商业业态，即经济学家称之为复制粘贴的模式进行扩张，于是城市原有商圈的各种规模、各种业态的商业企业都先后进入城市新商圈，极大地促进了城市新商圈的聚集和演化发展。另外，城市新商圈往往能够借鉴原有商圈发展的成熟经验，规避原有商圈发展的错误，在政府有效规划下快速发展。一般而言，城市新商圈的发展演化速度要大大快于城市原有商圈。

在城市商圈体系形成后，其演化规律除了单个商业企业的自发演化以及城市商圈内部体系的演化外，开始受到了城市商圈间的相互作用影响。任何一个商业企业在同一时点都受到其自身演化、商圈内部各种影响以及商圈之间各种影响等的共同作用。

8.2.4.2　城市商圈间扩散效应和竞争效应

因此，在讨论城市商圈体系演化过程中，与前面不同，最为重要的应该分析城市商圈间的相互影响，城市商圈体系中某个商圈受到其他商圈的影响表现为商圈间存在着的正面的扩散效应和负面的竞争效应。

$$B_{it} \times B_{i-t} = f(Diff, Comp, \zeta) \tag{8-16}$$

（1）Diff 表示城市商圈间的扩散效应，这种关联表现在城市中心商圈通过自身的连锁经营模式将其影响扩散到新城市商圈，这种可以定义为城市中心商圈的扩散效应，可以简单建立一个概念模型如下：

$$D_{iff} = f(Gap_{j,j-}, Scale_{j-}, Dis_{j,j-}, C_j, G_j, \xi) \qquad (8-17)$$

其中，D_{iff}代表了城市第j个商圈受到的扩散效应，$Gap_{j,j-}$代表了城市商圈之间的发展差距，这种差距越大会引发扩散效应的不断增加。$Scale_{j-}$代表了城市商圈体系中其他商圈的发展规模绝对值，商圈发展的实力越强，对第j个商圈的扩散效应的能力和动机都越明显。$Dis_{j,j-}$代表了城市中心商圈与新商圈间的距离，理论上可以用欧氏几何距离计算，但考虑到实际情况，可能要用通勤距离或通勤时间更为准确。C_j代表了第j个商圈中自身的消费者购买力，消费者购买力越强，表明越能接受其他商圈带来的扩散效应。G_j代表了政府对于城市商圈间扩散效应的影响，这主要通过政府商业空间整体布局以及相应法律法规来实现。ξ则代表了其他一些影响扩散效应的相关因素①。

（2）$Comp$表示城市商圈间的竞争效应，与扩散效应类似，竞争效应也会受到城市商圈间发展差距、商圈间距离影响，但从本质上看，消费者购买力的空间分布最终导致了城市商圈间的竞争效应，而这种竞争行为在事实上也确定了每个城市商圈的边界和范围。

8.2.4.3 城市商圈体系分析方法

城市商圈体系的形成和演化相对于单个城市商圈更加的复杂，甚至在现阶段无法用任何现有的理论给予完整的解释。但是与单个城市商圈聚集相比，一个最为显著的差异在于单个城市商圈的聚集是在同一空间范围实现的，所有商业企业在共同外在约束中实现空间聚集，因此在商圈内部商业企业的聚集效应非常明显。而城市商圈体系则在不同离散分布的空间中分布，并且各个城市商圈的交叉重叠区域还存在此消彼长的竞争关系。同时消费者购买力作为最主要的外在约束条件，在城市商圈体系内部可以相对自由流动②，因此城市商圈体系中各个商圈演化过程会受到彼此的制约，这一点要远大于城市商圈内部商业企业间相互的制约③。

---

① 例如，城市商业网点布局、政府相关法律法规等无法具体量化的因素。

② 如果深入讨论这一命题，我们发现城市商圈体系中每个具体商圈拥有一部分不会流动的消费者购买力（也许是地理空间距离近或者消费者独特的偏好等），而也会有相当的消费者购买力会在各个商圈间流动，随着商圈的吸引力变动而不断变动。

③ 事实上，在单个城市商圈内部，如果还没有达到消费者购买力上限，商业企业间几乎不存在相互制约的发展关系，城市商圈的大型购物中心比邻而居可以证明。

考虑在城市商圈体系中任何一个商圈，一方面它会受到城市商圈体系中所有其他商圈的共同作用，这种影响既有前面所分析的老商圈对新商圈的扩散效应，但更多的是城市商圈间强烈的竞争效应，甚至这种竞争的结果直接刻画了城市商圈体系的空间布局；但另一方面，可以将城市商圈受到的城市商圈体系的所有影响视为一个外在约束条件①，那个城市商圈内部仍然会不断演化，正如上一部分分析的一样，同时各个商圈内部的演化过程又会通过空间竞争和扩散不断重新构造城市商圈体系。因此，从理论上讨论，城市商圈体系很可能不存在稳定的状态，只能认为在一段时间，当所有外部环境因素暂时维持稳定时，城市商圈体系内各个商圈实现短暂的均衡，而随着外部因素的变化或者内部演化的突变，均衡状态将会被打破直至实现下一个均衡状态。

那么，如何刻画城市商圈体系的演化呢？一个理论上可行的选择是通过计算机语言进行仿真模拟，与城市商圈适合元胞自动机的分析方法不同，我们无法将单个城市商圈也定义为一个个的元胞，而应该用更复杂的语言和规则来定义和刻画。同时，不同于单个城市商圈的模拟仿真忽略空间距离的影响。在城市商圈体系的模拟过程、距离必须被视为重要的参数予以考虑。最后，不同于城市商圈元胞自动机的规则单一性，城市商圈体系的模拟过程中应该加入学习的因素，允许通过类似于蚂蚁算法等动态算法模拟现实城市商圈在体系中面临其他商圈的竞争和资源的约束对现有处理策略的动态调整。

8.3　城市流通产业空间结构影响因素②

从前面的理论分析中可以看出，城市商业空间结构形成和演化影响因素包括城市规模、城市人口、商业技术创新、商业空间集聚外部性影响。为了进行深度分析，我们将利用计算机对影响城市商业空间结构的各种因素进行仿真演化，当然为了分析简便没有进行全局演化而是将各个因素置于局部演化环境下进行测算。

---

① 如果深入思考的话，这个外在约束也是不断动态变化的。
② 本节内容来自课题阶段性成果：唐红涛. 城市商圈空间均衡模型及仿真实验研究 [J]. 湖南理工学院学报，2018 (2).

8.3.1 仿真模型构造

8.3.1.1 实验基础条件

我们在兼顾城市商业空间研究本质需求和仿真运算便利性的基础上，构建了一个"100×100"的空间栅格代表"城市"，具有模糊关联性的零售组织就是模糊集合中的元素，在仿真模型运行过程中用"点"表示。本节基于"100×100"空间栅格和元素点，设计了一个城市商业空间演进的过程。在这个实验环境中，不同"城市"区域内的基础条件不同。

8.3.1.2 实验前提假设

为了实现基于动态模糊聚类的城市商圈体系自发空间演进三阶段过程，本节采用 Windows 7.0 操作系统作为实验平台，利用 Matlab 7.0 计算机语言建立了仿真环境，为保证仿真实验能体现城市商圈体系发展演进历程，实现仿真结果的经济含义和现实价值，我们做了如下前提假设：

（1）"城市"资源设定。"城市"区域内的资源和需求分布不均匀，资源的分布状况由变量 Beta 决定。"城市"区域内资源和需求是相对应的，并有着时序性递增，但是每一个运行周期内资源总量是有限的，因此，区域内资源能够支撑的零售组织增加是有限的。鉴于供给平衡的考量，每个时间周期内元素点的新增数量，由栅格代表的购买力总额决定。

（2）聚集热点设定。热点是"城市"环境内零售主力店或居领导地位零售组织元素点所在区域，该热点一方面吸引在"城市"内已经存在的，与其有高度隶属关系的零售组织元素点，其中隶属函数包含各零售组织元素点到热点的空间距离这一要素。该空间距离计算方式使用欧几里得算法。空间距离参数与隶属度呈负相关，说明元素点离热点越远，聚集的可能性越小。这和现实中较远距离的零售组织搬向零售聚集区域的搬迁成本越高有关。另一方面，热点还将直接吸走大部分的系统新增加零售组织。除了初始阶段的热点，由实验操作者根据初始撒点的状况给定之外，此后随着热点增加的数量及空间定位都由系统根据栅格中的总购买力和区域内零售组织元素点的分布情况测算而得。

"城市"内的每个热点都有一个既定的吸引力值，这个吸引力值代表商圈的空间发展规模阈值上限。"城市"内的热点吸引力不完全相同，反映现实中不同等级、不同规模的商圈，其中吸引力低的热点代表低等级、小规模商圈，吸引力高的热点则代表高等级、大规模商圈。同时，尚未考虑城市内商圈的市场覆盖范围超出本城市，对周边城市消费者的吸引时，仅限于实验所给定的城市区域。并且，区域内资源和市场需求是有限，"城市"区域内的数个热点总吸引力既定，各热点之间的吸引力此消彼长，以反映商圈之间存在争夺资源和市场的竞争，城市商圈体系内的各商圈之间存在此消彼长的关系。

（3）零售组织的运动规律。趋利的零售组织会倾向于向其隶属度最高的零售组织所在的商业热点移动，元素点也将随着运算迭代，向其隶属度高的热点区域聚集。零售组织元素点聚集到其所属热点之后，就不再运动。

8.3.1.3 仿真实验逻辑

图 8 - 1 反映了我们进行商业空间仿真的计算机逻辑，在初始条件设定后我们让计算机自动演化，每个时点在外在条件发生变化或不发生变化的前提条件下，每个 Agent 比较是否达到预先设定的变化阈值，如果没有就让

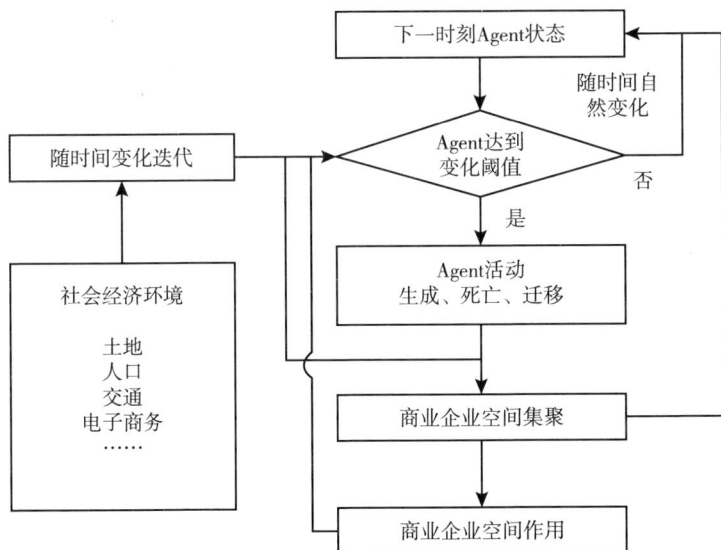

图 8 - 1 城市商业空间演化仿真逻辑图

其按照随机原则自由演化，如果达到变化阈值则产生变化，要不是重新生成，或者是死亡，或者是迁移到其他更有吸引力的商业空间区域。Agent 的行为导致了城市商业企业空间集聚继而产生更为复杂的空间相互作用。

8.3.2　仿真实验结果

我们对影响城市商业空间结构的四个主要因素进行了仿真实验，分别是城市规模（以土地供应量作为变量）、城市人口（以人口密度作为变量）、城市交通设施（以地铁作为变量）和电子商务。

8.3.2.1　城市规模仿真

（1）理论分析。

从城市商业空间结构演化的初始动力和最重要的源泉上看，始终是城市规模从本质上影响城市商业发展，一般而言城市规模越大城市商业发展基础越好，商业空间分布也越合理。城市规模大小决定商业资源布局，是评估一个城市最重要的指标。2016 年《第一财经周刊》评选出 15 个"新一线"城市，它们依次是：成都、杭州、武汉、天津、南京、重庆、西安、长沙、青岛、沈阳、大连、厦门、苏州、宁波、无锡。这些新一线城市规模在过去十年间得到飞速发展，因此对商业空间结构产生很大影响。具体而言，城市规模能在多个维度影响城市商业空间结构：首先，城市规模越大，城市商业资源集聚度就会越大。一般而言，作为中心城市无论产业怎么转移到下面中小城市，但商业永远是高度集聚的，甚至这种集聚会产生对下面城市的极化效应。其次，城市规模越大，交通等基础设施越有可能集聚形成城市枢纽，降低城市外部和内部交通成本，为形成商业集聚提供基础条件，而且城市规模与交通设施建设会表现为正向循环状态。最后，城市规模越大，城市人群活跃度提升为商业业态和生活方式多样化提供发展基础，多样的商业业态为城市商业空间集聚带来了范围经济。

（2）仿真结果。

为了刻画城市规模对城市商业空间结构变化，我们采用了土地供应量作为仿真变量，仿真结果见图 8 - 2、图 8 - 3。

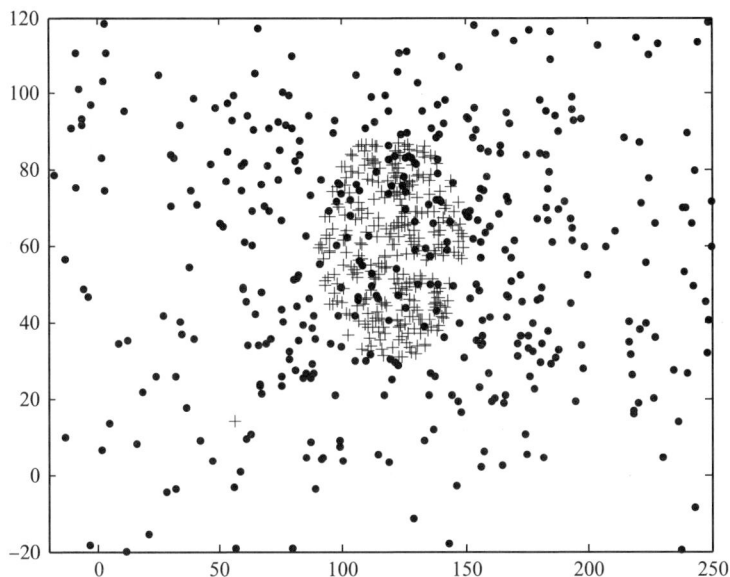

图 8 - 2　土地供应增加之前城市商业空间

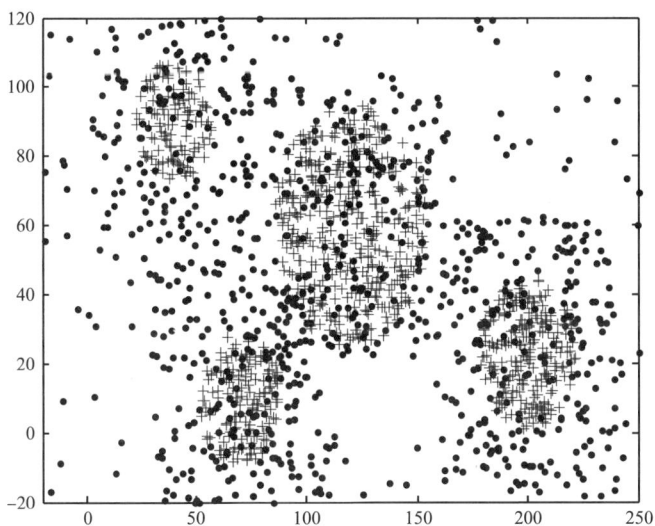

图 8 - 3　土地供应增加之后城市商业空间

从图 8 - 2 和图 8 - 3 中可以发现，当土地供应没有增加之前，城市商业空间自主演化，形成了核心城市商圈，并在其周围形成了众多中小商业企业形成的松散的商业空间分布，这是一种典型的圈层商业空间分布。当随着城镇化的进程不断加快，城市通过各种方式扩大城市规模，在城市近郊征地和城市原有中心拆迁形成大量的土地供应，土地城镇化之后的产业园区建设或房地产开发都会带来人口城镇化，再之后就会深度影响城市商业空间分布。城市土地的增加带来了城市商业规模的整体大发展，这可以从商业空间密度和总量中清晰反映。但更为重要的是，土地供应增加带来了城市商业空间结构的变化，从城市商业单中心到开始出现城市商业多中心，当然由于历史发展的路径依赖性，原有城市商业中心仍然保持规模最大，但是城市商业中心周边开始自发集聚形成多个城市商业次中心，与原有商业中心形成一种既互相竞争又互相关联的关系。图 8 - 2 和图 8 - 3 的仿真结果深刻证明了城市规模的扩大是城市商业、城市商业空间结果演化最为重要的外生动力。

8.3.2.2　城市人口仿真

（1）理论分析。

与城市规模的分析相类似，城市人口的不断增加也会引起城市商业空间结构演化，甚至城市规模和城市人口是一枚硬币的正反两面，具有高度相关性，城市规模的增加必然会导致城市人口的增加。但在短期内，城市人口的增加不一定会导致城市规模的增加，这样就会增加城市现有空间的人口密度。我们正是想探讨城市人口密度变化对城市商业空间结构影响。这种影响将会呈现在两个层面：首先，城市人口密度增加会在一定程度上增加城市商业空间需求，从而导致所在区域城市商业供给增加。这种供给变化表现为总量增加和业态丰富，区域人口密度增加会显著增加所在城市区域商业密度，另外，区域人口密度增加也会提升消费者商业需求多样性，从而引致出新的商业业态；其次，城市人口密度增加也有可能增加所在区域的拥堵程度和商业租金，导致商业需求和商业供给减少，特别是一些对交通成本和商业租金高度敏感的商业业态[①]逃离所在区域，从而改变区域商业空间结构布局。

在现实生活中，往往也可以发现城市人口密度最大的区域城市商业规模也是最大的，表 8 -1 中统计了北京、上海、广州、深圳的城市商业中心的规模，这些与城市的人口密度直接相关。

---

① 例如，仓储超市需要大商业空间，也对商业物流要求挺高，一般会随着所在城市区域人口密度增加倾向于撤离。

表 8 – 1			城市商业中心及规模		
城市	城市商业中心	商业规模（万平方米）	城市	城市商业中心	商业规模（万平方米）
北京	王府井	45	上海	浦东新上海商业城	47
	西单	40		五角场	55
	前门－大栅栏	20		徐家汇商业中心	50
	公主坟	10~20	深圳	金三角商业区	120
	木樨园	10~20		华强北商业区	65
	马甸	10~20		福田中心商业区	50
	双榆树－大钟寺	20		宝安新中心商业区	50
				龙城－龙岗墟商业区	50

资料来源：各个城市商业网点规划。

（2）仿真结果。

为了刻画城市人口对城市商业空间结构变化，我们采用了人口密度作为仿真变量，仿真结果见图 8 – 4、图 8 – 5。

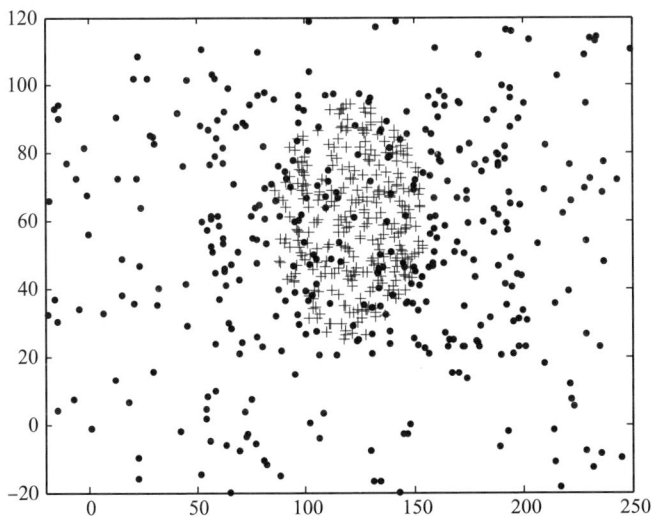

图 8 – 4　人口密度增加前城市商业空间

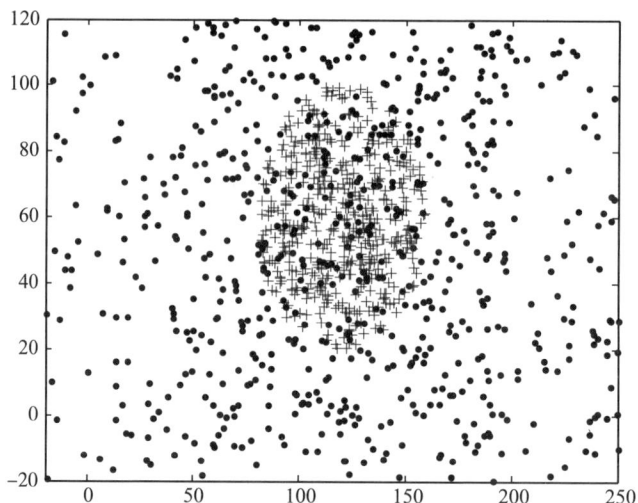

图8-5　人口密度增加后城市商业空间

从图8-4和图8-5中可以发现，当人口密度没有增加之前，城市商业空间自主演化，形成了前述一样的典型圈层商业空间分布。但随着某些原因城市人口密度开始增加①，城市商业空间也开始自主演化。如前面理论分析所述，城市人口密度增加对城市商业供给有利有弊，但从整体上看利大于弊，并且当城市人口密度对城市商业产生严重的负外部性时，往往会通过形成新的商业中心来解决。从图8-5中可以发现，城市人口密度增加并未形成新的城市商业中心，由于城市人口的增加并未伴随土地供应的增加，所以这个结果的出现是可以预期的。尽管没有出现新的商业中心，但原有商业中心的规模相对之前还是有明显的增加，但更为醒目的是人口密度增加后城市商业中心内部变得更为紧密，这种紧密的现实意义就是出现新型的商业业态以及现有城市商业企业间联系更为紧密，与之相关联的就是城市商业的空间外部性得到显著增强。因此，区域人口密度增加也会深刻影响整个城市的商业空间分布，人口密度增加的城市区域将会扩大甚至吞噬临近区域的商业空间。由于我们只进行了局部仿真，这一结果不能被直接证实，下一步研究将针对这点展开。

---

①　可能是由于城市中心区域拆迁，新形成的城市人口密度增加，也可能是由于新区开放建设导致人口大量涌入。

8.3.2.3　城市交通设施

（1）理论分析。

前面两个因素主要分析当城市规模和人口增加时城市商业空间结构发生的变化，属于外延性变化。城市交通设施对城市商业空间结构影响机制则和前面两种完全不同，它并没有改变现有城市商业整体需求量，而是通过城市内部交通通达性的改变影响城市商业空间供给和空间需求函数来影响商业空间结构。具体而言，首先，城市交通设施影响了城市商业空间供给，这种影响主要通过降低现有商业企业的运输成本以及员工的通勤成本实现，商业企业的空间区位选择将会随着现有交通格局变化而产生变化。其次，城市交通设施影响了城市商业空间需求，由于交通设施建设的影响，城市原有没有商业空间需求的区位也开始产生需求从而会引致所在区域城市商业空间变化；最后，城市交通设施在整个城市的布局状况将会在很大程度上影响城市商业空间分布，在某些特殊情况下甚至会导致城市商业空间重构[①]。

（2）仿真结果。

为了刻画城市交通设施对城市商业空间结构变化，特别考虑到现有城市交通越来越多采用地铁作为城市内部交通主要工具，因此我们采用了地铁作为仿真变量，仿真结果见图 8 - 6、图 8 - 7。

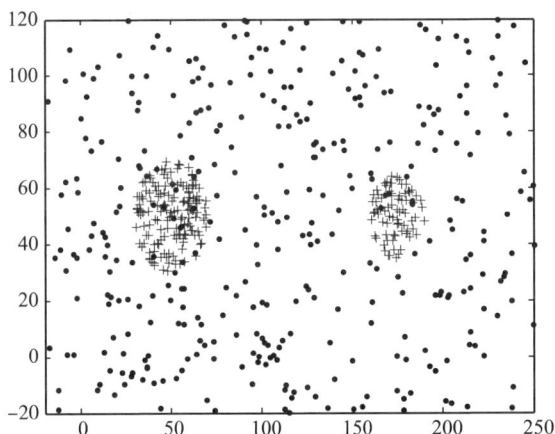

图 8 - 6　地铁出现之前的城市商业空间

---

① 类似的例子可以看到由于高铁的建设许多城市都出现了高铁新城。

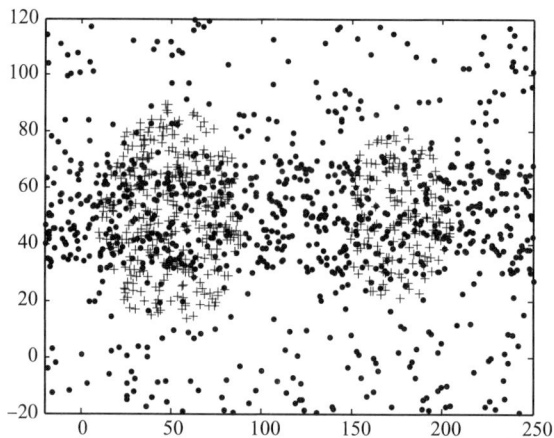

图 8 - 7　地铁出现之后的城市商业空间

　　由图 8 - 6 和图 8 - 7 中可知，与前面两个仿真的初始假设不同，由于地铁出现没有改变整个城市商业总量，因此我们着重分析地铁对城市商业空间结构的影响，在初始设计我们假设了两个城市区域，其中一个为城市商业中心，而另一个为城市边缘的商业次中心，两者之间的连接为传统城市道路，系统自发演化的结果是两者在各自所在区域形成商业中心地位，由于两个区域的人口和购买力差别，商业规模也有不小的差异。另外，由于两个商业中心间交通成本高，相互之间的商业空间联系较弱。当城市开始修建连接两处商业区域的地铁后，系统演化的结果见图 8 - 7。可以发现，城市商业空间结构出现了显著的变化：首先，将两个城市商业中心作为一个整体考量，两者规模都相对地铁修建之前都有明显的提升，这反映了随着两个区域地铁的修建，内部交通成本下降，交通便利性上升，相对于城市其他区域的商业吸引力显著上升，表现为将其他区域的商业空间需求导流到这两个区域。其次，两个城市商业中心的差距在修建地铁前后有明显的缩小。这主要是两个城市区域都能从外部市场吸引到新的消费者，另外，两者之间通达性的增加也使得两个商业中心能够部分共享商业空间外部性，而这种共享明显对原来相对弱势的商业中心有利。最后，随着地铁的修建，两个商业中心的连接处开始出现明显的商业分布，甚至将两个商业中心连接起来，这种地铁商业在广州、深圳、北京等地铁线路丰富的城市中屡见不鲜。

8.3.2.4 电子商务

(1) 理论分析。

电子商务和互联网经济早已深入经济社会发展的方方面面，电子商务与实体商业的发展也呈现出互相竞争、互相联合的状态。一方面，电子商务的发展导致了许多实体商业的衰落甚至死亡，电子商务相对于传统商业而言具有低成本、高便利的优势，而这种优势又被互联网无限放大，将传统基于空间区位的商业竞争转化为跨越地理空间的网络商业竞争。百货商场在网络经济下的演化就是典型的例子，原来通过卖场规模获得竞争优势，现在在电子商务冲击下必须靠餐饮、娱乐等体验消费吸引消费者。另一方面，电子商务发展到移动互联网时代时，传统商业企业也不断向互联网领域进行转型，原有电子商务企业也通过开设实体店、增加实体配送不断增加实体商业份额。实体商业和电子商务开设出现比翼齐飞的新型发展趋势，这种现象尤其在餐饮、娱乐等需要现实体验的商业业态中常见，线上电子商务进行消费者导流，而线下实体商业为消费者提供服务。因此，可以明确肯定电子商务并不会真正摧毁实体商业，而会深刻改变实体商业，同时这种改变也会影响城市商业空间结构。

(2) 仿真结果。

为了分析前面论述的电子商务的双重影响，我们对两种不同的商业业态集聚而成的商业空间结构进行了仿真，图 8-8 表示了电子商务对实体商业产生重大负面影响的商业业态，消费者通过电子商务和网络渠道有效替代了传统商业和实体渠道。图 8-9 表示了电子商务对实体商业产生正面影响的商业业态，消费者必须通过电子商务和线下服务共同完成商业互动。

从图 8-8 和图 8-9 中可以发现，当电子商务与传统商业为替代关系，电子商务的蓬勃发展影响了传统商业空间结构，将原来密集的城市商业集聚空间疏离化，开始形成城市商业空心化，这一点已经在许多城市中得到证实，百货商场、奢侈实体店、大型超市、服装鞋帽专卖店都迎来了关店潮，反映了电子商务对实体商业和城市商业空间的巨大影响。而另一些与电子商务结合紧密的体验性商业业态，或者随着电子商务发展新出现的商业业态则出现了与图 8-8 完全不同的结果，电子商务的发展极大促进了这些商业业态的发展，这一点在图 8-9 中得到了很好的证明，新型商业业态的兴起和发展会使得传统商业区域得到大发展，从规模和质量都提升城市商业空间结构。

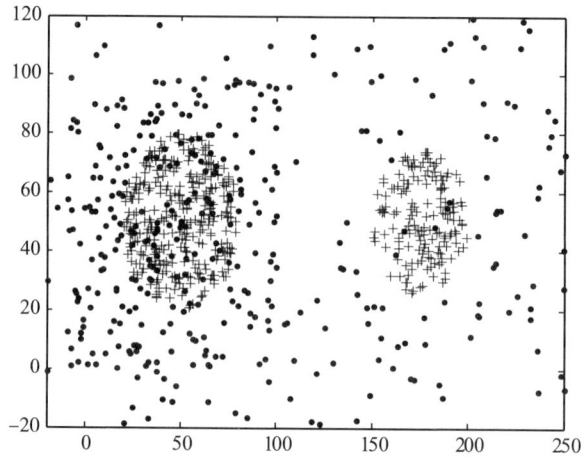

图 8 - 8　第一种情况：电商与实体替代

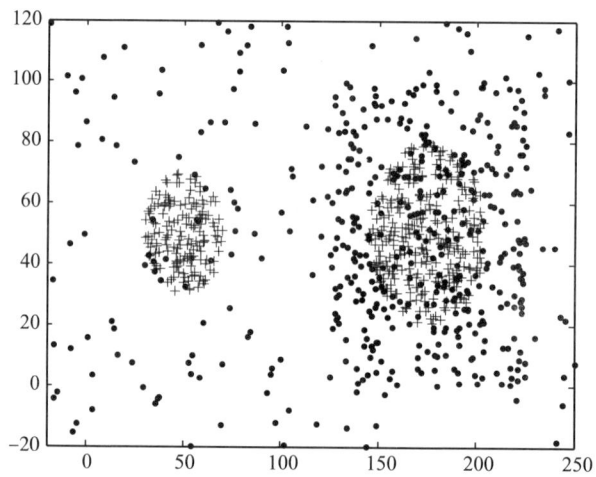

图 8 - 9　第二种情况：电商与实体互补

8.4 行政中心区位、迁移与城市商圈空间分布①

8.4.1 引言

我国不少城市的行政中心都进行了迁移，或是为了推动新城区建设、改善老城区交通、连通周边城市群、保护老城遗存风貌，或是为了改善政府工作环境等原因诸多。例如青岛市行政中心的跨区迁移，是为了城市经营；深圳市行政中心的跨区迁移，是为了与珠三角合作的区域一体化和深港"同城化"；东莞市行政中心迁移，是为了使新城区和老城区的城市功能顺利置换；西安市行政中心的跨区迁移，是为了保护老城传统历史文化遗存与风貌；惠州市行政中心和长沙市行政中心的跨江迁移，都是为了培育新城区增长极。虽然城市规模不尽相同、迁移目标不尽相同，以及迁移模式不尽相同，但是毋庸置疑的是行政中心的空间区位变化对城市的空间结构，特别是城市零售商业的空间结构产生了直观而显著的影响。因为，城市是一种"经济景观"，是空间经济体系格局的最高表现，是社会经济活动空间聚集的结果。② 城市行政中心则是城市中政治决策和行政管理机构的空间聚集，行政中心的空间区位变动，对城市发展战略和近期建设有显著影响作用，从而对城市空间结构和经济发展产生了直接的影响，特别是城市的零售商业空间结构的影响更为显著。例如，1994 年青岛市行政中心的东迁，使得当时一片庄稼地的城郊，在短短的 15 年间迅速成为青岛的政治、经济、金融、文化、商业的核心区域，汇聚全球知名跨国公司、扎堆矗立现代化商务楼、云集奢华品牌专营店和星级酒店。③ 2004 年深圳市政府从罗湖区迁移至福田区，伴随着投资巨大的市政设施、文化设施的投入使用，福田区商品房销售均价自迁移信息传

---

① 本节内容来自课题阶段性成果：柳思维. 行政中心区位、迁移与城市商圈空间分布——基于动态模糊算法仿真和经验数据的研究 [J]. 北京工商大学学报（社会科学版），2015（2）.
② 奥古斯勒·勒斯. 经济空间秩序 [M]. 王守礼，译. 北京：商务印书馆，1995.
③ 杨洪星，郝圆圆. "大青岛 新跨越"探访篇：市民回忆市政府东迁 [N]. 半岛都市报，2012-12-03.

出的 2003 年就超过原行政中心所在地罗湖区 500 元/平方米①，而 10 年后该区购物中心、购物广场密布，拥有深圳八大一级商圈中的两个，中心区是以星河 COCO PARK、深圳中心城、天虹购物广场为核心，带动区域商业元素，形成被誉为"亚洲时尚之都"的福田中心区商圈；曾经的工业厂房聚集区以铜锣湾百货、茂业百货为龙头，汇集百货、服装、珠宝、餐饮、酒楼、金融等几十个行业，成为全国"业态最全"的华强北商圈。同时，我国大多数未发生行政中心地搬迁的城市，其行政中心地本身也是商业中心和一级核心商圈所在地。因此，探索城市行政中心空间区位对其空间所在地的城市商圈发展的影响效应，分析行政中心空间区位变迁与零售商圈空间分布结构之间的耦合互动及其影响，对我国城市零售商圈空间结构优化有着重要的借鉴和启示作用。

8.4.2　概念模型和作用机理

政府行政中心区位选择对于城市商圈发展有着深刻的影响，同时考虑到许多城市政府的行政中心会发生迁移，那这种影响将会更加复杂，既会对迁入地商圈产生影响，也会对迁出地商圈产生影响。从直观上就可以发现，政府行政中心区位既有静态的影响，也有动态迁移产生的影响。我们可以建立一个简单的概念模型来分析。

8.4.2.1　概念模型

考虑到政府中心出现前后和政府中心迁移前后，我们将城市商圈的演进分为三个阶段，见图 8 – 10。

从图 8 – 10 可以发现，第一阶段为政府行政中心为出现的商圈自发演进阶段②，影响商圈发展的就是所在地购买力总量、消费者空间分布以及基础设施等，一般而言城市中各个商圈的环境不尽相同，但是也相差不大，此时商圈空间分布为大体均匀状态。第二阶段为政府行政中心出现在城市中某个

---

① 刘晓云. 政府迁移促动深圳新中心之"多米诺"效应［N］. 中国房地产报，2004 – 06 – 24.
② 这一阶段在实际中可能看不见，政府行政中心与城市基本是同时出现，但为了体现政府行政中心对商圈的影响，我们假设它是后出现的。

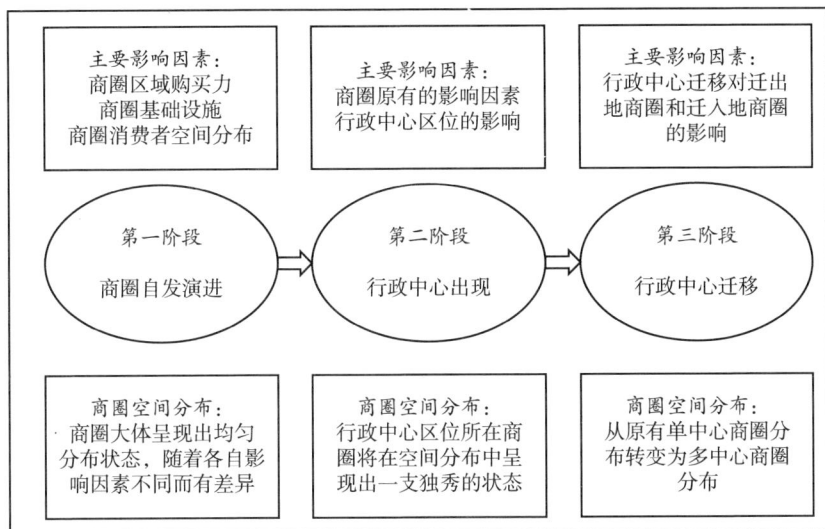

图 8 - 10　行政中心与城市商圈空间分布概念模型

特定的商圈区位时，此时这个商圈会受到一般因素的影响，但更重要的行政中心区位将会极大影响商圈发展的各个要素，关于这点我们在随后会详细讨论。因此行政中心商圈将会加速发展，在整个商圈空间分布上呈现出一枝独秀状态。第三阶段为政府行政中心由于某种因素进行了迁移，此时除掉前两个阶段的影响外，更重要的是迁移会同时给迁出地商圈和迁入地商圈带来影响，这种影响并不是对称的，这点也会在后面进行分析。最终将会使整个城市商圈空间从单中心向多中心方向发展。

8.4.2.2　作用机理

从上述分析可以看出政府行政中心不论是静态的选址还是动态的迁移都会影响城市商圈的空间分布。那么这种作用机理主要来自什么？具体而言，我们主要讨论四个命题：

命题 1：在没有迁移状况下，行政中心所在地商圈将会快速成长。

一般而言，城市中总是存在着多个不同区域的零售商圈共同发展，值得注意的是，政府行政中心所在地的商圈发展往往要高于城市商圈发展的平均水平。从理论上看，行政中心区位对城市商圈影响来自三个层面：生活性服务业集聚、生产性服务业集聚和商圈基础设施发展。

1. 行政中心区位影响生活性服务业集聚。

在中国，行政中心在特定区域的存在意味着行政中心的各个行政部门，以及为之服务的相关企事业机构均在某个特定区域内集聚，同时政府部门集聚往往伴随着政府工作人员家庭整体的集聚，与之而来的是附着在上面的巨大消费力，政府机关人员及家庭本身就是一个巨大的消费市场，这对所在地商圈发展产生巨大影响。同时，政府所在地往往是城市的政治中心，代表了城市主要发展方向。因此，大量的人流也必然会选择政府部门所在区域居住，也极大地提升了所在区域的消费力。这些必然导致政府所在区域内商圈发展速度超过城市平均水平。

2. 行政中心区位影响生产性服务业集聚。

许多生产性服务业的发展本身需要依托政府资源，类似于金融机构、保险机构等的发展都离不开人民银行和银保监会等的审批和监管。因此当政府部门迁移时，为了节省与政府部门的交易费用，以金融机构为代表的生产性服务业往往选择在政府所在区域集聚。同时，政府部门的迁移往往伴随着教育、医疗等优质资源的迁移和再配置。这些生产性服务业的高度集聚本身就是城市商圈演化的更高阶段，同时生产性服务业与生活性服务业也能形成良性互动，共同推进城市商圈发展。

3. 行政中心区位影响基础设施发展水平。

城市商圈的发展离不开基础设施建设，无论是城市商圈与城市其他区域甚至其他城市的连接性还是城市商圈内部交通的便利性，都极大程度上影响商圈发展。政府迁移往往会加大对所在区域的基础设施投入，投资修建了高标准的街道、绿地、广场等基础设施，建立由地铁、轻轨、城市主干道共同形成的立体交通网络，这些都为城市商圈发展提供了良好的先决条件。

综上所述，行政中心区位对所在地城市商圈有着积极的正面影响，并且这种影响会随着城市规模、商圈发展水平以及政府行政影响力的大小程度有很大差异。一般而言，城市规模越大，这种影响越大；政府行政影响力越大，这种影响越大。我们会在后面仿真实验和经验分析中进行相关检验。

命题2：行政中心迁移选址决定城市商圈发展方向。

随着城市规模不断扩大，城市必将向周围扩张，包括人口、土地以及城市商业的扩张。许多城市由于老城市人口过于拥挤、交通拥堵，同时为了加速新城区的建设工作，政府行政中心往往会发生迁移，这种迁移本身目的是为了加速推进城镇化的进程，但在实质上也会影响城市商圈以及商圈体系空间分布。具体而言，城市行政中心迁移一般会选择新城区，距离现有成熟的城市商圈有一定空间距离，同时也不能离城市中心区域过远。这个距离既保证了新的城市商圈能有独立的、较大的发展空间；也保证了与现有成熟商圈间有合理的空间距离，避免两者间的恶性竞争。从宏观层面上看，政府中心选择往往代表着政府城镇化的重点方向，也预示着未来人流、物流、资金流的重点流向区域，也就意味着城市商圈的重点发展方向。

命题 3：行政中心迁移对迁入地商圈影响大于迁出地商圈影响。

当政府行政中心进行迁移后，从整体上看对整个城市商圈体系空间布局会产生重要影响，但最直接的影响是对迁入地和迁出地的城市商圈影响。其中，行政中心对迁入地的影响我们在命题一中已经有了非常详尽的解释，但要注意的是，行政中心迁移的区域往往是新城区，原有商业发展相对落后，当行政中心迁入时，城区基础设施迅速改善，各种商业配套服务完善，生活性服务业、生产性服务业加速集聚，在很短时间内就能形成相对成型的商圈。因此行政中心迁移后对新商圈的影响程度会大于没有迁移的行政中心对旧商圈的影响程度，关于这一点我们在后面将给出经验数据的验证。

行政中心对迁出地商圈的影响就比较复杂了，既有有利的影响也有不利的影响，相互抵消后综合影响程度要远远低于对迁入地商圈的影响。有利的影响主要表现为：第一，行政中心的迁出将会极大地缓解迁出地商圈的交通压力，降低消费者到达迁出地商圈的时间和精力成本，增强商圈的吸引力；第二，行政中心的迁出将会将现有的政府用地转换为商业用地，从而拓展迁出地商圈的商业空间，提高商圈的集聚程度，增强商圈的吸引力。不利的影响主要表现为：第一，随着行政中心的迁出，会导致相当一部分的消费力流向迁入地商圈，影响了商圈的发展；第二，随着行政中心的迁出，一部分与政府关联紧密的生产性服务业将会迁出，从而影响商圈的规模和业态。综合来看，行政中心迁出地商圈一般是城市中比较成熟的商圈，许多城市更是城市的 CBD，部分购买力和生产性服务业的流失不会造成太大影响。因此，行政中心对迁出地商圈的影响较小。

命题 4：行政中心迁移导致城市商圈空间体系重构。

行政中心的迁移从整体上看将会导致城市商圈空间体系发生改变。迁移过程导致城市原有商圈体系开始从单中心向多中心发展，除了原有迁出地的成熟商圈外，迁入地商圈也会成为城市商业发展的重要中心。首先，行政中心迁移直接导致各种商业企业随之迁移，既包括生产性服务业的企业，也包括生活性服务业的企业，从而影响商业企业在城市空间的分布状态。其次，行政中心迁移也会导致城市中的消费者空间分布发生变化，政府购买力以及相关配套资源吸引的消费者购买力导致迁入地的消费者购买力极大增加，从而在另一方面影响商圈的空间分布状态。最后，行政中心迁移会对城市交通基础设施布局产生影响，从而影响商圈的人流、物流状态，进而影响城市商圈的空间分布。

8.4.3 仿真研究

在上面我们对政府行政中心区位对城市商圈的影响进行了理论的探讨，接下来我们将通过计算机仿真和长沙的经验数据案例进行深入的研究。

8.4.3.1 仿真环境及相关假定

我们采用 Windows 操作系统作为实验平台，利用 Matlab 7.0 计算机语言建立了仿真环境。用 100×100 的空间栅格代表整个城市，Agent 表示商圈中的各个商户。设计三个阶段实验研究行政中心区位和迁移对商圈的影响：即商圈自发演进阶段、行政中心区位施加影响的阶段和行政中心迁移后形成新商圈的阶段。试图比较行政中心产生前后商圈影响力的变化，行政中心迁移后对迁出地和迁入地商圈的影响。

为保证仿真的经济含义和现实价值，实验做了如下假设：第一，假设该区域资源有限，每个周期可培育的基本商业单位固定，商圈间存在争夺资源的竞争；第二，限定行政中心的影响力在每一个阶段恒定；第三，假定商圈的吸引力正比于其拥有的商户数量，且商圈的吸引力仅限于实验所给定的 100×100 的城市区域。

8.4.3.2 行政中心对商圈影响的定性分析

在上述假设和限定条件下，实验向"城市"中随机撒下一定数量的商户，利用智能模糊聚类算法确定 3 个初始商圈，同时给出每个商圈所属的商户数量,并绘制商户在空间中的拓扑结构图。之后,根据每个商圈的吸引力,向"城市"中撒下固定数量的"商户",吸引力大的商圈能获得更多的商户。仿真模拟商圈的自发演进、政府行政中心出现和行政中心迁移三个阶段,存储商户的空间分布,统计各阶段中每个商圈吸引的商户数量,形成图 8 - 11 ~图 8 - 14 的空间分布结构。

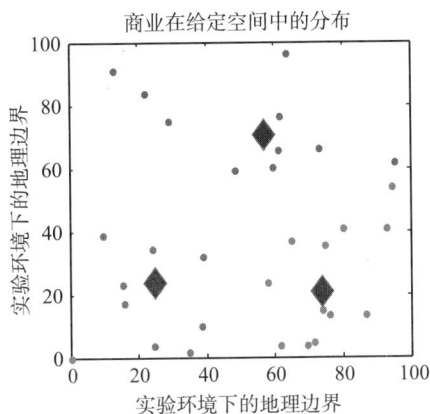

图 8 - 11　城市商圈空间的初始分布

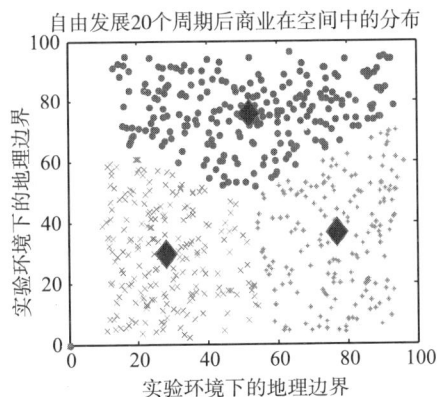

图 8 - 12　20 个周期后城市商圈分布

行政机关出现后商业在空间中的分布

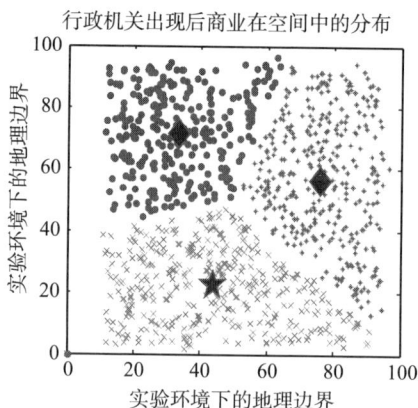

图8-13 行政中心促进所在商圈发展

行政机关迁移后商业在空间中的分布

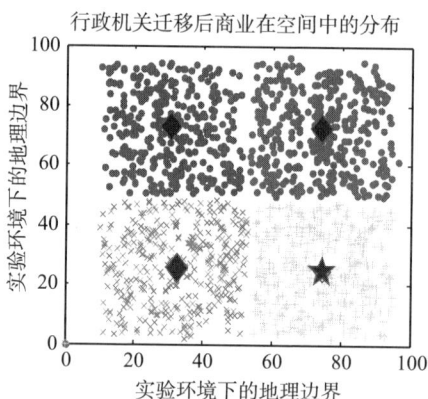

图8-14 行政中心迁移后形成新的商圈

从图8-11可以看出,在城市商圈发展的初始阶段,商户Agent在整个城市空间随机分布,应用聚类算法得到三个初始商圈,即图形上用菱形图案标识。这三个商圈大体相似,空间分布类似于三角形,基本符合中心地理学说的假设。在城市商圈发展的初期,假设没有行政中心出现,各个商圈在各自不同的发展环境中自由发展。在经历20个发展撒点周期后,商圈和商户的拓扑结构如图8-12所示。从图8-12中已经可以很明显发现三个商圈中心的形成。菱形标志的周围点的密度明显高于其他区域,体现了商圈对商户的吸引力。同时各个商圈所覆盖的区域大体相等,表明其发展水平相近。这基本证实了概念模型的第一阶段理论分析。随着行政中心出现某个商圈中，该商圈的吸引力大于其他商圈，在经历 20 个周期的发展历程后，形成如图 8 – 13 所示的商圈和商户的拓扑结构图。在图 8 – 13 中可以发现，行政中心的出现使得其所在商圈区位的影响力显著增强，直接表现为吸引的商户数量（商圈集聚程度）大大超过其他两个商圈，开始在空间分布上呈现出一家独大的状态，与第二阶段的理论假设也非常吻合。

当行政中心由于各种因素进行迁移后，我们进行仿真的结果见图 8 – 14。在图 8 – 14 中，政府行政中心由原来的左上角迁移至右下角[①]，结果清晰地反映出由于行政中心的迁移，迁入地开始形成一个城市商圈，而对原有迁出地商圈的影响并不太大，很好地吻合了理论分析结论。

8.4.3.3 行政中心对商圈影响的定量分析

为了更加深入地分析行政中心区位和迁移对城市商圈空间分布的影响，我们利用多个仿真实验的数据进行定量的对比分析，如图 8 – 15 所示。

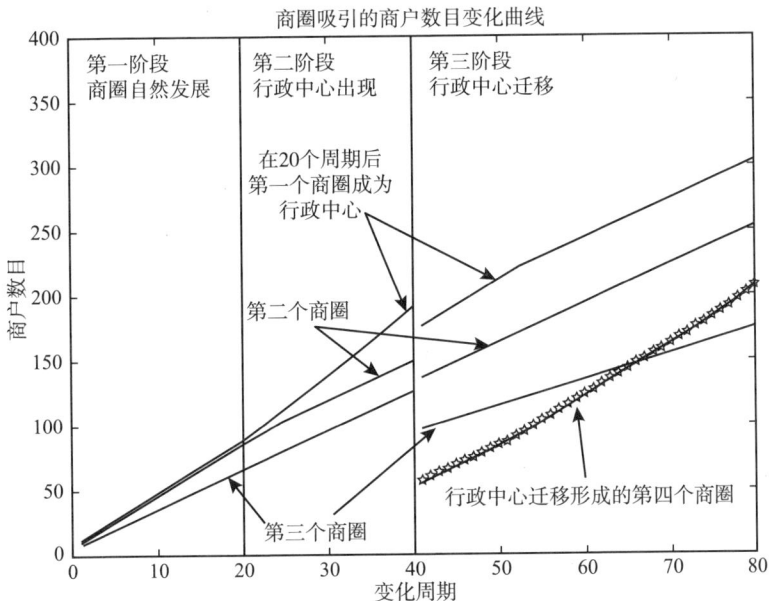

图 8 – 15　行政中心出现、迁移对城市商圈影响

---

① 仿真实验的迁移是按照前面的理论分析进行，即与现有成熟商圈保持一定距离但不离城市中心太远，因此在我们图形上选择右下角区域作为新的行政中心。

由图 8 - 15 可知，第一阶段为没有行政中心影响的自然发展阶段，各个自发形成的商圈大体维持稳定的发展速度，在实验中表现为 0 ~ 20 的周期内，商户数目保持稳定的增长。第一次撒点后，三个初始商圈拥有商户的数量分别为 10 个、8 个和 12 个，各个商圈的规模并不相同，这是因不同的自然发展条件或者偶然因素所致。初始规模的差异决定了中心间不同的资源竞争能力，最终商圈的规模出现差距。在 20 个周期后，各商圈拥有的商户数量分别为 86 个、88 个和 65 个，占比分别为 35.98%、38.09% 和 27.19%，即第三个商圈的吸引的商户数就低于第一个和第二个商圈，这是规模效应的原因。但值得注意的是，20 个周期中三个商圈均保持了恒定的发展速度，这是没有外来因素干扰下的正常状态。

第二阶段行政中心出现后实验中，第一个商圈中设立行政中心，其他两个商圈仍维持不受限制的自然发展状态。第一个商圈因行政中心的设立增加了对商户的吸引力，获取了更多的商户，呈现出加速发展的状态，图 8 - 16 中表现为曲线斜率变大。在行政中心刚出现的第 21 个周期时，三个商圈吸引的商户数各占的比例为 36.25%、36.65% 和 27.09%；而在 40 个周期时，三者吸引商户数所占比例分别为 39.66%、33.69% 和 26.65%，进一步说明了行政中心出现在第一个商圈后吸引力增强，比其他商圈聚集了更多资源。

第三阶段行政中心由第一个商圈迁出，形成小规模的第四个商圈。因行政中心的迁入和巨大的发展前景，设定行政中心的影响力高于第二阶段。实验结果表明，因行政中心的迁出，第一个商圈的发展速度放缓至自然状态。第四个商圈因商业未完全开发拥有巨大的发展前景，同时行政中心迁入需要大量的基础设施建设，两种因素的叠加产生巨大的影响力。实验中表现为第四个商圈的曲线斜率明显高于其他商圈，相反第一个商圈的曲线斜率则有较小幅度的降低，基本与自然状态下的第二、第三个商圈相同。从数量关系上看，四个商圈在第 41 个周期时，吸引的用户数占比分别为 37.31%、31.34%、18.98% 和 12.37%；而在经过 40 个发展周期后，上述比例发生了明显的变化，前三个商圈分别为 31.95%、28.03% 和 17.33%，而新行政中心所在商圈的占比则迅速增长到 22.29%，发展速度远远超出了其他商圈，体现了行政中心对资源的强大聚集能力。

| 第 9 章 |

优化城市流通产业空间结构的对策

城市流通产业空间结构受各种变量和因素的制约，是一个动态变化的过程，离不开市场与行政双重力量的制动。在注重发挥市场在城市流通产业结构变化中基础作用的同时，应注意重视行政力量的积极作用。流通产业空间结构是流通产业结构中最重要的一个部分，既关系流通产业内部之间的协调发展，又关系到整个城市的高质量发展，更是与民生息息相关。为此，应研究采取科学对策去积极促进城市流通产业空间结构的优化。

9.1 优化城市流通产业空间结构的现实意义

9.1.1 适应新发展格局的内在要求

2020 年 4 月到 2021 年初，习近平总书记和党中央在多个重要会议上连续向国内外一再强调，要构建以国内大循环为主体、国内国际双循环相互促进的新发展格局。构建新发展格局是《中共中央关于制定国民经济和社会发展第十四个五年规划和二〇三五年远景目标的建议》中的主线，是根据我国发展阶段、环境、条件变化做出的重大决策，是立足当前、着眼长远的战略谋划，是事关全局的系统性、深层次变革，是适应新发展阶段要求、塑造国际合作和竞争新优势的必然选择，是把握发展主动权的先手棋，是关系我国发展全局的重大战略任务，需要从全局高度准确把握和积极推进。提出国内大循环为主国内国际双循环相互促进的新发展格局，是以习近平同志为核心的党中央面临世界百年未有之大变局及我国经济发展新阶段和社会主要矛盾转变，以及适应我国经济发展条件和比较优势变化的客观要求，对中国经济发展面临新挑战新考验新机遇深思熟虑的战略决断，也是规划"十四五"和未来较长时期我国经济发展的战略要求。

习近平总书记2020年4月在中央财经委员会第七次会议上首次提出"形成国内大循环为主国内国际双循环互相促进的新发展格局"，在全国两会期间又一次进行阐述。5月14日在中共中央政治局常务委员会会议又明确提出"充分发挥我国超大规模市场优势和内需潜力，构建国内国际双循环相互促进的新发展格局"；7月21日习近平总书记在主持召开的企业家座谈会上强调："要逐步形成以国内大循环为主体、国内国际双循环相互促进的新发展格局"；7月30日，中共中央政治局会议进一步明确"加快形成以国内大循环为主体、国内国际双循环相互促进的新发展格局"；8月24日召开的经济社会领域专家座谈会上，习近平总书记再次强调，要"以畅通国民经济循环为主构建新发展格局"；9月11日习近平在科学家座谈会上的讲话中指出"推动国内大循环，必须坚持供给侧结构性改革这一主线，提高供给体系质量和水平，以新供给创造新需求，科技创新是关键。畅通国内国际双循环，也需要科技实力，保障产业链供应链安全稳定"；9月17日，习近平总书记在长沙主持召开基层代表座谈会并发表重要讲话，听取基层干部群众代表对"十四五"规划编制的意见和建议再次强调："坚持新发展理念，统筹发展和安全，加快形成以国内大循环为主体、国内国际双循环相互促进的新发展格局。"2021年1月11日，习近平总书记在省部级主要领导干部学习贯彻党的十九届五中全会精神专题研讨班开班式上发表重要讲话再一次强调"准确把握新发展阶段，深入贯彻新发展理念，加快构建新发展格局，推动'十四五'时期高质量发展，确保全面建设社会主义现代化国家开好局、起好步"。总之，习近平总书记一系列重要论断使"新发展格局"越来越深入人心。

优化流通产业空间结构有利于加快形成建国内大循环为主的新发展格局。构建新发展格局，包括"以国内大循环为主体"和"国内国际双循环相互促进"两个部分，不可偏废。必须重视流通在大循环中的中介功能，千方百计搞活流通，努力发挥流通的基础性先导性的关键作用。当前，由于外需不振，尤其需要加快培育完整内需体系，加强需求侧管理，使建设超大规模的国内市场成为一个可持续的历史过程。习近平总书记指出，构建新发展格局的关键在于经济循环的畅通无阻。要实现国民经济良性循环，扩大内需是战略基点，搞活流通是关键环节。马克思主义再生产原理告诉我们，流通是联结生产与消费的纽带，是实现供给与需求有效结合的黏合剂。马克思在《资本论》第 3 卷第 4 篇开篇专辟一章《商品经营资本》对产业资本循环中的商品经营资本形态的中介功能进行深入与精辟的论述。马克思指出："同一商人资本，可以依次对投入一个生产部门的各个资本的不同周转起中介作用，还可以同样有效地对不同生产部门的各个资本的周转起中介作用。"马克思还深刻地论述了商人资本中介功能的不可替代性与作用多元性。在市场条件下国内经济大循环不可能自动实现，而必须通过流通环节，流通可以从时间上提升国内经济循环的速度、从空间上扩充国内循环的规模和覆盖面、从结构上优化国内经济循环的内容，提高生产要素和商品的供求适配性和流动效率。搞活流通还可刺激和促进消费的回暖与升级，更好发挥需求对供给的牵引作用。因此在发展新阶段构建双循环格局中一定要从战略上注重发挥现代流通在畅通国民经济循环中的关键作用。特别是要按照建设强大国内市场的要求坚决破除流通领域存在的结构性、体制性、技术性障碍，重新构建符合新需求、新技术和供求新趋势的流通产业空间格局，形成竞争有序、区域协调、城乡一体、高效惠民的流通产业网络格局，优化流通产业空间结构，包括城市内部流通空间的优化、城市之间流通空间的优化、城乡之间流通空间的优化，疏通国内经济大循环的梗阻和堵点、痛点。大力促进区域之间、城乡之间流通产业的融合发展。

9.1.2　推动区域协调发展的必然选择

区域协调发展，必须重视优化流通产业空间结构在深化促进区域差异分工、统筹发挥区域比较优势中的作用，形成国内大循环离不开区域协调发展。新发展格局下的区域协调发展不是消除区域发展差距，更不是搞区域平均主义，而是要完善区域功能定位，突出特色，扬长补短，错位发展，形成比较优势。构建国内大循环，必须坚持全国一盘棋，绝不能搞区域内小循环，绝不能搞区域分割、城乡分割。要打通阻碍形成国内统一大市场的堵点，打破区域分割、城乡分割、相互设置的壁垒，形成商品、服务、生产要素在全国有序自由流动的协调发展格局。

已经形成的各种区域协作发展机制，要在构建国内大循环中明确功能定位，形成与其他区域的链接机制，不能搞成区域自循环。要建立更加有效的区域协调发展机制，解决区域间资源错配和分配机制不合理等长期存在的突出问题，必须注重完善区域间的要素流通和商品流通，防止资源的错配和闲置，发挥市场和流通在促进区域产业分工和要素分工中的催化剂效应、裂变效应，优化产业空间布局，促进区域间产业链、价值链优势互补、相互促进，使各个不同区域各得其所、各展其长、共同发展、优势互补、相互支撑，防止区域间产业过度同质竞争。要进一步完善商品流通机制，畅通线上线下流通互补渠道。要畅通城乡流通渠道，实现城乡公共服务均等化，打通"最后一公里"，使商品、服务和生产要素在区域之间、城乡之间自由有序流动，既促进乡村振兴，又为构建国内大循环提供新的节点、新的动力。在新形势下，一方面要通过城市群都市圈建设进一步增强中心城市和城市群等经济发展优势区域的经济和人口承载能力。另一方面，要跳出现有资源禀赋约束，用新技术新应用的系统工程寻找中西部地区高质量崛起的突破口，进而促进与东部发达地区形成优势互补、差异发展的区域经济格局。

9.1.3　建设强大国内市场的题中之义

形成新发展格局，离不开强大的国内市场、先进的市场基础设施、顺畅的市场流通环节、统一规范的市场规则以及法治化国际化便利化的营商环境，这些都对市场体系建设提出了新的更高的要求。只有加快建设高标准市场体系，才能使生产、分配、流通、消费等各个环节顺畅衔接，劳动力、资本、技术等生产要素优化配置，产业链和供应链高效对接与整合，各类市场主体参与市场竞争的活力和创新力竞相迸发，国民经济真正形成良性循环。城市流通产业空间结构的优化关系到超大国内市场规模优势能否有效发挥。如果城市流通产业空间结构混乱，就会压抑和束缚城市流通功能与消费功能的发挥，难以有效发挥城市的各种派生效应，如城市派生出的投资需求、消费需求、公共服务产品需求。目前影响中国经济循环成本过高的一个突出问题仍然是流通成本过高。以GDP增长的物流成本为例，2018年中国全社会各种物流成本占到了 GDP 水平的近 14.8%，仍高于世界平均水平，更高于美国的 8.0% 和日本的 8.7%。① 在中国立体交通体系日益完善，高速公路、高铁、空中航线增长居世界前列的情况下，物流成本缘何居高难下？除了货运结构不合理、铁路运量比重低以外，一个重要原因是流通体系的空间结构失衡。各个区域之间还存在因体制障碍造成的不合理运输，如迂回运输、相向运输、倒流运输以及空驶率过高等。为此要进一步从深化体制改革入手，努力消除各种显性和隐性的区域壁垒，促进形成国内统一大市场。要坚持问题导向，针对地方保护、行政性垄断、条块分割、准入壁垒等阻碍国内统一大市场形成的各种痼疾，着力消除区域市场壁垒，打破行业垄断和地方保护，破除歧视性、隐蔽性的区域市场准入限制，推动市场一体化和流通产业空间结优化发展，做到打通死点、治愈痛点、疏通堵点、畅通循环，促进劳动力、资本、技术、数据等要素以及商品和服务在城乡、区域间自由流动，实现空间配置合理高效，努力节省交易费用和物流成本，提高国内大循环的速度与效率，为经济高质量发展打下坚实基础。

9.1.4 更好满足人民美好生活需要的客观要求

习近平总书记在中共十九大报告中明确提出："中国特色社会主义进入新时代，我国社会主要矛盾已经转化为人民日益增长的美好生活需要和不平衡不充分的发展之间的矛盾。"② 主要矛盾运动是社会经济发展前进的主要动力，也是推进流通业高质量发展的核心动力。当前人民日益增长的美好生活需要和不平衡不充分的发展之间的矛盾在流通领域也表现十分明显。

一是从中国流通发展不平衡来看，主要体现为：流通规模与供需结构不平衡，流通发展质量瓶颈突出；流通区域发展不平衡，城乡之间、东中西部各板块之间流通发展状况不平衡；流通业投入与产出收益不平衡，效率低下的问题突出；流通产业结构失衡，产业集中化、组织化、连锁化专业化程度低，散、小、差等粗放经营竞争力低的问题十分突出，流通业规模扩大但流

---

① 梁骁. 物流界最大认知误区：中国物流费用占 GDP 比例高＝中国物流成本高？［EB/OL］. 物流指闻，https://mp.weixin.qq.com/s/X8441ZlWCJ18BLpPl-aDBg，2020 - 01 - 07.
② 习近平在中国共产党第十九次全国代表大会上的报告［M］. 北京：人民出版社，2017：11.

通业成本上升与流通业利润空间狭小的矛盾突出。二是从中国流通发展不充分来看，主要表现为：农村流通发展不充分、中西部地区流通发展不充分；流通创新发展与创新应用不充分，传统流通技术和模式比重大；流通产业功能发展不充分，服务实体经济和民生的基础与先导功能尚未充分发挥；流通环境建设与流通秩序治理不充分，损害消费者权益的现象仍然时有发生，食品、药品、能源等重要商品流通风险仍然存在。

流通产业是我国国民经济的基础产业和先导产业。流通产业发展可以有效促进经济的繁荣，是我国经济发展进入关键时期培育壮大新动能、加快发展新经济的重要组成部分。因此，在新时代主要矛盾转化、新阶段我国经济发展转入高质量发展环境下，就必须要合理构建流通产业的空间格局，基本目标是形成覆盖全国的安全畅通、竞争有序、区域协调、城乡一体、高效惠民的流通产业网络格局。

9.2 突出解决区域间流通空间结构失衡的问题

9.2.1 加快新型城市群的建设与发展

习近平总书记在中共十九大报告中指出"实施区域协调发展战略""建立更加有效的区域协调发展新机制""以城市群为主体构建大中小城市和小城镇协调发展的城镇格局，加快农业转移人口市民化"。《中共中央关于制定国民经济和社会发展第十四个五年规划和二〇三五年远景目标的建议》中强调指出"推进以人为核心的新型城镇化。实施城市更新行动，推进城市生态修复、功能完善工程，统筹城市规划、建设、管理，合理确定城市规模、人口密度、空间结构，促进大中小城市和小城镇协调发展"。商贸流通业的空间属性特点决定了流通节点城市体系建设成为整个空间格局的承载基础，要形成完善的流通节点城市体系又要依赖我国城市群体系的协调发展。目前东部地区几大城市群体系较完善，大中小城市之间层级清晰，基础建设完善，功能配套，国际化的步伐进一步加快，城市经济空间进一步扩大，一些国际化中心城市已经占据大区域的主导地位，如长三角的上海、环渤海的北京、珠三角的广州、深圳等成为一线城市，人口聚集、要素聚集、产业聚集的密集度高，集约化生产导致产业分工在不断加深，尤其是新兴服务业发展迅速，产业结构突出以第三产业为主，劳动力也不断向城市第三产业集中的区域集聚，服务业新业态新模式层出不穷。因而东部地区流通产业网点空间密度较高，大、中、小流通网点协调性好，专业市场与综合市场错位发展，商流与物流专业化程度高，流通效率高。而中西部地区的许多城市群发展的尚处于初始阶段，与东部地区相比，流通空间格局失衡问题突出。为解决这一问题必须从加快城市群发展入手。

在进一步完善和优化长三角城市群、珠三角城市群、京津冀城市群的体系与功能的同时，应加快成渝城市群、长江中游城市群、长株潭城市群、中原城市群、哈长城市群、辽中南城市群、山东半岛城市群、海峡西岸城市群、北部湾城市群、呼包鄂榆城市群、山西中部城市群、关中平原城市群、宁夏沿黄城市群、兰西城市群、天山北坡城市群、滇中城市群、黔中城市群的建设。同时积极推进中西部地区西安、武汉、成都、郑州、长沙、兰州、南宁、昆明、贵阳等国家级区域性中心城市建设，发挥中心城市流通聚集、扩散与辐射功能，加强与周边中小城市与中心城镇的互联互通。要在中心城市带动下努力发展一批产业优势明显、宜居宜业的特色小城镇，促进了大中小城市和小城镇协调发展。当前我国城镇化率已经超过60%，各类城市正由各管各的发展阶段迈向都市圈和城市群发展阶段，特别是粤港澳大湾区、长三角、京津冀、成渝双城经济圈、长江中游城市群等地区已经开启了大都市圈、城市群的发展过程，其中的红利将越来越高。为更好发挥城市群都市圈的作用：一是要合理安排城市群内部结构，形成以超级大城市、都市圈、城市群多重嵌套、分工协作的新格局；二是要按照"大联通、小分布"原则，采取"多中心、组团式"策略合理布局中心城市功能集聚区；三是注重以联通高效、无缝对接的综合交通网络降低城市"人流""物流"的综合成本。如上海市提出，未来五年，上海将加快构建"中心辐射、两翼齐飞、新城发力、南北转型"的空间新格局，把嘉定、青浦、松江、奉贤、南汇打造成"独立的综合性节点城市"。上海的这一做法突破了以往单中心的城市框架，值得各地借鉴。

9.2.2 合理构筑我国商贸流通业的空间格局

合理构筑我国商贸流通业的空间格局不仅要努力实现城市群体系的协调发展，更需要加强各层级商贸流通节点体系建设。为此首先要进一步发挥国家级流通节点中心城市、区域性流通节点中心城市的聚集作用，加快形成有利于促进全国统一市场体系完善的流通网络。要依托流通节点中心城市区域商贸物流优势，借助前后向产业链的关联效应，整合周边区域的流通要素与资源，以充分发挥流通节点城市在商贸流通业空间格局中的中心作用。其次在流通节点中心城市流通实力不断增强、区域流通关联效应不断优化的基础上，加强区域性流通节点中心城市对周边区域流通的扩散、辐射及带动作用，不断拓展区域流通的广度和深度，进一步完善国内商贸流通业的空间格局，进而形成"国家级流通节点中心—区域流通节点中心城市—县城——般城镇—乡村"的流通网络格局，并且在内部结构上不断加以调整，使其日趋完善。使得城市市场占城乡市场比例的份额也不断增长，城乡市场结构逐渐完善，城乡市场与流通体系协调发展。最终形成由全国性的区域性节点城市再到地区性节点城市，其次是县城到城镇、到乡村组成的多层级的商贸流通业空间网络结构。

9.2.3 努力形成空间全方位开放的区域流通格局

中共十九大报告提出"推动形成全面开放新格局"，"要以'一带一路'建设为重点，坚持引进来和走出去并重，遵循共商共建共享原则，加强创新能力开放合作，形成陆海内外联动、东西双向互济的开放格局"，"优化区域开放布局，加大西部开放力度"。《中共中央关于制定国民经济和社会发展第十四个五年规划和二〇三五年远景目标的建议》中明确要"坚持实施更大范围、更宽领域、更深层次对外开放"。加快中西部地区流通业领域的开放有助于促进东中西部地区流通业协调发展。以西部地区为例，西部地区拥有全国72%的土地面积、27%的人口、20%的经济总量，而对外贸易仅占全国的7%，利用外资和对外投资分别占7.6%和7.7%。[1] 中西部内陆和沿边地区劳

---

① 汪洋.推动形成全面开放新格局 [N].人民日报，2017–11–10 (004).

动力充裕，自然资源富集，随着基础设施不断改善，特别是随着"一带一路"建设加快推进，中国和亚洲欧洲陆路大市场的连通，中西部地区逐步从开放末端走向开放前沿，开放型经济发展空间广阔。在深化沿海开放的同时，推动内陆和沿边地区从开放的洼地变为开放的高地，形成陆海内外联动、东西双向互济的开放格局，可以加快形成东中西部区域流通协调发展新格局。

9.3　充分发挥流通节点城市的功能

9.3.1　大力发挥流通节点城市的各种功能

流通节点城市在城市流通产业发展中处于中枢地位，要依托流通节点城市交通运输通道和枢纽地位优势，充分发挥其功能。一方面，要进一步发挥流通节点城市的集散与中转功能。进一步在流通节点城市布局大宗商品交易市场、重要商品和物资储备中心、物流园区以及配套的物流设施，要加大物流信号平台建设，增强流通节点城市对区域内和区域间的商品集散能力。要努力提高流通节点城市的货物中转运输效率，大力推动城市与城市间的共同配送和多式联运，促进流通节点城市中转功能整体提升。另一方面，进一步发挥流通节点城市的生产服务功能，流通与生产是紧密相连的，流通节点城市往往也具有某些生产要素聚集地的优势，比如加工贸易、原材料生产等，作为流通节点城市就要发挥其沟通生产与流通的功能，提升城市流通服务和引导生产的功能发挥，提高产地市场流通效率。同时要进一步发挥流通节点城市消费促进功能，流通节点城市具有人口聚集、商品聚集等众多优势，因此往往也是消费人群的集中地。因此，在流通节点城市要发挥其消费引领的作用，配套建设城市商业中心、商业街、购物中心、综合商业中心等大型商业网点，通过流通节点城市的消费高效、便捷服务来引领其他城市的流通发展。同时，要实现流通产业与生活社交的融合，积极引导流通业主体以零售商业实体为入口，连接健康、医疗服务、体育赛事、体育场馆、教育培训、文化艺术等消费者服务所需，打造满足消费者多元化需求的服务闭环，突破纯粹消费场所定位，使流通业主体成为消费者的生活社交平台。

9.3.2 积极推动城市间区域间流通业的合作共赢

要在充分发挥流通节点城市功能的基础上，推进城市间流通业协调发展，推动城市间流通业的合作共赢。商贸流通的空间格局具有"点、线、面"的多维属性特征，不同节点城市之间的流通职能存在等级差异，因此必须加强流通节点城市之间的合作和协调发展。一方面，要推进城市间流通业的分工协作，引导区域流通业资源的优化配置，形成城市与城市之间流通业相互依托、错位发展、分工协作、功能互补的局面。推进城市间流通业资源共享、信息平台共建，最大程度发挥协同效应，引导相邻城市实现合作共赢。例如，在重要食品特别是食品药品的质量安全信息追溯系统的共建共享、鲜活农产品质量检测技术平台的共建共享、冷链仓储物流平台建设的共建共享等，以推进城市间流通业基础设施的分工协调、共建共用，防止重复建设及资源的闲置与浪费。

另一方面，要全面清理和取消妨碍公平竞争、设置行政壁垒、排斥外地产品和服务进入本地市场的规定，建立健全统一的市场准入和检验检测标准体系。鼓励大型流通企业跨地区、跨行业、跨领域、跨所有制兼并重组，依法实施集中、扩大经营规模。要坚决打破行政条块对市场流通的行政分割和行政垄断，加快全国统一市场建设，绝不允许地方保护主义成为假冒伪劣愈演愈烈的"保护伞"。尤其在关系国计民生重要商品如食品、药品和防疫物资的生产流通监管中加强城市协调，建立分品类的商品质量溯源追踪体系，形成全国各个流通节点城市的齐抓共管，做到一个标准，信息追踪，全程监管，坚决把好流通质量关口，坚持流通环节对问题商品的零容忍，杜绝问题商品带病进入各流通节点城市和流通领域。

对于国家级大型商贸流通节点城市而言，是面向全国市场的扩散与辐射；对于区域性商贸流通节点城市而言，应着重于与周围邻近区域商业网点的衔接建设，增强这一区域的资源优化配置与流动性。对现阶段的中小型商贸流通节点城市而言，首先，应明确城市自身的发展方向与职能定位，从而有效避免盲目的重复建设现象；其次，抵制无序、破坏市场公平竞争的行为，同时有效提高资源的利用率，将商贸流通市场的一体化建设牢固纳入区域经济一体化建设之中，提高区域内外分工的效益性；最后，还要统筹区域商贸流通网络的全局建设，打破区域壁垒，使得各种经济资源在区域内外实现双向流通、循环有序、互动融合与优化配置，以商业网点作为对接发射点，由线结构搭建起连锁经营区域的流通网络，并对产品和机制实现对接，从而最终实现协作、稳定发展。

9.3.3 建设区域与城市之间高效、安全、畅通的实体物流网络体系

加强区域之间、城市之间流通协作的基础是建设高效、安全、畅通的实体物流网络体系，切实解决好商品货物在区域之间的倒流运输、相向运输、迂回运输、重复运输及货车空驶等不合理运输。对于实体物流网的建设可以采用多式联运的方式，包括集装箱运输、散货运输等，同时对不同的运输方式进行有效衔接，并为此提供体系完备的运输网络与完善的仓储配送设施，从而提高现代综合运输网的整体速度和流通效率。同时，以此实体物流网为依托，将虚拟物流网与之进行有效对接，重点将实体物流配送体系、仓储配送设施与虚拟物流网的信息系统衔接起来，通过虚拟物流网的信息传递、信息跟踪与信息反馈提高实体物流网的运输效率与运输质量，努力降低物流成本，从而提高商贸流通业的"互通"能力。建议提高铁路运输货运量在各类运输方式中的比重，一是将铁路线尽快延伸到各类开发区、厂矿企业去，打通铁路运输"最后一公里"；二是随着高铁线路的逐步延伸，可以将原来的普快调整为货运专线，提升利用率；三是疏通内河内湖水运体系，整合港口码头资源，尽可能发挥水运在大宗商品运输中的低成本优势；四是在一些交通枢纽深化改革，提升多式联运效率；五是要推进新一代信息技术在交通运输中的应用，建设人流、物流、信息流多流集成、高效畅通的智慧交通和智慧物流。

9.4 坚持协调发展解决城乡流通空间结构失衡

中共十九大报告提出"实施乡村振兴战略"，强调"建立健全城乡融合发展体制机制和政策体系，加快推进农业农村现代化"，"促进农村一、二、

三产业融合发展，支持和鼓励农民就业创业，拓宽增收渠道"。要实现城乡空间融合和农村一、二、三产业融合，必须重视城乡商贸流通一体化发展，突出解决城乡之间流通空间结构失衡的问题。我国城乡二元结构的存在使得城市与乡村之间在许多产业结构上具有明显的差异性，因此产生了城乡市场二元格局、商贸流通业发展的二元格局。城乡之间在流通产业主体组织、流通要素的素质、流通产业规模与结构、流通网点空间密度、流通产业技术含量、流通产业业态及模式、流通产业效率等方面存在巨大的差异。

9.4.1 城乡空间的融合关键在于城乡商贸流通一体化

要以统筹城乡的商品市场发展为突破口，利用"互联网＋"加大流通商贸业态、商业服务模式创新，通过积极建立网上网下相结合、功能以及分类完善、齐全的流通商贸服务模式，加快城乡商贸一体化体系建设。可因地制宜采取以下各种模式：其一对于经济发达与城市化工业进程较快的地区而言，应根据"中心城市—大城市—中小城市—重点小城镇—乡村"的空间联系，努力完善地域的信息与网络化以及连锁化水平，全面快速提高城乡的市场网络体系建设，提高各层次城镇商品市场的关联度；其二在工业化水平高、城市化水平较低的地区，主要通过商贸流通业和相关产业的融合与发展互动进而实现各产业间的及时交流和合作，努力在城乡间积极构筑资源双向互动的商品流通体系；其三在城市化与工业化水平一般的地区，采用供应链空间联结模式，把制造商、零售商、供应商以及批发商和广大用户有效联结成有机的流通网络体系，最终形成完备的城乡一体化体系。

9.4.2 重视农村空间重点或中心小城镇的市场流通体系建设

截至2019年底，中国农村有38755个乡镇连接着广大乡村①，在这些乡镇中农村重点小城镇是农村区域性的经济中心，是广阔农村空间连接城市的节点，同时也是实现农业转移人口就近或就地市民化的前沿，是城乡融合发展和一、二、三产业融合发展的空间依托。要在实施乡村振兴战略过程中，

---

① 《中国统计年鉴（2020）》。

进一步完善农村重点、中心小城镇基础设施建设基础上，尽可能将与城市工业配套的产品零部件生产项目转移扩散到有条件的重点小城镇，或考虑就近原料基地将某些农产品终端产品的加工项目布局在农村重点小城镇。与此同时，努力将小城镇建成一定农村区域内的综合性流通服务中心，即农产品流通交易中心、农村消费品流通交易中心、农业生产资料流通交易中心、农村再生资源回收交易中心、农村物流服务业中心、农村各种生产生活服务业网点聚集中心，在人口较多的农村重点小城镇要建设集购物、餐饮、娱乐、休闲、体验等多功能交织的商业综合体或购物中心，并注重提升连锁店、专业店、品牌店、便利店等在农村重点小城镇的比重，提高农村商贸流通网点的品质与质量。

9.4.3　乡村网店升级重塑农村流通体系空间终端

中国目前农村约有 60 万个村民委员会、317 万个自然村。① 要改变农村流通的落后局面，必须重视农村流通体系的终端建设。"十一五"期间商务部曾在全国农村范围内部署"千乡万村工程"，用财政补贴的办法建了一大批农家店，但改造重建农村流通体系的目标未能圆满结局。中共十八大以来，中央有关部委又联合启动农村电商示范工程，阿里巴巴、京东、苏宁等一批著名龙头企业也实施电商项目下农村，各地涌现了不少农村电商店，但农村电商发展粗放、混乱、无序、低效的状态仍较为普遍，特别是"铺摊子、带帽子、挂牌子"搞形式主义的做法影响农村电商健康发展。如何在农村电商发展基础上，开发乡村中小型零售网点，建设网上网下结合的新型农村实体零售店，可考虑以下几点：一是积极支持和鼓励大型零售企业大力开发乡村中小型网点，把发展农村电商网点与发展农村便利店有机结合起来；二是培育新一代农村职业商人，打造农村网店升级版，从根本上重建现代农村流通体系空间终端。总之，在广大的乡村空间依托农村电商网络，加快农村新型流通体系的重构，才能有效促进城乡商贸的大融合与协调发展。

---

① 陈锡文：中国农村还有 5.7 亿人，判断乡村情况要靠科学统计而不是返乡故事！［N］. 南方都市报，2018 – 03 – 16.

9.5 推进创新发展解决城市零售业空间结构失衡

中共十九大报告指出，"建设现代化经济体系必须要把发展经济的着力点放在实体经济上，把提高供给体系质量作为主攻方向"。这进一步强化了实体经济在国民经济中扮演的压舱石角色。城市实体零售是实体经济的重要组成部分。马克思曾经论述过商品零售是具有决定意义的售卖，因为它是商品最终离开流通领域进入消费领域一次"惊险的跳跃"，事关商品价值能否最终实现。尤其是新时代要满足人民对美好生活的需要，既是经济问题，又是政治问题，实体零售业更是责任重大。同时，城市实体零售业是与民生紧密相关的重要基础产业，是引导生产、扩大消费的重要载体，更是最适合中国国情活跃市场、繁荣城乡经济、保障就业的重要渠道，也是体现城市是否繁荣兴旺的重要标志。正因为如此，零售业的高质量发展尤为重要。近几年，各地零售商业的空间分化是非常明显，不少城市出现的实体零售店"关店潮"应引起我们充分注意，绝不能任其在电商冲击下自生自灭、萧条衰落。为此要认真采取以下措施，解决城市零售业在空间上失衡的问题。

9.5.1 形成城市实体零售商圈错位发展的空间布局

一是城市中心成熟商圈，进一步聚焦市内外中高端目标消费人群，尤其是要吸引境内外商务会展旅游消费人群，为消费者提供更多国际化、个性化、定制化的商品和服务。同时注重商圈的独特性和差异化，避免因同质化发展问题导致的商业网点供给过剩问题。要充分挖掘商圈的历史和文化内涵，在汇集国内外著名品牌的同时，注重打造本土特色。二是一些城市新兴商圈要提升配套功能。要正确判断供需比例，解决好交通和动线问题；在商圈内部形成车流、人流的"内循环圈"，使人车在空间、时间上能最大化程度接触商圈商业载体，努力增加商圈对消费者的黏性，最大化吸引和挽留人流量。三是社区零售商圈要顺应不同社区居民群体需求和个性化需求，合理配置多层次商业供给，充分考虑休闲、社交和娱乐等服务功能，防止因未合理分析消费情况带来的布点凌乱、业态错配、体量失衡问题。同时，结合智慧社区发展，探索社区商业的新业态、新模式，整合线上和线下资源，发展智慧商业，进一步提升社区生活的便利度和舒适度。总之，通过形成市级、区级和社区级的错位发展格局，增强城市流通业的抗风险能力、提高城市流通业的韧性、扩展商业的覆盖面。

9.5.2 大力发展便民利民的城市创新型便利店

目前便利店正取代大卖场模式领跑城市零售市场。据中国连锁经营协会发布的 2019 年连锁百强销售榜单，2019 年连锁百强销售规模近 2.6 万亿元，同比增长 5.2%，连锁百强门店总数 14.4 万个，同比增长 5.9%，连锁门店成为实体零售企业中增长最快的业态，便利店正成为增长最快零售业态。目前城市各个区域不同种类的零售网点包括各种业态的便利店越来越多，但城市零售网点布局不均衡的问题依然存在，尤其是高质量便民利民的零售便利店短缺。应优化城市商业零售网点建设，增加便利店、专业店、社区店的布局，重点支持社区型便利店发展及生活超市的开发。但发展便利店要防止同质化盲目竞争，要注意差异化互补，尤其要大力发展高质量的品牌便利店特别是社区便利店、临街便利店，方便群众随时就近和就地购买。

9.5.3 城市实体零售精准对接互联网

鼓励和支持实体零售业转型升级，积极由线下向线上发展，实现线上线下协同，创新实体零售业新模式和新方法。但实体零售对接互联网要实现转型升级要从实际出发，力求精准适用，防止急功近利图形式、盲目烧钱而无效果。要努力培育适应消费变化的新型服务业态，推进物联网、互联网等新技术的应用，推动线上线下融合发展，促进"互联网+""新零售"等新业态发展，大力发展冷链物流、仓储配送一体化等物流服务模式，进一步提高流通效率和服务水平。

9.5.4 实施城市实体购物场所品质和功能提升工程

要制定实施标准，引导大型商场提升商品和服务的供给能力和效率。要看到零售业已从一个单纯商品交易的时代，进入到交换关系和人际关系重叠的时代。只有顺应互联网时代变革开拓和提升零售场所功能，实体零售业才有出路，在这方面日本实体零售企业的创新值得借鉴。在电商冲击下，日本零售业同时植入了最新科技和最新理念，有的将"娱乐""教育""购物"完美结合，全面融入居民生活；有的整合了无数社会功能新业态，将高科技实验室、大学研究所、品牌博物馆、创客空间、汽车主题馆、科技体验馆、展览空间、沙龙空间等融为一体；有的则融入各种社会功能，吸引更广区域的消费客群，增加消费黏性；有的专为老年消费者设计精准服务项目，将零售店办成老年活动中心和交流、交易中心、热门旅游地等。总之，商家可以在城市实体店上大动和巧动手脚，营造出种种耳目一新的消费场景，向消费者提供独特的消费体验，以充分显示实体店优于电商的比较优势，提升对消费者的吸引力。

9.5.5　在时间空间两个维度上开拓城市实体零售新天地

一是有条件的城市应进一步顺应人民群众的要求与期待放开对城市早市、夜市的限制，特别是要在交通便利、群众聚散方便的街口、社区商圈内划定早市与夜市的空间范围，允许农民市民设立自产蔬菜水果等产品临时性销售网点、服务网点，允许流动摊贩摆摊设点经营小吃、水果及其他小商品，增加非正规就业岗位。二是拓展城市实体零售业发展空间。一方面，注意在城乡接合部注意增设零售网点，另一方面，在城市群的城际轻轨或高铁车站口从实际出发适当增设便民利民的新型便利店。三是在已通地铁和地铁在建的城市地铁线沿线一些人流量大的枢纽站考虑拓展地铁商业网点，将地铁站内空间与周边的购物中心、城市商业综合体、商业大楼、大型酒店的地下层连通，建设新的地铁商圈。已通地铁和正建地铁的城市更要将地铁商圈体系与地面商圈体系融为一体进行布局和规划，并强化地铁商圈体系网点项目的招商引资。

9.6　加大科技创新提升流通产业空间效率

中共十八大以来，我国网上零售额的增速超常规增长，据国家统计局数据显示，2019年全国网上零售额达106324亿元，比上年增长16.5%。实物商品网上零售额 85239 亿元，增长 19.5%，占社会消费品零售总额的比重为 20.7%，比上年提高 2.3 个百分点。2020 年新冠肺炎疫情发生，更推动网购及无接触交易发展，全年实物商品网上零售额 97590 亿元，按可比口径计算，比上年增长 14.8%，占社会消费品零售总额的比重为 24.9%，比上年提高 4.0 个百分点。[①] 这一变化说明新技术对提升商业流通效率作用明显，实践再一次证明"科学技术是第一生产力"，也是第一流通力。但又必须看到，由于基础落后和人才短缺，目前城市传统实体流通业和商业在大数据、云计算、人工智能等新一代信息技术的应用上还明显不足，流通现代化水平不高，流通空间效率较低的问题突出。

造成目前流通业技术驱动不足的原因。一个重要原因是由于原有商业基础设施主要基于传统商业的运作规划和模式而建立，在网点设施布局、物流规划、仓储设施用地等方面，未能充分考虑线上业务及线下新业态的融合发展，在城市流通空间布局上缺乏对实体商店、网上电商、仓储、物流配送节点的统筹规划和系统创新，技术驱动基础薄弱。此外，缺乏对商业新技术系统运用的通盘规划，加之以信息技术为代表的新一轮技术革命发展突飞猛进，在许多方面都始料未及，准备不足。如新零售变革伊始，对于智能商业新技术许多人或者怀疑，有的甚至否认和视而不见等。

加快技术创新及应用驱动已成为建设高质量现代流通体系的核心能力。从近年新商业模式和的新零售业态创新实践来看，无论是阿里的盒马鲜生、零售通，还是京东的无人超市和无界零售、无人仓库；无论是苏宁易购的智慧物流，还是顺丰新的无人柜店，数字化、网络化、智能化技术已成为建设高质量现代流通体系的核心能力，商品流通也因此而摆脱了低技术含量的传统误解。新阶段要提升中国的流通业的发展质量，必须按照创新发展理念的要求，加快商贸流通技术的创新，这样才能提高流通全要素生产率，加快流通质量变革、效率变革、动力变革。为此必须从以下几个方面努力：

9.6.1 积极采用适合商业发展的新技术

一方面要积极发展电子商务、智慧门店等流通新业态，支持大数据、云

---

① 国家统计局. 2020 年国民经济和社会发展统计公报［EB/OL］. 中国经济网，2021 - 02 - 28.

计算、人工智能、无人科技等在流通领域的研发和应用。另一方面鼓励互联网企业发挥技术优势,赋能传统流通企业,推动"互联网+流通"全面升级。目前无人送货飞机、无人配送车、无人柜等智慧物流新技术新应用已经出现,也是今后的发展方向。此外区块链技术也已在互联网经济与电子商务中应用。建议积极研究建设面向智慧营销、智能物流、智能供应链等功能的新型商业基础设施,利用新技术加大对传统商业基础设施的改造升级,鼓励制造企业与流通企业利用新技术形成全链条高效协同;同时加快制度创新,为无人科技、金融科技等新技术新产品在流通领域进一步应用创造有利条件。

9.6.2　加大制度创新推动流通技术发展及应用

创新是发展的第一动力。要加快流通技术创新及新技术的运用,必须要打破传统观念、体制、习惯的束缚,加大流通技术创新的制度供给,包括正式制度与非正式制度供给,例如科技创新靠人才,流通领域如何为科技人才聪明才智及创新主动性、积极性的发挥创造良好环境?如何加快科技成果的市场化、产业化及产出效率?如何加强"官产学"多方在科技开发上的分工与协作?这就要进行制度、政策的创新。要通过出台和实施人才新政,加大人力资本投入,吸引优秀人才,留住骨干人才,形成人才聚集干事业的优势,才能让科技创新成果喷发,加快新型技术的市场化产业化,进一步释放流通生产力,向科技创新要质量、要效益。

9.6.3　特别重视流通业的信息化技术改造

信息化是商贸流通业提高现代化发展水平的黏合剂和催化剂,同时是商贸流通业实现规模化、集约化、连锁化和一体化的必由之路。要加强商贸流通业内部与外部环境的信息交流,要促进四个方面的协同进步:一是信息化建设首先要实现物流网、信息网与营销网的"三网融合",增强云计算、云服务、移动互联网、大数据分析技术等先进技术在商贸流通业的应用深度。二是加强信息资源的整合力度,通过建立高效的信息化平台将全国地区的商贸流通业发展信息进行整合,并以空间区域划分为基准,每个细分区域都有自属的信息处理中心,从而可以将各地的信息及时地传送与共享,达到信息互通的目的，坚决改变信息应用碎片化和信息孤岛现象。三是充分发挥信息的引导作用，通过信息资源的整合对各空间区域的行业发展方向、资金流、物流进行调度，促进商贸流通业的协调发展。四是加强商贸流通企业自身的信息化建设，包括硬件设施建设和软件装备建设，通过信息化提高流通企业的管理效率，优化经营流程，提高经济效率，从而将信息化建设与企业的现代化发展需求相契合，增强行业整体软实力。

9.6.4　大力发展绿色流通技术

按照碳中和、碳达标和低碳化的要求，特别要在商品的绿色包装技术、商品仓储运输装卸中的绿色物流技术、商店店容美化、亮化、绿化中进行环境技术创新，加大节能、节水、节电、节地技术在流通中的应用，降低流通中的污染排放，扩大绿色流通空间，推动流通的绿色发展和可持续发展，推动城市商品流通空间格局的升华。要加大商业与新兴消费需求崇尚的 VR（虚拟现实）技术、AR 技术、3D 打印、电子竞技等潮流科技融合，使城市商业永葆活力与新意。要精细化地完善商圈商业规划，合理布局配比各种商业服务网点，有效引导提高商业的空间产出效率。

9.7　保障措施创新促进城市流通产业空间结构优化

优化城市流通产业空间结构既是发挥市场决定资源配置的作用不断优化流通资源在空间配置的动态过程，又是积极发挥政府的作用矫正市场失灵优化流通业空间布局的过程。为了促进城市流通产业空间结构的优化，政府这注重保障措施创新，从以下几方面为优化城市流通产业空间结构提供保障。

9.7.1　做好城市流通产业的规划保障

科学的规划是城市流通产业空间布局的依据，也优化城市流通产业空间结构的基础。在进入经济高质量发展阶段，面临新技术变革迅速和消费革命与升级的新机遇，"十三五"末期应着手思考"十四五"时期城市流通产业空间布局的规划或新一轮规划修编。要坚持发挥政府对规划制定的主导作用。新的一轮城市流通产业空间规划修编要认真落实城市生活空间、生产即产业空间、生态空间的协调发展，使城市的总体规划、城市国土利用规划、城市生态环保规划、城市的商贸流通网点规划做到四规合一、四规协调。

规划城市流通产业空间布局（或做商圈规划）要坚持以人为本，坚持以满足人民对美好生活需要为依据，按照城市常住人口空间分布规律及需求水平和需求结构，同时考虑流动人口的活动轨迹及消费特点，尤其要注意随着消费升级，恩格尔系数下降到 30% 以下，服务消费比重上升，在新一轮城市流通产业规范中应增加城市各种信息消费、文化消费、健康消费、休闲消费的服务网点，尤其是加强居民购物便利设施的建设和规划。在网点空间密度、行业结构、业态模式、规模档次上注意错位互补、提升品质，形成消费者满意、放心、安全、舒适的购物环境，增强城市居民对消费市场的信心。

城市各级政府要加强流通产业标准规划，从实际出发，参照国际标准，根据商务部颁发的各类商业业态标准，逐一制定城市一级商业中心、次级城市商业中心、中央 CBD、街区商业、社区商业、站区商业（地铁站、火车站）、园区商业、商务楼商业、展馆商业、（医）院区商业、校区商业标准，并以商业标准为依归，加强对局部商业布局进行统筹协调管理。尤其要围绕消费需求旺盛、与人民群众日常生活十分相关的重点消费品和服务业，构建新型消费品经营网店的业态标准，把超市、便利店、专卖店、菜场、药店、银行、咖啡、烘焙、餐饮、文化等不同业态组合和规模配比做好。加强行业创新，引入品牌旗舰店、主题店、概念店、买手店、免税店、无店铺销售等多种新型商业形态，丰富商业商品品类、层次与品牌。

城市流通产业空间布局是不是最优的，最终体验者和评价者就是消费者本身。新阶段购物不再只是消费出行的唯一目的，消费者更希望获得是购物、休闲、文化、公共活动等一体化的体验。大服务、大融合、不断创新将是零售商业谋变的方向。因此，城市流通产业空间布局规划需要坚持市场导向。要加强市内公交线路的整合和规划，解决公交系统设计不合理等问题，在线路规划、站点设置、与地铁或城铁或其他公共交通设施的衔接上做好规划，提高公交线路对购物便利性的支撑和疏导作用，建成四通八达，涵盖城市的各个角落的公共交通体系。要做好人行线路和设施的规划、标识，通过人性化设计和规划提高人群疏散能力和步行舒适度。同时要推进与周边城市交通系统的衔接和规划，加强城市间的互联互通。合理规划布局交通沿线的商圈，根据每个站点的人流量、各地区已有商业发展特色进行统筹规划，各地区要一盘棋，做好功能区分和规划，防止出现同质化竞争现象。

9.7.2 强化城市流通产业的基础设施保障

优化城市流通产业空间布局需要有强大便利的基础流通设施支撑，如专业市场、物流设施、仓储基地以及服务平台等，通过完善流通基础设施建设布局优化、增强设施配套和资源利用，引导城市流通产业空间结构不断合理化。对此，强化城市流通基础设施的支撑需要从三个方面着手：一是调整优化流通基础设施空间布局。要推进流通基础设施网络化、系统化建设，尽可能做到流通基础设施的最优配置。尤其要关注商品重要集散地和主销地的基础设施空间布局，做好相关的专业市场、物流园区、公共仓储设施、公共信息服务平台等的配套布局。规范大型流通基础设施及其配套设施建设，引导流通基础设施有序布局与发展，促进其服务流通业发展的功能发挥。二是构建便捷高效的流通综合服务体系。一方面，优化流通业综合交通基础设施网络布局，合理配置铁路、公路、水运、航空等综合运输通道资源，促进各种运输方式高效衔接，提高城市与城市之间流通业所需运输效率和组织化水平，提高交通运输对城市流通产业发展的保障能力和服务水平，提高城市流通业服务效率和水平。另一方面，要整合物流设施资源，促进资源整合与功能衔接。推进跨行业、跨部门、跨地区的物流设施系统整体规划和建设。结合城市流通产业发展实际和空间布局，配套发展冷链物流、公共仓储、城际物流、邮政服务、快递服务、共同配送和第三方物流，通过整合物流设施资源，共建共享，提高物流设施资源的整体效率。三是加强金融电信设施配套。现代城市流通业发展，离不开线上线下的融合，因此，需要做好金融和电信设施配套建设。确保流通业发展所需金融服务功能的充分发挥，保障商品市场高效稳定安全运行。同时，通过加快互联网、物联网、移动通信等信息基础设施建设，提高线上交易的顺畅度和便利性，确保城市流通产业可持续和跨越式发展。

9.7.3　提供城市流通产业空间优化的政策保障

政府对流通产业的空间优化主要通过政策变量的调整去引导和支持，以体现政府对流通产业空间发展目标的调整，即鼓励什么？限制什么？禁止什么？为了支持城市流通产业的空间优化，政府应从以下几个方面提供政策保障。

一是用地政策的支持与保障。如对于产地型城市批发流通系统，或分散型或销地型城市批发流通系统和中转型城市批发流通系统，如确需要建设各种商品集散中转型仓库（或物流园）、销地型就近配送中心或仓库的用地指标，各地政府应予以解决，并参照工业用地价格作适当优惠安排。而对城市中心城区工厂外迁"退二进三"所留下的空间用地，也应该留有一定比例用于城市零售业开发；此外，城区内棚户区和老旧小区改造过程中也应注意为原有的"老字号"名老店家预留用地指标，以传承和保留城市的商业记忆。此外，新建的城市商业综合体和大型购物中心为适应消费升级都应增加非营业空间用地，以扩大其体验、休闲、运动、文化、娱乐、体育、生态等方面功能，对这些新增用地政府有关部门应予以考虑和安排。

二是完善财政金融支持政策。一方面要完善、创新财政资金投入方式，采取股权投资、财政补贴、政府和社会资本合作（PPP）等多种方式，重点支持公益性、公共性流通基础设施建设和运营。另一方面要落实小微企业融资支持政策，改善小微商贸流通企业融资环境，支持创新型小微商贸流通企业发展，鼓励商业保理和第三方支付规范发展。政府应在税收、资金等方面积极扶持，在经营场地、大型商业、物流项目入驻方面给予实体批发及零售企业优惠政策，规范市场秩序，实实在在为实体批发、实体零售企业减负担、降成本、增效益。此外对于发展无人门店、连锁店等新型零售业态早期投入资金多的，可在一定时间内实施税费减免的优惠政策。政府应在税收、资金等方面积极扶持；此外，政府在经营场地方面应对大型商业项目入驻给予实体零售企业优惠政策。

三是人才政策支持与保障。为了加快城市流通产业的专业化、标准化、信息化、智能化、国际化，应鼓励城市大型批发、大型零售企业、大型物流企业和专业特色突出的流通服务企业引进国内外的一流技术人才、管理人才，并相应制定实施人才奖励制度。另外，要引导和加强高等院校与企业的合作，加快培养高素质现代商贸流通人才，造就一批熟悉现代商贸经营理念和管理知识、具有专业特长、敢于开拓创新的优秀人才和职业经理。此外，对于城市流通企业寒暑假期间招聘大学在校生（含外国留学生）打工的则应鼓励，并给予一定政策优惠。对于城市高校毕业生主动回农村参加电商扶贫就业和创业的，要有特殊的支持政策。

9.7.4　加强城市流通业发展的组织保障

建议国务院及相关部委、各省市区政府从提高城镇化质量和进一步激活消费动能、促进经济增长的高度重视城市流通产业空间结构的优化，加强对这一工作的领导，由一位负责人分管此事，并建立政府各有关部门齐抓共管的协调机制。各地区和各有关部门在城市流通业发展的空间布局结构上，要站在优化城市总体功能的高度，各司其职，加强组织领导，建立健全协调机制，明确责任，完善配套政策，做好调整规划实施的组织、监督。同时要深化行政管理制度改革，最大限度取消和下放流通领域行政审批，强化公共服务和市场监管，提高行政效率。在流通企业经营许可证照办理、物流配送车辆管理、城市大型商业网点规划建设管理等方面要继续深化改革；要完善商贸流通领域的地方规章，严格落实国家关于促进消费、扶持商贸流通业发展的相关政策，实施以社会需求为导向优化城市流通产业空间结构；要加强对城市流通业的宏观调控，严惩商业网络欺诈行为，加强反垄断执法，防止平台的恶意垄断和资本的无序扩张，避免城市流通业之间的盲目竞争和秩序混乱，依法维护公平竞争和消费者的合法权益。

| 第10章 |

城市流通产业空间结构演进的长沙案例

商贸流通产业作为我国城市经济发展中的基础产业、先导产业、支柱产业，更成为城市间及城乡之间相互联系的纽带，也是构建国内外循环相互促进的新发展格局的关键所在。自中共十八大进入新发展阶段以来，在新发展理念指导下，通过深化改革和扩大开放，随着立体交通网络体系基础设施的构建，全国范围的商贸流通网络格局正在形成。为了更好促进我国城市流通产业的合理布局，科学规划城市流通产业的空间发展，特对湖南省长沙市城市商贸流通产业（主要包括零售业、批发、餐饮服务）空间结构演进情况进行实例分析。

10.1 改革开放前长沙市商贸流通
产业空间布局概况

长沙古为湘楚名城，商贸重镇。自秦汉以来就是湘楚地区的政治、经济、军事、文化教育中心。唐代的长沙就曾是南方一大商业名城，盛唐时期栖居长沙的杜甫就曾以"茅斋定王城郭门，药物楚老渔商市"的诗句描述长沙当时的商业盛况。宋代长沙市即是全国六大著名商业都市之一，人口超过 20 万人。明清间，"淮商载盐而来，载米而去"。长沙商业繁荣，清代中叶成为全国四大米市之一①。1904 年 7 月，长沙开埠，长沙沿江地段"准各轮商指明

---

① 明清之际全国四大米市指江西九江、安徽芜湖、湖南长沙、江苏无锡。

租用"，华洋商民络绎而至，渐成华中地区一大都会。至 1924 年长沙的洋行多达 91 家，其中日本 34 家、英国 24 家、德国 10 家、美国 8 家、法国 5 家、意大利 4 家、葡萄牙 2 家，瑞士、瑞典、丹麦、挪威各 1 家。[①] 外国洋行主要分布于长沙今坡子街、太平街、黄兴南路及南门、北门外等湘江沿岸处。到民国初年，位处小西门的洋行有日本盐川、大石、小岭、金泉洋行，德国谦信、多福洋行以及意大利义信洋行等 10 多家。外国洋行的活动破坏了自给自足的自然经济基础，破坏了小型分散的手工业经济，但从客观上促进了长沙城乡商品经济的发展。民国初至抗日战争前夕，长沙是"商业中心、消费焦点"，除外国洋行商业网点外，国内商业行帮林立，赣、皖、鄂、粤、桂、川等省以及省内各地均有商贾居住与来往长沙，一时商贾云集，众多名老字号闪耀星城，"金、钱、绸、纸"四大业和湖湘特有饮食业享誉全国。各种零售商贸网点主要集中于今中山路、黄兴路、蔡锷路等主城区一带，批发网点主要集中靠近湘江码头的太平街、坡子街、下河街等处和靠近原火车北站的潘家坪一带。

民国时期的长沙不仅是历史文化名城，而且是商贸名城。但在日本侵华战争期间长沙城毁损严重，日本侵略军的暴行使长沙城大伤元气。据不完全统计，抗日战争期间，长沙市城区及郊区遭日机轰炸 81 次，409 架次，投弹 1455 枚，除炸死炸伤大量平民外，炸毁店铺住宅 1293 栋；长沙县（含今望城县）遭日机轰炸 29 次，122 架次，投弹 320 枚，炸毁店铺住宅 113 栋；浏阳县遭日机轰炸 26 次，184 架次，投弹 370 枚，炸毁店铺住宅 1400 栋；宁乡县遭日机轰炸 8 次，103 架次，投弹 411 枚，炸毁店铺住宅 215 栋。[②] 加之 1938 年 10 月侵华日军逼近长沙之际，策划文夕大火将整个长沙城付之一炬，长沙大火中，直接死于火灾的达 3000 余人，全城 80% 以上的房屋被烧毁，共计 5.6 万余栋；大多数临街商业铺面及著名商业建筑被大火烧毁，满目疮痍。之后，侵华日军又四次蹂躏长沙，更使长沙商贸业一蹶不振。

总之，民国时期的长沙城因处于战火硝烟时代，城区建设更谈不上，城

---

① 张湘涛. 老照片中的长沙 [M]. 长沙：岳麓书社，2014：57.

② 湖南省文史馆 "陈先枢：侵华日军在长沙的暴行" [EB/OL]. http：//css. hunan. gov. cn/css/tslm/hxws/wssy/201503/hxwhyj_3/201609/t20160905_3253198. html.

市基础设施落后，城市人口时聚时散，常住人口高峰时期也未超过 50 万人（见表 10 - 1），故旧中国时期的长沙市城区面积不大，东起小吴门，西至潆湾镇，南至天心阁与南门口，北至新河。商业中心由沿河商业中心向城内扩展，基本形成城南城北两大商圈。

表 10 - 1 　　　　　　　　　　长沙市区人口变迁

时间	人口数量（人）	数据来源
1924 年 9 月	260963	《长沙一览》谓 9 月 3 日调查
1930 年 12 月	346664	1930 年《湖南政治年鉴》
1933 年底	395618	1936 年 3 月 12 日《市民日报》
1935 年底	478949	1936 年 3 月 12 日《市民日报》
1937 年 8 月	544617	1937 年 8 月 21 日《市民日报》
1939 年初	127529	省会警察局统计
1940 年 7 月	213459	1940 年 7 月 31 日《中央日报》
1947 年 4 月 1 日	409719	省民政厅统计
1948 年 8 月	322332	省公安局统计

资料来源：《长沙市志·第一卷》。

新中国成立后，长沙城迎来了新的发展阶段。20 世纪 50 年代五一大道、八一路、沿江路等相继建成。1958 年，长沙市提出"压缩旧市区，控制近郊区，发展远郊区"的指导思想，修订城市总体规划，20 世纪 50 年代末期建设的京广新线工程、港口南移、南北工业区的建立对长沙市空间形态布局产生了极大的影响，为城市向南发展创造了条件，城市市区面积继续沿着老城区向外扩张。长沙城市建设用地由 1949 年的 6.7 平方公里扩展到 1965 年的 20.93 平方公里①。

"文化大革命"时期长沙城市建设虽然受到影响但并没有停止发展。在

① 资料来源：湖南青马在线 [EB/OL]. http：//hnqmgc. 17el. cn/qmfc/shsj/2019shsj/490818. shtml，本小节余同。

"控制大城市规模，发展小城镇"的政策导向下，旧城区发展较为缓慢，城市积极向外围拓展新的城市发展空间，城市建设用地向城市东南方向呈团状扩张，1978 年城区面积发展到 53.04 平方公里，13 年时间共增长了 32.11 平方公里。20 世纪 70 年代长沙市兴建了两个大型工程：一是湘江大桥；二是全线拉通了东西主干道五一路，使其沿线成为长沙经济发展的大动脉。这一时期长沙市的各类零售商业网点中心主要集中于五一广场周边，以及黄兴路、蔡锷路、中山路、解放路、湘江路以及下河街、坡子街、太平街等地，批发网点方面粮油食品水产品家禽蔬菜的批发网点多集中在沿湘江水码头的下河街、西长街及靠湘江东岸的街道，工业品批发仓库、粮油仓库、肉冻库等则主要分布于原长沙火车站北站附近潘家坪仓库群，还有原长沙火车站南站一带。此外在五一路沿线的火车站、袁家岭一带及韶山路沿线的窑岭、长岭、东塘等处和人民路相关地段也布局了一些零售网点。

10.2 改革开放至 21 世纪初长沙市商贸流通产业空间布局的第一次调整

改革开放以来，长沙市商贸流通产业发展进入历史最好时期。特别是中共十四届三中全会确立中国社会主义市场经济改革目标后，重视市场和流通发展成为高层共识。1995 年召开的长沙市第九次党代会正式确立了"开放强市、科技兴市、流通活市、依法治市"的战略思想，将"流通活市"纳入了市委市政府决策和长沙市的中长期发展战略，这是长沙市决策者对流通认识出现的一次飞跃。2000 年长沙市第十次党代会在肯定"流通活市"战略思想的同时，又明确提出将长沙市"建成区域性商贸中心"的战略目标，并与"科教中心、信息中心、文化中心"一起并列为四大"中心"。2001 年底中国加入世贸组织，流通领域对外开放步伐加快。2003 年，长沙市提出用 10 年到 15 年时间，将长沙市建设成为现代化商贸中心城市，进入全国省会商业中心城市十强行列。20 世纪 90 年代末到 21 世纪初的 10 多年间，长沙市的商贸流通业空间布局结构出现了以下第一次历史性大变化，突出表现为：

10.2.1　一批龙头流通企业占据全市重要商业空间

20世纪90年代初期，长沙市中心城区形成了"五虎闹长沙"①的空间竞争格局。而后随着国有企业产权改革的突破与深化，涌现一批具有规模优势的产权股份制骨干企业与企业集团。长沙市政府积极创造条件大力支持国有企业改制，相继组建了产权混合多元的友谊阿波罗集团、通程集团、长沙饮食集团、长沙市蔬菜集团公司，并支持集体商业企业"五一文"上市，其后通程百货、友阿集团相继上市。当时的友谊阿波罗集团已发展为在长沙袁家岭拥有友谊商店与阿波罗商店、火车站阿波罗商城、东塘友谊商城、五一广场店，并托管了中山路百货大楼，均处于长沙市中心城区重要位置。通程集团在东塘拥有百货大楼，并发挥上市公司优势，搞活资本经营，实行低成本扩张，相继在韶山北路建起了高档次的通程大酒店及溁湾镇的通程商业广场，并向长沙市外围拓展经营网点，实现了资本带动下的多元化经营。长沙饮食集团重视发挥"火宫殿""玉楼东""银苑""杨裕兴"等名老店品牌优势，实施餐饮名牌战略，在省内外成功开办了多家分店，在激烈的餐饮市场竞争中取得了良好的业绩。长沙蔬菜集团以马王堆蔬菜批发交易市场为基础，并在食品加工领域拓展不断延伸拓展。这四大商贸集团成为长沙商贸流通业的领头雁，起到了示范作用，并分布在全市最重要的商业空间。

10.2.2　多元商业中心和商业街区崛起

随着城区空间的扩大，长沙市新建和完善了20多座功能齐全、购物环境良好的现代商贸大厦，市区的中心商业区、商业街已初步形成，以五一广场、火车站、袁家岭、东塘、溁湾镇、伍家岭广场为代表的市一级商业中心形成。多个市级商业中心的形成，从根本上改变了过去只有单个五一广场商业中心的格局。此外，次一级的商业中心也在出现。黄兴路、五一路、中山路、蔡

---

① "五虎闹长沙"即指20世纪90年代初长沙市五大国有零售商业巨头即李树生主导下的中山商业大厦（含中山路百货大楼）、周兆达主导下的东塘百货大楼、任智伟主导下的晓园百货大楼、胡子敬主导下的友谊华侨公司、谭永源主导下的韶山路百货大楼5家百货大楼，为了开拓市场和客源在长沙零售市场互相竞争的商战格局，与"郑州商战"齐名。

锷路、八一路、人民路已成为市中心主要的商业街道。同时，一批特色商业街市正在兴建或形成中。随着市中心五一广场的拓宽改造，绿化、美化、亮化了五一路商业示范街。黄兴南路重新规划、招商引资，建成了国内一流的商业步行街；对坡子街进行整体改造，建成民风民俗美食一条街。此外，从中山亭到原长沙市青少年宫的地下人防工程建了名为"金满地"的三湘第一地下步行商业街。拓宽后的解放西路也形成极具国际消费特色的酒吧一条街，商贸、餐饮、娱乐有机结合成一个整体；南门口则成为夜市一条街，此外还有书市黄泥街、清水塘文物古玩街。

10.2.3 商品市场空间结构大调整

随着长沙市委市政府机关大院由市中心藩后街迁至河西岳麓区岳麓大道，20 世纪 90 年代中后期至 21 世纪初长沙市组织实施了改革开放以来第一次商品市场空间结构大调整。一方面，为适应长沙市的道路拓宽、旧城改造，关停了一批商品市场，将市中心湘江东岸一桥和湘江二桥一带原有一批有碍市容，脏、乱、差的水产品、药材、食品、水果、油料及小商品市场关停搬迁，特别是依水路之便经营百年的下河街批发市场关停，有全国"四大书市"之称著名的黄泥街图书交易市场也搬迁到定王台。另一方面，沿东部京广铁路一带，重点建设了一批大商品市场，三湘大市场、南湖大市场、马王堆蔬菜批发交易市场、红星农产品市场、高桥大市场等，初步形成了沿京广线南北走向分布的东线商品市场群。此外，还有车站路—解放路电脑市场群，以及井湾子市场、望城坡市场群、天心区湖南钢材大市场等。

10.2.4 现代流通业态和交易方式在商贸空间比重上升

这一时期长沙市流通产业现代化步伐加快，空间结构中现代流通业态网点的比重上升。从 1995 年起，连锁超市覆盖面不断扩展，已从一般食品、小百货、小化工经营领域延伸到医药产品、建材产品、家电产品流通领域，综合型超市、专业性超市和连锁超市交叉发展，大型连锁超市和小型连锁店齐头并进，"家润多""新一佳""麦德龙""家乐福"等相继开业，影响越来越大。2001 年长沙市连锁商业企业已达 36 家，网点 593 个，单店营业面积

3000 平方米以上的大型超市已达 13 家。① 新型零售业态的销售比重占社会消费品零售额比重不断上升。

10.2.5　外资商贸网点在长沙商贸空间占有一席之地

扩大商贸流通领域的对外开放，吸引国际商界巨头参与长沙商贸现代化。按照长沙市委政府"开放兴市"的战略要求，长沙市商贸流通领域形成大开放促大开发、大开放促大发展的格局，一批具有国际先进水平的现代商业巨头纷纷落户长沙，使这个内陆省会城市的商贸业迅速与国际商界接轨。1998年日本平和堂商厦经过三年建设顺利开业，平和堂的开业将长沙商贸流通业的竞争从本地"五虎闹长沙"的阶段推向了中外商业巨头竞争的新阶段。德国麦德龙投资 3000 万美元的四方坪仓储超市于 2001 年 11 月正式开业。中国加入世贸组织后，长沙市商贸流通业的对外开放进一步加快。法国家乐福投资 3000 万美元在芙蓉路绿化广场地下层开办的连锁超市于 2002 年 7 月开业。日本崇光百货投资 4500 万美元在中山亭西北两侧附近建设崇光百货广场，美国的普尔斯马特、马来西亚的百盛也先后进入长沙投资。对外资的开放也吸引了国内沿海地区的商业企业来长沙发展，深圳的新一佳、广州新大新等连锁超市也在长沙布点，其中新一佳在长沙投资开设了多个连锁店。特别是东北地产巨头大连万达集团与美国沃尔玛联手进入黄兴南路与解放西路交接处投资 4 亿元建设总建筑面积为 4.66 万平方米的万达购物广场，其中二、三层为沃尔玛。

10.3　21 世纪初至"十一五"期间长沙市商贸流通产业空间布局新变化

21 世纪以来，长沙市实施"商贸强市"战略，商贸流通业实现了跨越式发展，区域消费中心逐步形成。据长沙市统计局数据显示，"十一五"期间长沙市累计实现社会消费品零售总额 6511.58 亿元，比"十五"期间增长

---

①　联商网［EB/OL］. http：//www. linkshop. com. cn/web/article_news. aspx？articleid＝23519.

144.6%。2010 年实现社会消费品零售总额 1812.12 亿元，比 2005 年的
743.43 亿元增长了 143.75%，年均增长速度 28.75%。2005～2009 年长沙市
社会消费品总额年均增长 26%，名列全省首位，居中部省会城市首位。截至
2008 年末，长沙市城市人口约 237 万人，城区人均商业服务业面积达到 1.0
平方米，其中人均零售商业网点面积为 0.48 平方米，市域商业面积达到 400
万平方米。① 2009 年长沙市流通产业领域除已形成的友阿集团、通程集团、
饮食集团、蔬菜集团等四大商贸企业集团外，还拥有实泰、京阳、一力、联
运、全洲等 5 家全国物流百强企业。同时引进了日本平和堂、德国麦德龙、
法国家乐福、美国沃尔玛、泰国易初莲花等大型外资商业企业，以及国美、
苏宁、新一佳、王府井、东方百联、步步高等全国大型电器百货、超市连锁
企业。后来长沙还开了多家奥特莱斯商场，它以"大牌 + 低价"的魅力吸引
着每一个人的钱包，成为节假日"扫货"休闲的好去处。有地处长株潭三市
毗邻的友阿奥特莱斯、宁乡关山村的时代奥特莱斯、长沙黄花机场旁的百联
奥特莱斯、望城区雷锋大道北的环球奥特莱斯、长沙市望城区金星北路的砂
之船奥特莱斯和通程奥特莱斯等 6 家商场。与此同时，长沙市商贸流通产业
空间布局也出现了一些新变化。

10.3.1 形成多元商业中心空间布局

至 2008 年长沙市已形成 1 个市级商业中心，即五一广场商业中心；基本
形成了 13 个区域性商业中心，即火车站商业中心、马坡岭商业中心、大托商
业中心、溁湾镇商业中心、望城坡商业中心、伍家岭商业中心、金霞商业中
心、高桥商业中心、红星商业中心、东塘商业中心、黎托商业中心、星沙商
业中心、高塘岭商业中心。从区域来看，芙蓉区 2 个，天心区 1 个，岳麓
区 2 个，开福区 2 处，雨花区 4 个，望城区 1 个，长沙县 1 个；已形成了
30 余个社区级商业中心，其中包含 6 个经国家商务部认定授牌的全国商业
示范社区。

与 2005 年相比，跨芙蓉区、开福区、天心区的五一广场市级商业中心得

---

① 柳思维. 从商贸中心到区域性消费中心——新形势下长沙市商贸业发展的若干思考 [J]. 湖
湘论坛，2010（3）：29 - 34.

到了确立与快速发展，并发挥着市一级商业中心重要的带动及辐射作用，其辐射范围由 2005 年的东抵蔡锷路、西达太平街、南起城南路、北至营盘路，向四周扩至东至芙蓉广场、西至湘江大道、北到湘春路、南到劳动路，商圈内新增大型百货商场 3 个，专业商场 2 个，大型综合超市 2 个，新建成的有万达商业广场，开建的有东牌楼、九龙仓国金中心大楼两大地标性的商业综合体重大项目，大大提升了商圈的聚集力、影响力和国际品质。

10.3.2　一批特色商业街兴起

这一时期长沙市都市区内已形成了 20 条商业街，与 2005 年相比，增加了 10 条商业街，从区域来看，芙蓉区 3 条，天心区 6 条（与 2005 年相比增加 4 条），岳麓区 2 条，开福区 4 条（与 2005 年相比增加 4 条），雨花区 3 条（与 2005 年相比增加 2 条）。商业街经营范围涵盖花卉苗木、文化用品、通信器材、服装、IT 产品、旅游文化、医疗器械、风情小吃、酒吧休闲、音像图书、汽车等多样消费项目，既有各种装修豪华的专卖店、特许经营店，也有各种价廉物美的服装、日用品零售小店；既有单体商铺，也有连锁经营商铺。形成了特色鲜明、功能配套，主业突出、多业为辅的街区业态结构，既有黄兴南路步行商业街这样的大型综合商业街区，还形成了很多初具特色的商业街，如太平街历史文化街、坡子街民俗美食街、解放西路酒吧一条街、鸿铭商业街、麓山南路文化创意街等。

10.3.3　商品市场数量增加

长沙市共有商品市场 571 个，与 2005 年相比增加了 208 个，其中包括大型综合批发市场 5 个，专业市场 308 个，农贸市场 168 个。营业面积 857 万平方米，吸纳就业人数超过 62 万人，年成交额超过 1200 亿元。2010 年，长沙亿元以上商品交易市场 58 个，占全省亿元市场总数的 20.0%，成交额为 1066.77 亿元，占全省亿元以上商品交易市场成交额的 51.3%。①

---

① 湖南省人民政府 "2010 年湖南省亿元以上商品交易市场成交额突破 2 千亿元" [EB/OL]. http://www.hunan.gov.cn/hnszf/zfsj/sjfx/201212/t20121210_4848871.html.

10.3.4 各类零售网点密布

至 2009 年长沙市区有各类零售网点 37137 个，建成 3 个大型购物中心，在建 3 个大型购物中心。已建大型百货商场 36 个，总经营面积超过 78 万平方米，年营业额约 85 亿元，吸纳就业人数约 1.16 万人。从区域分布来看，芙蓉区 9 个，天心区 6 个，岳麓区 3 个，开福区 4 个，雨花区 11 个，长沙县 3 个。已建成仓储超市 1 个，即麦德龙仓储超市，位于开福区四方坪，经营面积约 6500 平方米，年营业额超过 6 亿元，吸纳就业人数约 200 人。已建大型综合超市 64 个，总经营面积超过 36.2 万平方米，年营业额约 32.2 亿元，吸纳就业人数约 1.88 万。从区域分布来看，芙蓉区 12 个，天心区 13 个，岳麓区 10 个，开福区 4 个，雨花区 18 个，望城区 3 个，长沙县 4 个。

10.3.5 餐饮住宿休闲网点增多

至 2009 年长沙市区共有各类餐饮网点 12874 个，总营业面积约 136.9 万平方米，年营业额约 101.6 亿元，吸纳就业人数约 8 万人。酒店 3602 个，总营业面积约 185.4 万平方米，吸纳就业人数约 3.5 万人。其中，招待所 3477 个，营业面积约 140.4 万平方米；星级酒店迅速增加至 125 个，营业面积约 45 万平方米。各类娱乐休闲网点增至 2845 个，总营业面积约 75.2 万平方米，年营业额约 90.7 亿元，吸纳就业人数约 3.2 万人，尤以歌厅、足浴享誉国内。现代服务业网点 16275 个，总营业面积 108.6 万平方米，吸纳就业人数约 6.6 万人，年度营业额约 113.2 亿元。

10.4 中共十八大以来长沙市商贸流通业空间结构进入高质量发展新阶段

10.4.1 长沙市城市发展进入高质量发展时期

据第一财经旗下数据新闻项目"新一线城市研究所"发布的《2018 中国

城市商业魅力排行榜》显示，长沙市再度跻身新一线城市，连续多年稳居前10强。在全国33个主要城市过去10年地区生产总值（GDP）增长比较中，长沙以460%的增幅位居榜首，2017年全市实现地区生产总值10535.51亿元，比上年增长9%，成为中部第二个、中西部第四个GDP突破万亿大关的城市，经济总量居全国大中城市第13位、省会城市第6位。2020年在抗击新冠肺炎疫情稳经济恢复增长方面继续走在全国前列，地区生产总值达到12143亿元，比上年增长4%，在全国省会城市中仅次于广州、成都、杭州、南京、武汉，居第6位，排名超过郑州市居中部地区第2位。① 截至2020年，长沙常住人口达到880万人，比上年净增加近41万人。② 根据2021年长沙市《政府工作报告》，2020年全市规模以上工业增加值增长5.1%；地方一般公共预算收入增长3%，全体居民人均可支配收入增长5.7%。近年来，长沙消费市场繁荣活跃。一方面，消费规模不断扩大。2019年全市社会消费品零售总额突破五千亿元大关，达5247.03亿元，同比增长10.1%，增幅在全国省会城市名列前茅。其中，重点企业贡献突出，限额以上批发零售企业、住宿餐饮业销售额快速增长，同比分别增长29%和30%。另一方面，消费升级步伐加快。通信器材、金银珠宝、汽车、石油等行业一直保持较快增长，呈现由生存型消费向享受型、发展型消费转变的趋势。

长沙市不但经济总量实现历史性跨越，城镇化率一直走在全省和中部前列。经济总量、年人均GDP在全国省会城市中名列前茅的同时，城市空间西拓、东扩、南下、北上，城区面积不断扩展。据长沙统计局数据显示，1978~2018年，长沙建成区面积由53.04平方公里增加到434.82平方公里，城区面积增加了8倍多，2020年长沙建成区面积达639.3平方公里，比1984年的61.4平方公里扩展了10.5倍；长沙城区人口数量也从1984年的94.83万人增加到2020年的426.75万人。特别是"十三五"以来，长沙注重提升城市品质，基础建设进一步完善，地下水、电、气管道进一步提质，5G网络建设居省会城市前列，高铁米字型交会，直通23个省会城市及直辖市；轨道交通连线成网，地铁1号、2号、3号、4号、5号线全部开通，实现主城区地铁

① 新浪财经."2020年省会GDP十强：广州成都杭州位居前三 长沙赶超郑州"[EB/OL]. https://news.sina.com.cn/o/2021-02-14/doc-ikftssap5764079.shtml.
② 新浪财经.这个明星城市被称为"房价洼地"如何做到的？[EB/OL].https://news.sina.com.cn/c/2021-03-09/doc-ikknscsh9623100.shtml.

"米"字形全覆盖；此外地铁 6 号、7 号线也在加紧建设和规划中，地铁便捷安全也加快人口流入，相对较低的房价成为长沙的竞争优势，2020 年全市常住人口城镇化率达 80%。

"十三五"以来，长沙城市产业空间结构进一步优化，尤以园区产业集群的效率与示范作用更加彰显。全市工业园区（含各类经开区、高开区、新区）规模以上工业增加值占全市比重达 71.5%。一批园区先后获国家级冠名，如长沙高新区国家网络安全产业园区正式揭牌、长沙经开区获评国家新型工业化五星级产业示范基地、宁乡经开区获国内首家智能家电产业小镇、浏阳经开区获评国家新型工业化产业示范基地、金霞经开区获评全国优秀物流园区、隆平高科技园成功创建国家现代农业产业园、雨花经开区获批国家绿色工业园区、宁乡高新区获评全国电池产业集群示范区、岳麓高新区获批国家技术标准创新基地、长沙人力资源服务产业园获评全国同类园区最具特色园区、岳麓山大学科技城获批国家首批科技成果转化和技术转移示范基地、马栏山视频文创产业园入选国家级文化产业示范园区创建名单。此外长沙获批中部地区首个国家级临空经济示范区、跨境电商综试区、市场采购贸易方式试点、首批陆港型国家物流枢纽、中国（湖南）自由贸易试验区长沙片区、国家循环经济示范城市、全国首批水生态文明城市、国家首批城市体检试点城市，长沙市国家级智能制造试点示范企业（项目）居省会城市首位。

"十三五"以来，长沙市在全国城市中的竞争力、知名度、美誉度不断上升。2018 年 12 月福布斯中国发布了"2018 中国最佳商业城市"百强排行榜，长沙位于第 14 位，相较于 2017 年上升了 1 位，在省会城市中排第 8 位。自 2016 年第一财经首次推出《城市商业魅力排行榜》榜单后，长沙一直稳居新一线城市前十。2019 年《城市商业魅力排行榜》发布，在"新一线"城市中长沙位列第九，比 2018 年上升一位。《城市商业魅力排行榜》在收集170 个主流消费品牌的商业门店数据、18 家各领域头部互联网公司的用户行为数据和数据机构的城市大数据后，按照商业资源集聚度、城市枢纽性、城市人活跃度、生活方式多样性和未来可塑性五大维度指数来评估 337 个中国地级及以上城市，综合新一线城市研究所专家委员会打分的方式及主成分分析法综合得出最终结果。2019 年，15 座新一线城市依次为成都、杭州、重庆、武汉、西安、苏州、天津、南京、长沙、郑州、东莞、青岛、沈阳、宁波、昆明。2020 年 5 月底，第一财经新一线城市研究院发布《2020 城市商业魅力排行榜》，长沙实现了连续 5 年上榜新一线城市的纪录。新一线城市榜单以商业资源集聚度、城市枢纽型、城市人活跃度等 5 个维度做参评指标。《2020 城市商业魅力排行榜》的数据显示，长沙在城市枢纽性这一大项中加分最多，特别是在交通联系度指数这一细分指标上凸显优势，排名全国第 7 位。长沙的商业资源区域中心度指数、城际交通基础设施指数也排名靠前，双双位列全国城市第 12 位。长沙在其中较具代表性的大品牌青睐指数在全国各大城市中排名第 12 位。又据中国社会科学院（财经战略研究院）与联合国人居署最近联合发布的《全球城市竞争力报告 2019—2020：跨入城市的世界 300 年变局》，此次全国共有 20 个城市进入全球经济竞争力指数前 100 强，其中长沙进入全球经济竞争力指数前 100 强，全球排名 68 位，比上一年上升 3 位，全国排名 13 位。

"十三五"以来，长沙市城市品牌影响力持续攀升，营商环境成为城市闪亮名片。近年来，长沙营商环境指数位居全国城市第 9 位，中部城市第 1 位。2020 年再次获评"中国国际化营商环境建设标杆城市"，同时获评"首批国家文化和旅游消费示范城市"，入选"全国十大最受欢迎出游目的地城市""中国夜经济十强城市"，位居"全国百强网红城市"第 8 位。中央广播电视总台《中国经济生活大调查》发布 2019～2020 年度"中国十大美好生活城市"榜单，长沙与上海、深圳等城市入列。在"中国潮经济·2020 网红城市百强榜单"上，长沙位居第 8 位，名列中部城市第一。2020 年，瞭望智库、腾讯成立课题组，在对城市夜经济发展进行大量实地调研的基础上，充分结合大数据等技术手段，从夜经济传播力、创新力、产业规模、商圈流量四个维度对目标城市进行评价分析，其指标权重分别为 30%、30%、20% 和20%。旅游研究院夜间旅游课题组发布了"2020 夜间经济二十强城市""2020 游客喜爱的十大夜间演艺""2020 游客喜爱的十大夜商圈"等名单，名单显示 2020 年中国夜间经济前十强城市分别是北京、上海、成都、广州、杭州、重庆、深圳、长沙、南京、昆明，长沙处全国第 8 位、中部第 1 位。

10.4.2　长沙市商贸流通产业空间结构进入高质量发展新阶段

10.4.2.1　一批新商圈的崛起

经过多年的发展，长沙目前不仅拥有五一广场、火车站、东塘、滨湾镇、芙蓉北商圈、高桥、红星等传统商圈，而且"十三五"以来一大批次级区域性新商圈崛起并不断成熟，如星沙商圈、大托商圈、黎托商圈、万家丽商圈、梅溪湖商圈、洋湖商圈、福元路商圈、银盆岭奥克斯广场商圈、河西桐梓坡路系列商圈、高铁南站商圈、湘府路商圈等崛起迅猛。据统计，自 2016 年以来，长沙新增商业面积近 100 万平方米，海信广场、步步高梅溪新天地、时代奥特莱斯、通程喜乐汇等陆续迎客。

在长沙市新崛起的商圈中，东部城区万家丽商圈是一个极具特色的商圈。该商圈位于长沙市南北第一主干道万家丽大道与东西主干道五一大道延长线荷花路交会处的万家丽广场，起初还是一片荒野郊区，现在已由万家丽家居建材广场、万家丽家居生活广场、万家丽国际 MALL 为核心构成。商圈最大特色是由世界最大单体商业建筑 42.6 万平方米的万家丽国际 MALL 主导，单体建筑内包括万家丽国际购物广场、万家丽国际大酒店、万家丽世界文化大观园、万家丽世贸中心写字楼、万家丽美食广场、万家丽儿童游乐场、万家丽生活超市、万家丽盘古福缘机场等多种丰富业态组成，万家丽独具陆空最完善的交通网络，拥有 5 个地面广场、6000 多个停车位、独享 9 个地铁出入口，地铁万家丽广场站融入万家丽国际 MALL 地下 1 层、地下 2 层之中。此外，万家丽国际 MALL 拥有 8 万平方米的美食广场，汇聚各地特色美食，中国八大菜系及世界各地 200 多家餐饮小吃任意挑，还有地下 1 层、地下 2 层快食与特色餐饮、7 楼和 8 楼全球美食特色餐饮、9 楼和 26 楼酒店高档餐饮。万家丽国际大酒店，坐拥两个超五星酒店，分别为万家丽世贸大酒店和万家丽文化大酒店，拥有 40～600 平方米面积不等的特色客房有近千套。万家丽商圈更为显著的是文化特色，万家丽世界文化大观园总面积两万多平方米，分为 360 米艺术外长廊、500 米文化内长廊和一公里主题文化展馆。一公里内长廊的文化展馆包含有湖湘文化馆、长沙记忆馆、湖湘名人馆、杰出湘商馆、近现代历史馆、中华姓氏始祖馆、近代历史馆、世界名人蜡像馆。

长沙市河西新崛起的商圈中梅溪湖商圈的崛起很有代表性。随着湘江新区的建设发展，万科、金茂、华润、绿地、保利、奥克斯、地产等品牌房企相继进入河西开发，一个集防洪、生态产业、文化旅游和高档住宅开发于一体的综合型生态国际新城——梅溪湖国际新城在长沙河西崛起。梅溪湖商圈也顺势而生。梅溪湖商圈以西二环、枫林三路、枫香路和梅溪湖路为边界，周边环境优美，涵盖梅岭公园、梅溪湖公园、杨梅公园和银杏公园四大公园，地铁 2 号、6 号线从中穿过。商圈内的标志性商业网点以步步高·梅溪新天地为代表，其位于长沙市岳麓区梅溪湖国际新城核心腹地，占地面积近 300亩，规划总建筑面积 60 万平方米，总投资 40 亿元，是国内大体量的首家商旅文城市综合体，总建筑面积达到了 70 万平方米。作为中国首家纯商旅文综合体，步步高·梅溪新天地以"漫时尚，轻度假"为商业定位，是集 20 万平方米大型美式购物中心（shopping mall）、国际时尚居广场、情景式时尚街区、酒店、公寓、写字楼、住宅等商业形态于一体的国际城市综合体。梅溪新天地体验式业态占比重大，餐饮、儿童亲子、休闲娱乐等门店较多。项目既有步步高旗下的百货、超市、电器、美食、迪士尼小镇、儿童主题乐园等吃喝玩乐购业态，更有 28 米超高巨幕的电影院，5000 平方米室内高尔夫练习场、全国数一数二的飞行体验馆等新型业态，项目还打造长沙充满文化艺术氛围和创意生活的梅溪湖步行街区，配套 8000 个停车位，梅溪湖璀璨星空艺术馆、"帷幕开啦"星城蜡像馆、海立方环游城、飞行体验馆等娱乐门店分散在各个楼层。飞行体验馆内设有室内跳伞、太空模拟等新鲜好玩的游戏项目，适合儿童以及青少年。顾客在梅溪新天地同样能感受到浓厚的文化氛围。梅溪书院是步步高集团与当当网联手打造的线下体验书店，书店内集合了文创、咖啡等服务，也会不定期举办名家讲座、艺术展览、明星见面会等活动，以满足消费者的个性化需要。

高铁南站新城商圈的涌现。即武广高铁南站商圈，以长沙高铁南站为中心，向四周延展 5 公里以内。根据《长沙市城市总体规划（2003—2020）（2014 年修订)》，长沙火车南站定位为国家级综合交通枢纽，确定为"中南地区区域性的铁路客运中心和具有商务功能的交通枢纽型城市副中心"，主要发挥交通枢纽的拉动作用。根据规划，高铁新城定位为现代商务服务业集聚区，湘府路两厢定位为金融文化创意电商走廊，圭塘河生态经济带和浏阳河生态景观带将分别打造成休闲文化旅游区和度假养老旅游区。目前，除湘江名城、湘诚阳光壹佰、恒大绿洲、中港珠宝城、长沙报业文化新城等开发项目之外，运达中央广场、喜盈门范城、嘉斯茂广场、金投银泰环球村等大批的城市综合体项目布点高铁南站新城商圈，一个依托武广新客站建起来的商业中心区即将形成，成为长沙南部重要的区域性商业中心。

湘府路新商圈崛起。湘府路新商圈核心区域以芙蓉南路、韶山南路延长线交会处为核心，北至和平路，南至万家丽路，沿芙蓉南路两厢区域面积

8.32 平方公里。未来 10 年，商圈将分为商务、商业、娱乐为功能集中区的核心区和主要提供居住及公共设施的辐射区，采用"轴带组团空间布局模式"，形成"绿廊交织、一轴一带四区"的总体空间布局，引导发展十大重点产业，通过 2 平方公里的核心区辐射周边 10 平方公里的范围，带动周边区域的大繁荣。商圈毗邻的省政府机关，是全省的政治经济文化中心，坐拥天时地利的优势。中南五省首个国家级广告产业园落户省府新区，正如以科技产业集结而闻名遐迩的"硅谷"，创谷将打造一座广告产业的集结地，将成为一座创意产业的孵化基地、创业者的造梦谷底。天心区强力打造的全国首条 6S 街区，处于长株潭商圈核心区域，是天心区发展现代服务业的重要载体，是集汽车销售、配件供应、汽车维修、信息反馈、汽车金融、汽车文化等为一体的商业巨舰、体验式汽车专业街区，将有效拉动长株潭消费，促进经济增长。

中信广场–奥特莱斯城南新商圈崛起。此商圈为长沙、株洲、湘潭三市融城的核心区域，是三市版图的黄金地段，提速三市发展的中心枢纽。以芙蓉南路、韶山南路延长线交会处为核心，北至和平路，南至万家丽路，沿芙蓉南路两厢区域面积 8.32 平方公里，是天心区打造城南新商圈——长株潭商圈。根据《长株潭商圈规划》，这里将形成中国经济转型示范、辐射长株潭、推动长沙建设区域性消费中心、天心区建设湘江东岸璀璨明珠的国际服务示范区。商圈定位于打造国际服务示范区，布局"绿廊交织、一轴一带四区"总体空间。根据规划，未来 10 年，长株潭商圈将分为以商务、商业、娱乐为功能集中区的核心区和主要提供居住及公共设施的辐射区，采用"轴带组团空间布局模式"，形成"绿廊交织、一轴一带四区"的总体空间布局，引导发展十大重点产业，通过 2 平方公里的核心区辐射到周边 10 平方公里的范围，带动周边区域的大繁荣。从商业项目布局来看，进驻长株潭商圈核心区的友阿奥特莱斯，零售额已从当年的 2 亿元飙升至 14 亿元，其中 50% 的人流来自外地。"黄金四角"的西南角，紧邻地铁 1 号线及长株潭城际铁路轨道交通换乘站，是总建筑面积 21 万平方米的中海环宇城；西北角，鑫远悦动广场吸引了世界 500 强企业麦德龙、全球最大体育用品零售商迪卡侬；东南角，长株潭城际铁路中信新城站广场即将建成；东北角，4000 平方米左右的先锋公园建设全面完成。芙蓉南路与和平路交会处的西南角，项目占地 122 亩，总建筑面积约 60 万平方米的五江国际商业广场接踵而至。总之，长株潭商圈汇聚百万方商业集群，地处三市融城核心，地铁、城铁等交通大动脉汇集。

10.4.2.2 长沙商圈不断提质，尤以五一商圈扩域提质最具代表性

随着长沙地铁1号、2号线开通并在五一广场交会，五一商圈人气更旺。五一商圈的提质改造，以五一广场为中心，东起蔡锷路、西至湘江大道，南至城南路、北至中山路。此区域内涉及的改造，主要包括机动车道、非机动车道、人行道、空坪隙地、公共广场、建筑立面、屋面（顶）、户外广告牌、绿化、亮化、停车设施、通行秩序等整治改造内容。特别是解放路九龙仓国金商业中心开业后，通过对周边街道空间的全新整治，从五一广场地铁站下到各大购物中心的地下商场、商道连成一体，商街与广场宽敞、明亮，焕然一新。同时五一商圈的业态结构也发生质的创新，已从传统商贸服务业向全业态方向转变，已从过去传统的泡吧、购物、夜宵、KTV发展为看湘剧、听演唱会、逛博物馆、逛书店、健身、夜游景点等，精神消费、文化消费等消费需求同样旺盛。目前五一商圈聚集着国金街、解放西路酒吧街、黄兴南路步行商业街、太平街文化一条街以及坡子街美食一条街，孵化了火宫殿、老长沙文和友、茶颜悦色、费大厨、炊烟等本土超级网红品牌，变成拥有20多条商业街、2万多个商业网点，规模化综合性的超大型商圈，构建了夜食、夜游、夜购、夜娱、夜体、夜展、夜演等多元夜间消费市场。对消费者的吸引力不断增强。位于五一广场核心位置的国金街是五一商圈创新提质的代表，它更注重年轻的消费群体，在2020年品牌首店的引进中，国金街引进了8个品牌，为全市最多，还引入了其他网红品牌，如国内首个美妆集合店品牌THE COLORIST调色师、定位新型国潮的新零售连锁品牌KKV、无性别快时尚服装品牌bosie，以及全球知名电子游戏品牌任天堂。国金中心有超过50家国际一线品牌旗舰店，成为湖南及华中地区的商业新地标，获评"2019最佳国际购物中心"。位于人民路与湘江中路交界处的海信广场则由于超级文和友等品牌的进入，成为五一商圈一个新热点。2019年10月2日文和友海信广场店创下过排队超2万桌的纪录，2020年10月2日同期的纪录是3万桌。2021年五一小长假期间文和友海信广场店人满为患，实行预约排队进店。五一广场另一个由本土商业巨头打造的地下商业项目——5万平方米的友阿五一商业广场新项目主打"时尚、潮炫"，迎合年轻人的口味。该项目直通地铁1号线，由下沉商业街和购物中心组成，业态包括电影院、餐饮、

儿童娱乐、书店、服饰等九大版块,给消费者带来完全不同的新鲜体验。创新改造提质后的五一商圈对消费者的吸引力不断增强。在 2020 年全国人气商圈榜单中,长沙五一广场排名仅次于上海南京东路、成都春熙路、广州北京路、沈阳太原街等人气商圈,位居全国第 5。此外长沙五一商圈也入围 2020 年游客喜爱的全国十大夜市商圈之一。

10.4.2.3 长沙城区专业市场又一次大规模提质外迁

长沙最大的一批专业市场或市场群,如三湘、南湖、高桥、红星、马王堆大市场等大型专业市场,大多集中在东二环线周边或零散地分布在市区内,几乎都建于 20 世纪 90 年代和 21 世纪初,以传统批发市场为主。但是随着长沙主城区向四周扩区,二环以内城区人口密度上升,市场布局已不适宜城市定位、布局和功能等各方面的要求,"交通拥堵、停车困难、安全隐患、环境差体验差"等问题困扰市场的发展,并影响城市形象与品质。2011~2014 年,长沙市连续四年在《政府工作报告》中明确提出,要加快中心城区批发市场有序外迁和提质改造,打造中部消费中心。2014 年 2 月,长沙发布《长沙市专业市场布局规划》。2015 年 8 月,长沙市商务局、市城乡规划局共同组织编制了《长沙市专业市场布局规划 (2015—2020)》,首次提出在三环线周边及外围地区形成 10 个专业市场群:望城经开区市场群(含金桥国际)、金霞经开区市场群、丁字市场群、安沙镇市场群、黄兴镇市场群、跳马镇(白竹)市场群、莲花镇市场群、双江口镇市场群、镇头镇市场群、永安镇市场群。于是长沙市实施了改革开放以来第二次市场空间结构的大调整、大优化和提质发展。

长沙批发市场第二次外迁,不是简单空间移位复制而是在搬迁创新中提升发展质量。长沙市政府明确新建市场要做到规划设计起点高、建设档次高、设施配套水准高,新建市场要努力实现现代化、标准化、专业化、信息化,批发、交易、配送、储藏、质监、电子商务、支付监管等功能一步到位、配套完善。如湾田国际建材市场是长沙市首个市场外迁承接地,位于中国麻石之乡——长沙市芙蓉北路丁字镇,由湖南湾田集团巨资倾力打造,项目总规划占地 5000 亩,计划投资 300 亿元,规划建筑面积 500 万平方米,分两期进行建设。一期开发占地约 1555 亩,总建筑面积 206 万平方米。经过 5 年的发展,已成为长沙各大新建商贸物流园区中已建规模最大、开业运营最早的项目。市场成为全市首个辐射区域较广的区域性建材采购基地、仓储物流配送基地、品牌形象展示中心及加盟代理拓展中心、电子商务中心、金融服务中心,信息推广发布中心,搭建了服务中外建材商、采购商及配套行业的"七大平台",在满足现有行业交易模式的基础上,构建一个集数字贸易、现货批发、订单批发、区域代理、连锁加盟等于一体的国际建材交易平台和集物流、信息流、资金流、技术流、人才流于一体的综合性产业服务基地,也成为中南地区唯一包括卫浴、陶瓷、石材、家具、灯饰、板材、化工、家居体验等业态的超大型批零专业市场,是建材专业市场集大成者。又如 2014 年开建的高岭国际商贸城总投资超 500 亿元、规划总建筑面积达 960 万平方米与 IBM 合作,搭建国内首个智慧商圈,Wi-Fi 将覆盖全市场,并提供导航、交易、缴费等多功能服务,实体店 + 线上平台无限融合。入驻高岭智慧商圈的商户,在拥有实体店的同时,还将免费开通阿里巴巴产业带和阿里巴巴批发 1688 电商平台的网店,提供随需定制及托管式服务。此外总投资 600 亿元、总建筑面积 1500 万平方米的金桥国际商贸城预示着第五代专业市场群的正式崛起,也加剧了长沙专业市场格局的新洗牌。

长沙批发市场创新提质另一个突出标志是长沙市两大农产品专业批发综合市场——马王堆蔬菜批发市场、红星农副产品市场的外迁。2016 年 4 月,服务了长沙整整 26 年的马王堆蔬菜批发市场,搬至黄兴镇海吉星国际农产品物流园,这也是长沙城区首个外迁市场。2017 年 12 月,物流园一期全部投入使用,进场交易蔬菜来源地涵盖全国二十余个省份和部分东南亚国家,园区成为中南地区最大的蔬菜市场。作为"菜篮子"和"果盘子",老红星市场水果交易量占长沙的 90% 以上,肉食交易量占长沙的 70% 以上。2021 年 1 月,红星大市场搬往位于跳马镇的红星全球农批中心。该市场地处雨花区跳马镇白竹村,紧邻京港澳高速和长沙绕城高速的红星全球农批中心,一期拟打造为"中部果业航母",其占地约 800 亩,总投资 20 亿元,规划建设国产水果交易区、进口水果交易区、仓储及加工配送区、冷链物流中心及名优特新产品展示展销区等,并配套建设公寓楼、风情商业步行街、高端酒店、5A 级写字楼等。该项目二期占地约 500 亩,将成为"智慧生鲜中央仓",打造集采购交易、加工配送、电子商务、展示展销的多元综合性产业服务链。项目三期占地约 700 亩,定位为"国际品质会展商业集群",规划建设会展中心和住宅生活服务区两大区域。转型升级后的红星全球农批中心,推出"实体采购＋电商运营"模式，不仅能让市民一站式购好物，还能用手机轻松淘遍海内外优质农产品。

长沙家禽市场的搬迁与新建更是市场高质量发展的典型。家禽市场过去散落在市区西长街、杨家山、四方坪等处，传统市场污水横流，臭气熏天，有碍市容，影响交通，经营环境脏、乱、差。为了解决传统家禽市场的乱象，2014 年长沙市委、市政府做出重大决策部署，新建长沙市家禽批发市场。项目位于长沙县黄兴镇打卦岭村，占地 157.75 亩，建筑面积 6.5 万平方米，建成全国规模最大、功能最完善、设施最先进的禽产品经营平台及冷链物流配送中心，成为服务长沙、株洲、湘潭乃至全省及周边省市的菜篮子重点工程，并于 2017 年 6 月底起试营业。市场迁出城区，硬件软件全面升级，新市场具有鲜禽产品交易、宰杀分割深加工、冷冻仓储、物流配送、检验检测、电子商务等多种功能。新市场将对食品安全、环保、动物检疫等环节进行严格把控，打造国内家禽批发市场新标杆，标志以家禽类为代表的农产品批发市场正进入第三代——设施先进、功能完善、管理科学、主动承担社会责任的现代化市场。

10.4.2.4 长沙商品市场在高质量发展方面的高桥案例

高桥大市场的提质改造和迈上国际化是长沙商品市场高质量发展的范例和代表。在高桥大市场的 8000 多商户中，40% 以上在这里经营了 10 年左右，其中规模达到 10 亿元以上的商户有 150 多家、亿元以上的商户有 300 多家、千万元以上的商户有 2000 多家。2008 年后在"长沙扩容，市场外迁"的大势下，长沙市政府仍将高桥大市场指定为不搬迁市场，高桥市场经营方以此为契机，持续投入了 30 亿进行全面提质改造，至"十三五"末高桥市场发生了诸多变化。一是高桥形成了统仓、统配的供应链模式，即由高桥大市场负责所有货物的配送。15 辆统一的新能源电动货车，每天定时出现在市场，避免了货车涌入造成拥堵。二是高桥向专业化、品牌化平台化努力，八大专业市场，每个市场又以品牌或一个商品集中细分。如市场内的业主李瑞凯将咖啡作为专业主打产品，将与咖啡消费无关的商品一律下架。同时，注册"捷欧"咖啡商标，自主研发产品，并建成了全国面积最大的咖啡体验中心，配套有商品展厅、咖啡学院等。目前，该咖啡门店已和全球 60 多个国际品牌建立了稳定合作关系，客户遍布全国各地，已经是中南地区最大的咖啡整合服务商公司。三是向网上网下融合的经营平台转化，将市场做成电商平台、展会促销平台。从 2015 年开始，高桥搭建了电商平台。点开"高桥商城"网站，酒水、茶叶、服饰分类清晰，市民足不出户，也能"逛"高桥。目前，高桥商城已入驻商户 4000 家，上线商品 6 万多个，发展下游采购商 3000 余家。随着越来越多的顶尖展会落户长沙，高桥大市场还借助中非经贸博览会、酒水食品展览会、农博会等，通过专业运营、平台对接，不仅使商户销售业绩倍增，高桥自身也逐步走向多功能融合的商贸生态平台。四是迈向国际化。2018 年，商务部等七部委联合发文，批准湖南高桥大市场开展市场采购贸易方式试点，成为全国十四家之一、湖南唯一的试点市场，建立三大平台形成完善的外贸综合服务体系。

高桥大市场采购贸易试点通过建立供货商、采购商和综合服务三大平台。在供货商平台上打造的湖南出口产品集聚区，总面积 40000 平方米，汇聚了湖南及周边省市特色出口产业、优势产业和高新技术产业，引进 2000 多家湖南生产厂商，展示展销陶瓷、服装、箱包、假发等产品，是湖南省规模最大、品类最全、产业最集中的出口产品基地。在采购商集聚平台的建设上，与国内采购商聚集城市的商务代理企业合作，在义乌、广州、宁波、上海、深圳等地建设了 5 个国际采购商联络站；举办或参加各种大型的采购商对接会及展会，与境外企业或商协会合作；在印度、迪拜、巴西、塞内加尔、阿尔及利亚等地开设了 5 家境外营销中心，通过建设国际站进一步实现采购商在线上的聚集。在综合服务体系建设上，建成高桥大市场采购贸易服务中心、区服务中心、区中小微企业服务中心、政务大厅以及 20 家贸易公司、11 家外综服企业、26 家采购企业和两家律师事务所入驻，包含外贸综合服务、交易中心及政务服务中心，提供一站式政务服务和全流程业务服务。近年来，高桥大市场吸引越来越多优质外贸企业集聚，让中小出口企业"简单做外贸、轻松做出口"成为现实。2020 年国家批准湖南自贸区建设，高桥市场又成为湖南自贸区长沙片区一部分，特别是要承担对接"一带一路"深化中非经贸合作先行平台的功能。未来高桥市场将以"国际高桥·世界商港"为战略愿景，以"品牌化、专业化、信息化、产业化、国际化"为方向，发展成为"买卖全球"的现代化国际市场。

10.4.2.5 便利店在城区空间上密布和电子商务企业的迅速崛起

近年来，在实体商业低迷的背景下，长沙市便利店开店数和销售额保持两位数的高增长。长沙便利店发展指数连续四年位居全国前三。2018 年中国连锁经营协会发布了《2017 中国城市便利店发展指数》，其中，长沙、深圳、太原、东莞、成都名列前五位。长沙市便利店发展如此之快得益于市政府的主动谋划。从 2013 年开始，长沙市商务局便选取了家润多、步步高等本土零售巨头进行试点，开始了"5 全便利店"的建设与推广。"5 全"是对消费场景的一种探索：消费者 5 分钟可以到达，安全便利。与传统便利店不同，长沙涌现的新型便利店大多选址写字楼、商业街、新兴社区，大多有着明亮、舒适的购物环境，销售的货品不少是进口商品或平时难以买到的爆款商品、网红商品，可以满足人们购买零食、速食、生活日用品等需求，甚至还可以取火车票和快递。便利店在长沙迅猛扩张，覆盖全市各个新老社区，目前较常见的品牌有 30 多个，总数在 1.2 万家左右。但长沙便利店市场目前大部分还是夫妻店、小卖部，一些连锁品牌是通过"换门头、接系统、拿补贴"加盟方式快速入场。在专业行业最有名的连锁品牌便利店：一是食杂日用零售行业的芙蓉兴盛、快乐惠、锦和、汇米巴等店；二是生鲜超市行业的钱大妈；三是药店，有老百姓大药房、益丰大药方、千金大药房、芝林药店等；四是餐饮行业连锁品牌店，有兰州拉面、津市刘聋子米粉店、柳州螺蛳粉、浏阳蒸菜店等；五是果品店，有绿叶水果、千惠店等；六是热冷奶茶饮品行业，有茶颜悦色、果呀呀、茶百道、几个果子、书亦烧仙草等；七是新零售业态连锁便利店，如苏宁集团"社区 O2O"领域新尝试的苏小店、电商天猫小店、友阿微店小区店。此外在理发、美容、足浴、修脚等行业也都是连锁品牌主导，如颐而康、重庆富侨、汉子足浴、郑远元店等均在市内各处布局。

2019 年为促进便利店健康有序发展，由长沙市零售商业行业协会牵头，芙蓉兴盛、千惠、天福、新佳宜、品儿时味、德雅村 6 个便利品牌制定了全国第一个《新零售便利店经营管理规范》团体标准，并且已作为湖南省地方标准立项，已挂网通过发布实施。目前，便利店正向基于数字化、数据化、平台化、智能化，实现以消费者体验为中心的数据驱动的新零售业态转变。如从 2018 年开始，Today 便利店就组建起 200 人的核心技术团队，致力于完成从传统零售型企业向新零售科技公司的转变。汇米巴则着力于便利店配套与服务能力建设，搭建新一代社区便利店服务网络，建立大数据体系，为市民"量身定做"优惠券推送、特色商品推荐等各项服务。友阿微店小区店的商品选择是基于大数据、定位于居民高频次购买的日常商品，并精准到各个小区的差异需求。步步高为增强便利店配套与服务能力建设，正在努力搭建新一代社区便利店服务网络，打造智慧社区新型入口。已建立了独有自主的鲜食工厂，并匹配了高效、安全的"三温"配送系统，确保食品安全的配送。绿叶水果通过《数字驱动绿叶水果高质量快速发展》，提出对上游"温光气水肥"的数字化标准，数据驱动采购与种植，建立采购端的品质保障、零售端的销售优势。对消费者方面，通过"四度（鲜度、细腻度、硬度、糖酸度）三味一安全"的"数字对话"，提出绿叶水果的独特的品质理念。

10.5 长沙市"十四五"时期及未来城市商贸流通产业空间结构的发展趋势

长沙市"十四五"时期会更深入贯彻习近平总书记考察湖南重要讲话指示精神，统筹推进"五位一体"总体布局，协调推进"四个全面"战略布局，坚持稳中求进工作总基调，立足新发展阶段，贯彻新发展理念，融入新发展格局，以推动高质量发展为主题，以深化供给侧结构性改革为主线，以改革创新为根本动力，以满足人民日益增长的美好生活需要为根本目的，围绕打造国家中心城市、长江经济带核心增长极、现代化新湖南示范区、具有国际影响力的现代化城市，全面建设国家重要先进制造业中心、国家科技创新中心、国际文化创意中心、区域性国际消费中心、内陆地区改革开放引领城市、国家综合交通枢纽城市、宜居乐业幸福城市，当好湖南实施"三高四新"战略的领头雁。根据2021年长沙市《政府工作报告》，长沙市未来五年主要预期目标为：地区生产总值年均增长7%左右；规模工业增加值年均增长7.5%左右；固定资产投资年均增长8%左右；社会消费品零售总额年均增长8%左右；进出口总额年均增长15%；城乡居民人均可支配收入年均增长7%左右；国、省控断面水质优良率100%，森林覆盖率稳定在55%。在此基础上再奋斗十年，到2035年，率先基本实现社会主义现代化，跻身国家中心城市行列。在这一新发展阶段，长沙市商贸流通产业空间结构会呈现出以下趋势：

10.5.1 市区扩容提质促进新商圈不断崛起和完善的趋势

长沙正在向区域性国际消费中心与国家级中心城市的目标迈进，也正与武汉、南昌共同打造中三角为核心的长江中游城市群，继粤港澳大湾区、长三角城市群、京津冀城市群、成渝城市群后，努力打造中国第五增长极。"十四五"期间和未来一段时间，长沙将会以最大努力增强对外区域人口、要素的吸引与聚集能力，城市市区会沿通达的交通线路向一江两岸、南北东西四个方向拓展，城市发展质量也会不断提高。在长沙城市化发展的新阶段，长沙市新商圈的崛起是一个必然趋势。除前文提到的河西梅溪湖新商圈、高铁南站新城商圈、湘府路新商圈、中信广场 - 奥特莱斯新商圈的崛起外，还应关注下列新商圈的崛起。

10.5.1.1 金霞跨境内外一体化保税直购中心商圈

长沙金霞经济开发区是湖南省唯一以现代物流为主导的多功能产业园区，该区域内拥有全省唯一的水、陆、空、铁、港五位一体的交通运输优势。金霞跨境保税直购中心是湖南首家保税店，是湖南进出口商品展示交易中心的核心部分，位于长沙金霞经济开发区。目前也正属于湖南自贸区长沙片区四大子片区之一，依托金霞水运物流港及新长沙火车货运北站的两大交通优势。金霞跨境保税直购中心通过集采、直采模式，同全球约 500 家优质厂商直接合作，引进韩国、澳大利亚、新西兰、欧洲、美洲等国家与地区优质商品品类达 30000 余种。湖南进出口商品以金霞跨境直购进口 B2C 业务开通为契机，增设"线下体验 + 线上消费"交易模式。利用"互联网 + 外贸"，打造"跨境保税购"电商平台，消费者在现场或家里都可登录"跨境保税购"，享受与国际同步的全新购物模式。消费者在线上下单以后，海外商家直接将货送至电商海外仓库进行国际配送，货品完成进境报关后，由国内物流直接配送至消费者，由此实现线上线下相互联动，国内国际无缝对接。直购进口商品进境仅需按个人物品报关缴纳行邮税，大大降低了消费者购买一般贸易进口商品的关税成本。

湖南进出口商品展示交易中心规划用地 260 亩，已分两期进行建设。其中一期建设约 9 万平方米，由 4 栋展示交易楼、2 栋总部办公大楼组成，打造国际、国内贸易与相关服务的企业总部基地。二期项目也早已启动,规划建设3栋仓储、公共分拣中心、5栋企业总部办公大楼等配套设施。外贸产业综合服务平台(跨境保税购)将建成全球商品数据库、B2B跨境集采平台、B2C跨境电商平台、保税展示交易O2O平台、跨境仓储配送平台等系统,完成跨境支付结算平台、进口商品溯源认证平台、跨境大数据分析中心等系统的建设开发。消费者届时仅需通过二维扫码,即可轻松实现海外购。同时金霞港周边楼盘也不断增多,已开发建成的有金霞跨境产贸城、湘江壹号,同时此地又是湖南省大宗商品实行水陆联运、水陆转运的重要枢纽,火车货运长沙北站与金霞港的直线距离很近,转运和联运都十分方便。

位于金霞港区东北侧便是"湘粮国际"大型专业市场集群,是一个由省、市、区政府联袂推动的"千亿产业、百亿物流"战略重点项目。该项目由湖南省粮食集团开发,旗下拥有包括"金健""金霞""裕湘""银光""中意"在内的多个知名品牌。项目定位为中南地区新一代的大型绿色食品交易中心,分为"港口区""市场区""铁路区"三大版块。项目总占地面积1700亩,投资近20亿元,主要打造粮油、水产、海鲜、冻品、干货、果蔬、肉类等全业态农副产品市场集群。其中,包括"核心交易功能区""大型粮食贸易功能区""大型港口仓储物流中心功能区""文旅互动体验功能区""商业配套功能区等五大功能分区"等五大功能。该项目紧邻地铁1号线延长线项目,北靠环洞庭湖粮食主产区,南依长沙市保税物流中心,东临火车货运新北站,西接湘江黄金水道,周边交通便利,占据了金霞版块的中心位置。还有2条总长4.6公里的铁路专用线,配备吞吐量达150万吨的货物堆场(非露天),直接接驳京广铁路线。

除了湘粮国际项目,金霞港区内还启动了新一轮自贸片区建设规划,包括加工贸易出口产业园、智慧物流园等项目,必定会带动周边一些楼盘的开发,港区的人口聚集也会增加。特别是湘欧铁路班列与水上远航船运并联,通江达海、水陆交通枢纽融合、内外循环的优势尤为明显。金霞跨境内外一体化保税直购中心商圈的特色十分鲜明,除了包括粮油大宗商品在内的湘品出湘远销"一带一路"沿线国家外,国内中转批发与零售的业务也会不断扩大,商圈辐射空间也呈现多层次多维度的特色。

10.5.1.2　长沙高铁西站新城商圈

长沙高铁西城片区规划约 35 平方公里，其中核心区域长沙高铁西站产业新城规划面积约 12.52 平方公里，由湘江新区管委会统筹，与望城区、长沙城发集团共同开发建设，总投资约 413.27 亿元。高铁西站建筑规模逾 10 万平方米，站场规模 12 台 22 线，其中城际场（长株潭、长岳、长潭西）6 台 12 线，渝长厦场 6 台 10 线。长沙高铁西站第一期开发 8.4 万平方米，与之配套的综合交通枢纽约 30 万平方米，是国内首个以"十"字形站厅布局的方案设计。根据规划设计，长沙西站设计为南北广场高架站房，北站房将接入地铁 2 号线、10 号线、西站 - 机场快线；南站房将接入地铁 9 号线。并建设集高铁、地铁、城铁、有轨电车、磁悬浮、城市公交六位一体的国家级综合交通枢纽。长沙高铁西站产业新城将依托长沙高铁西站，联动长沙高新区、望城经开区和宁乡经开区三大国家级产业园区，通过"站、景、产、城"融合，打造立足中部、具有湖湘特色的协创智汇谷、活力未来城。长沙高铁西站产业新城以"科技创新、智慧互联、高品质城市配套"三大产业为重点发展方向，以站前中央绿廊与黄金河休闲水廊为驱动"双轴"，配置科创总部、生态医养、滨水宜居、田园文旅等特色组团，实现产城融合。高铁长沙西站作为《中长期铁路网规划（2016 年版）》中"八纵八横"高速铁路网主通道之一——渝厦通道重要节点站，建成后将实现国家"一纵一横"两大高铁干线在此交会，一纵指渝长厦高铁、一横指岳长湘株，并与长株潭轻轨和长沙地铁网络无缝连接，预计近期年旅客发送量 1515 万人次，远期年发送量有望突破 2000 万人次，主要承担川渝、华中地区至赣南、闽南、粤东等东南沿海地区的客流输送任务，是串联川渝、湘赣与闽粤地区间城市群的重要交通枢纽。除日益增加的流动人口外，长沙高铁西城片区今后常住人口将到达 30 万人。人口流动的频繁与新城区人口的增加，加上周边道路交通的方便，又与金桥国际市场群相邻，必然带动新城区及周边房地产、商业、服务业项目的发展，会形成一个新的高铁西站片区商圈。

10.5.1.3　金桥 - 高星市场新商圈

金桥 - 高星国际新商圈是指以金桥国际商贸城与高星建材批发大市场为中心而形成的河西新商圈，位于长沙核心区望城经济开发区内。其中，金桥国际商贸城总建筑面积1500万平方米，总投资600亿元，致力于打造湖南省首个"千亿商贸物流城"，建成后将是一个集商品交易批发、会展博览、仓储物流、电子商务、金融后援、总部基地及相关产业配套为一体的超大型商贸物流中心。金桥国际市场集群聚集新型产业，承接产业转移，坐拥人流、物流、信息流、资金流优势，不仅涵盖商品交易、会展博览、仓储物流、电子商务、金融后台、总部基地、科研转化、国际商务等功能，拥有省内一流的生活休闲中心、观光旅游带，以及医院、酒店、学校、住宅、大型购物中心等完善配套，项目建成后，将拥有约100余个专业市场，数万个商铺。从已经开业的专业市场来看，市场的优势正在显现。如2016年10月10万平方米营业面积的金桥皮革城开业，汇聚500多家皮革生产厂商，提供大开间店铺1700多个，提供车位20000个，可容纳营业人员5000人。1楼为皮鞋、皮具箱包区，2楼为皮革服装区，3楼为皮小件、羊绒衫、品牌皮区，4楼为皮草风尚馆。整个商场购物环境宽敞舒适，全馆覆盖免费Wi-Fi，另外还在4楼规划有餐饮、儿童娱乐、T台走秀、售后服务中心、客服中心等服务配套，消费者在此吃、喝、玩、乐、购，享受完美的购物之旅。目前已有500多家中国领先的企业和商户进驻，包括海宁、温州皮革商家，浙江太球集团等，以及花花公子、法国都彭、圣帝保罗、锦曼、ECKE、洪福贵人、帕卡菲尼、名门国际、金狐狸、沙驰芳语、宝马、老爷车、兰贵人、世纪海豹、稻草人、马可波罗等国际品牌，已成为省内规模最大、最具影响力的皮革专业市场。与金桥国际商贸城一路并列的还有湖南高星建材批发大市场由钢材、建材五金、仓储物流三大业态构成，其中钢材板块汇集管材、板材、型材、优钢、建材、不锈钢、有色金属、加工等八大品类；建材五金汇集陶瓷洁具、五金水暖、机电不锈钢、木业木门、油漆涂料、吊顶橱柜、石材玻璃、防水材料等品类；仓储方面，已建设26万平方米的标准化、智能化仓库，被中国仓储协会评为"中国五星级仓库"；物流方面通达省内各地市州县及全国各地。目前，"高星购"O2O建材电商平台均已上线，市民朋友选购家居建材在线上线下都可一站式购齐。

10.5.1.4 一批新型区域商圈的兴起与成熟

"十四五"期间以及今后一段时期，随着长沙市的高质量发展，一批新兴区域商圈会进一步兴起与成熟。如地处长沙市城东的黎托商圈，该商圈主要在雨花区境内（万家丽、东方家园在芙蓉区境内），交通优势明显，在最近几年也成功引进了如沃尔玛、大润发、通程、奥特莱斯等进驻。又如红星商圈将更加成熟。红星商圈位于雨花区境内的红星村，处在长、株、潭融城的核心区内，交通便利。多年前红星商圈就开始走初次产业升级和扩充的道路，先后建立一系列产业集群：包括红星农副产品大市场、红星花卉市场、红星日用商品大市场、红星绿色食品城，红星商业厂场、红星美凯龙家居厂场、红星建材大市场、红星井湾子家具广场，以及红星国际会展中心、步步高、新一佳等，其土地价值得到了空前的发挥。有业内人士预测，再经过3~5年的建设期，红星商圈可能成为长株潭城市群的新商业地标。

除了上述两个区域性商圈外，还有星沙新商圈、望城区高岭商圈、芙蓉区马坡岭商圈、岳麓区望城坡商圈、岳麓区观沙岭商圈、天心区大托商圈等。

10.5.2 综合交通承载能力提升促进商贸流通网点布局便捷化趋势

"十四五"期间长沙市将持续提升综合交通承载能力，统筹推进高速铁路、城际铁路、轨道交通、高速公路、过江通道等建设，提升公铁网络承载能力和运行效率，积极创建交通强国示范城市，加快打造国家综合交通枢纽城市。2014年长沙地铁2号线开通，2016年6月地铁1号线试运营，其后3号、4号、5号地铁线相继开通，长沙城区进入地铁时代。根据城市总体规划和综合交通规划，长沙远景规划12条地铁线路，线网总长度将达456公里。长沙市城市轨道交通第三期建设规划获得批复。2017~2022年，长沙将建设地铁1号线北延一期、2号线西延二期、4号线北延、5号线南延、5号线北延、6号线、7号线一期共7个地铁项目，总长度为121.29公里。到2022年，长沙将形成7条线路、总长264公里的轨道交通网络（开工建设兴联路过江通道和地铁2号线西延二期、7号线一期工程，加快地铁1号线北延、6号线及东延段、磁浮东延线接入T3航站楼工程建设，启动4号线北延项目），建设暮坪大桥、香炉洲大桥。同时提升湘江航道等级，加快建设铜官港，共建共享虞公港。长沙机场的改扩建工程建设也正在加快进行，以拓展国际客货运航线，打造"四小时国际航空经济圈"。在长沙，地铁与铁路、公路、航空、城铁将实现全面快速换乘，构建辐射全省的立体交通网络，不仅将带来长沙城市商业的全面升级，更将为湖南"3+5"城市群带来重大变局。根据有关调研报告显示，长沙未来新增商业网点超七成集中在地铁沿线，形成点状、带状、立体等三类地铁商业形式。如在地铁 1 号线和 2 号线沿线和其他地铁线的 1000 米内，已有众多商业项目建成、在建和规划。如据不完全统计，地铁 1 号线沿线拥有大体量商业的楼盘近 40 个。

地铁的建设将影响长沙商业的发展。地铁对于长沙商业布局可分为三个阶段：第一阶段，地铁改变人群结构，地铁将促进城市不同地区之间人流的移动，为沿线区域导入新的人流，如购物、旅游等；第二阶段，人流的改变促使地区商业的升级以满足不同人群的需求、不同种类的商业向地铁站集聚、地铁沿线地价提升；最后一个阶段，地铁将起到优化城市结构的功能，成熟的地铁商业会成为新的中心，辐射城市的某个或多个区域，传统落后的商圈被取代。特别是城市地铁线的一些枢纽站周边会成商贸投资的新宠。如位于芙蓉路、德雅路的黄金十字形中轴，因在建地铁 6 号线站在此，一个富兴时代购物中心项目正加快建设，与地下二层商业无缝接驳，城际轻轨、隧道交通共同构建全维度立体快速交通网，15 分钟往来全城各大板块，20 分钟直抵机场、高铁。总之，长沙地铁与铁路、公路、航空、城轨将汇成一体，实现与高铁、普通铁路、城际铁路以及悬浮列车的快速换乘，打造辐射全省的立体交通网络，既可助推城市区域内拓外延，进而辐射拉动"3+5"城市群，形成新时期中部发展重要支点，进一步带动长株潭融城，并会改写长沙市的商贸网点格局，促进商贸流通网点向交通枢纽以及交通便捷处延伸，使消费者的出行与购物将更为方便迅速。

10.5.3 自贸区建设深度推进提升商贸流通空间结构国际化趋势

2020 年中央批准湖南自贸区建设，实施范围为 119.76 平方公里，其中长沙片区 79.98 平方公里。长沙片区的范围是：东至机场联络线、龙峰大道、长株高速、东六线、东四线、川河路；南至十三路、香樟东路、劳动东路、秋江路、机场高速、新安路、远大路；西至京港澳高速、东二环、滨河路、东一路、合平路、长株高速、茶塘路、园三路；北至长峰路、凉塘路、三一大道、人民东路、滨河路、劳动东路。长沙片区战略定位对接"一带一路"建设，突出临空经济，重点发展高端装备制造、新一代信息技术、生物医药、电子商务、农业科技等产业，即打造全球高端装备制造业基地、内陆地区高端现代服务业中心、中非经贸深度合作先行区和中部地区崛起增长极。湖南自贸区长沙片区空间范围为五大块，长沙经开区块、临空区块、会展区块、雨花区块、芙蓉区块。也是全国 21 个自贸区内唯一拥有大市场和高铁站的自贸区。各个片区的建设还具有联动效应，必定会随着自贸区制度型开放红利的充分释放，高水平"引进来"和新"走出去"，在打造内陆地区改革开放引领城市上实现突破，也必然带动相邻区域商贸流通业的发展，带动相关区域流通网点的建设。例如：通过拓展黄花综保区、金霞保税物流中心功能，有助于深入推进跨境电商综合试验区建设，新的物流配送网点会增加；通过加快自贸区建设，依托中非经贸合作优势，加快打造中非贸易核心平台，中非经贸网点会在高桥市场增多，高桥市场的产贸基础会更加充实，外贸直采功能更加完善，国际联系和影响更为突出，内外一体循环更加协调；高铁会展中心除了增加高铁物流服务项目外，还会依托大型交通枢纽要素，引导企业总部、星级酒店、创智产业、会展高端商务等产业集聚发展。同时，建设区域性现代服务业中心，发展商务会展、总部经济、科技金融等，推进科技创新格局与国际接轨。"十四五"期间长沙会新增一批进口产品指定口岸免税店等新型流通网点，通过定期举办进口商品展示博览会，强化国际化消费设施配套，以更多引进外资企业并全面促进消费升级，有利于长沙建设区域性国际消费中心。在推动高桥等重点商圈的国际化、信息化、现代化转型升级的同时，也会促进中央商务区建设。

10.5.4　打造区域消费中心促进城区商贸业老字号复兴趋势

"十四五"期间，为推动形成以国内循环为主国内国际循环相互促进的新发展格局，抓住扩大消费内需这个战略基点，长沙将努力打造成区域性国际性消费中心城市。2021 年长沙市《政府工作报告》明确提出："全力促进消费升级。加快创建黄兴南路国家级示范步行街，推进五一、红星、东塘等商圈和金星路商业街区提质升级，支持'老字号'传承创新发展。实施消费升级行动计划，提档升级实物消费，提质扩容服务消费，合理增加公共消费，充分挖掘县乡消费潜力，积极培育体验消费、在线消费，打造更多时尚消费和夜经济地标，深化国家文化和旅游消费示范城市建设。""十四五"期间，老字号网点的保护和原址恢复将是长沙优化城市中心商业网点空间布局的重要内容。长沙商贸老字号企业普遍具有近百年甚至几百年的历史，集中在餐饮、食品加工、生活服务等领域。据不完全统计，近代历史上，长沙商贸老字号鼎盛时期曾超过200余个。长沙商贸老字号多年来一直在城市中心人流量多的老场地经营，但随着城市建设进度的加快推进，经营网点逐步散失，拆迁后的老字号企业面临重新建店、恢复经营等诸多困难。受老字号的地缘趋附关系制约，一部分迁移场地的老字号经营方面遇到严重影响。如玉和醋文化博物馆，对繁荣长沙旅游、发展食品文化、打造长沙名片具有非常重要的作用，拆迁后的原址恢复工作因种种原因仍困难较多。九如斋原有三大生产经营场地，总建筑面积接近8000平方米，其间历经两次拆迁，目前场地建筑面积仅存1400平方米，远不能满足生产需要。玉楼东几次遇到拆迁，往往是刚异地恢复经营又被纳入征收，屡次错失经营发展机遇。为此，近年来长沙市加强了对老字号原址风貌保护。将符合条件的老字号确定为文物保护单位、历史建筑并进行原址保护，对老字号比较集中的地区，划定为历史文化街区，编制保护规划，确定保护原则，划定保护范围，明确保护措施。对列入旧城区拆迁改造范围的"老字号"，条件允许的列入拆建安置计划，予以妥善安置和资金扶持，例如对拆迁后的"玉和醋"历史博物馆，安排恢复开馆。对于前期因拆迁导致没有资金恢复的老字号，政府给予资金支持用于恢复。在老字号店铺和场所建设上，尽量在老字号原址或附近安置老字号，保留原有商业环境。总之，在建设区域性国际性消费中心城市过程中，通过采取综合措施，城区商贸业老字号复兴是一大趋势

10.5.5 城市品质提升将促进特色商业街区发展的趋势

"十四五"期间，长沙将着力建设"四精五有"品质城市，培育更多品牌特色商业街，创建试点步行街，培育一批长沙商业街新IP，引导品牌专业店、专卖店、餐饮店等特色业态集聚发展。发挥历史街区文脉作用，打造一批具有长沙特质的美食街、购物街、古玩街、非遗街等，使之成为新的"网红打卡点"。主要特色商业街包括：

10.5.5.1 贾谊故居太平老街

贾谊故居太平老街是长沙古城保留原有街巷格局最完整的一条街，坐落

于长沙城区中心，街区以太平街为主线，北至五一大道，南到解放路，西接卫国街，东到三兴街、三泰街。其中，重点地段为沿太平街、西牌楼、马家巷、孚嘉巷、金线街、太傅里两侧的历史街区。鱼骨状街区 200 年未变，全长 375 米，宽不过 7 米，占地面积约 12.57 公顷；交通十分便利，是"老长沙"的缩影；自战国时期长沙有城池开始，便是古城的核心地带。街区内，小青瓦、坡屋顶、白瓦脊、封火墙、木门窗，是这一带民居和店铺的共同特色；老式公馆则保留了较为原始的石库门、青砖墙、天井四合院、回楼护栏等传统格局。

整治后的太平街历史文化街区不仅保留了贾谊故居、长怀井、明吉藩王府西牌楼旧址、辛亥革命共进会旧址、四正社旧址等文物古迹和近代历史遗迹，也给乾益升粮栈、利生盐号、洞庭春茶馆、宜春园茶楼等历史悠久的老字号注入生机。街区沿主街有门店 87 个，经营面积近 3 万平方米，以老字号、字画、民族工艺品、文化休闲产业、特色旅游产品为主，吸引了西泠印社书法篆刻大师李伏雨、李早父子、脸谱艺术大师曾金贵、书画家陈義明等一批著名人士入驻设立工作室。2019 年被评选为大众点评必吃街。西汉杰出政治家、文学家贾谊的故居也位于太平街太傅里。贾谊故居从明朝成化元年以来就是祠宅合一的格局。长沙对贾谊故居维修和重建了 100 余次。贾谊故居也被称为湖湘文化的源头之一，是长沙著名的文化古迹之一，也给太平街这条商业名街增添了厚重的传统文化底色，展示着湖湘文化魅力。行走在太平街，除了能直观感受到石牌坊、麻石路、封火墙、古戏台这些标志性古建筑符号所带来的古典视觉冲击之外，还能领略到一种历史积淀所散发的文气与韵味，感受传统商业民俗风情的熏陶。

10.5.5.2 特色民俗名食餐饮坡子街

长沙坡子街位于长沙市城市中心地段，商业文化悠久，可考证的历史就有 1200 多年。清代的坡子街则有"四时恒满金银气，一室常凝珠宝气"的说法。到近代，坡子街内闻名于世的老字号达 68 家，成为长沙商业繁荣的象征。1938 年"文夕大火"后，坡子街毁于一旦，由此逐渐沉寂。2002 年底，长沙市委、市政府决定重建坡子街，并定位为建设在国内外具有重大影响力和知名度的民俗名食街。坡子街的百年变迁见证着长沙城百年的沧桑巨变，它浓缩了长沙市场发展和城市建设成果。新建的坡子街于 2005 年 10 月 1 日正式开街，东起黄兴南路，西至湘江大道，全长 640 米。两厢建设范围 180亩，与五一商圈、解放西路酒吧街、黄兴南路步行商业街联结成片。这里汇集了各种长沙小吃老店和娱乐场所，成为长沙一条传承湖湘文化，引领时代潮流的标志性商业文化街。同时也是一条在国内外具有影响力和知名度的民俗名食街。2019 年 7 月，坡子街被评选为大众点评必吃街。目前，坡子街上的原省财贸医院正准备搬迁，火宫殿正在扩大，正在建设火宫殿城，一个类似上海城隍庙的美食文化街区今后即将呈现在人们面前。

10.5.5.3 著名历史文化街区潮宗街

潮宗街，西止黄兴北路（原北正街），北到营盘路、南到中山路、西至湘江大道、东至黄兴北路，宋、元、明三朝都在此处砌有城墙，是老长沙核心区，长沙城仅存的 4 条古麻石街之一，原长 511 米，今存约 400 米，宽 9米，为旧时最宽的街道。潮宗街又名草场门正街，明清时是长沙县署和临湘驿站所在地，是出潮宗门达湘江河运码头的必经之道，行人往来，车水马龙，因而成为米业、堆栈业的集中之地，尤以米市闻名于世，有永丰、协丰、吉丰、协和、德安、益华、恒丰、太丰、顺丰、义丰、友和等 10 多家粮栈、米厂，旅店业网点也颇多。潮宗街又是人文荟萃之区，时务学堂、九如里公馆、金九活动旧址等坐落于此，现存 3 处不可移动文物、2 处省级文物保护单位、10 处市级文物保护单位和多处历史建筑，仍保留着古街巷格局。

潮宗街（含梓园、九如里）规划保护范围 33300 平方米，保护的重点是古老的麻石路面。2005 年街巷提质，地下管网设施改造，最终完全按原样复原，保持了麻石路面的古韵。人行道则以青砖铺砌，与麻石路面十分协调。两厢建筑采取保护与更新相结合的模式进行改造。梓园民国旅社、九如里老式公馆、真耶稣会教堂、旧仓库老墙、抗日战争时期防空洞遗址等古旧建筑进行原真性修缮。沿街三层以内的民房拆除原有屋面，新做小青瓦屋面 500平方米，高层建筑喷真石漆，更换旧雨阳篷、门窗和招牌，统一制作仿古雨阳篷 900 米，招牌 200 余块，仿古木花格门窗 200 余块，全街生活和经营环境大为改善。

除了太平街、坡子街、潮宗街等商业文化历史厚重的特色商业街区会进一步焕发风采外，"十四五"期间长沙市一批专业聚集特色鲜明的商业街也会进一步凸显特色。如化龙池酒吧一条街，此街位于湘江东岸天心区古城区，紧邻长沙黄兴南路步行商业街。化龙池原名"玉带街",南起大古道巷,北止织机街。化龙池是长沙重点保护的历史文化街巷之一,2008 年政府投资1000 多万元,将这里改造成酒吧一条街,目前拥有个性鲜明、风格各异的酒吧 40 余家。还有三湘花卉一条街,此街在晚报大道以北长沙晚报大厦附近,汇集连锁花卉店、个体花卉买家等店铺,是长沙重要的花卉批发和零售市场。天心阁古玩一条街地处长沙经济文化中心天心区,位于白沙路与建湘路交会处东北角。此街承接了原清水塘古玩市场的大部分商家,成为长沙目前最大的古玩、文物交易和交流中心。南门口小吃街位于长沙市天心阁南边约 200米处、长沙市城南路与黄兴路的交叉路口,是长沙"老口子"都知道的地道小吃一条街,也是一处最热闹的小吃集聚地。

在扩大消费内需促进国内大循环加快的格局下,适应新消费、新业态、新商业的一些新的时尚特色商业街区会在"十四五"期间增多。如目前韭菜园北路正在建设的湖南米粉街,拟将全省各地特色米粉店聚于此街。又如近几年岳麓区梅溪湖畔新建的梅澜坊商业街是一条集老字号、品牌餐饮、风味小吃、时尚酒吧、娱乐休闲、精品购物街区,也是近几年新涌现的一条特色街区。又如在马栏山视频文化创意园区规划一条绿地 V 岛商业风情街,周边有湖南广电、世界之窗、月湖公园、长沙学院等。项目将再现旧时"海派风情",在这里除了吃吃吃、买买买,还能体验老上海风情。在市内其他社区,一批新的特色商业街区也在规划与建设中。"十四五"期间,长沙市将实施主城区危旧房屋改造和铁路沿线综合整治两年计划,开工城镇老旧小区改造项目 352 个、城中村改造项目 3 个、历史文化名城保护更新项目 4 个,加大湘雅医院、下碧湘街、市府北、湖橡等重点单元成片改造力度,计划完成城市更新改造 563.51 万平方米,加快盘活闲置楼宇。在老旧小区的改造中也会恢复和建设一批特色商业街区,实现资源优化配置,让城市更具烟火气息、人文气质。

10.5.6 彰显长沙特色的商业夜市网点增多的趋势

长沙是全国著名的夜经济网红城市,2020 年长沙入围"中国十大夜经济影响力城市"。"十四五"期间,市、区各级政府都会更积极引导鼓励发展夜经济。夜经济中夜市是主要内容,长沙市夜市发展会在品牌引领、特色彰显、品牌提升等方面出现新的起色。

在长沙，社区周边和居民楼下的夜市是最有生命力和持续发展能力的。长沙人爱吃、会逛，喜欢夜生活。最好吃的夜宵其实不用去太远，尤其是人口聚居较多的居民区的自家楼下就有夜宵美食店。这类夜市如交通便利的开福区四方坪夜市是一个典型。该夜市紧邻居民区，周边居民楼林立，经过多年的发展，市场已经演变成为一个门店1100多家，以农贸、餐饮、夜宵为主的综合性大市场，并辐射到火车站片区、广电片区等近30万居民。在这个夜市上东北烤冷面、印度飞饼、兰州拉面、山西削面、北京炸酱面、重庆小面、成都冷串串、湘式麻辣烫等全国各地的代表小吃几乎都能找得到，多家长沙老牌美食门店也选择在这里扎根，比如老街鱼嘴巴、堂客上菜、太享口福等。

长沙的商业夜市尽管都以各种夜宵小吃餐饮为主，但不同街区的夜市则各有特色，如五一商圈坡子街夜市以湘味小吃最齐全而闻名。坡子街是长沙一条名副其实的千年老街，同时与上海的城隍庙、南京的夫子庙、苏州的观前街一起被誉为中国四大小吃名街，在国内外都具有一定的影响力和知名度。坡子街夜市主打品种是火宫殿的臭豆腐、姊妹团子、麻油猪血、糖油粑粑、湘宾春卷、龙脂猪血、绿豆沙、汤面、米粉，乾煎鸡油八宝饭、馄饨、萝卜丝饼、薯丁粑粑、油条、嗦螺、口味虾、红烧猪脚、麻辣烫等湘味小吃，还有百味粉店、热卤刘、四娭驰、向群锅饺、红梅冷饮等名店荟萃。而天心区书院路夜市最大的亮点则是口味虾，书院路是口味虾最集中的区域，几十家店聚集于此，家家都有口味虾。特别是虾尾店摊多，聚集了方记虾尾、杨眼镜、天保虾尾、九子黑熊、岳阳油焖大虾等十余家店。消费者闻到喷香气味、看上几眼都忍不住想要吃了，还有的成功人士开着兰博基尼、劳斯莱斯幻影常来光顾。而河西天马路的天马夜市则以全国各地特色小吃及食马甲和烧烤闻名。"天马夜宵美食带"搭棚起屋，大排档连绵上千平方米，这里有浙江梅菜扣肉饼、云南过桥米线、广东肠粉、桂林小吃，还有日韩系列的章鱼小丸子、凉皮凉面等。天马的花甲辣很有名，是夜市一绝，此外还有烧烤作为主力，而要吃凉菜则数天心区西文庙坪夜市。该处最有名的当属猪油拌粉等凉菜了。而吃烤鱼则是长沙市雨花区砂子塘夜宵一条街的特色，砂子塘夜宵一条街上分布了留一手特色烤鱼总店等。

除了以上特色夜市外，长沙著名夜市街区还有裕南街东瓜山烧烤一条街、芙蓉区定王台街道化龙池社区都正街夜市点、湘江世纪城对面湘江世纪城夜宵街、芙蓉区马王堆街道古汉城社区沁园夜宵街、雨花区高桥街道永定社区美食七街夜宵城、芙蓉区东进路五一新村夜宵街、开福区福元路大桥下湘江世纪城夜宵街、开福区华夏路夜宵一条街、万家丽国际购物中心对面下扬帆夜市、雨花区的高桥永定社区高桥新市、河西"渔人码头"夜市、长沙河西阳光 100 凤凰街南区凤凰街夜市、岳麓区白鸽咀社区教师新村夜宵城、岳麓区望城坡商贸城夜市、岳麓麓山南路夜市、望岳街道以奥克斯缤纷广场和八方龙泊湾为主的商业街、学士街道联丰村以裕园安置小区、白鹤安置小区为主的大排档、望月湖夜市餐饮小吃一条街等。此外，随着城区的扩展升级与老旧小区的改造还会涌现新的商业夜市，如近年新出现的河西银盆岭大桥北面的长沙渔人码头夜市、坪塘街道华谊小镇意大利风情街区等。

总之，"十四五"期间及未来的长沙市商贸流业的空间布局将更加合理和充满人间烟火味，会更好适应人民群众对美好生活的需要，会为实现"精致精美、人见人爱"现代化的新长沙增色添彩！

参考文献

［1］鲍军. 我国零售业 SWOT 分析及发展建议 ［J］. 上海商业, 2004 (8)：11 - 13.

［2］晁钢令. 我国城市零售商业发展若干问题的思考 ［J］. 财经研究, 1996 (4)：
31 - 33.

［3］晁钢令. 新一轮流通改革的发展趋势与主要任务 ［J］. 产业经济研究, 2003
(3)：37 - 46.

［4］陈阿兴, 李希刚. 论流通产业在城市化进程中的作用：基于规范与实证视角的
分析 ［J］. 商业经济与管理, 2007 (3)：16 - 20.

［5］陈红蕾, 覃伟芳, 吴建新. 考虑碳排放的工业全要素生产率变动及影响因素研
究：广东案例 ［J］. 产业经济研究, 2013 (5)：45 - 53.

［6］陈蔚珊, 柳林, 梁育填. 基于 POI 数据的广州零售商业中心热点识别与业态集
聚特征分析 ［J］. 地理研究, 2016 (4)：703 - 716.

［7］陈文玲. 论社会化大流通 ［J］. 财贸经济, 1998 (2)：28 - 32.

［8］陈文玲. 现代流通与国家竞争力 ［J］. 中国流通经济, 2007 (4)：15 - 18.

［9］陈宇峰, 章武滨. 中国区域商贸流通效率的演进趋势与影响因素 ［J］. 产业经济
研究, 2015 (1)：53 - 60.

［10］谌丽, 张文忠, 杨翌朝. 北京城市居民服务设施可达性偏好与现实错位 ［J］.
地理学报, 2013 (8)：1071 - 1081.

［11］刁凯. 山东省流通效率和生产率增长研究 ［D］. 杭州：浙江财经大学, 2014.

［12］董誉文. 中国商贸流通业增长方式转换及效率评价：来自 1993—2014 年省际面
板数据的实证研究 ［J］. 中国流通经济, 2016 (10)：12 - 23.

［13］杜江. 中国农业全要素生产率增长及其时空分异 ［J］. 科研管理, 2015 (5)：
87 - 98.

［14］范剑勇，冯猛，李方文．产业集聚与企业全要素生产率［J］．世界经济，2014（5）：51 – 73.

［15］范月娇．国家级流通节点城市物流产业效率的时空变化及影响因素［J］．中国流通经济，2015（11）：1 – 8.

［16］高铁生．发展大流通建设新农村［J］．中国流通经济，2007（9）：11 – 13.

［17］宫俊涛，孙林岩，李刚．中国制造业省际全要素生产率变动分析：基于非参数 Malmquist 指数方法［J］．数量经济技术经济研究，2008（4）：97 – 109，130.

［18］郭崇义，戴学珍．北京市外商投资零售企业区位选择研究［J］．经济地理，2002（6）：687 – 691.

［19］郭守亭，俞彤辉．中国流通效率的测度与演进趋势［J］．北京工商大学学报（社会科学版），2013（6）：12 – 19.

［20］韩宇瑶，焦利民，许刚．武汉市道路结构与商业集聚空间关联分析［J］．地理科学进展，2017（11）：1394 – 1358.

［21］浩飞龙，王士君，谢栋灿，等．基于互联网地图服务的长春市商业中心可达性分析［J］．经济地理，2017（2）：68 – 75.

［22］洪涛．降低流通成本，提高流通效率的路径选择［J］．中国流通经济，2012（12）：30 – 35.

［23］洪涛．中国的流通产业：不容忽视的基础产业［J］．宁波职业技术学院学报，2003（5）：1 – 5.

［24］黄爱光．国际城市人均商业面积指标研究［J］．北京财贸职业学院学报，2008（1）：9 – 13，21.

［25］黄国雄．论流通产业是基础产业［J］．财贸经济，2005（4）：61 – 65.

［26］纪宝成．流通竞争力与流通产业可持续发展［J］．中国流通经济，2010（1）：4 – 6.

［27］纪良纲，郭娜．商品流通规模定量分析［J］．财贸经济，2003（7）：58 – 63.

［28］江海燕，朱雪梅，吴玲玲，等．城市公共设施公平评价：物理可达性与时空可达性测度方法的比较［J］．国际城市规划，2014（5）：70 – 75.

［29］江海燕，朱雪梅，吴玲玲，等．城市公共设施公平评价：物理可达性与时空可达性测度方法的比较［J］．国际城市规划，2014（5）：70 – 75.

［30］姜永宏，蒋伟杰．中国上市商业银行效率和全要素生产率研究：基于 Hicks-Moorsteen TFP 指数的一个分析框架［J］．中国工业经济，2014（9）：109 – 121.

［31］蒋海兵，徐建刚，祁毅，等．基于时间可达性与伽萨法则的大卖场区位探讨：以上海市中心城区为例［J］．地理研究，2010（6）：1056 – 1068.

［32］金怀玉，菅利荣．中国农业全要素生产率测算及影响因素分析［J］．西北农林

科技大学学报（社会科学版），2013（2）：29-35，42.

[33] 荆林波. 中国流通业效率实证分析和创新方向 [J]. 中国流通经济，2013（6）：13-17.

[34] 李佛关. 流通产业对经济效率提升作用的实证研究 [J]. 贵州财经学院学报，2012（5）：35-39.

[35] 李健，卫平. 金融发展与全要素生产率增长：基于中国省际面板数据的实证分析 [J]. 经济理论与经济管理，2015（8）：47-64.

[36] 李骏阳，余鹏. 对我国流通效率的实证分析 [J]. 商业经济与管理，2009（11）：15-20.

[37] 李双成，许月卿，傅小锋. 基于 GIS 和 ANN 的中国区域贫困化空间模拟分析 [J]. 资源科学，2005（4）：76-81.

[38] 李颋，徐从才. 论现代流通成本 [J]. 商业经济与管理，2006（12）：9-13.

[39] 李伟，黄正东. 基于 POI 的厦门城市商业空间结构与业态演变分析 [J]. 现代城市研究，2018（4）：56-65.

[40] 李晓慧. 技术效率、技术进步与中国流通业生产率增长 [J]. 商业经济与管理，2011（6）：18-25.

[41] 李学工，朱红. 试论我国中型城市零售商业的竞争模式构建与结构重组战略 [J]. 中国流通经济，1998（3）：21-23.

[42] 李阳，陈晓红. 哈尔滨市商业中心时空演变与空间集聚特征研究 [J]. 地理研究，2017（7）：1377-1385.

[43] 林耿，阎小培. 广州市商业功能区空间结构研究 [J]. 人文地理，2003（3）：37-41.

[44] 林文益. 贸易经济学 [M]. 北京：中国财政经济出版社，1995.

[45] 林翊，陈俊滨. 中国省域流通产业发展的时空格局分析 [J]. 产经评论，2015（6）：92-103.

[46] 林翊，吴碧凡. 中国省域流通效率及其影响因素研究：基于空间统计及空间计量分析 [J]. 工业技术经济，2017（8）：11-19.

[47] 刘建国，李国平，张军涛，等. 中国经济效率和全要素生产率的空间分异及其影响 [J]. 地理学报，2012（8）：1069-1084.

[48] 刘玉玲. 我国商贸流通效率测算及演进影响因素研究 [J]. 商业经济研究，2016（14）：8-10.

[49] 刘振娥. 我国流通业全要素生产率测算及成因分析：基于我国省级面板数据的实证研究 [C]//中国商业经济学会，山西省商业经济学会. 第五届中国中部商业经济论坛论文集. 中国商业经济学会，山西省商业经济学会，2011：5.

［50］柳思维，杜焱．中部地区流通产业发展格局的演化及其影响因素［J］．湖南商学院学报，2015（6）：20 – 26.

［51］柳思维．贸易经济学［M］．北京：高等教育出版社，2007.

［52］柳思维，徐志耀．基于熵权 AHP 方法的城乡商品市场协调度评价研究［J］．湖湘论坛，2012（5）：83 – 87.

［53］柳思维，周洪洋．人口城镇化、土地城镇化对流通业产出效率影响的空间计量分析［J］．经济地理，2016（12）：51 – 59.

［54］柳思维，周洪洋．我国流通产业全要素生产率空间关联和影响因素研究北京工商大学学报（社会科学版），2018（3）：38 – 50.

［55］柳思维，朱艳春．中国城市商圈体系空间结构演化的特征与趋势［R］．长沙：中国商业经济学会，湖南省商业经济学会，2014.

［56］吕健．市场化与中国金融业全要素生产率：基于省域数据的空间计量分析［J］．中国软科学，2013（2）：64 – 80.

［57］罗建勤．商圈企业集聚的经济学分析及政府的作用［J］．经济体制改革，2008（4）：65 – 67.

［58］罗彦，周春山．城市商业空间结构问题与优化探讨［J］．商业经济与管理，2005（1）：22 – 26.

［59］马龙龙．流通产业政策［M］．北京：清华大学出版社，2005.

［60］马晓龙．西安市大型零售商业空间结构与市场格局研究［J］．城市规划，2007（2）：55 – 61.

［61］毛琦梁，王菲．比较优势、可达性与产业升级路径：基于中国地区产品空间的实证分析［J］．经济科学，2017（1）：48 – 62.

［62］牛方曲，刘卫东，宋涛，等．城市群多层次空间结构分析算法及其应用：以京津冀城市群为例［J］．地理研究，2015（8）：1447 – 1460.

［63］欧阳小迅，黄福华．我国农产品流通效率的度量及其决定因素：2000—2009［J］．农业技术经济，2011（2）：76 – 84.

［64］潘丹，应瑞瑶．中国农业全要素生产率增长的时空变异：基于文献的再研究［J］．经济地理，2012（7）：113 – 117，128.

［65］潘勇．逆向选择视角下电子商务与传统市场间关系研究［J］．商业经济与管理，2011（1）：1 – 8.

［66］邱灵．北京市生产性服务业空间结构演化机理研究［J］．中国软科学，2013（5）：74 – 91.

［67］单豪杰．中国资本存量 K 的再估算：1952 ~ 2006 年［J］．数量经济技术经济研究，2008（10）：17 – 31.

［68］石忆邵，周蕾.上海市地下商业空间使用权估价及空间分异［J］.地理学报，2017（10）：1787－1799.

［69］宋则.发挥现代流通服务业在产业链中的带动与反哺作用（上）［J］.商业经济研究，2006（17）：10－11.

［70］宋正娜，陈雯，张桂香.公共服务设施空间可达性及其度量方法［J］.地理科学进展，2010（10）：1217－1224.

［71］孙畅，吴立力.长江经济带流通业全要素生产率增长及行业异质性的实证研究［J］.管理现代化，2017（1）：29－32.

［72］孙金秀.现代流通业效率指标体系的构建与评价：基于中国30个省际数据的比较分析［J］.商业经济与管理，2014（6）：14－21.

［73］孙敬水，章迪平.流通产业结构变动影响因素探析［J］.现代财经（天津财经大学学报），2010（6）：69－75.

［74］孙晓华，王昀，郑辉.R&D溢出对中国制造业全要素生产率的影响：基于产业间、国际贸易和FDI三种溢出渠道的实证检验［J］.南开经济研究，2012（5）：18－35.

［75］孙冶方.流通概论［J］.财贸经济，1981（1）：6－14.

［76］谭怡恬，赵学彬，谭立力.商业业态分化与城市商业空间结构的变迁：来自长沙的实证研究［J］.北京工商大学学报（社会科学版），2011（3）：53－59.

［77］唐红涛.基于Huff模型的虚拟商圈实证分析［J］.吉首大学学报（自然科学版），2009（5）：121－125.

［78］陶长琪，齐亚伟.中国全要素生产率的空间差异及其成因分析［J］.数量经济技术经济研究，2010（1）：19－32.

［79］汪延明.流通产业链绿色化治理的影响因素实证分析：以西南民族地区山地特色农产品为例［J］.中国流通经济，2016（7）：17－24.

［80］汪中波.提升传统零售上线上延伸绩效的营销策略研究［D］.沈阳：东北财经大学，2012.

［81］王兵，吴延瑞，颜鹏飞.环境管制与全要素生产率增长：APEC的实证研究［J］.经济研究，2008（5）：19－32.

［82］王德章，朱艳丽.现代流通业在区域经济中的作用［J］.商业经济，2006（2）：3－5.

［83］王芳，高晓路.北京市商业空间格局及其与人口耦合关系研究［J］.城市规划，2015（11）：23－29.

［84］王芳，牛方曲，王志强.微观尺度下基于商圈的北京市商业空间结构优化［J］.地理研究，2017（9）：1697－1708.

［85］王杰，刘斌.环境规制与企业全要素生产率：基于中国工业企业数据的经验分

析 [J]. 中国工业经济, 2014 (3): 44-56.

[86] 王劲峰. 区域经济增长极位的理论分析 [J]. 中国科学院研究生院学报, 1992 (4): 409-419.

[87] 王良举, 王永培. 我国农村流通产业技术效率及其影响因素: 基于随机前沿模型的分析 [J]. 北京工商大学学报 (社会科学版), 2011 (3): 60-64.

[88] 王琦. 我国区域间流通业全要素生产率的趋同性分析 [J]. 商业经济研究, 2015 (29): 7-8.

[89] 王世进. 流通产业效率对居民消费的影响机理及实证研究 [J]. 价格月刊, 2015 (6): 86-90.

[90] 王恕立, 滕泽伟, 刘军. 中国服务业生产率变动的差异分析: 基于区域及行业视角 [J]. 经济研究, 2015 (8): 73-84.

[91] 王先庆, 房永辉. 流通业成为 "先导性产业" 的约束条件和成长机制 [J]. 广东财经大学学报, 2007 (6): 25-28.

[92] 王小鲁, 樊纲, 刘鹏. 中国经济增长方式转换和增长可持续性 [J]. 经济研究, 2009 (1): 4-16.

[93] 王晓东, 周旭东. 扩大内需政策下流通产业增长的影响因素: 包含制度因素的主成分实证分析 [J]. 中国流通经济, 2016 (1): 17-24.

[94] 王晓梦, 王锦. 朱青. 基于签到数据的城市商业空间空心化识别研究: 以北京市城六区为例 [J]. 城市空间, 2018 (7): 77-84.

[95] 王新生, 刘纪远, 庄大方, 等. 中国城市形状的时空变化 [J]. 资源科学, 2005 (3): 20-25.

[96] 王新生, 刘纪远, 庄大方, 王黎明. 中国特大城市空间形态变化的时空特征 [J]. 地理学报, 2005 (3): 392-400.

[97] 王月辉. 现代日本流通业 [M]. 北京: 科学技术文献出版社, 2005.

[98] 吴丹贤, 周素红. 基于日常购物行为的广州社区居住: 商业空间匹配关系 [J]. 地理科学, 2017 (2): 228-235.

[99] 吴康敏, 张虹鸥, 王洋, 等. 广州市多类型商业中心识别与空间模式 [J]. 地理科学进展, 2016 (8): 963-974.

[100] 吴旭晓. 经济大省物流业效率动态演化及其影响因素 [J]. 中国流通经济, 2015 (3): 24-31.

[101] 仵宗卿, 戴学珍, 戴兴华. 城市商业活动空间结构研究的回顾与展望 [J]. 经济地理, 2003 (3): 327-332.

[102] 夏春玉. 商品流通产业的历史发展及其理论解说 [J]. 财经问题研究, 1998 (2): 71-76.

[103] 谢栋灿. 基于互联网地图服务的城市一日交流圈分析：以沪宁杭三市为例 [C]. 沈阳：2016 年中国城市规划年会，2016.

[104] 徐靖雯. 电子商务虚拟商圈吸引力评价 [J]. 情报科学，2011 (11)：1693 - 1696.

[105] 徐晓燕，曲静，叶鹏. 基于空间句法的住区配套商业设施可达性研究 [J]. 规划师，2012 (S2)：244 - 248.

[106] 晏维龙. 试论商品流通的内涵及其复杂性 [J]. 南京财经大学学报，2003 (3)：6 - 11.

[107] 杨秋彬，何丹，高鹏. 上海市体验型商业空间格局及其影响因素 [J]. 城市问题，2018 (3)：34 - 41.

[108] 杨汝岱. 中国制造业企业全要素生产率研究 [J]. 经济研究，2015 (2)：61 - 74.

[109] 杨勇. 中国服务业全要素生产率再测算 [J]. 世界经济，2008 (10)：46 - 55.

[110] 姚星，李彪，吴钢. 服务外包对服务业全要素生产率的影响机制研究 [J]. 科研管理，2015 (4)：128 - 135.

[111] 叶强，鲍家声. 论城市空间结构及形态的发展模式优化：长沙城市空间演变剖析 [J]. 经济地理，2004 (4)：480 - 484.

[112] 叶珊瑚，韩永辉，邹建华. 中国汽车产业全要素生产率的微观测量 [J]. 南方经济，2014 (1)：61 - 76.

[113] 尹德洪，赵娴. 分工、交易效率与流通空间结构 [J]. 商业经济与管理，2016 (9)：22 - 29.

[114] 余金艳，刘卫东，王亮. 基于时间距离的 C2C 电子商务虚拟商圈分析：以位于北京的淘宝网化妆品零售为例 [J]. 地理学报，2013 (10)：1380 - 1388.

[115] 俞彤晖. 中国流通产业发展水平测度及其空间分布动态演进 [J]. 河南师范大学学报（哲学社会科学版），2018 (3)：54 - 58.

[116] 张兵，金凤君，于良. 湖南公路网络演变的可达性评价 [J]. 经济地理，2006 (5)：776 - 779.

[117] 张成，张伟华，高志平. 我国水产养殖业技术效率和全要素生产率研究 [J]. 农业技术经济，2014 (6)：38 - 45.

[118] 张军，吴桂英，张吉鹏. 中国省际物质资本存量估算：1952—2000 [J]. 经济研究，2004 (10)：35 - 44.

[119] 张俊娥，王东，魏宇. 黑龙江省城市商业网点空间集聚特征及影响因素分析 [J]. 商业研究，2018 (3)：138 - 142.

[120] 张少华，蒋伟杰. 中国全要素生产率的再测度与分解 [J]. 统计研究，2014 (3)：54 - 60.

[121] 张学文，柳思维. 中国林产品流通效率的实证分析：1996—2010 [J]. 系统工程，2013（3）：74 – 79.

[122] 张延吉，张磊，吴凌燕. 流动商贩的空间分布特征及与正规商业的分布关系 [J]. 地理学报，2017（4）：618 – 632.

[123] 张怡悦. 商圈打造中的政府考量因素研究：以江苏省连云港市为例 [J]. 商业时代，2013（1）：33 – 36.

[124] 章祥荪，贵斌威. 中国全要素生产率分析：Malmquist 指数法评述与应用 [J]. 数量经济技术经济研究，2008（6）：111 – 122.

[125] 赵德海，曲艺. 中国地区零售服务业生产率的影响因素研究：基于空间面板计量经济分析 [J]. 商业研究，2017（3）：22 – 27.

[126] 赵洁琼. 河北省流通产业全要素生产率的时空变化研究 [J]. 商业经济研究，2016（15）：205 – 207.

[127] 赵萍. 论流通产业集群与区域经济发展 [J]. 财贸经济，2007（2）：111 – 115.

[128] 赵梓渝，庞瑞秋，王士君. 长春市大型零售设施空间可达性绩效测度 [J]. 地理研究，2016（3）：431 – 441.

[129] 郑世林，葛珺沂. 文化体制改革与文化产业全要素生产率增长 [J]. 中国软科学，2012（10）：48 – 58.

[130] 郑玉歆. 全要素生产率的再认识：用 TFP 分析经济增长质量存在的若干局限 [J]. 数量经济技术经济研究，2007（9）：3 – 11.

[131] 周彬学，戴特奇，梁进社，等. 基于 Lowry 模型的北京市城市空间结构模拟 [J]. 地理学报，2013（4）：491 – 505.

[132] 朱玮，王德. 基于多代理人的零售业空间结构模拟 [J]. 地理学报，2011（6）：796 – 804.

[133] 朱文明，陶康华. 长江三角洲城镇空间格局与区域经济相关分析 [J]. 现代城市研究，2000（1）：12 – 15.

[134] 祝合良. 新世纪提高我国零售企业竞争力的基本思路 [J]. 经济与管理研究，2005（4）：68 – 71.

[135] Anrooy V R. Vertical Cooperation and Marketing Efficiency in Agriculture Products Marketing Chains：A National Perspective from Vietnam [R]. FAO Working Paper, 2003.

[136] Anselin L. Local Indicators of Spatial Association-Lisa [J]. Geographical Analysis, 1995, 27（2）：93 – 115.

[137] Barros C P, Alves C. An Empirical Analysis of Productivity Growth in A Portuguese Retail Chain Using Malmquist Productivity Index [J]. Journal of Retailing & Consumer Services, 2004, 11（5）：269 – 278.

[138] Barros C P, Perrigot R. Analysing Technical and Allocative Efficiency in the French Grocery Retailing Industry [J]. The International Review of Retail Distribution and Consumer Research, 2008, 18 (4): 361–380.

[139] Cao L, Li L. The Impact of Cross-Channel Integration on Retailers' Sales Growth [J]. Journal of Retailing, 2015, 91 (2): 198–216.

[140] Charnes A, Cooper W W, Rhodes E. Measuring the Efficiency of Decision Making Units [J]. European Journal of Operational Research, 1978, 2 (6): 429–444.

[141] Clarke M, Wilson A G. The Dynamics of Urban Spatial Structure: Some Exploratory Results Using Difference Equations and Bifurcation Theory [J]. Environment and Planning A, 1981, 13 (12): 1473–1483.

[142] Cliff A, Ord J. Spatial Processes, Models and Applications [M]. London: Pion, 1981.

[143] Converse P D. New Laws of Retail Gravitation [J]. Journal of Marketing, 1949 (14): 379–384.

[144] Datta S, Sudhir K. Does Reducing Spatial Differentiation Increase Product Differentiation? Effects of Zoning on Retail Entry and Format Variety [J]. Quantitative Marketing and Economics, 2013, 11 (1): 83–116.

[145] Denison E F. The Sources of Economic Growth in the United States and the Alternatives before Us [M]. New York: Committee for Economic Development, 1962.

[146] Dion D, Arnould E. Retail Luxury Strategy: Assembling Charisma through Art and Magic [J]. Journal of Retailing, 2011, 87 (4): 502–520.

[147] Färe R, Grosskopf S, Lindgren B, et al. Productivity Changes in Swedish Pharamacies 1980—1989: A Non-Parametric Malmquist Approach [J]. Journal of Productivity Analysis, 1992, 3 (1): 85–101.

[148] Färe R, Grosskopf S, Norris M, et al. Productivity Growth, Technical Progress, and Efficiency Change in Industrialized Countries [J]. The American Economic Review, 1994, 84 (1): 66–83.

[149] Gupta A, Mittal S. Measuring Retailing Productivity of Food & Grocery Retail Outlets Using the DEA Technique [J]. Journal of Strategic Marketing, 2010, 18 (4): 277–289.

[150] Herhausen D, Binder J, Schoegel M, et al. Integrating Bricks with Clicks: Retailer-Level and Channel-Level Outcomes of Online-Offline Channel Integration [J]. Journal of Retailing, 2015, 91 (2): 309–325.

[151] Heuvel D V D, Ogilvie S. Retail Development in The Consumer Revolution: The Netherlands, c. 1670—c. 1815 [J]. Explorations in Economic History, 2013, 50 (1): 69–87.

［152］ Hovhannisyan V, Bozic M. The Effects of Retail Concentration on Retail Dairy Product Prices in the United States ［J］. Journal of Dairy Science, 2016, 99 （6）: 4928 – 4938.

［153］ Huang A, Levinson D. An Agent-Based Retail Location Model on a Supply Chain Network ［R］. Working Papers from University of Minnesota: Nexus Research Group, University of Minnesota, 2008.

［154］ Huff D L. Defining and Estimating a Trading Area ［J］. The Journal of Marketing, 1964, 28 （3）: 34 – 38.

［155］ Jorge-Moreno J D, Castillo L L, Triguero M S. Estimating Efficiency and Productivity Change in European Retail Sector （1998—2006） ［J］. International Journal of Economics and Business Research, 2012, 4 （4）: 412 – 436.

［156］ Jorgenson D W, Grillches Z. The Explanation of Productivity Change ［J］. Review of Economic Studies, 1967, 34 （3）: 249 – 283.

［157］ Kaipia R, Anskanen K. Vendor Managed Category Management: An Outsourcing Solution in Retailing ［J］. Journal of Purchasing and Supply Management, 2003, 9 （4）: 165 – 175.

［158］ Kliebenstein J B, Lawrence J D. Contracting and Vertical Coordination in the US Pork Industry ［J］. American Journal of Agricultural Economics, 2002, 77 （5）: 1213 – 1218.

［159］ Lee M L, Pace R K. Spatial Distribution of Retail Sales ［J］. The Journal of Real Estate Finance and Economics, 2005, 31 （1）: 53 – 69.

［160］ Levinson D M. Accessibility Impacts of High Speed Rail ［J］. Journal of Transport Geography, 2012, 22: 288 – 291.

［161］ Liua J Y S. Innovation under Globalization of Retailing ［J］. Procedia-Social and Behavioral Sciences, 2012, 40: 649 – 656.

［162］ Maican F, Orth M. A Dynamic Analysis of Entry Regulations and Productivity in Retail Trade ［J］. International Journal of Industrial Organization, 2015, 40: 67 – 80.

［163］ Mccarthy E J, Perreault W D. Basic Marketing: A Managerial Approach ［M］. Richard D. Irwin, 1984.

［164］ Ozuduru B H, Varol C, Ercoskun O Y. Do Shopping Centers Abate the Resilience of Shopping Streets? The Co-Existence of both Shopping Venues in Ankara, Turkey ［J］. Cities, 2014, 36: 145 – 157.

［165］ Pantano E. Innovation Drivers in Retail Industry ［J］. International Journal of Information Management, 2014, 34 （3）: 344 – 350.

［166］ Pantano E, Priporas C V, Sorace S, et al. Does Innovation-Orientation Lead to Retail Industry Growth? Empirical Evidence from Patent Analysis ［J］. Journal of Retailing & Consumer

Services, 2017, 34: 88 – 94.

[167] Rajagopal. Street Markets Influencing Urban Consumer Behavior in Mexico [J]. Latin American Business Review, 2010, 11 (2): 77 – 110.

[168] Ratchford B T. Has the Productivity of Retail Food Stores Really Declined? [J]. Journal of Retailing, 2003, 79 (3): 171 – 182.

[169] Reilly W J. The Lay of Retail Gravitation [M]. New York: Knickerbocker Press, 1931.

[170] Reinartz W, Dellaert B, Krafft M, et al. Retailing Innovations in a Globalizing Retail Market Environment [J]. Journal of Retailing, 2011, 87 (4): S53 – S66.

[171] Saaty T. The Analytic Hierarchy Process [M]. New York: Mc Graw-Hill, 1980.

[172] Salas-Olmedo M H, García P, Gutiérrez J. Accessibility and Transport Infrastructure Improvement Assessment: The Role of Borders and Multilateral Resistance [J]. Transportation Research Part A: Policy and Practice, 2015, 82: 110 – 129.

[173] Shaw A W. Some Problems in Market Distribution [J]. The Quarterly Journal of Economics, 1912, 26 (4): 703 – 765.

[174] Shin S, Eksioglu B. An Empirical Study of RFID Productivity in the U. S. Retail Supply Chain [J]. International Journal of Production Economics, 2015, 163: 89 – 96.

[175] Solow R M. Technical Change and the Aggregate Production Function [J]. The Review of Economics and Statistics, 1957, 39 (3): 312 – 320.

[176] Spulber D F. Market Microstructure and Intermediation [J]. Journal of Economic Perspectives, 1996, 10 (3): 135 – 152.

[177] Teller C, Kotzab H, Grant D B. The Relevance of Shopper Logistics for Consumers of Store-Based Retail Formats [J]. Journal of Retailing & Consumer Services, 2012, 19 (1): 59 – 66.

[178] Verhoef P C, Kannan P K, Inman J J. From Multi-Channel Retailing to Omni-Channel Retailing: Introduction to the Special Issue on Multi-Channel Retailing [J]. Journal of Retailing, 2015, 91 (2): 174 – 181.

[179] White R W. Dynamic Central Place Theory: Results of a Simulation Approach [J]. Geographical Analysis, 1977, 9 (3): 226 – 243.

[180] Young A. Gold into Base Metals: Productivity Growth in the People's Republic of China during the Reform Period [J]. Journal of Political Economy, 2003, 111 (6): 1220 – 1261.